沈曾植史地著作輯考

許全勝　著

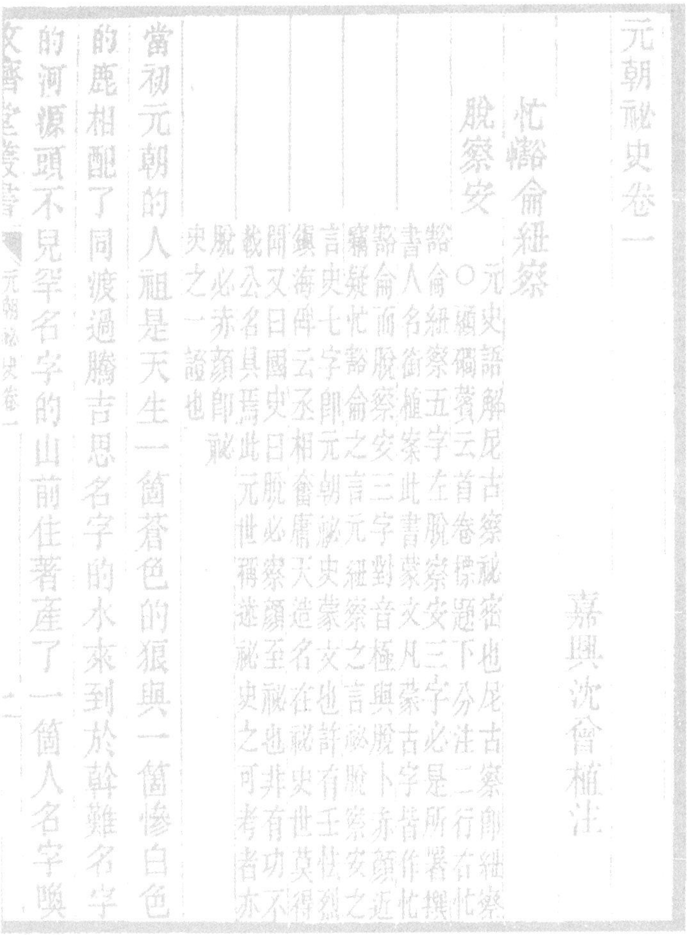
元朝祕史卷一

嘉興沈曾植注

忙豁侖紐察

脫察安

元史語解尼古察祕密也尼古察即紐察○顧磵薲云首卷標題下分注二行右忙豁侖紐察五字左脫察安三字必是所署撰書人名銜植案此書蒙文凡蒙古字皆作忙豁侖而脫察安三字對音極與脫卜赤顏近竊疑忙豁侖之言元紐察之言祕脫察安之言史七字即元朝祕史蒙文也許有壬怯烈鎮海碑云丞相奮庸天造名在祕史世莫得聞又曰國史曰脫必察顏至祕也非有功不載公名具焉此元世稱述祕史之可考者亦脫必赤顏即祕史之一證也

當初元朝的人祖是天生一箇蒼色的狼與一箇慘白色的鹿相配了同渡過騰吉思名字的水來到於斡難名字的河源頭不兒罕名字的山前住著產了一箇人名字喚

元朝祕史卷一　一

中華書局

圖書在版編目(CIP)數據

沈曾植史地著作輯考/許全勝著. —北京:中華書局,2019.2
ISBN 978-7-101-13653-1

Ⅰ.沈… Ⅱ.許… Ⅲ.沈曾植(1850~1922)-歷史地理-著作
評論 Ⅳ.K928.6

中國版本圖書館 CIP 數據核字(2019)第 002232 號

書　　名	沈曾植史地著作輯考
著　　者	許全勝
責任編輯	杜艷茹
裝幀設計	周　玉
出版發行	中華書局
	(北京市豐臺區太平橋西里 38 號　100073)
	http://www.zhbc.com.cn
	E-mail:zhbc@zhbc.com.cn
印　　刷	北京瑞古冠中印刷廠
版　　次	2019 年 2 月北京第 1 版
	2019 年 2 月北京第 1 次印刷
規　　格	開本/710×1000 毫米　1/16
	印張 24　插頁 4　字數 320 千字
印　　數	1-2000 冊
國際書號	ISBN 978-7-101-13653-1
定　　價	108.00 元

步道西迦蘭陀竹園精
三里有屍摩賒那屍麻
山西行三百步有一石
坐禪又西行五六里山
洹後五百阿羅漢結集
飭舍利弗在左目連在
裹為上座時阿難在門
山亦有諸羅漢坐禪石

授不書之於文字復於此眾
偈又得一部經經二千五百
經可五千偈又得摩訶僧祇
學梵書梵語寫律道整既到
儀觸事可觀乃追歎秦土邊
今已去至得佛願不生邊地
今戒律流通漢地於是獨還
南岸有瞻波大國佛舍經行
現有僧住從此東行近五十

《佛國記》沈氏箋注本書影

皿閒以磁有若中原
市用金錢無輪孔兩
貢戴重物不以擔婦
他適異者或有髻髯
籍遇季冬設齋一月
夜及旦餘月則設六
丈餘上搆虛亭四垂
天不奉佛不奉道大師

男女通用車舟農器

飾也衣則或用白紵
過磧石城十有三日得護送步卒千八甲騎三
行郎鐵門外別路也涉紅水澗有峻峯高數里
由根有鹽泉流出見日卽凝為白鹽因收二斗隨行
南上分水嶺西望高澗若冰乃鹽耳山上有紅鹽
兒之東方惟下地生鹽此方山開亦出鹽囧紇多
鹽渴則飲水冬寒貧者尙貢辦售之十有四日至
之麓將出山其山門嶮峻左崖崩下澗水伏流一
抵河上其勢若黃河流西北乘舟以濟宿其南岸
名園八剌山勢險固三太子之醫官鄭公途中相
云自古中秋月取明涼風屆後　候　一作夜彌清一天

卷六　　三　連笥移叢書

《長春真人西遊記》沈氏箋注本書影

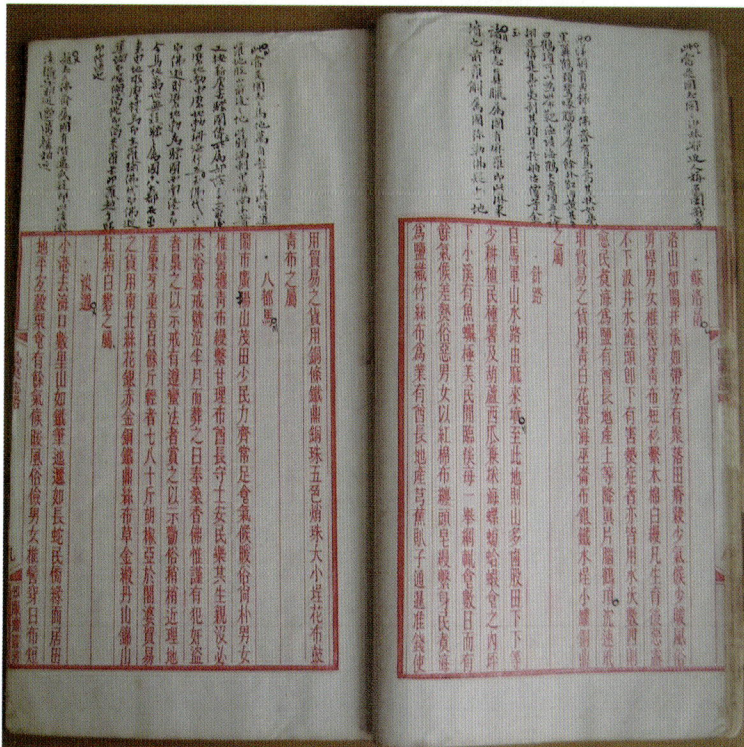

《島夷誌略》沈氏箋注本書影

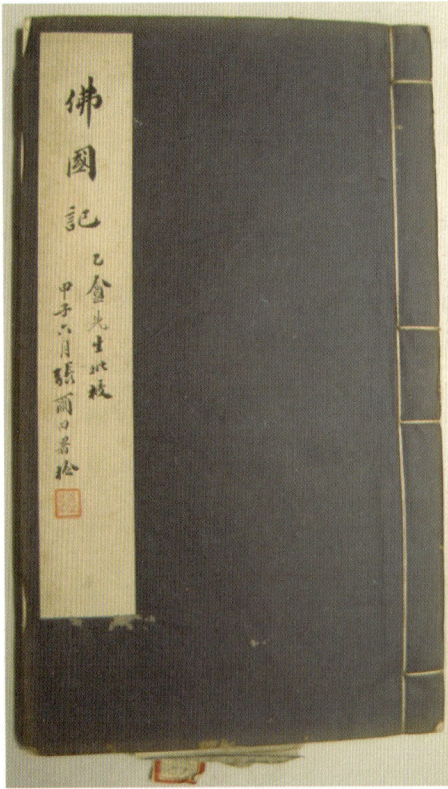

《佛國記》沈注本封面　　　　　《諸蕃志》沈注本封面

沈曾植與早期中外史地研究

緒　論

沈曾植(1850—1922)，字子培，號乙庵，晚又號寐叟。浙江嘉興人。光緒六年(1880)進士，歷官刑部主事、員外郎、郎中，總理各國事務衙門章京，江西廣信府、南昌府知府，安徽提學使、護理巡撫。爲北京強學會發起人之一，助康有爲變法。應張之洞聘，主講兩湖書院史席。又助盛宣懷辦學，出任南洋公學(今上海交通大學)監督。沈氏是當時學界重鎮，他的學術眼界極爲寬廣，超過了傳統經史之學的範疇，在乾嘉諸老的基礎上更上一層樓，已經顯露出近代學術的面貌。他在清末民初世界學術界享有很高的聲譽，受到前輩和後賢的一致推重，翁同龢(1830—1904)、陳寅恪(1890—1969)、錢鍾書(1910—1998)皆以沈氏爲當世博雅通人[①]。東西方漢學諸大師，如法國伯希和(Paul Pelliot，1878—1945)、日本内藤湖南(1866—1934)等來華，均訪沈氏談學，可見其學術地位之高。

[①] 1880 年沈曾植參加會試，"闈中以沈、李(慈銘)經策冠場，常熟尚書(翁同龢)猶重沈卷爲通人。顧李尊客負盛名，而沈無知者。某君曰：嘉興沈氏，其小湖侍郎(沈維鐈)裔乎？尚書於謁見時特加獎借。"(參觀許全勝《沈曾植年譜長編》，中華書局 2007 年版，37 頁。)陳寅恪《王觀堂先生輓詞》："當世通人數舊遊，外窮瀛渤内神州。伯沙博士同揚榷，海日尚書互唱酬。"注："沈曾植，宣統復辟時學部大臣，有《海日樓詩集》。……先生詩集中有與沈乙庵唱和詩，蓋返自日本居上海時所作。"(參觀《寒柳堂集》附錄《寅恪先生詩存》，上海古籍出版社 1980 年版，9 頁。又見《陳寅恪詩集》，清華大學出版社 1993 年版，14 頁。)陳寅恪致橋川時雄書略云："沈公又赤縣神州近世第一學人。"(載《文字同盟》第十一號 1928 年 2 月 15 日，參觀劉正、黄鳴《陳寅恪書信(422 通)編年考釋》，中國社會科學出版社 2016 年版，30 頁。)錢鍾書屢稱沈曾植"博雅"、"博覽"(參觀錢鍾書《談藝録》，中華書局 1984 年版，147、424 頁)。

　　沈曾植通曉歷朝法制,有《漢律輯存》、《晋書刑法志補》之作。平生邃於佛學,深通道教,學者皆歎服。然而,在清光緒朝沈氏最爲稱道的則是其輿地之學。嘉道以後,國勢日衰,學者目睹時艱,多致力經世致用之學,西北史地學由是大盛。當時湧現了一批研究邊疆歷史地理學的學者,其著者有徐松(1781—1848)、龔自珍(1792—1841)、魏源(1794—1856)、徐繼畬(1795—1873)、沈垚(1798—1840)、張穆(1805—1849)、何秋濤(1824—1862)、李文田(1834—1895)、洪鈞(1840—1893)等等。沈曾植身當叔世,繼承此優良學術傳統①,發奮著書,後來居上,在邊疆史地及中外關係史領域取得了令人矚目的成就,具有繼往開來的意義。但是長期以來學術界對沈氏篳路藍縷之功多不甚了了,這無疑是學術史的空白,亟待彌補。拙作先試就沈曾植對中外史地的研究作一概述,然後在史地著作考論諸篇中再詳細闡發其在中西交通史、蒙元史、邊疆史地等衆多領域取得的開創性成績,以期深化對中國近代學術文化轉型的認識。

一、與時俱進

　　沈曾植先生是能"預流"的,其《沈觀齋詩跋》(作於 1918 年)有"與時俱進,掉臂獨行"之語②,最爲圓融。雖是評詩,如以移評他的治學,也十分恰切。無獨有偶,陳寅恪在《姚薇元北朝胡姓考序》(1942)中對姚氏之學也有"與時俱進"之評③,可見此義向爲近代以來有識學者所標舉。

　　沈氏博覽群書,對歷代輿地著作靡不究心,通觀周視而不局於一隅,故能有貫穿今古的研究。光緒六年(1880)夏,沈曾植參加會

① 陳寅恪《朱延豐突厥通考序》云:"曩以家世因緣,獲聞光緒京朝勝流之緒論。其時學術風氣,治經頗尚《公羊春秋》,乙部之學,則喜談西北史地。……西北史地以較爲樸學之故,似不及今文經學流被之深廣。……龔自珍詩云,但開風氣不爲師。寅恪之於西北史學,適同琴人之志。"(陳寅恪《寒柳堂集》,144—145 頁。)
② 參觀周樹模《沈觀齋詩》,民國二十二年(1933)影印原抄本。
③ 參觀陳寅恪《金明館叢稿二編》,上海古籍出版社 1980 年版,236 頁。

試,中第二十四名。會試第五策論北徼事①,是他最早的一篇史地論文。文中徵引《漢書》、《魏略》、《魏書》,指出:

> 《漢書》詳道里,《魏略》備種族,《魏書》辨形勢,合而觀之,西域方域沿革,大略可知矣。

又引述《隋書》、新舊《唐書》之《突厥傳》,並進一步論證土耳其(當時譯爲"都魯機")即西突厥遺種。他説:

> 案今之都魯機,蓋即西突厥遺種也。知者,都、突,機、厥,合音正同,一也。突厥祖居金山,都魯機祖居阿爾泰山,阿爾泰山即金山,二也。《唐書》大秦北接突厥可薩部,都魯機舊都南接羅馬,羅馬即《唐·大秦傳》之驢分,三也。突厥別部之長謂之設,都魯機別部之長曰沙,設、沙語同,四也。據泰西人所記,證以《唐書》,一一符合。蓋大食既衰,而突厥種族乃復興於西域也。

案,突厥可薩部又稱可薩突厥,爲突厥之一支,其汗國在八至十世紀達到極盛期,活動於西至第聶伯河、東到烏拉爾河、南抵高加索山脈、北達伏爾加河中游的廣大地區②。驢分之名最早見於《魏略·西戎傳》③,即羅馬帝國屬地 Propontis(Προποντις,本意爲前海),在今馬爾馬拉海(Marmara Sea)地區。唐時這裏屬於東羅馬拜占庭帝國,漢文史料又稱爲拂菻,《經行記·拂菻國》云"北接可薩突厥"、《新唐書·西域傳》云"拂菻,古大秦也。……北直突厥可薩部"④。

---

① 參觀王蘧常《沈寐叟年譜》光緒六年條,上海商務印書館民國二十七年(1938)版;又臺灣商務印書館 1977 年版,16—17 頁。沈曾植《會試對策第五策》,錢仲聯輯《沈曾植未刊遺文(續)》,《學術集林》卷三,上海遠東出版社 1995 年版,120—123 頁。許全勝《沈曾植年譜長編》,35—36 頁。

② 參觀(唐)杜環撰、張一純箋注《經行記箋注》"苫國"條,中華書局 1963 年版,63—66 頁。又馮承鈞著、陸峻嶺增訂《西域地名》,中華書局 1980 年版,50 頁。林英《唐代拂菻叢説》第二章第二節"拂菻道上的可薩汗國",中華書局 2006 年版,13—19頁。桂寶麗《可薩突厥》,蘭州大學出版社 2013 年版。

③ 參觀余太山《兩漢魏晉南北朝正史西域傳要注》,中華書局 2005 年版,347、355 頁。

④ 參觀(唐)杜環撰、張一純箋注《經行記箋注》,17 頁。《新唐書》卷二二一下,中華書局 1975 年版,6260 頁。

沈氏在策論中還論述了"牛蹄突厥"：

> 牛蹄突厥之居，已在極北。據泰西地圖，環冰海而居者，人皆短小，毛脛，捕貂使鹿，自黑龍江北，西至瑞典皆然，其牛蹄之説所自來與？《魏略》言北丁零有馬脛國，膝下生毛，馬脛馬蹄，走疾于馬。康居西北有短人國，男女皆長三尺，蓋亦此類也。

後來他在札記中也有提及：

> 契丹稱鐵勒爲突厥，牛蹄突厥是也。牛蹄突厥實丁零種。元人稱鐵勒爲回回，凡今西洋所稱韃韃里，皆元人所稱回國也。今西洋又以突厥爲鐵勒，以土耳其爲韃韃里種是也。①

案，牛蹄突厥見於《新五代史》、《契丹國志》所引胡嶠《陷虜記》，其文略云：

> （黑車子）又北牛蹄突厥，人身牛足，其地尤寒，水曰瓠䕞河，夏秋冰厚二尺，春冬冰徹底，常燒器銷冰乃得飲。……契丹嘗選百里馬二十匹，遣十人齎乾餱北行，窮其所見。其人自黑車子，歷牛蹄國以北，行一年，經四十三城，居人多以木皮爲屋，其語言無譯者，不知其國地、山川、部族、名號。其地氣，遇平地則溫和，山林則寒冽。至三十三城，得一人，能鐵甸語，其言頗可解，云地名頡利烏于邪堰。云"自此以北，龍蛇猛獸、魑魅群行，不可往矣"。其人乃還。此北荒之極也。②

而唐杜環《經行記》"苫國條"云：

> （苫國）北接可薩突厥。可薩北又有突厥，足似牛蹄，好噉人肉。③

---

① 參觀錢仲聯輯《海日樓札叢》卷三，中華書局 1962 年版，107 頁。
② 參觀《新五代史》卷七三《四夷附錄第二》引《陷虜記》，中華書局 1974 年版，907—908 頁。（宋）葉隆禮撰，賈敬顔、林榮貴點校《契丹國志》卷二五《胡嶠陷北記》，上海古籍出版社 1985 年版，239—240 頁。案，"陷北記"之"北"原當作"虜"，後因避諱而改。"頡利烏于邪堰"之"烏"，《新五代史》作"鳥"，此從《契丹國志》。
③ 參觀（唐）杜環撰、張一純箋注《經行記箋注》，63 頁。

則似有傳聞誤會之嫌。

從沈曾植這篇早期論文看，他已經十分關注域外史地的研究，可稱得上近代最早的西域學者、突厥學者之一，而不僅僅是蒙古學者。而後來他作和林三碑考（見下文），則是早期突厥碑銘研究的重要成果。

其同科進士李慈銘評此文曰：“鉤貫諸史，參證輿圖，辨音定方，具有心得”[1]，誠非虛譽。其中辨證方音的，如考“吉里吉思”爲“唐之黠戛斯”，也即劉郁《西使記》的“乞里乞寺（四）”；又如指出“錫里庫西征六年，盡滅没里奚、報達諸國，而王其地。……報達即《諸蕃志》之白達，其故城在今都魯機東部中”，均得其實。當然早期審音勘同之學尚未精密，如他認爲：

> 康居之域最廣，其王冬日所居在今哈薩克右部境，而夏日所居去之九千里，古法二百里而當一度，九千里當四十五度，蓋已在歐羅巴西北域内矣。……漢之奄蔡，即元之阿羅思，今俄羅斯與？

則不正確，但作爲近代域外史地研究的早期資料，這篇策問仍值得珍視[2]。

二、蒙元史研究

沈氏以治蒙古學聞名當世，他在二十六歲時開始涉獵蒙古地理學。其《聖武親征録校本跋》云：

> 曾植始爲蒙古地理學，在光緒乙亥、丙子（1875—1876）之間，始得張氏《蒙古游牧記》單本、沈氏《落帆樓文稿》，以校鄂刻

---

① 李慈銘《越縵堂日記》庚寅十月十四日（1880 年 11 月 16 日），民國九年（1920）商務印書館據手稿影印本。參觀許全勝《沈曾植年譜長編》，40 頁。

② 參觀沈曾植《會試對策第五策》，錢仲聯輯《沈曾植未刊遺文（續）》徐文堪附識，《學術集林》卷三，123 頁。

《皇輿圖》、李氏《八排圖》，稍稍識東三省、內外蒙古、新疆、西藏
山水脈絡。家貧苦無書，無師友請問，獨以二先生所稱述爲指
南。《秘史》刻在《連筠簃叢書》中，時賈十二兩，非寒儒所能購
讀。一日以京蚨四千得單印本於廠肆，挾之歸，如得奇珍，嚴寒
挑燈，夜漏盡，不覺也。①

其光緒間所作《讀元秘史後記》略云：

幼時讀《潛研堂集·元秘史跋》，恨無從得其書，尋知楊氏
已刻入《連筠簃叢書》中，然全帙昂貴，無力致之也。此單行本，
偶從廠市得之，驗其紙墨，猶是楊氏書初出時所印者，展卷快
讀，頗有得荆州之喜。②

可知他少時受錢大昕影響，已開始注意蒙元史事。至光緒六年會試
作策問，他對蒙元興起及其擴張分封有扼要闡述：

元太祖起自斡難河源，即今之敖嫩河，地本極北，故《秘史》
記建國之後，即收林木中百姓。林木中百姓者，蓋自黑龍江北
達於海居渥集老林之捕貂使鹿部也。既滅乃蠻，旋收吉里吉
思。吉里吉思者，唐之黠戛斯也。據劉郁《西使記》“乞里乞寺，
易馬以犬”之文，知其種亦有使犬部，是時已拓境北海矣。其後
太祖有西域之師，而速不台再伐阿速、阿羅思、乞卜察三國，冒
險長驅，卒取其國以封朮赤。按阿速國在黑海之阿速海灣，地
處極南，阿羅思在其北，乞卜察又在其北，蓋舉今俄羅斯全境而
有之。兵威之盛，誠亘古未有哉！

其諸王之封，以朮赤與察阿歹爲最大。朮赤封阿羅思，奄
有今大俄、小俄、南俄、白俄諸地。察阿歹封跨蔥嶺東西，奄有
今天山南路、巴達克山、布哈爾諸地。察阿歹子孫又分枝各王，

---

① 參觀王蘧常《沈寐叟年譜》光緒元年條。此跋又見錢仲聯輯録《沈曾植海日樓
文鈔佚跋（一）》，《文獻》1991 年第 3 期；錢仲聯輯録《沈曾植海日樓文鈔佚序（中）》，《文
獻》1990 年第 4 期，題作《序元聖武親征録校本》。

② 參觀錢仲聯輯録《沈曾植海日樓文鈔佚跋（一）》。

阿魯忽王于闐，阿只吉王別失八里，而錫里庫西征六年，盡滅没里奚、報達諸國，而王其地。没里奚者，《諸蕃志》所稱大食國都密離徐城也。報達即《諸蕃志》之白達，其故城在今都魯機東部中。自明以來，西域所稱哈烈、撒嗎爾罕、別失八里諸大國，大抵皆察阿歹之裔也。他若察八兒、寬闍，封尋思干，今敖罕地。海都封金山北，篤哇與之相鄰，當今俄羅斯托波爾界中。其東南則有謙州、益蘭州、昂可剌、撼納合，皆在今北徼外額爾齊斯河東，東漸於海，亦嘗以漢人蒞之，而隸於今和林行省。此蓋舊京畿內，郡縣錯居，非若怯緑連東，僅爲斡辰大王、別勒古台分地已也。

沈曾植後來的許多研究都與蒙元史有關，其中箋注的專著就有如下六種之多。

1.《蒙韃備録箋注》一卷

2.《黑韃事略箋注》一卷

以上二種均未刊，沈曾植《蒙古源流箋證》卷首載有《沈乙盦先生海日樓遺書總目》，列兩書于《史外合注（六種）》下。今稿本藏上海圖書館。參觀本書考論部分。

3.《塞北紀程箋注》一卷

此注也未刊，抄本藏上海圖書館。《沈乙盦先生海日樓遺書總目》列在《史外合注（六種）》下，參觀本書考論部分。

4.《蒙古源流箋證》八卷

《蒙古源流》是研究明代蒙古史的重要著作，前人很少措意，沈曾植治此書甚勤，是最早爲其作箋注的學者，他説：

> 此書自《四庫》著録，爲却特史學者視之與脱必察顔聲價等，顧自嘉定錢先生以來，徐、龔、張、何以及近時李、洪諸家，於《秘史》、《聖武親征録》穿穴疏通，詳前人所未詳，發前人所未發，各已成一家言，獨此書僅各就可資證佐者，摘取斷章，未有綜其全書而理董其緒者。[①]

---

① 參觀《蒙古源流箋證》卷一題首夾註，民國二十一年(1932)嘉興姚家埭沈氏刊本。

其箋證稿本經張爾田整理校補,並吸收了王國維的校勘成果①。沈氏對明代蒙古史的其他研究,還散見於《海日樓札叢》卷二中。

5.《元秘史補注》十五卷

沈曾植在上揭《讀元秘史後記》中已經對《元秘史》中的地名有所比勘辨證,如指出"不兒罕山者,今之巴爾哈也山","在斡難河源之東甚近","張(穆)氏謂不兒汗即今之罕山,非也";"乞沐兒合河者,今之齊母爾哈河";"皮被河即琵琶川,又即契丹所居之白貔河","白貔河"即"老哈河","白狼河"即"大凌河",畫然有別;"捕魚兒海,今之貝爾池","闊連呼(海)子者,今之呼倫池",等等。但又説:

　　　主不兒,疑即《遼史》阻卜部……阻卜之爲主不兒,情事可信,但單文孤證,一時不能定耳。

可知他在對音問題上態度還是十分審慎的②。

沈曾植少時就知道《元秘史》,最早爲之作注的是李文田,沈氏以爲不足而有補注之作,稿本藏龍榆生處,後來郭則澐借到此稿,請張爾田校訂,民國三十四年(1945)刊入《敬躋堂叢書》③。

6.《皇元聖武親征録校注》一卷

前引《聖武親征録校本跋》略云:

　　　此書乃轉展傳鈔得之,於是乃知《元史》本紀所從來,知作此書人曾見《秘史》,而修《元史》人未曾見《秘史》也,互相印證,

---

①　張爾田《蒙古源流箋證序》後辛未(1931)附記云:"此書寫成後,復從趙君萬里假得傳録亡友王静安校本……静安簡端簽語郅精,頗有可與斯箋印合處。今遴其確當及小有意者,都載箋中,稱王静安校以别之。"

②　案,蒙古學家余大鈞(1936—2006)亦以"主不兒"即《遼史》"阻卜"。余氏謂《秘史》原文"主不兒"旁注"川",意爲草原、原野。《遼史》"阻卜諸部",古蒙古語爲"主不兒—因·亦兒堅",實爲蒙古語族草原遊牧部落統稱,亦即"韃靼諸部"。參閲余大鈞《阻卜考》,《内蒙古大學學報叢刊·蒙古史論文選集》第一册,1983—1984年。又余大鈞譯注《蒙古秘史》,河北人民出版社2001年版,52頁。

③　參觀郭則澐《元秘史補注序》。《沈曾植海日樓文鈔佚跋(一)》"讀元秘史後記"錢仲聯按云:"寐叟有《元秘史箋注》十五卷,聞曾由陶葆廉、孫德謙、張爾田三先生同校,未見其書,蓋已佚矣。此後記當是箋注之嚆矢。"案錢説不確。

識於眉上，所得滋多。爽秋（袁昶）爲洪文卿（洪鈞）侍郎搜訪元
地理書，假余鈔本傳録，遂並眉端識語録以去。侍郎後自歐洲
歸，先訪予研究《元史》諸疑誤，前賢未定者，舉予校語。余請
曰：“單文孤證，得無鑿空譏乎？”侍郎笑曰：“金楷理謂所考皆至
確。”金楷理者，英博士而充使館翻譯，地理歷史學號最精，助侍
郎譯述拉施特、多桑、貝勒津諸書者也。李仲約（李文田）侍郎
自粵反都，亦折節下交相諏問。顧予於此書所未瞭者，先生亦
引以爲恨，而無他本校之。蓋先生所據亦何氏校本，與此本同
出一源也。間屬友人訪諸日本，亦無他本，廢然太息。

　　案，跋中提到的金楷理（Carl Traugott Kreyer，1839—1914），同
治間曾來華傳教，任上海廣方言館德文教習、上海道台通事，後在中
國駐歐洲各國使館任職。金氏原籍德國，後移居美國，非英國人①。
袁昶（1846—1900），字爽秋，亦爲當時究心元史學者。光緒二十年
甲午（1894），袁氏曾將何秋濤校本以《校正聖武親征録》爲名刻入
《漸西村舍彙刊》中，是爲此書有刊本之始，書中逐條附李文田、沈曾
植、文廷式等人校注，但未具體標明各人姓氏。光緒二十二年
（1896），龍鳳鑣又編入《知服齋叢書》第三集中，署何秋濤校正、李文
田、沈曾植校注，注文有所增益，李、沈兩人之注均標明。後來王國
維作《聖武親征録校注》時僅見《漸西村舍彙刊》本，徵引各家之説，
因“無從識別，故混稱某氏云”②。

　　沈曾植在《知服齋叢書》本《聖武親征録·何秋濤序》“脱必赤
顔”案語中最早指出“忙豁侖紐察脱察安”即“元秘史”的蒙古文
譯音：

　　　　曾植案，《三史語解》釋“脱卜赤顔”爲總綱，總綱爲書名，於
　　　義無取。植案，《元秘史》蒙語册之蒙語曰“迭卜帖”，而《元朝秘

---

　　①　參觀高田時雄《金楷理傳略》，《日本東方學》第一輯，中華書局 2007 年版，
260—276 頁；許全勝《沈曾植年譜長編》，137、558 頁。

　　②　參觀王國維《聖武親征録校注》，收入《王國維遺書》，上海書店出版社 1983 年
版，第八册，269—270 頁。

史》影元本標題曰"忙豁侖紐察脫察安"。"忙豁侖"是蒙古,"紐
察脫察安"是秘史。頗疑"脫卜"之言册,"赤顔"即"察安"之言
史。《虞集傳》所謂"國書脫卜赤顔"者,謂國書史册也。

他在《元秘史補注》卷首也説:

　　《元史語解》:"尼古察,秘密也。""尼古察"即"紐察"……此
書蒙文,凡"蒙古"字皆作"忙豁侖",而"脫察安"三字對音極與
"脫卜赤顔"近。竊疑"忙豁侖"之言"元","紐察"之言"秘","脫
察安"之言"史",七字即"元朝秘史"蒙文也。許有壬《怯烈鎮海
碑》云:"丞相奮庸天造,名在秘史,世莫得聞。"又曰:"國史曰脫
必察顔,至秘也,非有功不載,公名具焉。"此元世稱述《秘史》之
可考者,亦"脫必赤顔"即《秘史》之一證也。

"忙豁侖紐察脫察安",以前顧千里曾認爲是撰書人姓名,李文田從
之,至沈曾植始發其覆。三十年後,王國維作《蒙文元朝秘史跋》
(1925)也有同樣的意見①,但王氏因没有看到《知服齋叢書》本《聖武
親征録》,不知沈氏已發之在先矣。

　　此外,值得注意的還有《異域説箋注》,這是沈氏的未刊稿,抄本
今藏上海圖書館。《異域説》爲朱德潤《存復齋文集》中的一篇文章,
記載羅馬教廷派傳教士出使元廷,這是元代中西關係史的重要篇
章,很少有人注意及之,沈氏將此單篇抽出來加以注釋,可謂獨具慧
眼。參觀本書考論部分。

三、中外交通史研究

　　沈曾植在中外交通史研究方面貢獻很多,主要有古代西域南海
交通史籍的箋注以及碑誌史料的相關研究。

---

　　① 　參觀王國維《觀堂集林》卷一六,中華書局 1959 年版,765—768 頁。此文末署
"乙丑(1925)十月望日"。

（一）海路交通史籍研究

主要是對東晉法顯《佛國記》、宋趙汝适《諸蕃志》、元汪大淵《島夷誌略》三種重要史料的研究。

1.《佛國記箋注》

沈氏可謂近代最早的印度學研究者之一，除了《佛國記》之外，他還對諸史中《天竺傳》、玄奘《大唐西域記》、道宣《釋迦方志》、義净《南海寄歸內法傳》等中國載籍中的南亞史料有所研究①，當然還應包括《諸蕃志》、《島夷誌略》中有關印度部分的研究。

其《佛國記箋注》一卷，光緒中注于清嘉慶十年張海鵬照曠閣刻《學津討原》本上，後輯入《護德瓶齋簡端録》，錢仲聯又編入《海日樓札叢》②。沈氏的箋注稿本今藏浙江博物館，筆者于 2005 年訪得，發現有些逸出錢編本的內容。

沈注是近代對此書最早的研究，雖然條目不太多，仍值得重視。如他將《佛國記》與《水經注》、《釋迦方誌》等相關史籍參照③，指出"竺刹尸羅"即《釋迦方誌》"怛叉始羅"，"弗樓沙"即《魏書》"富樓沙"，"僧伽施"即《釋迦方誌》"僧伽舍"，"屬饒夷城"即"羯若鞠闍城"，"希連河"即《水經注》"希連禪"等，對音均甚確。此注的研究成果，後來學者皆未注意及之，如"沙祇大國"條沈注云：

> 《西域記》："憍賞彌國，北行百餘里，至鞞索迦城。城南道側有奇樹，高七十尺，春冬不改，是佛齒木，棄而茂生。諸邪見者，競來斫伐，尋生如故。"鞞索迦即《佛國記》沙祇也。

---

① 錢仲聯輯《海日樓札叢》卷三"康泰扶南土俗"條引《梁書·中天竺傳》、《南海寄歸傳》(99—100 頁)。

② 此書著録於《中國古籍善本書目·史部·地理類》，上海古籍出版社 1993 年版，1073 頁。參觀錢仲聯輯《海日樓札叢》卷三，100—104 頁。浙江博物館藏稿本一冊，封面有張爾田題簽"佛國記　乙盦先生批校　甲子(1924)六月　張爾田署檢"，鈐"孟劬"朱文小印。

③ 經核對《佛國記》沈注所謂"《西域記》"引文實皆出自《釋迦方誌》。《島夷誌略》"第三港"條注："《西域記》云：'摩臘婆，南羅羅國也，城據莫訶河東南。'"案，"摩臘婆，南羅羅國也"實出自《大慈恩寺三藏法師傳》("南羅羅國也"，《大唐西域記》作"即南羅羅國")，而"城據莫訶河東南"則見於《大唐西域記》、《釋迦方誌》。

案,佛齒木故事又見《大慈恩寺三藏法師傳》卷三:

> 從此(憍賞彌國)東行五百餘里,至鞞索迦城。伽藍二十餘
> 所……東南道左有大伽藍……其側又有如來六年説法處。有
> 一樹高七十尺餘,昔佛因浄齒,木棄其餘枝,遂植根繁茂至今。
> 邪見之徒,數來殘伐,隨伐隨生,榮茂如本。①

亦見《釋迦方誌》卷上《遺迹篇第四》:

> 自(憍賞彌國)北行一百八十里至鞞索迦國。……城南道
> 左有寺,塔高二十餘丈,佛曾於此六年説法。側有奇樹,高七
> 十尺,春冬不改,是佛齒木,棄而茂生。諸邪見者,競來斫伐,
> 尋生如故。側有四佛行坐迹,并髮爪塔,基角相連,林池
> 交影。②

《大唐西域記》卷五"鞞索迦國"條略云:

> 城南道左有大伽藍……伽藍側有窣堵波,高二百餘尺,無
> 憂王所建也,如來昔日六年於此説法導化。(説法)側有奇樹,
> 高六七尺,春秋遞代,常無增減,是如來昔嘗浄齒,棄其遺枝,因
> 植根柢,繁茂至今。諸邪見人及外道眾,競來殘伐,尋生如故。
> 其側不遠,有過去四佛座及經行遺迹之所,復有如來髮爪窣堵
> 波。靈基連隅,林沼交映。③

比較上引諸書,沈注當是節錄《釋迦方誌》之文,所謂《西域記》當指
此書,而非《大唐西域記》。沈曾植經過文本比勘,得出"鞞索迦即
《佛國記》沙祇"的結論,所言甚是。英國學者康寧哈姆(Alexander
Cunningham,1814—1893)等也認爲《佛國記》沙祇(Sāketa)即《西域記》

① (唐)慧立、彦悰撰,孫毓棠、謝方點校《大慈恩寺三藏法師傳》,中華書局1983
年版,57—58頁。
② (唐)道宣撰、范祥雍點校《釋迦方誌》,中華書局2000年版,42—43頁。
③ (唐)玄奘、辯機撰,季羨林等校注《大唐西域記校注》,中華書局1985年版,
476—477頁。

鞞索迦(Viśoka/Viśaka/Viśāka)，而近人注本皆未提及沈説①。

　　沈注中引《太平御覽》卷七九七所載釋道安《西域志》、支僧載《外國事》，近人注釋對這兩種重要佚籍似不太注意。如《佛國記》"拘薩羅舍衛城"條"調達毒爪欲害佛、生入地獄處，後人皆標識之"，沈注云：

> 釋道安《西域志》："波羅奈斯國，佛轉法輪、調達入地獄土陷處，皆在其國。"

案，《藝文類聚》卷七六《内典部·内典》亦云：

> 釋道安《西域志》曰："波羅奈斯國，佛轉法輪處在此國也。"②

又如"（舍衛）城西五十里，到一邑，名都維，是迦葉佛本生處。"沈注云：

> 支僧載《外國事》曰："迦葉佛生碓國，今無復此國，故處在舍衛國西，相去三十里。"

案，舍衛城（巴利文 Sāvatthī 之音譯）即《大唐西域記》室羅伐悉底國（梵文 Śrāvastī 之音譯），《西域記》此國云：

> 大城西北六十餘里有故城，是賢劫中人壽二萬歲時迦葉波佛本生城也。

顯然，此故城當即《佛國記》迦葉本生地"都維"。《西域記》未言此城之名，季羨林等校注除引《佛國記》作"都維"外，又引《摩訶僧衹律》

---

　　① 章巽注引學者説"沙衹即鞞索迦之略音"，參觀（東晉）法顯撰、章巽校注《法顯傳校注》，上海古籍出版社 1985 年版，71 頁。季羨林等注引康寧哈姆説（*Ancient Geography of India*，1871），鞞索迦國即《佛國記》沙衹，地在今奧得（Oudh）（參觀《大唐西域記校注》，476 頁）。

　　② （唐）歐陽詢撰、汪紹楹校《藝文類聚》卷七六，上海古籍出版社 1982 年版，1292 頁。

卷二三作"都夷聚落"①,然未及支僧載《外國事》作"碓國",當據補。"都維"、"都夷"、"碓"皆一音之轉,而章巽校注引《石本》(日本藏石山寺古鈔本)作"都絶"②,"絶"字無疑當爲"維"之訛,惜其注未之及。

沈曾植對法顯譯經事也甚爲關注。《佛國記》"從波羅㮠國東行,還到巴連弗邑"條下"又得一卷《方等般泥洹經》"沈注云:

> 《出三藏記集》八《六卷泥洹[經]記》:"摩竭陀國巴連弗邑阿育王塔天王精舍優婆塞伽羅先,見晉土道人釋法顯遠遊此土,爲求法故,深感其人,即爲寫此《大般泥洹經》如來祕藏,願令此經流傳晉土,一切衆生悉成如來平等法身"云云。據彼文,則"一卷""一"字是"六"字之誤。檢《出三藏記集·智猛傳》之羅閲宗與伽羅斯(先)似是一人。

案,此條注僅見於稿本。沈氏以《佛國記》之《方等般泥洹經》即《出三藏記集》卷八之《六卷泥洹經》,章巽注本引證也有相同見解③。又檢《記集》同卷載《二十卷泥洹經記》引《智猛傳》略云:

> 帝利城次華氏邑有婆羅門,氏族甚多。其稟性敏悟,歸心大乘,博覽衆典,無不通達。家有銀塔,縱廣八尺,高三丈……智猛即就其家得《泥洹》胡本,還於涼州,出得二十卷。

同書《智猛法師傳》略云:

> (智猛)後至華氏城,是阿育王舊都。有大智婆羅門,名羅閲宗,舉族弘法,王所欽重。造純銀塔高三丈,沙門法顯先於其家已得六卷《泥洹》。……猛就其家得《泥洹》胡本一部,又得《摩訶僧祇律》一部,及餘經胡本,誓願流通。④

《佛國記》此條也載法顯還巴連弗邑,於摩訶衍僧伽藍得《摩訶僧祇

---

① 參觀季羨林等《大唐西域記校注》,505頁。
② 參觀章巽《法顯傳校注》,80頁。
③ 參觀章巽《法顯傳校注》,144頁。
④ 參觀(梁)釋僧祐撰,蘇晉仁、蕭鍊子點校《出三藏記集》,中華書局1995年版,316—317、580頁。

律》一部。"巴連弗邑",《大唐西域記》又稱"波吒釐子城"(Pāṭaliputra),意譯即"華氏城"①。因此,沈氏推測華氏城之"羅閲宗"與巴連弗邑之"伽羅先"爲同一人頗爲有理②。

沈氏箋注有些還能糾正現在學者之誤。如《佛國記》"菷沙王舊城"條"出經時,鋪三空座"沈注云:

> 《根本説一切有部毘奈耶頌》下所謂:"授記當來佛,留第三分爲衆生,舍利、目連爲一雙,佛應化者皆自度。最後涅槃歸命禮,敬禮結集諸大德,亦禮侍者阿難陀,次禮聖者鄔波離,次禮尊者迦攝波,是律家儀。"可證此鋪三空座之意。

案,此條注也僅見於稿本。阿難陀即梵文 Anānda,又譯爲阿難,在佛十大弟子中以多聞第一著名。鄔波離即 Upāli,又譯優婆離,爲佛近侍,有持律第一之稱。迦攝波即 Kāśypa,一般譯作迦葉,此處當指摩訶迦葉 Mahākāś-ypa,爲佛第一弟子。三空座分別爲中迦攝波、左鄔波離、右阿難陀。而章巽注則以此三空座爲釋迦牟尼居中央,左舍利弗,右目犍連,此説不確,當以沈注爲是③。

2.《諸蕃志箋注》二卷

此書稿本也由筆者在浙江博物館訪得,爲沈曾植加注於清嘉慶十年張海鵬照曠閣刻《學津討原》本之上④。注文曾輯成《護德瓶齋

---

① 參觀季羨林等《大唐西域記校注》,623—624 頁。

② 日人足立喜六認爲"羅閲宗"即《法顯傳》"摩竭提國巴連弗邑"節所提到的"有一大乘婆羅門子,名羅沃私婆迷",見足立喜六《法顯傳—中亞・印度・南海紀行の研究》,東京:法藏館,昭和十五年(1940)版,140—141 頁;章巽以羅沃私婆迷爲梵文 Rājasvāmin 之對音(章巽《法顯傳校注》,106 頁)。勝案,羅閲宗,《高僧傳》大正藏本作"羅閲家",參觀(梁)釋慧皎撰,湯用彤校注、湯一玄整理《高僧傳》,中華書局 1992 年版,126 頁。"伽羅先"疑爲"羅伽先"之訛,"羅閲家"疑本當作"羅家閲",而"羅閲宗"又訛自"羅閲家"。"羅沃私婆迷"之"沃",別本有許多異文,作"汏"、"汱"、"狀"、"友"等。按"家"字異體爲"宊",疑"宊"字抄寫訛作"汱"(古同"汏"、"汱"),復由"汱"又訛作"沃"或"狀"。

③ 參觀章巽《法顯傳校注》,120—121 頁。此條"三空座"之意,蒙北京大學印度學家王邦維教授指示,深表謝意。

④ 此書著録於《中國古籍善本書目・史部・地理類》,1074 頁。浙江省博物館藏稿本二册,封面有張爾田題簽:"諸蕃志卷上/卷下　乙盦先生批校本　爾田署。"

簡端録》,後由錢仲聯編入《海日樓札叢》卷三中①。對照稿本,也有逸出錢編本之外的内容。

　　沈曾植的《諸蕃志箋注》作於光緒年間,有注文數十條,是此書最早的注本。其後中外學者的研究頗多,專著則有德國 Friedrich Hirth(夏德)和美國 W. W. Rockhill(柔克義)合撰的英文譯注本(1911),馮承鈞的校注本(1937),日本藤善真澄的日文譯注本(1991),楊博文的校釋本(1996)以及韓振華的補注本(2000)②。馮承鈞序中曾説:

　　　　所見鈔本……一本似從《學津討原》本鈔出,上有沈曾植眉注,皆不見佳。

但事實上,沈氏的箋注並非如馮氏所言一無是處。如他指出“真臘國”“唐曰閣蔑”,並引希麟《音義》“閣蔑,昆侖語也”;“三佛齊國”即《新唐書》“室利佛逝”;“蓬豐”即《島夷誌略》“彭坑”,“登牙儂”即“丁家廬”,“勿奴孤”即“文老古”;“弼琶囉國”即《新唐書》、《酉陽雜俎》“撥撥力國”;“白達國”即“報達”;“弼斯囉國”即“巴索拉”;“遏根陀國”即“亞歷山大”,對音甚確,均早於其他各家。尤其值得重視的是,《諸蕃志》“勿拔國”條下有所謂“中理國”,沈注云:

　　　　《事林廣記》録勿拔事,乳香、飛禽、大魚、龍涎大略相同,前大食國條中,勿拔直接甕蠻,亦無中理之目,蓋抄胥誤析一國爲

---

　　①　參觀錢仲聯輯《海日樓札叢》卷三,111—119頁。

　　②　參觀 Friedrich Hirth and W.W.Rockhill,*Chau Ju-kua:His Work on the Chinese and Arab Trade in the twelfth and thirteenth Centuries,entitled Chu-fan-chï*,St. Petersberg:Imperial Academy of Science,1911.Paul Pelliot,"Friedrich Hirth et W.W. Rockhill,*Chau Ju-kua:His Work on the Chinese and Arab Trade in the twelfth and thirteenth Centuries,entitled Chu-fan-chï*"(Bulletin Critique),*T'oung Pao*,1912,pp. 446-481.(伯希和《諸蕃志譯註正誤》,見馮承鈞《西域南海史地考證譯叢》一編,商務印書館 1962 年版,86—118 頁。)馮承鈞《諸蕃志校釋》,商務印書館 1937 年版。[日]藤善真澄譯注《諸蕃志》,日本關西大學出版部 1991 年版。楊博文《諸蕃志校釋》,中華書局 1996 年版。韓振華《諸蕃志注補》,香港大學亞洲研究中心 2000 年版。案,韓振華書全譯夏德、柔克義注並加補注而成。

二條。當削去中理國,以"爲事中理"爲句乃合。

案,勿拔國内容甚少,僅兩句話,與他國篇幅不成比例,其文云:

> 勿拔國,邊海,有陸道可到大食。王紫棠色,纏頭衣衫,遵大食教度爲事。

下接中理國,其首句云:

> 中理國人露頭跣足,纏布不敢着衫,惟宰相及王之左右乃着衫纏頭以别。

按沈注當合併作:

> 勿拔國,邊海,有陸道可到大食。王紫棠色,纏頭衣衫,遵大食教度,爲事中理。國人露頭跣足,纏布不敢着衫,惟宰相及王之左右乃着衫纏頭以别。

前後内容意思連貫,"中理國"下之文當全屬"勿拔國",沈氏之説言甚有理。後來學者也指出"中理國"不見於其他文獻,但或考其地在索馬里沿岸 Magadoxo 或 Migiartinia[1],但這些與"中理"對音均不合。諸家注本皆沿襲此誤,當據沈注改正。

沈曾植對《諸蕃志》與《島夷誌略》進行對比研究,有些觀點則見其所作《島夷誌略箋注》諸條中。

3.《島夷誌略箋注》二卷

箋注所據底本爲光緒十八年(1892)龍鳳鑣輯刊《知服齋叢書》本,沈氏於光緒十九年(1893)後開始注釋工作[2]。民國元年至二年(1912—1913)刊于《古學彙刊》,題爲《島夷誌略廣證》,是此書最早的注本。詳見本書考論部分。

另外,沈氏有《太平寰宇記》札記,也與南海交通史有關[3]。

---

① 參觀楊博文《諸蕃志校釋》,105 頁。韓振華《諸蕃志注補》,206—207 頁。

② 《島夷誌略》沈注稿本今藏上海圖書館,卷末有題記兩行:"此書思之有年,而不可得見,舊歲始得此新刻本,訛脱至甚,不能讀也。"

③ 參觀錢仲聯輯《海日樓札叢》卷三,104—107 頁。

(二)内陆亚洲交通史籍研究

中亚西域史地学，過去常包括在所謂西北史地學之内，一直是沈曾植研究的重要方面。除上面提到的《佛國記》也涉及西域地理外，沈曾植對耶律楚材《西遊録》、李志常《長春真人西遊記》這兩種十三世紀上半葉漠北與中亞歷史地理最重要史料也有系統的研究。

其《西遊録箋注》一卷，以盛如梓《庶齋老學叢談》卷上節録本爲底本，未刊，抄本今藏上海圖書館，是爲此書最早注本。近人校注時未曾引述[1]。

《長春真人西遊記箋注》二卷，光緒中注于道光二十七年（1847）楊墨林刻《連筠簃叢書》本上[2]。因從未刊佈，學者多不得而知。王國維《長春真人西遊記校注序》云：

> 光緒中葉，吳縣洪文卿侍郎創爲之注，嘉興沈乙庵先生亦有箋記，而均未刊佈，國維於乙丑（1925）夏日始治此書，時以所見疏于書眉，於其中地理、人物亦復偶有創獲，一年許共得若干條，遂盡一月之力，補綴以成此注，蓋病洪、沈二家書之不傳，聊以自便檢尋云爾。

洪鈞注本恐已佚，沈注稿本王國維也未曾見過。此書今藏浙江博物館，是現存中國學者最早的《西遊記》注本。詳見本書考論部分。

除《西遊録》、《西遊記》外，近代西人的行記也爲他所關注，其專著現存有《中亞俄屬遊記》的補注。

《中亞俄屬遊記》二卷，英國傳教士蘭士德（Henry Lansdell，1841—1919）[3]所著。蘭氏於 1882 年（光緒八年）遊歷俄屬中亞地區，"自烏拉山東，溯額爾齊斯河而入伊犁，經敖罕，觀布哈爾，略基發沙漠，南及於木富，臨鹹海而旋軫焉"。原書經張蔭桓郵寄廣州，

---

① 參觀（元）耶律楚材撰、向達校注《西遊録》，中華書局 1981 年版。

② 參觀《中國古籍善本書目·史部·地理類》，1065 頁。

③ Henry Lansdell, *Russian Central Asia：Including Kuldja，Bokhara，Khiva and Merv*, London：S. Low, Marston, Searle and Rivington, 1885.

由同文館楊樞、莫鎮藩翻譯。後經朱珩潤色,李文田又箋記百餘條於書眉。光緒十九年(1893)春,沈曾植於李文田處見此書,再加按語於其中。是年秋,他任職於總理衙門,奉張蔭桓之命校刻此書,將李氏、朱氏及己注排比刻入書中①。

沈氏所作按語多根據對音考釋中亞地理與史事及相關專有名詞。如他指出"兒典尼卑者,即乾隆時入貢之額爾得尼伯克也";"烏拉伯,即《明史·撒馬爾罕傳》正統年入貢之兀魯伯曲烈干也。《四裔年表》作胡路伯,帖木爾郎之孫,精天算,曆家稱之";"登根者,新疆回族稱河西回民之辭,即《西遊記》'桃花夕'之轉語也";"白干者,蒙古語布兒罕,譯言佛也";"加喇梯真者,官書中之喀喇提錦布魯特部";"機窟,於昭武九姓爲火尋。花剌子模,即貨利習彌對音字也。《唐書》稱爲漢康居奧鞬城地"。

卷下第二十二章"論苦尼亞爾真治及機窟北境",按語云:

> 亞爾真治即亞爾卓占,歐人以苦尼發聲,阿剌壁語以尼亞收聲,語勢之不同耳,別譯有作烏爾兼者。此地於《元秘史》爲斡籠格赤,於《親征記》爲玉龍傑赤,於耶律文正《西遊錄》爲五里鞬城,於《內府輿圖》爲烏爾根齊城,於《西域圖志》爲哈薩克烏爾根齊別部,最爲阿母河西,自古蕃富之地,所謂康居奧鞬城者,疑此是也。

又"占慮畢"條按語云:

> 占慮畢者,尤赤後裔,《元史·宗室世系表》之扎尼別大王也。花剌子模爲尤赤後人之別都,故扎尼別王女有墓於其地。

---

① 參觀張蔭桓《譯刻中亞俄屬遊記敘》,《中亞洲俄屬遊記》光緒二十年(1894)上海時務報館石印本。此書沈曾植跋云:"曾植始於癸巳春見此書于順德李侍郎齋中,侍郎以批本見示,屬更詳考,因箋記數事於卷中,未能盡意也。其秋,從事譯署,奉南海公命,校刻是書,排比衆説,愚管亦附存焉。凡簡端所録皆順德侍郎説,書中夾註者朱孝廉説,加按字者曾植當時所籤記也。書中興地古事,別有考,兹不屢入。光緒甲午孟夏,嘉興沈曾植記。"

他在研究中能够參稽群籍,故往往有貫通的解釋。

沈曾植另有《近疆西夷傳注》一卷,見《沈乙盦先生海日樓遺書總目·史外合注(六種)》中,惜筆者至今尚未得見,據題目推測,大概是諸史西域傳的箋注。

除上述專著外,他的一些札記也討論古代西域交通的重要問題。如其《穆天子傳書後》論大夏、月氏云:

> 西夏蓋即《王會》大夏之西部,所居蓋漢以前月氏故地。此書無月氏,伊尹《獻令》大夏、月氏皆在正北方,其後積漸西徙,得非爲月氏所逼與?匈奴、月氏、大夏,皆北方種族,躙迹西徙,大夏開其先,月氏繼之,而後匈奴繼之。獨此書紀大夏未入西域以前故地,此爲地理學者最可寶貴之典證已。……吐火羅爲大夏,大夏已見《周書·王會》、《商書·獻令》,其通中國,在穆王前。粟特,漢人稱傁伭,即《王會》之數楚,則謂穆王時已有素葉特書非無稽已。[1]

他還將此書與《禹貢》對勘,云:

> 文山即《禹貢》岷山,巨蒐即《禹貢》渠搜。……此書與《禹貢》可相發,不爲荒誕也。

至於周穆王西征的用意,他推測說:

> 穆王之行,頗若有探尋河源之意者……穆王雄略與漢武開西域用意略同。吾嘗謂齊景公"吾何修而比於先王觀",所謂先王者,即指穆王。其言至秦政實行之,而秦政由會稽溯江以至洞庭,亦似有濫觴岷源志,將師穆王而行不逮者。以後準前,古今人意度故不甚相遠也。

---

[1] 釋持(沈曾植)《穆天子傳書後》,《亞洲學術雜誌》第三期,1922年。又見錢仲聯輯録《沈曾植海日樓文鈔佚跋(一)》。參觀王貽樑《穆天子傳匯校集釋》,華東師範大學出版社1994年版。

這些闡述在地理研究之外，又有助於知人論世，可見沈氏學問的博
通。關於漢人所稱"儌侲"，他另在所作札記《東軒溫故録》中有詳細
考證：

> 《後漢・文苑・杜篤傳》，《論都賦》有"獲昆彌，虜儌侲"句，
> 注云："侲，音真。字書無儌字，諸家並音儌侲爲粟犢，西域國名
> 也。傳讀如此，不知所出。今有肅特國，恐是也。"案：粟犢、肅
> 特，即《魏略》之粟特。據此知東漢初已通中國，而呼爲儌侲，兩
> 字甚新異。《周書・王會篇》："數楚每牛。"孔晁注："數楚，北
> 戎。"向來注家不知所出。據此，儌侲正當作數楚，楚轉爲辰，後
> 加人旁耳。[1]

粟特學現已成顯學，爲世界學者所矚目，沈曾植在百年前早已關注
於此，可見學術眼光極爲敏鋭。其考"粟特"即《後漢書》"儌侲"、《周
書》"數楚"之説似尚未被晚近粟特學者述及。

(三)碑誌史料的研究

沈曾植精通金石碑版之學，他十分重視利用碑誌資料研究中外
交通史，其中最著名的例子是對"和林三碑"的研究。

光緒十九年(1893)，俄羅斯使臣喀西尼(A. P. Cassini, 1836—
1913。1891—1896 任駐華公使)以拉德洛夫(Friedrich Wilhelm Ra-
dloff，即 Василий Васильевич Радлов, 1837—1918)所著《蒙古古物
圖志》[2]，送總署屬爲考釋其中的和林三碑，即《闕特勤碑》、《毗伽可
汗碑》、《九姓回鶻可汗碑》[3]。沈曾植當時正在總理衙門任職，寫了
三篇題跋。他是中國學者中最早研究和林三碑的人，他的考釋被西方

---

① 參觀錢仲聯輯《海日樓札叢》卷二，55 頁。

② W. Radloff, *Atlas der Altertümer der Mongolei*, vol. 1, St. Peterslerg：
Buchdruckerei der Akademie der Wissenschaften, 1892.

③ 參觀林梅村、陳淩、王海城《九姓回鶻可汗碑研究》，《歐亞學刊》第 1 輯，商務
印書館 1999 年版，151—171 頁。又收入林梅村《古道西風——考古新發現所見中西文
化交流》，三聯書店 2000 年版，285—320 頁。

學者引用，稱爲"總理衙門書"①。1894—1899 年，拉德洛夫先後出版五大册《蒙古古代突厥碑銘研究》，其中此三碑即採用了沈曾植的漢文録文②。

　　闕特勤碑位於今蒙古境内鄂爾渾河畔，它的出土爲確定和林的位置起了決定性作用。沈曾植在《闕特勤碑跋》中最早徵引元耶律鑄《雙溪醉隱集·取和林》詩注："和林城，苾伽可汗之故地也。太宗于此起萬安宫。城西北七十里有苾伽可汗宫遺址，城東北有唐明皇開元壬申御製書《闕特勤碑》。唐《新》、《舊書》書特勤皆作衙勒之勒，誤也。"並指出：

　　　　此碑爲考據和林之堅證，得此碑而和林所在，異説紛紛，不
　　　　待攻而自破矣。

他還對碑中術語進行審音勘同，如云：

　　　　突厥語無可考，而蒙古口語，歷久相沿，可敦之爲哈屯，達
　　　　干之爲答爾罕，葉護之爲詳穩、爲桑昆、爲想昆，舊語斑斑，可相
　　　　證合。然則古之所謂特勤，即《元史》之的斤，亦即今蒙語所謂
　　　　台吉矣。③

當時志鋭(1852—1912)任烏里雅蘇臺將軍，之任時同人屬其拓《闕特勤碑》，後來他把拓片贈給金石家盛昱(1850—1900)，盛、沈同官京朝，皆嗜金石碑版，交誼甚篤。盛題跋後，光緒二十二年(1896)十

---

　　①　釋持(沈曾植)《和林三唐碑跋》，《亞洲學術雜誌》第二期，1921 年。王國維《觀堂集林》卷二〇《九姓回鶻可汗碑跋》云："和林九姓回鶻可汗碑，自來金石家皆未著録。光緒中葉，俄人始訪得之，拉特禄夫《蒙古圖志》中始揭其影本。光緒十九年，俄使喀西尼以拉氏書送總理各國事務衙門，屬爲考釋，時嘉興沈乙庵先生方在譯署，作《闕特勤碑》、《苾伽可汗碑》及此碑三跋，以覆俄使，俄人譯以行世，西人書中屢引其説，所謂總理衙門書者也。"參觀許全勝《沈曾植年譜長編》，166 頁。

　　②　W. Radloff, *Die Alttürkischen Inschriften der Mongolei*, St. Petersberg, 1894-1899. 耿世民《古代突厥文碑銘的發現和解讀研究》一文則説有"蘇京城(譯音)的漢文録文"(見耿世民《古代突厥文碑銘研究》，中央民族大學出版社 2005 年版，29 頁)，所謂"蘇京城"蓋即"沈曾植"之訛。

　　③　參觀錢仲聯輯録《沈曾植海日樓文鈔佚跋(四)》，《文獻》1992 年第 2 期。

一月沈曾植又作《闕特勤碑釋文跋》①，其文有云：

> 蒙古語與突厥語不同，然名號相沿，舊解固猶有存者。嘗謂闕特勤之闕，即《遼史》闕遏可汗之闕遏，即耶律大石稱爲葛爾汗之葛爾，即《元秘史》諸部立札木合爲局兒汗之局兒，《秘史》蒙文釋局兒之義曰普，此即闕之釋義。徑切言之，闕特勤猶言總台吉歟？

案，"闕"爲突厥語"kul"之音譯，有普遍、全體之義②。沈曾植雖不通突厥語，但仍能作如此貫通今古的對勘，實在令人欽佩。

沈氏的《突厥苾伽可汗碑跋》略云：

> 苾伽之名……新、舊《唐書》暨唐人文字皆作毗伽，惟《張曲江文集》作苾伽，與耶律鑄《雙溪集》合。今題爲苾伽可汗者，依《雙溪集》文也。……《雙溪集》言苾伽可汗宫，言《闕特勤碑》，獨不言此碑。當時不應不見，或亦以其殘泐不可省視而忽之。計碑壞之時，固在元代以前矣。……碑立於開元二十三年，苾伽之没在二十二年，《新》、《舊書》並無苾伽卒年，此可補闕者。③

沈跋又引《張曲江集》中《敕突厥可汗書》證此碑爲唐玄宗親筆所書。

《九姓回鶻可汗碑》是研究突厥回鶻史之重要史料，惜多殘缺，沈氏的《唐九姓回鶻愛登里囉汨没蜜施合毗伽可汗聖文神武碑跋》考其碑主爲懷信可汗，與拉德洛夫同，後來沙畹、伯希和則主張爲保

---

① 王國維《觀堂集林》卷二〇《九姓回鶻可汗碑跋》："時志文貞鋭方爲烏里雅蘇臺將軍，亦拓《闕特勤碑》以遺宗室伯羲祭酒盛昱，祭酒跋之，沈先生復書其後，於是世人始知有《闕特勤碑》。"案，沈跋見盛昱等撰《闕特勤碑釋文》，清光緒間日照丁氏柊林館刻本，末署"光緒丙申十一月壬辰朔二十四日乙卯，嘉興沈曾植敬觀題記"。王國維所謂"沈先生復書其後"者，即此跋。盛昱《八聲甘州·送伯愚都護之任烏里雅蘇臺》自注"同人屬拓《闕特勤碑》"（載《文廷式集》，中華書局 1993 年版，1412 頁），可與王跋參觀。志鋭，字公穎，號伯愚，姓他塔拉氏。滿洲鑲紅旗人。與沈曾植爲光緒六年（1880）同科進士。謚文貞。

② 參觀芮傳明《古突厥碑銘研究》，上海古籍出版社 1998 年版，229 頁。

③ 參觀錢仲聯輯録《沈曾植海日樓文鈔佚跋（四）》。

義可汗,學者多從之。沈跋除考證史事外,還研究其中所涉的地理,
如指出"嘔昆即鄂爾坤",其考"真珠河"云:

> 真珠河見《西域傳》,云"石國西南有藥殺水,入中國,謂之
> 真珠河,亦曰質河"。準其地望,蓋元之霍闡没輦,今之那林
> 河。救龜茲而兵及那林,蓋兵出今新疆南路,由阿克蘇踰騰格
> 里山之貢古魯克卡而西向敖罕,此爲唐世天山南北相通之
> 孔道。①

沈曾植的這些研究使他爲西方學者所知,爲當時中國學者在世界學
林爭得一席之地,有不可磨滅的歷史地位。

　　他利用碑誌研究中外關係史的一些觀點至今仍有重要參考價
值,這方面可以《阿羅憾墓誌跋》爲代表。

　　《阿羅憾墓誌》是研究唐代中外關係史的重要出土文獻,此志清
末時發現,但具體出土情況不詳。宣統元年(1909),端方著録於《陶
齋藏石記》,題爲《波斯國酋長阿羅憾丘銘》②。而沈跋題爲《新出墓
誌跋》,蓋爲此墓誌最早的研究成果之一,惜晚近學者均未注意及
之③。其文云:

> 波斯自隋末臣於西突厥,唐破西突厥,而威棱震於西海。
> 顯慶初元,正突厥方啄,大食未張時也。志稱"高宗召波斯大酋
> 阿羅憾,授以將軍,差充拂林國諸蕃宣慰大使,并於拂林西界立
> 碑而還",此唐世西被盛事,而《新》、《舊》兩書《波斯》、《拂林》兩
> 傳皆失紀,甚可惜也。阿羅憾留中國,又爲則天召諸蕃將建造
> 天樞,年九十五而卒。其名與老壽,頗似祆教師或摩尼師,未可知
> 也。銘題《大唐故波斯國大酋長右屯衞將軍上柱國金城郡開國公

---

① 參觀錢仲聯輯録《沈曾植海日樓文鈔佚跋(四)》。
② 參觀端方《陶齋藏石記》卷二一,宣統元年(1909)石印本。
③ 參觀林梅村《洛陽出土唐代波斯僑民阿羅憾墓誌跋》,《學術集林》卷四,上海
遠東出版社 1995 年版,284—299 頁;林悟殊《唐代景教再研究》,中國社會科學出版社
2003 年版;馬小鶴《唐代波斯國大酋長阿羅憾墓誌考》,收入馬小鶴《摩尼教與古代西域
史研究》,中國人民大學出版社 2008 年版,538—578 頁。

波斯□□之銘》，□□不可辯，然絕非府君等字，疑有異稱。又列
波斯大酋長於唐官之前，亦覺可異。[①]

從跋文看，沈曾植已敏鋭地注意到阿羅憾差使拂林是唐朝勢力西被
的盛事，以及阿羅憾爲武則天建造天樞這一重要史實。至於阿羅憾
的宗教背景，他據其名與老壽，懷疑爲袄教徒或摩尼教徒，但又説
"未可知也"，表現出十分審慎的態度。這也是目前學界争論的焦點
之一，自羽田亨以後許多人同意阿羅憾是景教徒，但也有學者如富
安敦（Antonino Forte）、達芬納（P.Daffina）等力持反對意見[②]。

四、邊疆史地研究

上述沈曾植的諸多著作都在不同程度上涉及邊疆史地，而他的
不少札記、題跋則與此密切相關，包括對西北、東北、西南邊疆史地
的諸多研究。

（一）西北史地研究

沈曾植於西北史地用力甚勤，前述他對中亞西域的研究就是其
中重要的組成部分。另外他十分重視對地圖的研究，光緒十六年
（1890）曾出任會典館繪圖總纂。他對西域地圖的研究概見於《經世
大典西北地圖書後》，文中肯定了此圖的價值：

> 元《經世大典·西北地圖》在《永樂大典》中，魏默深得之，
> 傳于《海國圖志》，而譏其方向差殊，不可信用。植以《元史》、
> 《明史》、邱處機、劉郁、陳誠所記驗之，地名方位，往往合符，知
> 此圖實可依據。

還推測作圖者當爲回回人：

---

① 參觀上海圖書館藏《海日樓叢稿》之《新出墓誌十種跋》，又見錢仲聯輯録《沈
曾植海日樓文鈔佚跋（四）》。

② 參觀富安敦（Antonino Forte）《所謂波斯"亞伯拉罕"——一例錯誤的比定》，見
林悟殊《唐代景教再研究》附録，231—267頁。

大典之圖，北不及海都所封，東盡沙洲，西北月祖伯封地闊略，而獨詳於回回故地篤來帖木兒、不賽因二人所封，其必爲回回人所繪無疑也。西域爲自古中國戎索所漸被，而漢唐舊圖，泯無遺迹，獨辨機《西域記圖》，存于《佛祖統紀》中，亦出後人繪補，非其本製。此圖遠有本原，與史籍相應，而不賽因所封，即今波斯地，其詳數倍于利瑪竇、南懷仁之圖，偶以微疵，屏不見省，不亦惜乎?[1]

《秦邊紀略》一書，作者歷來不明，沈曾植引其弟曾桐之説，結合其他史料考訂爲清康熙時人梁份（字質人，魏禧弟子）[2]。法國學者韓百詩（L. Hambis）在 1969 年出版的《明代蒙古史料》中著録此書，仍説"作者不詳"，且誤以爲成書於明末[3]。

另外他對徐松的名著《西域水道記》也有相當深的研究，並撰有《書西域水道記卷四後》的專文[4]。

(二)東北亞史研究

沈曾植對東北史地也十分重視，其專著有《女直考略》一卷（列在王蘧常《沈寐叟年譜》所附《沈子培先生著述目》中），惜此書迄未見到。

他還很注意這方面的碑誌材料，如《好太王碑》是記載高句麗歷

---

[1]　參觀錢仲聯輯録《沈曾植海日樓文鈔佚跋（一）》，末署"光緒丁亥仲冬（1887—1888）研篆注篆之廬書"。

[2]　參觀《秦邊紀略書後》，《學海月刊》創刊號，民國三十三年（1944）7 月。又見錢仲聯輯録《沈曾植海日樓文鈔佚跋（二）》，《文獻》1991 年第 4 期。

[3]　參觀 Louis Hambis, *Document sur L'Histoire des Mongols à L'Epoque des Ming*, Paris：Presses Universitaires de France, 1969, p.77. 秦邊紀略 *Ts'in-pien ki-lio* Cet ouvrage en six chapitres, et d'un auteur inconnu, a du etre écrit à la fin des Ming d'après le contexte. Il concerne les régions frontières de l'ancien pays de Ts'in depuis la Boucle du Fleuve Jaune jusqu'au Tibet oriental et au Kansou. La seule édition connue date de *t'ong-tche jen-chen* (1872)；elle a été dépouillée entièrement. [此書六卷，作者不詳，據其內容，當成于明季。涉及自河套以迄西藏東部、甘肅之古代秦國邊境地域。同治壬申（1872）本已悉經刪削，爲所知唯一刊本。] 案，此書又收入《半畝園叢書》及《關中叢書第七集》，《中國叢書綜録》也未注作者。

[4]　見錢仲聯輯録《沈曾植海日樓文鈔佚跋（一）》。又參觀《中亞俄屬遊記》沈曾植按語，如卷下云"卡喇土畢，即《西域水道記》所載敖罕之鄂勒堆帕城"；"喇馬桑，即《水道記》、《聞見録》之納馬兹"；"打窪斯，即《水道記》之達爾瓦斯"。

史的現存最早、内容最豐富的石刻史料,有極重要的研究價值。韓
國任昌淳藏《好太王碑》拓本有蔡右年跋云:

> 好太王碑,在海東高山之巔古扶餘國,今開原縣界。山臨
> 遼河,河西即高麗,僻地危厓,故此碑傳本極鮮。光緒己丑
> (1889),廠肆博古齋遣工往拓,經數月之久,得十數本。宗室伯
> 兮祭酒師、王正孺、黄仲弢兩編修、沈子培比部、天池舍人及右
> 年,各以白銀十金購存一本。①

據此可知,此碑在清末發現不久,沈氏即於光緒十五年(1889)購得
原石拓本。

《扶餘隆墓誌》也是研究中韓關係史的重要史料,誌石出土於
1919年②,沈曾植的《唐熊津都督府帶方郡王扶餘隆墓誌跋》以誌文
與兩《唐書》對勘,是最早的研究成果③。此誌出土至今更深入的探
討尚不多見④。

(三)西南邊疆史研究

清代學者多重視西北史地,對西南的研究很不够,沈曾植却是
例外,向達先生在《蠻書校注序言》中曾説:

> 沈曾植有《蠻書注》,原稿尚在,未曾付刊,可惜没有見到,
> 只從沈氏的《海日樓文集》和王蘧常編的沈氏年譜中見到《蠻書
> 注自序》一篇。清代研究西北地理之風甚盛,作者如林,而對於

---

① 見任世權、李宇泰編《韓國金石文集成(一)》,韓國國學振興院 2002 年版。此
條材料蒙徐建新先生惠示,謹致謝忱。關於《好太王碑》拓本的情況,參觀徐建新《高句
麗好太王碑早期墨本的製作和流傳(1880—1888 年)》,《文史》2004 年第四輯(總第六
十九輯),59—75 頁。

② 參觀北京圖書館金石組編《北京圖書館藏中國歷代石刻拓本匯編》,中州古籍
出版社 1989 年版,唐 016 册,187 頁。

③ 參觀上海圖書館藏《海日樓叢稿》之《新出墓誌十種跋》,又見錢仲聯輯録《沈
曾植海日樓文鈔佚跋(四)》。

④ 參觀黄清連《從〈扶餘隆墓誌〉看唐代的韓中關係》,《大陸雜誌》總第 85 卷第 6
期,1992 年。

西南却不甚注意,因而在《蠻書》的校勘和研究上,便不免岑寂之感![①]

案沈氏著有《蠻書斠補》一卷[②],原稿今不知在何處。他對《蠻書》的見解可在《樊綽蠻書校本跋》一文中得其大略[③]。

另外沈曾植還利用云南出土的一些碑誌材料並結合文獻,研討西南民族關係。如《漢孟廣碑》又名《孟璇殘碑》、《孟孝琚碑》,光緒二十七年(1901)出土於云南昭通,爲云南現存唯一漢碑。但其立碑年月不詳,沈氏《漢孟廣碑跋》推定爲東漢桓帝永壽二年丙申(156)。跋中又參考《華陽國志》、《蠻書》等考證南中孟氏與爨氏之關係[④]。

沈曾植又據《蒙國大詔德化頌碑》、《新唐書·藝文志》、《大理國淵公塔銘》、《大理府志》等,詳細討論了佛法流行大理的問題。《海日樓札叢》"南詔佛法"條云:

> 南詔佛法之興,蓋在酋龍以後,故《唐書》、《蠻書》敘其國俗,均無奉佛事迹。《蒙國大詔德化頌碑》言閣羅鳳"不讀非聖之書",又言"闡三教,闢(賓)四門,通三才而制禮,用六府以經邦"。是閣羅鳳之治國,頗飾儒書。雖言三教,固非側重佛法。大理磚塔,謂開元中建,亦無明據也。自唐末高駢鎮蜀,遣浮屠景仙使南詔,始有其俗尚浮屠法之言。建極鐵柱以後,塔廟碑銘洊著。故嘗疑崇聖塔刻,均爲唐季時物。……據《大理國淵公塔銘》,淵公受法元凝,元凝師國師道悟,道悟師施氏。淵公當宋嘉定,其上三世,極遠不過百年。……竊意雲南佛法,開始蜀僧,如《志》所稱天寶之戒照,元和之普濟,或是唐人,而事實未必正確。至於密宗持明之盛,當在唐末宋初。[⑤]

---

①　參觀向達《蠻書校注》,中華書局 1962 年版,6 頁。

②　參觀《蒙古源流箋證》卷首《沈乙盦先生海日樓遺書總目》。

③　參觀錢仲聯輯録《沈曾植海日樓文鈔佚跋(一)》。

④　參觀上海圖書館藏《海日樓叢稿》之《漢孟廣碑跋》,又見錢仲聯輯録《沈曾植海日樓文鈔佚跋(三)》,《文獻》1992 年第 1 期。

⑤　參觀錢仲聯輯《海日樓札叢》卷二,69—70 頁。

案，沈曾植推測崇聖寺塔刻爲“唐季時物”十分正確。據方國瑜研究，大理崇聖寺磚塔建於唐末，“開元”實爲“開成”之訛①。沈氏《大理國淵公塔銘跋》云：

> 《新唐·藝文志》釋氏類：“《七科義狀》一卷，雲南國使段立[之]問，僧悟達對（答）。”此則段氏之先問法於華僧者。悟達國師知玄，賜號在僖宗幸蜀後，亦唐末事也。②

此跋可與札記參觀，都認爲佛教盛行大理在唐末。

沈曾植還很重視少數民族語言，如《海日樓札叢》卷二“驃信苴”條，他據《續文獻通考》考證夷語“信苴”意爲“君”，指出《舊唐書·南蠻傳》“驃信苴”三字連文，而《新唐書》云“自稱驃信，夷語君也”，删去“苴”字非是③。

沈氏的這些研究均遠在其他學者之前，説他是近代西南邊疆研究的先驅當不爲過。

五、承前啓後

1926 年，王國維在清華國學研究院講授“古史新證”課程時，提出了著名的“二重證據法”，即利用“地下之新材料”與“紙上之材料”互證④。這是沈曾植曾標舉的“與時俱進”在學術研究領域的具體體現，在史學方法論上是具有劃時代意義的。沈曾植學域廣博，見識閎通，他在學問上的趨向是全方位的，包括蒙古學、突厥學、印度學、西域學、中外關係史、少數民族研究等後來諸多顯學，其部分研究還涉及滿學、藏學、敦煌學等新興學問。他既對傳世典籍即“紙

---

① 參觀方國瑜《大理崇聖寺塔考説》，《思想戰綫》1978 年第 6 期，51—57 頁；收入《方國瑜文集》第二輯，雲南教育出版社 2001 年版，563—582 頁。姜懷英、邱宣充《崇聖寺三塔始建年代探析》，《大理崇聖寺三塔》，文物出版社 1998 年版，25—28 頁。

② 見錢仲聯輯録《沈曾植海日樓文鈔佚跋（五）》，《文獻》1992 年第 3 期。

③ 參觀錢仲聯輯《海日樓札叢》卷二，66 頁。

④ 參觀王國維《古史新證》第一章《總論》，清華大學出版社 1994 年版，1—3 頁。

上之材料"有廣博的研究,又極重視出土文獻即"地下之新材料"在
補史、證史方面的重要作用,除了對金石學造詣精深外①,還十分關
注殷墟甲骨、居延漢簡、敦煌文書等近代發現的重要古文獻的整理
研究②,是我國最早收藏甲骨③、考證敦煌遺書④、研究漢簡書法⑤的
學者之一。

　　沈氏在晚清光宣之際(1875—1911)所作的許多探索在近代學
術史上都具有引領學術潮流的意義。但到民國後,由於不少早年的
書稿在庚子之亂時佚失⑥,加之鼎革帶來的影響,他已無心專力于壯
年時期的著述了。1914 年 7 月沈曾植致羅振玉札云:

　　　　鄙人昔所研習,自以地學爲多,創之在歐士以前,出之乃遠

---

①　沈曾植是晚清金石學巨擘,他不僅收藏大量歷代石刻拓本,還進行了深入研
究,所作碑帖題跋即多達二百餘篇(參觀許全勝、柳岳梅整理《海日樓書目題跋五種》,
中華書局 2016 年版)。

②　1910 年 11 月 28 日沈曾植致繆荃孫札云:"敦煌經典,必當有出中、東、麗《藏》
外者,區區盼望編目,亦甚切也。其他有關乎四部者,珍秘新異,諸君當已有發明,曷不
出一圖書校勘録,公諸海内,此當爲東西學者歡迎。"1911 年 9 月 17 日致繆荃孫札云:
"敦煌寫經,聞有流在廠肆者,公能爲我購置數卷,書迹不佳,存以識江西文物耳。"(參
觀《沈曾植年譜長編》,350、360 頁。)

③　1911 年 1 月 19 日沈曾植致羅振玉札云:"安陽貝拓本,亟願得之,多多益善,
公所藏能應我求否? 若文字有出公所藏外,亦願購之,不求多也。舊所得亦有四五十
枚,甲、骨皆有之,無人能拓,遂多年未啓視,此事遂讓公先鞭。讀公書,欽且妒也。"
(《沈曾植年譜長編》,353 頁。)

④　他對敦煌所出《論語》鄭氏注有過研究,撰有《論語孔氏本鄭注跋》(參觀錢仲
聯輯録《沈曾植海日樓文鈔佚跋(一)》)。還有《唐寫本四分律殘卷跋》,參觀湯蔓媛纂
輯《傅斯年圖書館古籍善本題跋輯録》,臺灣"中研院"歷史語言研究所 2008 年版,第三
册,541 頁。

⑤　1914 年初沈曾植致羅振玉札云:"漢竹簡書,近似唐人,鄙向日論南北書派,早
有此疑,今得確證,助我張目。前屬子敬(羅振常)代達攝影之議,不知需價若干,能先
照示數種否? 此爲書法計,但得其大小肥瘦,楷草數種足矣,亦不在多也。"同年 2 月 27
日致羅振玉札略云:"今日得正月廿七日書並《流沙墜簡》樣張,展示焕然,乃與平生據
石刻金文懸擬夢想儀型不異。……《墜簡》中不知有章草否? 有今隸否? 續有印出,仍
望示數紙。餘年無幾,先睹之願又非尋常比也。"(《沈曾植年譜長編》,392、395 頁。)

⑥　沈曾植《聖武親征録校本跋》云:"丁酉,予丁太夫人艱,衘恤南歸。及庚子而
抄本及積年所搜集諸書留在京邸者並燼於拳焰,斬然衰絰,兹業遂廢,於今二十年矣。"
參觀王蘧常《沈寐叟年譜》附録,86 頁。

出歐士以後,在昔新發明,在今或已爲通行説,以兹棄置,不樂
重觀。若使天假之緣,彙歐學之精英羅諸几席,囊底之智固尚
冀鉛刀之割。大宙寥寥,静庵固尚有意乎? 若郅支後裔之西
遷,若帖木耳後王之世系,若月氏西域之分布,若案達羅、俱蘭、
中印、南印之興衰,但得歐籍參證吾國史書,固尚有未經發揮之
佳義可以貢諸世界也。①

到了 1915 年春,在致羅振玉信中他又寫了如下一段話,既自負又很
感傷:

> 著述久已絕念,舊稿發端在東西學者之前,問世已落東西
> 學者之後,天運實爾,夫復何言,今亦不願再觀。生死書叢,蟬
> 枯蠹化,或留少許根因,他生乘願復來,冀公證我于三生石
> 上耳。②

但這并不説明民國後他就停止學術研究了,事實上他的很多札記是
在這一時期撰寫的。與羅振玉、王國維等後學的交往,在一定程度
上也喚醒了他早年的學術熱情,如 1912—1913 年整理刊佈《島夷誌
略箋注》舊稿就是應羅氏之請。1917 年冬,他還校勘過《聖武親征
録》,其《聖武親征録校本跋》云:

> 丁巳冬,書賈以明抄《雲麓漫鈔》來,僞書也,實殘本《説郛》
> 之改名,而中有《聖武親征録》,取與此刻本校,則異同滋夥。研
> 討浹旬,其可以佐庀今本者,悉剌入之。雖未敢遽稱墦詰,較之
> 張、何所見者,則勝之已。③

1926 年清明節,王國維在作《聖武親征録校注序》時還回憶到:

> 余前在海上,於嘉興沈先生座上見其所校《説郛》本《親征
> 録》,爲明弘治舊鈔,與何本異同甚多。先生晚歲不甚談元史

---

① 參觀許全勝《沈曾植年譜長編》,401 頁
② 參觀許全勝《沈曾植年譜長編》,408 頁。
③ 參觀王蘧常《沈寐叟年譜》附録,86 頁。

事，然於《説郛》本猶鄭重手校。未幾，先生歸道山，其校本遂不可見。①

可見，沈曾植並非忘情於此道。對於像他這樣的一代碩學鴻儒，文章乃經國之大業、不朽之盛事的理念是淪肌浹髓的，學問之道，生死以之，是再自然不過的事了。

當然，學術一般總是後出轉精，沈曾植的學説從今天的眼光來看已有很多不足，但作爲一個拓荒者，他的努力和貢獻爲後學者開無數法門，至今仍能給人以有益的啓示，對近代學術轉型與發展貢獻很大。

受沈曾植的史學影響最大者是王國維（1877—1927）。1916 年初，王國維從日本回國，寓居上海，由羅振玉介紹拜見沈氏，從此便執弟子禮，向他請教小學音韻、蒙古史、邊疆輿地等各種學問。是年王氏有詩云：“平生子沈子，遲莫得情親。”②極表傾倒之意。王氏在文史兩方面都深受沈氏影響。他對沈曾植的詩歌成就推崇備至③，而其晚年致力於蒙元史研究，著有《蒙韃備録箋證》、《黑韃事略箋證》、《聖武親征録校注》、《長春真人西遊記校注》等，則明顯承沈氏史學之餘緒而能更上一層樓。另外，王氏在音韻學、方志學、版本學等方面也多受沈氏啓發。

陳寅恪則稱沈曾植是“當世通人”。他治蒙古史、隋唐史，很早

---

① 參觀王國維《聖武親征録校注序》，《王國維遺書》，第八册，263 頁。

② 參觀王國維《觀堂集林》卷二四《和巽齋老人伏日雜詩四章》，《王國維遺書》，第二册，623—624 頁。

③ 王國維《東山雜記》卷三“沈乙庵方伯秋懷詩”條云：“近時詩人如陳伯嚴輩，皆瓣香江西。然形貌雖具，而於詩人之旨，殊無所得。令人讀之，索然共盡。頃讀沈乙庵方伯《秋懷詩》三首，意境深邃而寥廓，雖使山谷、後山爲之，亦不是過也。”參觀趙利棟輯校《王國維學術隨筆》，社會科學文獻出版社 2000 年版，106 頁。蔣復璁《追念逝世五十年的王靜安先生》云：“他最佩服的是沈乙庵子培，從事西北地理研究就是受他的影響。……凡是他在北平寫的扇子，總不外乎寫兩個人的詩，即柯劭忞及沈子培。”（《幼獅文藝》第 47 卷 6 期，1978 年 6 月。）案，王國維臨終前一日爲人書扇，寫陳寶琛著名的《落花》詩二首（參觀《滄趣樓詩文集·前言》，上海古籍出版社 2006 年版），則非僅寫柯、沈二人之詩。

就注意沈氏的學術成果,如其讀書筆記中抄有沈曾植的《闕特勤碑跋》①,也研讀過沈著《蒙古源流箋證》②。張爾田在《蒙古源流校畢記》中說:

> 近日義寧陳君寅恪亦致力於此③,稽合外譯,頻開前失。學問之道,如積薪然,前輩之潛研,後賢之濬發,各有弘美,不妨並存。

1919年,王國維在《沈乙庵尚書七十壽序》中從學術史的角度對沈曾植的成就作了高度概括,他說:

> 夫學問之品類不同,而其方法則一。國初諸老用此以治經世之學,乾嘉諸老用之以治經史之學,先生復廣之以治一切諸學。趣博而旨約,識高而議平。其憂世之深,有過於龔、魏,而擇術之慎,不後於戴、錢。學者得其片言,具其一體,猶足以名一家,立一說。其所以繼承前哲者以此,其所以開創來學者亦以此。使後之學術變而不失其正鵠者,其必由先生之道矣④。

我們今天梳理沈曾植留下的豐富學術遺産,實質上也是對晚清學術史的重新審視和部分總結。

---

① 參觀陳美延編《陳寅恪先生遺墨》,嶺南美術出版社2005年版,89—90頁。

② 1942年9月23日陳寅恪與劉永濟書云:"弟廿年來所擬著述而未成之稿,悉在安南遺失。中有《蒙古源流注》,係依據其蒙滿文諸本,並參稽其所出之西藏原書,《四庫提要》所謂咖喇卜經等者,考訂其得失。與沈乙菴書大異。後聞伯希和在庫倫獲《元秘史》元本,故欲俟其刊布,再有所增刪。用力雖勤而原著價值頗不高,今稿既已失去,亦不復談論此事矣。"參觀《陳寅恪集·書信集》,三聯書店2001年版,244—245頁。

③ 此句據沈曾植《蒙古源流箋證》民國二十一年(1932)紅印本,一作"殊方治蒙古者近亦多致力於此"。

④ 參觀王國維《觀堂集林》卷二三,收入《王國維遺書》,第二冊,585頁。

沈曾植史地著作考論

　　行記是蒙元史料的一大特色,現存南宋金元時期的行記數量較多,這些史料對研究當時中外歷史地理有重要的參考價值。經沈曾植批注的著名行記有耶律楚材《西遊録》、李志常《長春真人西遊記》、趙珙《蒙韃備録》、彭大雅撰徐霆疏《黑韃事略》、張德輝《紀行》、汪大淵《島夷誌略》共六種之多。

《西遊録箋注》

一、耶律楚材與《西遊録》

　　耶律楚材(1190—1244)[①],字晋卿。居燕京玉泉山,故號玉泉[②]。嘗從萬松老人釋行秀(1166—1246)學佛,獲賜道號湛然居士,法名從源。有美髯,太祖呼曰吾圖撒合里(蒙古語,意爲長髯人)。生長燕京,祖居醫巫閭山西義州弘政縣(今遼寧省義縣)[③],自署籍貫爲

---

① 耶律楚材的生卒年有兩説,王國維主張 1190—1244,見其《耶律文正公年譜》,《王國維遺書》,上海書店出版社 1983 年版,第七册,149、196 頁;陳垣主張 1189—1243,見《耶律楚材之生卒年》,原刊於《燕京學報》第八期(1930 年 12 月),又見《陳垣學術論文集》第二集,中華書局 1982 年版,65—70 頁。案,《耶律文正公年譜》引元好問《尚書右丞耶律公神道碑》"癸卯(1243)秋八月中令君使謂好問"云云,證明楚材此時尚在世;又引《河汾諸老詩集》卷一麻革《中書大丞相耶律公挽詞二首》下注"甲辰(1244)五月十四日"與《元史》合,此兩條材料均堅實而無法回避,故仍當以王國維説爲是。

② 耶律楚材《送劉滿詩卷》真迹(今藏紐約大都會博物館)即署名"玉泉",參觀翁萬戈編《美國顧洛阜藏中國歷代書畫名迹精選》,上海人民美術出版社 2009 年版。

③ 參觀王國維《耶律文正公年譜餘記》,《王國維遺書》,第七册,199 頁。

"漆水"①。他是遼東丹王突欲八世孫,金尚書右丞履子。元太祖十年(金貞祐三年,1215)成吉思汗(1206—1227年在位)定燕,降蒙古。後從成吉思汗平定四方。太宗(1229—1241年在位)時,官至中書令。乃馬真后稱制(1242—1245),用回回人奧魯剌合蠻,遂見疏。元初立國規模,多由楚材所定。文宗至順元年(1330)追封廣寧王。諡文正。《元史》有傳②。

1218年(戊寅)春三月既望,應成吉思汗之詔,耶律楚材赴蒙古克魯倫河畔的大斡耳朵。1219年,隨成吉思汗西征花剌子模,1224年班師東歸,1227年(丁亥)冬抵燕京③。1228年(戊子),他寫了《西遊録》。上篇記西行道里、西域山川、物産風俗等,下篇則用較大篇幅以問答體的形式大力抨擊長春真人丘處機及全真道,這正是楚材寫此書的用意所在。1229年(己丑),《西遊録》由楚材自家雕版印行④。

二、《西遊録》的版本與中外學者的研究

奇怪的是,《西遊録》在元代頗罕流傳。到清代嘉道以後,學者

---

① 漆水,李文田《西遊録注》最早認爲即《金史·地理志》"利州龍山縣有漆河鎮"之"漆河"。向達校注《西遊録》(中華書局1981年版,4頁)陳得芝補注也引此條,似未注意到李注。向達注引張相文《湛然居士年譜》(有民國十八年鉛印本行世),謂漆水可能是遼金時代大淩河的別名。案,此說似有理,大淩河上游流經利州龍山縣,下游則流經義州弘政縣。

② 參觀《元史》卷一四六,中華書局1976年版,3455—3464頁。

③ 關於耶律楚材返回燕京的時間,他在1229年己丑元日所作《西遊録序》云:"戊子,馳傳來京,里人問異域事,慮煩應對,遂著《西遊録》以見予志。"而《西遊録》卷上則云:"丁亥之冬,奉詔搜索經籍,馳驛來燕。既而更拂,有客惠然而來,率爾而問曰:'居士之游西域也,不知其幾千里邪。西遊之事,可得聞乎?'"又《湛然居士文集》卷八《燕京崇壽禪院故圓通大師朗公碑銘》云:"丁亥之冬,予奉詔搜索經籍,馳傳來京。"王國維《耶律文正公年譜》據文集繫於丁亥之冬,是。

④ 《西遊録》卷末有題記:"戊子清明日湛然居士漆水楚才晉卿題。"而其自序則作於1229年,末題:"己丑元日湛然居士漆水移剌楚才晉卿敘。"《西遊録》卷尾另有"燕京中書侍郎宅刊行"字樣。案,才、材古可通假。楚材,元好問《奉國上將軍武廟署令耶律(辨才)公墓誌銘》、《尚書右丞耶律(履)公道碑》皆作"楚才",與此題記同,其兄名辨才、善才(參觀姚奠中主編《元好問全集》,山西古籍出版社2004年版,581、587頁)。

喜治西北地理，注意到其中内容，則是根據元盛如梓《庶齋老學叢談》卷上節録《西遊録》上篇有關西遊地理的部分①。沈曾植注本就是用的這個本子。但是盛如梓的删節本中原來並不包含《西遊録序》，此序是從耶律楚材《湛然居士集》卷八中移來的。沈氏注稿本未經刊刻，故不爲世所知。晚清、民國間爲《西遊録》地理作注釋的有李文田（1834—1895）、范壽金、丁謙（1843—1919）、張相文（1867—1933）、張星烺（1881—1951）等學者②。王國維（1877—1927）有校注稿本存世，惜未刊佈③。方豪在《中西交通史》中也有專節加以介紹④。而早在 1875 年（光緒元年），俄國漢學家貝勒（Emil Bretschneider，1833—1901）就將此《西遊録》譯爲英文，見其所著《中國中世紀西行者》（*Chinese Mediaevel Travellers*）⑤。1888 年（光緒十四年），他在兩卷本巨著《基於東亞史料的中世紀研究》的上卷第一部分也收録了《西遊録》的譯文，並有考釋⑥。

---

① 鮑廷博據錢塘汪西亭、常熟錢功甫鈔本合校，於嘉慶十年（1805）刊入《知不足齋叢書》第二十三集中。

② 李文田《西遊録注》一卷，《靈鶼閣叢書》第四集，光緒二十三年（1897）元和江標刊；又收入《鄋鄭學廬地理叢刊》、《順德李氏遺書》、《玉簡齋叢書》、《煙畫東堂小品·順德師著述》、《叢書集成初編》史地類。李文田注、范壽金補《元耶律楚材正公西遊録略注補》一卷，見《聚學軒叢書》第四集。丁謙《元耶律楚材西遊録地理考證》一卷，見民國四年（1915）《浙江圖書館叢書》第二集。張相文《耶律楚材西遊録今釋》，《地學雜誌》民國八年（1919）；又見張相文《南園叢稿》卷一，北平中國地學會民國十八年（1929）版，收入《民國叢書》第五編 98 册，上海書店 1996 年版。張星烺《中西交通史料匯編》第七編第九章《元代遊歷中亞之記載》第一節《耶律楚材之〈西遊録〉》，中華書局 2003 年版，1652—1661 頁。

③ 王國維《西遊録校注》稿本，以清光緒二十三年（1897）江標輯刻《靈鶼閣叢書》本李文田《西遊録注》爲底本，今藏中國國家圖書館。參觀《中國古籍善本書目·史部·地理類》，上海古籍出版社 1993 年版，1065 頁。

④ 參觀方豪《中西交通史》第三編第六章《元代西游之中國人》第一節《耶律楚材及〈西遊録〉》，岳麓書社 1987 年版，501—504 頁。

⑤ 譯文刊於《禹貢》半月刊第七卷第一、二、三合期。

⑥ E.Bretschneider，*Mediaeval Reserches from Eastern Asiatic Sources*，*Fragments towards the Knowledge of the Geography and History of Central and Western Asia*，*from the 13th to the 17th Century*，vol.Ⅰ，London，1888.參觀閻國棟《俄國漢學史》，人民出版社 2006 年版，472—474 頁。又張星烺《中西交通史料匯編》，1652 頁。

　　1926 年春，日本學者神田喜一郎（字信暢，號鬯庵，1897—1984）在宮内廳圖書寮發現一部舊鈔足本《西遊録》。據神田氏題跋，此本爲日本德川幕府古賀侗庵録自鄧林鈔本，有鄧林文政七年甲申（1824）跋。而鄧林鈔本則録自普門院舊藏開祖聖一國師攜自中國的元刊原本①。6 月，神田又于内閣文庫發現第二部足本，並著文介紹②。1927 年 5 月，神田將足本排印刊佈。同年 7 月羅振玉將神田刊本輯入《六經堪叢書》初集，由東方學會出版③。這樣，一部完整的《西遊録》才重新爲世所知。1962 年，姚從吾（1894—1970）和澳大利亞學者羅依果（Igor de Rachewiltz）都出版了《西遊録》的注釋本④。而 1962—1966 年間，向達（1900—1966）也爲足本《西遊録》做了較詳細的校注，1981 年由中華書局出版，是目前最佳且通行的注本。

　　《西遊録》在元代就罕見，據陳垣研究，元至元二十九年（1291）釋祥邁的《至元辨僞録》引了一千餘字，明萬曆二十九年（1601）包衡的《清賞録》卷一一引了五十餘字，與元貞元年（1295）盛如梓節略本稍有不同，而與後來發現的足本全同。可見萬曆時仍有流傳，但明初修《永樂大典》時未被採入。耶律楚材信佛教，耶律鑄則喜道教，父子二人信仰異趣。因爲是家刻本，到楚材卒後，很可能書版被銷

---

　　①　聖一於日本四條天皇嘉禎二年（1236）入宋，時爲蒙古太宗八年（案，方豪已指出神田跋誤爲七年，見上揭方豪《中西交通史》，502 頁）。普門院藏書多係聖一所遺，日本文和二年（1353）普門院僧編其藏書目有《西遊録》。參觀神田信暢《西遊録跋》，羅振玉輯《六經堪叢書》初集，民國十六年（1927）東方學會排印本。又見神田喜一郎《耶律楚材西遊録足本の跋》，《神田喜一郎全集》第三卷《東洋學文獻叢説》，京都：同朋舍，昭和五十九年（1984），78—81 頁。

　　②　神田喜一郎《足本耶律楚材西遊録之發見》，《史學雜誌》第三十七編第六號，大正十五年（1926）6 月。參觀方豪《中西交通史》，502 頁。

　　③　《六經堪叢書》初集本《西遊録》卷首署“丁卯六月上虞羅氏印”，用陰曆，相當於陽曆七月。

　　④　參觀姚從吾《耶律楚材〈西遊録〉足本校注》，《大陸雜誌》特刊第二輯，1962 年 5 月；又載《姚從吾先生全集》（七），臺灣正中書局 1982 年版，203—284 頁。Igor de Rachewiltz（羅依果），“The Hsi-yu lu 西遊録 by Yeh-lü Ch'u-ts'ai 耶律楚材”，*Monumenta Serica*，vol.21，1962，pp.1-128.

毁了,這就是此書流傳稀少的原因①。

三、沈曾植的《西遊録》研究

在足本發現前,嘉道以後的學者看不到書中攻擊丘處機的那部分,沈曾植在耶律楚材自序中發現有排斥道教的話,他在注中引明王世貞(1526—1590)《弇州山人四部稿》中《書玄風慶會録後》"湛然《西征記》頗稱長春之短"一語②,並説:"不知即指此序中語否,抑《記》中別有言也?"可見他已懷疑被盛氏節略的原書中可能有這方面的内容,這是很敏鋭的。王世貞書尚在包衡《清賞録》前,也可佐證此書在明萬曆時仍可看到,而這條材料前人似未及之。

沈曾植的注條目不多,但在考釋地名方面時有確解,如指出"班城"與《長春真人西遊記》中的"班里城"地理相合,當脱一"里"字;"可弗叉"即《元秘史》"乞不察"等。另外值得注意的是,他還從清人李光廷(1812—1880)《漢西域圖考》、俞浩《西域考古圖》輯出所引《西遊録》的内容③,但這些文字都不見於現存盛氏節本與日本發現的足本,尚需進一步研究。

沈注録俞浩《西域考古録》卷一五引《西遊録》云:

> 大軍發于闐而西,遂北渡黄河,至可汗城,[城]極雄壯。攻圍五日,西人堅守不下。我軍以礮攻之,火箭焚其東城鼓(敵)樓。既破,遂屠其城人。時天暑甚,上命築壘,暫休軍卒。使人招諭諸城。七月,雅爾堪城主來降,且迎軍,大軍遂陸續西進,

---

① 陳垣《耶律楚材父子信仰之異趣》,《陳垣學術論文集》第一集,中華書局 1980 年版,425—426 頁。釋祥邁《大元至元辨僞録》五卷,見《續修四庫全書》子部第 1289 册。包衡《清賞録》,見《四庫全書存目叢書》子部第 143 册。

② 見王世貞《弇州山人四部稿》續稿卷一五八,亦見《讀書後》卷八。

③ 李光廷《漢西域圖考》七卷,同治九年(1870)刊本;又收入《皇朝藩屬輿地叢書》第四集,光緒二十九年(1903)金匱浦氏静寄東軒石印本。俞浩《西域考古録》,道光二十七年(1847)《海月堂雜著》本,收入《四庫未收書輯刊》第九輯第 7 册,北京出版社 1997 年版,525—751 頁。李文田注、范壽金補《元耶律文正西遊録略注補》(《聚學軒叢書》第四集)亦將兩書中未見於盛如梓節本的三段《西遊録》文字輯出置於卷末。

至木蘭河。河甚寬廣,無船,軍中縫牛革爲囊,亂流而渡。河水迅急,半濟,風起浪洶湧,激革囊回南岸,溺斃數十人。乃命元帥張榮伐林木,裝栿(筏)以濟師。八月下旬,軍渡河而西。

案,俞浩云:"考《録》中可汗城,當即唐之磧南州鴉兒看城,亦見《元史》,疑即葉爾羌城。木蘭河即烏蘭烏蘇河也。"①沈注所録李光廷《漢西域圖考》卷二引《西游録》云:"大軍發于闐,至可汗城,屠其城。雅爾堪城主來降。"較俞書所引更簡略。雅爾堪,《元史》又作"鴨兒看",即葉爾羌(今新疆莎車)。蒙古進軍至"木蘭河"事,又見《元史》卷一百五十一《張榮傳》:

> 戊寅(1218),領軍匠,從太祖征西域諸國。庚辰(1220)八月,至西域莫蘭河,不能涉。太祖召問濟河之策,榮請造舟。太祖復問:"舟卒難成,濟師當在何時?"榮請以一月爲期。乃督工匠,造船百艘,遂濟河。太祖嘉其能而賞其功,賜名兀速赤。②

《西遊録》"木蘭河"即《張榮傳》之"莫蘭河"。《録》云自葉爾羌西進至木蘭河,疑"木蘭"、"莫蘭"爲"没輦"之異譯,木(莫)蘭河蓋即《長春真人西遊記》"阿母没輦(阿姆河)"之省稱。無論地名如何比定,《西域考古圖》、《漢西域圖考》所引《西游録》的真實性是無可懷疑的。這也說明日本發現的所謂"足本"并非足本,學界對今本《西遊録》應重新認識和考量。

《長春真人西遊記箋注》

一、丘處機與李志常撰《長春真人西遊記》

長春真人,即全真教七子之一的丘處機(1148—1227),字通密,道號長春子。金登州棲霞縣濱都里人。幼時父母雙亡。金大定六

---

①　《四庫未收書輯刊》第九輯第 7 册,711 頁。

②　參觀《元史》,3581 頁。

年(1166)十九歲入昆嵛山學道。明年(1167)，拜全真教祖師王重陽(1113—1170)①於寧海(今山東牟平)全真庵，請爲弟子，重陽賜以名字及道號。十年(1170)，重陽卒。與同門馬鈺(號丹陽子，1123—1183)、譚處端(號長真子，1123—1185)、王處一(號玉陽真人，一號傘陽子，1148—1217)入關。後居磻溪(今陝西寶雞東南)、隴州龍門山(在今陝西隴縣)，爲全真教龍門派始祖。二十六年(1186)，徙居終南山王重陽祖庵。二十八年(1188)，奉金世宗詔至中都(今北京)主持萬春節醮儀，旋歸。明昌二年(1191)東歸，隱居棲霞山中。貞祐四年(1216)，居登州，金宣宗召歸汴京，不赴。

1219年己卯(金興定三年，宋嘉定十二年，蒙古太祖十四年)，長春真人居萊州(今山東掖縣)昊天觀，宋寧宗遣使來召，亦不赴。同年五月，成吉思汗遣近侍劉仲祿持詔請長春赴蒙古汗庭傳道，十二月抵萊州，長春欣然應命。

明年，蒙古太祖十五年庚辰(1220)正月，丘處機即率領門徒宋道安、尹志平、李志常等十八人自萊州北行，是年他七十三歲。二月至燕京，八月至宣德(今河北宣化)。十六年辛巳(1221)二月，出宣德。西行至野狐嶺(今河北萬全縣北)，經蓋里泊(今內蒙古太僕寺旗南)、漁兒濼(今內蒙古克什克騰旗達里諾爾)，四月朔，往東北抵斡辰大王帳(今內蒙古新巴爾虎旗東)，下旬西北行至陸局河(今克魯倫河)入闊連海子(今呼倫湖)處，然後沿河南岸西行至窩里朵(在杭愛山北麓)。七月，至阿不罕山(今蒙古科布多省東宗海爾罕山)，留宋道安等九人築棲霞觀。中秋日，抵金山(今阿爾泰山)。過白骨甸(今古爾班通古特沙漠東部)，經鱉思馬(即別失八里，今新疆吉木薩爾)、昌八剌(今新疆昌吉)、阿里馬(即阿力麻里，在今新疆霍城東)、大石林牙(即虎思斡耳朵，今吉爾吉斯斯坦共和國托克馬克東）。十一月，抵達邪迷思干城（即今烏茲別克斯坦共和國撒馬爾罕）。

十七年壬午（1222）三月，再經碣石（今烏茲別克斯坦共和國沙赫里夏勃茲），過鐵門關（今烏茲別克斯坦共和國蘇爾漢河州鐵爾梅茲北），渡阿母没輦（阿姆河）。四月，至大雪山（今阿富汗興都庫什山）以南八魯灣（今阿富汗查里卡東北）成吉思汗行在帳所。五月，再至邪米思干城。八月，復返行在所，與成吉思汗論道。九月，回邪米思干，十月由此東歸，途經阿里馬、昌八剌、鰵思馬，東北過烏倫古河，至鎮海城（今蒙古哈臘烏斯）。

十八年癸未（1223）六月，抵豐州（今内蒙古呼和浩特東白塔鎮）。八月，至宣德，居朝元觀。十九年甲申（1224）春，歸燕京，居天長觀（後改名長春宮，今北京白雲觀），掌管天下道門。二十二年丁亥（1227）七月，丘處機病逝，年八十。

丘處機弟子李志常（1193—1256），字浩然，號真常子。金開州觀城人（今山東莘縣西南）。早年赴萊州從丘處機學道。1220 年隨行西域。1228 年[①]，他撰成《長春真人西遊記》，記述了沿途所經山川道里及所見風土物產，是研究十三世紀蒙古、中亞歷史地理極爲珍貴的史料。向達曾説，此書與耶律楚材的《西遊録》"都是十三世紀記述天山以北和楚河錫爾河阿姆河之間歷史地理最早最重要的書"[②]。

---

① 王國維《長春真人西遊記校注序》云："此記作於長春没後，前有孫錫序署戊子（1228）秋後二日，正當睿宗托雷監國之歲。而卷末有庚寅（1230）七月大葬仙師事，蓋書成後所加入。"（見《王國維遺書》，上海書店出版社 1983 年版，第八册，444 頁。）向達説："《西遊記》末一直記到庚寅即一二三〇年長春之葬。王國維以爲《西遊記》成于長春没後，卷末一段是書成後所加入。這是執泥於孫錫一序的記年。其實是書還没有寫成，先請人作序而已。"（見向達校注《西遊録》前言，中華書局 1981 年版，3 頁。）案，丘處機卒於丁亥（1227）七月九日，次年戊子（1228）七月九日大葬。《西遊記》云："戊子春三月朔，清和建議爲師構堂於白雲觀。……自四月上丁，除地建址。歷戊、己、庚。……期以七月九日大葬仙師。"王國維蓋誤讀"歷戊、己、庚"之語而誤爲大葬仙師在庚寅（1230）七月，向達亦未察其誤。不過，王説《西遊記》成書之年則可從。

② 向達校注《西遊録》前言，3 頁。

二、《長春真人西遊記》的版本與中外學者的研究

《長春真人西遊記》成書後一直鮮見流傳①，明正統年間（1436—
1449）被收入《道藏》②，也不甚爲學者注意。到清乾隆六十年
（1795），錢大昕（1728—1804）、段玉裁（1735—1815）遊蘇州玄妙觀
閱《道藏》時發現此書，錢大昕借抄並作跋③，始爲世所重，嘉道間學
者多注意及之。阮元（1764—1849）有鈔本寫進嘉慶皇帝，藏於清
宮④。葉繼雯（1755—1830）、龔自珍（1792—1841）、徐松（1781—
1848）等也有遞相傳鈔之本⑤。徐松、程同文（？ —1823）、董祐誠
（1791—1823）、沈垚（1798—1840）等對其中地理、天文曆法等皆有

---

① 陶宗儀（1316？ —?）《南村輟耕録》卷一〇“丘真人”條中提及《西遊記》”。
陶書成於元末，前有至正丙午（1366）江陰孫作序，可知《長春真人西遊記》當時尚有
流傳。

② 參觀（明）佚名輯《道藏》，文物出版社、上海書店、天津古籍出版社 1988 年影
印本，第 34 册，481—501 頁。

③ 參觀錢大昕《長春真人西遊記跋》（1795），道光二十七年（1847）楊尚文墨林輯
刊《連筠簃叢書》本《長春真人西遊記》附録。

④ 此即王國維《長春真人西遊記注》自序中所謂“阮文達遂寫以進秘府”者也，見
《王國維遺書》，第八册，444 頁。《長春真人遊記》二卷鈔本，見阮元輯《宛委別藏》第 49
册。此叢書由阮氏觀呈嘉慶帝，庋藏於故宮養心殿，世無刊本流傳。民國二十四年
（1935）上海商務印書館影印四十種爲《選印宛委別藏》，1981 年臺灣商務印書館將叢書
全部影印出版，1988 年江蘇古籍出版社又據以影印，共 120 册。

⑤ 道光二年（1822）四月徐松《長春真人西遊記跋》云：“適從龔定盦假讀此記。”
同年七月程同文《長春真人西遊記跋》云：“此册爲葉云素給諫所贈，龔定庵嘗借鈔，既
而徐星伯復就鈔於定庵而爲之跋，他日以示余。”（參觀《連筠簃叢書》本附録。）葉繼雯，
字云素，一字桐封。湖北漢陽人。乾隆五十五年（1790）進士。官至刑科給事中。其生
卒年一作 1757—1832，參觀江慶柏《清代人物生卒年表》（人民文學出版社 2005 年版，
111 頁）。程、龔兩人友善，每得異書則相借録。龔自珍《祭程大理同文于城西古寺而哭
之》第三首自注云：“予與公辛壬間相借書無虛日。”參觀吳昌綬編《定盦先生年譜》道光
元年辛巳、二年壬午條（王佩静校《龔自珍全集》，上海古籍出版社 1999 年版，478 頁、
604—605 頁）。龔自珍鈔本今藏於中國國家圖書館（參觀紀流注譯，侯仁之、于希賢審
校《成吉思汗封賞長春真人之謎》于希賢前言及紀流後記，中國旅游出版社 1988 年版，
7、236 頁）。

考證。程恩澤(1785—1837)則擬加以研究而未果①。

道光二十二年(1842)冬,金山錢熙祚也曾至蘇州玄妙觀閱《道藏》,抄録古書若干,其中也有《長春真人西遊記》,次年(1843)錢氏校梓收入其所編《指海》叢書第十三集②。道光二十五年(1845),熙祚之子錢培讓、錢培傑又補刻沈垚《西遊記金山以東釋》及錢大昕、段玉裁、徐松、程同文、董祐誠諸跋,並作《長春真人西遊記跋》,略云:

> 壬寅(1842)冬,先君子小住吳門,從元妙觀借閱《道藏》,抄録如干種,遴其近古而傳世較尠者,校刻入《指海》,《長春子西遊記》其一也。洎去夏(1844),烏程汪君謝城復寄其鄉沈君子敦校本,後附錢、段、徐、程、董諸家跋尾及沈君所作《金山以東釋》,皆考證精覈,區區遊記遂爲志西域者所必不可少之書。補刻書後,或合于先君子之意也。錢氏、段氏所見即元妙觀本,沈君所據得之徐氏星伯,徐氏又從龔氏定庵借抄,而沈君又以《道藏輯要》本校之,今以家刻本相校,頗有異同,而徐氏原本尤多舛誤,蓋屢經轉寫使然。③

到道光二十七年(1847),張穆(1805—1849)又將此書輯入靈石楊尚文(1807—1856,號墨林)所刻《連筠簃叢書》,後也附有錢、段、徐、程、

---

① 參觀徐松《長春真人西遊記跋》(1822)、程同文《長春真人西遊記跋》(1822)、董祐誠《長春真人西遊記跋》(1822),均收入《連筠簃叢書》本附録。沈垚《西遊記金山以東釋》一卷,收入《指海》第十三集《長春真人西遊記》附録,道光二十五年(1845)刻本;又見《落颿樓文稿》卷四(《連筠簃叢書》本);《漸學廬叢書》第一集,光緒二十三年(1897)元和胡氏石印本;《皇朝藩屬輿地叢書》第二集,光緒二十九年(1903)金匱浦氏靜寄東軒石印本。張穆《落颿樓文稿序》中説程恩澤"擬爲文疏通春廬宗丞跋所未盡",參觀《落颿樓文稿》卷首(《連筠簃叢書》本)。案,程同文,字春廬,號密齋,浙江桐鄉人,嘉慶四年(1799)進士。程恩澤,字雲芬,號春海,安徽歙縣人,嘉慶十六年(1811)進士。

② 《指海》第十三集《長春真人西遊記》卷下末有"皇清道光廿三年歲次癸卯金山錢熙祚錫之甫校梓"一行。

③ 參觀《指海》第十三集《長春真人西遊記》附跋,末署"乙巳秋中金山錢培讓廉溪、培傑偉甫同識"。

董五跋，而無沈垚《金山以東釋》一篇①，這是比較通行的本子。錢刻本雖然比楊刻本早兩年，但並不很流行。後來收《長春真人西遊記》的叢書則更多②。

　　西方學者最早研究《長春真人西遊記》的是俄國東正教傳教士巴拉第神父（Пётр Иванович Кафаров，教名 Палладий ［Palladius］，1817—1878），他於 1866 將此書全部譯成俄文，並且作了六百條注釋，發表在《俄國駐北京教團成員著作集》第四卷中③，是爲此書最早的注釋本。巴氏在其譯序中説：“如此熱衷於搜尋古書的中國學者們竟然沒有注意《道藏輯要》。”據此序可知巴拉第譯注時參考的“楊版《西遊記》”和沈垚《落颿樓文稿》，都是《連筠簃叢書》本，他並不知道有較早刊刻的《指海》本。他用《道藏輯要》本校勘於楊刻本後，發現了許多異文④。有學者認爲《長春真人西遊記》的《道藏輯要》本是巴氏首先發現的⑤，

---

　　①　《連筠簃叢書》本《長春真人西遊記》諸跋後有張穆題記云：“案此書跋尾尚有烏程沈君子敦《金山以東釋》一篇，至爲精密，以所著《落颿樓文稿》併刻入叢書，故不復出。道光二十七年四月十五日平定張穆記。”

　　②　《長春真人西遊記》二卷附録一卷，見《指海》第十三集，道光二十三年（1843）清金山錢熙祚刻本；《四部備要》史部雜史，民國二十五年（1936）上海中華書局排印本。《長春真人西遊記》一卷附録一卷，見清李光廷（1812—1880）輯《反約篇》，清同治中番禺李氏鈔本；又（清）彭定求輯、閻永和增《重刊道藏輯要》胃集，光緒三十二年（1906）成都二仙庵刊本；（清）張丙炎輯、張允頤重輯《榕園叢書》乙集，清同治中（1862—1874）真州張氏廣東刊民國二年（1913）重修印本。《長春真人西遊記》二卷，見《皇朝藩屬輿地叢書》第三集，光緒二十九年（1903）金匱浦氏静寄東軒石印本；又《道藏舉要》第七類，民國上海商務印書館據明本影印；《道藏精華録》第十集，民國無錫丁氏排印本；《叢書集成初編》史地類，民國二十四年至二十六年（1935—1937）上海商務印書館排印本。

　　③　Палладий Кафаров，*Труды членов российской духовной миссии в Пекине*，СПБ，1866г，Т.Ⅳ.參觀閻國棟《俄國漢學史》，395 頁。

　　④　見巴拉第《長春真人西遊記譯者序》，曹天生主編，張琨、何英玉、王澄波譯《19世紀中葉俄羅斯駐北京佈道團人員關於中國問題的論著》，中華書局 2004 年版，592 頁。

　　⑤　陳開科説：“《長春真人西遊記》本在明代就被收入《道藏》，無人問津。逮清爲錢大昕發現於世。但錢氏並不知道還有《道藏輯要》本。而《道藏輯要》本則完全由巴拉第所發現……巴拉第自己發現《道藏輯要》本在先，然後才通過《連筠簃叢書》接觸到錢氏所發現的《道藏》本。這説明，他的工作完全具有錢大昕式的‘發現’意義。”（《巴拉第的漢學研究》，學苑出版社 2007 年版，59—60 頁。）陳開科《淺析巴拉第譯注〈長春真人西遊記〉》一文也有論及（收入樂景河主編《中俄關係的歷史與現實》，河南大學出版社 2004 年版）。

但據上引錢培讓、錢培傑跋,可知沈垚研究此書時已經參校了《道藏輯要》本。

1867 年,法國鮑第(Jean Pierre Guillaume Pauthier,1801—1873)據魏源《海國圖志》節録本翻譯爲法文,錯誤較多①。1888 年,俄國學者貝勒又據巴拉第俄譯本譯爲英文,但有所節略,收入其所著《基於東亞史料的中世紀研究》上卷第一部分,附有考釋②。其後法國的沙畹(Émmanuel-Édouard Chavannes,1865—1918)③、伯希和等對此都有所研究,特別是伯氏首次指出耶律楚材《玄風慶會録》記述丘處機與成吉思汗論道事,爲前人所未道及④。1931 年,英國漢學家韋利(Arthur Waley,1889—1966)參考王國維校注本將此書譯爲英文,惟删去了丘處機的詩,勝於貝勒的舊譯,伯希和爲此發表了書評⑤。1948 年,日本蒙元史學者岩村忍(1905—1988)又將此書譯爲日文⑥。

---

①　G. Pauthier,*Relation du voyage de K'hieou Surnommé Tchang-Tch'un (long printemps)*,Paris:Imprimerie Imperiale,1867.參觀張星烺《中西交通史料匯編》第三册,1671 頁。Paul Pelliot,"Arthur Waley,*The Travels of an Alchemist,the journey of the Taoist Ch'ang — Ch'un from China to the Hindukush at the Summons of Chingiz Khan*"(Bibliographie),*T'oung Pao*,1931,pp.414.(伯希和《評〈長春真人西遊記〉譯文》,馮承鈞《西域南海史地考證譯叢》五編,商務印書館 1962 年版,29 頁。)

②　E. Bretschneider, *Mediaeval Reserches from Eastern Asiatic Sources*, *Fragments towards the Knowledge of the Geography and History of Central and Western Asia from the 13ᵗʰ to the 17ᵗʰ Century*,vol. I,London,1888.E.Bretschneider,*Si You ki*,Mediaevel Reserches from Eastern Asiatic Sources,vol. I,London,1910.參觀閻國棟《俄國漢學史》,472—474、692—693 頁。

③　Édouard Chavannes ,*Les Voyageurs Chinois*,Extrait de *Chine du Sud et de L'Est*. par Claudius Madrolle, Paris:Comité de L'Asie Française,1904.參觀沙畹著、馮承鈞譯《中國之旅行家》,商務印書館民國十五年(1926)版。又見馮承鈞《西域南海史地考證譯叢》八編,商務印書館 1962 年版,35—36 頁。

④　Paul Pelliot, "L'Édition Collective de Œuvres de Wang Kouo-Wei", *T'oung Pao*,1929,pp.172-175.參觀伯希和《評王國維遺書》,馮承鈞《西域南海史地考證譯叢》五編,60—63 頁。

⑤　Arthur Waley, *The Travels of an Alchemist*, *the Journey of the Taoist Chang-Chun from China to the Hindukush at the Summons of Chingiz Khan*,London,1931.伯希和書評見上注。

⑥　岩村忍譯《長春真人西遊記》,東京筑摩書房 1948 年版。

三、沈曾植《長春真人西遊記箋注》評介

　　《連筠簃叢書》本《長春真人西遊記》流傳較廣,誠如王國維所説:"由是此書非復丙庫之附庸,而爲乙部之要籍矣。"①同治十一年甲戌(1874)番禺李光廷(1812—1880)作跋,略考西遊經行地理、隨行弟子以及全真教史等②。光緒中葉,洪鈞(1840—1893)、沈曾植也有箋注本,均未刊佈。洪注本迄未見到,伯希和已懷疑稿已佚失③,或有可能。沈注本倒並非如王國維所言已"不傳"④,其稿本尚在人間,今藏浙江博物館。

　　民國年間研究此書學者更多。民國四年(1915),丁謙發表《元長春真人西遊記地理考證》⑤。民國十五年(1926),王國維"病洪、沈二家書之不傳",作《長春真人西遊記注》二卷⑥。民國十九年(1930),張星烺出版《中西交通史料匯編》,收有此書,並有箋注⑦。此後至今,研究成果一直不斷産生,對此書的認識也不斷深入⑧。

---

①　參觀王國維《長春真人西遊記校注序》,《王國維遺書》,第八册,444頁。

②　參觀李光廷《長春真人西遊記跋》(《榕園叢書》乙集本卷末)。

③　參觀上揭 Pelliot, *T'oung Pao*, 1929, p.174(伯希和《評王國維遺書》,62頁)。

④　參觀上揭王國維《長春真人西遊記校注序》,445頁。

⑤　丁謙《元長春真人西遊記地理考證》,收入《浙江圖書館叢書》(一名《蓬萊軒地理學叢書》)第二集,民國四年(1915)浙江圖書館刊本。

⑥　王國維《長春真人西遊記校注》二卷,見《蒙古史料校注》,民國十五年(1926)清華學校研究院排印本;又《海寧王忠慤公遺書》三集,民國十六年(1927)海寧王氏排印石印本;《海寧王静安先生遺書》,民國二十九年(1940)商務印書館長沙石印(1983年上海書店出版社據此影印)。

⑦　張星烺《中西交通史料匯編》第七編第九章《元代遊歷中亞之記載》第三節《丘處機及〈長春真人西遊記〉》,《輔仁大學叢書》,民國十九年(1930)輔仁大學排印本。又見張星烺編注、朱傑勤校訂《中西交通史料匯編》第三册,中華書局2003年版,1670—1756頁。

⑧　參觀王汝棠《〈長春真人西遊記〉地理箋釋》,《國學叢刊》第4、5、7期,1942—1943年。陳正祥《〈長春真人西遊記〉選注》,《中國遊記選注》第一集第三編,商務印書館香港分館1979年版。楊建新主編《古西行記選注》,寧夏人民出版社1987年版。紀流注譯,侯仁之、于希賢審校《成吉思汗封賞長春真人之謎》。陳得芝《李志常》,譚其驤主編《中國歷代地理學家評傳》第二卷,山東教育出版社1990年版;又收入陳(轉下頁)

沈曾植注《長春真人西遊記》在光緒年間,稿本朱墨燦然,較後來注家每每先鞭獨著,有不少值得重視的內容。現舉例如下:

一、"東備信安、西備常山"條注:

> 信安,張進;常山,武仙。

案,張進,《元史》卷一六六《張榮寶傳》云:"父進,金季封北平公,守信安城。"[①]武仙,見《金史》卷一一八。王國維 1926 年校注本引劉因《靜修先生文集》卷一六《懷孟萬户劉公先塋碑銘》云:"當金主貞祐棄河朔徙都汴時,有張甫者據信安,武仙者據真定,[皆爲金守,]易定之間,大爲所擾。"[②]則以爲是張甫。

《金史》卷一一八《張甫傳》略云:"(興定)三年(1219),張進爲中都南路經略使。甫奏:'真定兵衝,乞遣重臣與恒山公武仙併力守之。'不報。……四年(1220),甫封高陽公,以雄、莫、霸州,高陽、信安、文安、大城、保定、靜海、寶坻、武清、安次縣隸焉。"[③]又,李心傳《建炎以來朝野雜記》乙集卷一九《韃靼款塞》條略云:"惟燕南雄霸數州乃三關舊地,塘濼深阻,韃兵不能入。金將張甫、張進二人,據信安軍以守之。"[④]知張甫、張進並據信安,沈、王二注各有所見,不可偏廢。

二、"方見一沙河,西北流入陸局河"條注云:

> 此沙河蓋今喀魯喀河,《祕史》之合兒合河。下文"積水成海",即今呼爾池,元人所謂枯輪海子也。張石州釋以都勒泊,非

(接上頁)得芝《蒙元史研究叢稿》(題爲《李志常和長春真人西遊記》),人民出版社 2005 年版,479—486 頁。党寶海注譯《長春真人西遊記》,河北人民出版社 2001 年版。趙衛東輯校《丘處機集》,齊魯書社 2005 年版。

　① 《元史》,中華書局 1976 年版,3904 頁。

　② 參觀王國維《長春真人西遊記校注》,《王國維遺書》,第八册,458 頁。王氏引文"金主貞祐"一本作"金貞祐主","武仙者據真定"後脱"皆爲金守"。

　③ 見《金史》,中華書局 1975 年版,2582—2583 頁。

　④ (宋)李心傳撰、徐規點校《建炎以來朝野雜記》,中華書局 2000 年版,851—852 頁。

真人所經之路。略與今烏珠穆沁達呼倫貝爾驛路相近。若張
參議所經,則略與明《北征録》、聖祖親征噶爾丹中路程站相
近也。

案,沈注指出沙河即《元朝秘史》"合爾合河",清代名"喀魯喀河"(今
譯哈拉哈河)。而其積水所成之"海",元稱"枯輪海子",清稱"呼爾
池"(即今呼倫湖)。Bretchneider 認爲沙河即 Khalgagol,與沈注
同①。王國維注云:

> 沈子敦垕以此海爲"杜勒鄂謨",則前流入陸局河之沙河乃
> "鄂爾順河"(引案,今譯烏爾遜河)也。近仁和丁謙以此海爲呼
> 倫湖,則前沙河乃海剌爾河(引案,今譯海拉爾河)也。以上文
> 自魚兒濼東北行二十餘日至沙河,及此周數百里之文觀之,則
> 丁氏之説近之。②

丘處機於辛巳(1222)四月二十二日行至克魯倫河(陸局河)注入呼
倫湖入口處。沈氏以沙河當哈拉哈河、海爲呼倫湖皆至確。其注原
在"今呼爾池"上有"《秘史》所謂合兒合河下流入捕魚兒海"一句,後
删去,這是十分正確的。因爲"捕魚兒海"實即今之貝爾湖。哈拉哈
河注入貝爾湖,其下游烏爾遜河則注入呼倫湖。沈垕所謂"杜勒鄂
謨",蓋即沈注所引張穆比定的"都勒泊",非是。丁謙以海爲呼倫湖
不誤,而把沙河比定爲海拉爾河則不確③。

　　三、"有石河"條注云:

> 此齊老圖河,"齊老",譯言石也。

案,張星烺注也説:

> 色楞格河南方支流,有名齊老圖(Chilotu)者,蒙古語"石
> 河"之義。長春所見之"石河,長五十餘里,岸深十餘丈"者,必即

---

① 　參觀張星烺《中西交通史料匯編》,1689 頁。
② 　參觀王國維《長春真人西遊記校注》,480 頁。
③ 　參觀丁謙《元長春真人西遊記考證》,5 頁。

指此。①

而王國維則謂"當即博爾哈爾台河"②,非是。

　　四、"泊窩里朵"條注云:

　　　　窩里朵,即《紀行》唐古河西有峻嶺、嶺陽之帳殿也。

案,王國維注也引張德輝《塞北紀行》,認爲"地望道里相合"③。

　　五、"宣使往奏稟皇后"條注云:

　　　　此皇后蓋《史表》守第三斡耳朵之也速皇后,即《祕史》之也
　　遂皇后也。知者以夏公主即察兒皇后,察兒皇后與也速皇后同
　　守第三斡耳朵故。

案,《西遊記》此皇后,諸家皆未有説,沈注值得注意。"夏公主",沈
氏以爲即《元史·后妃表》之"察兒皇后",而王國維注引《元朝秘史
續集》一:"成吉思自那裏征合申種,其主不兒罕降,將女子名察哈
(合)的獻與成吉思。"認爲即"察合"④。李文田《元朝秘史注》卷一三
認爲此"察合"即《后妃表》的"察兒皇后"⑤,日本那珂通世也有相同
觀點⑥。

　　六、"奉旨請師渡河。其水東北流,彌漫没軸,絕流以濟"條
注云:

　　　　庫庫嶺西,水皆流向西南,無東北流者。此所渡河爲今何
　　水,蓋不可考。若《紀行》唐古河雖亦流向東北,然地在嶺東,不
　　可與此河合爲一也。

---

①　參觀張星烺《中西交通史料匯編》,1693 頁。
②　參觀王國維《長春真人西遊記校注》,488 頁。
③　參觀王國維《長春真人西遊記校注》,490 頁。
④　參觀王國維《長春真人西遊記校注》,489—490 頁。
⑤　鮑思陶點校《元朝秘史》,齊魯書社 2005 年版,175 頁。
⑥　參觀那珂通世譯注《成吉思汗實錄》,東京大日本圖書株式會社明治四十年
(1907)版,443 頁。道潤梯步《新譯簡注〈蒙古秘史〉》,內蒙古人民出版社 1978 年版,
297 頁。

後在下文注中又云：

> 窩里朶東之河，爲色棱格源之倭爾疊河，於中圖爲額爾第
> 河。自塔米爾源以西，惟此水東北流。

案，沈氏前注用朱筆，後注用墨筆，字體也不同，可知非一時所作，亦可見其治學之勤勉。"倭爾疊河"、"額爾第河"今譯"依德兒河"（Eter，Iderijn），俄人博塔寧（Potanin）也有類似看法[1]。王國維則疑爲"察罕鄂倫河"[2]。

七、"北有故城，曰曷剌肖"條注云：

> 長春所經之路，循塔米爾北岸，西徑（經）石河，即《皇輿圖》之
> 齊老圖河。其又西，蓋經色棱格河源之西，以達今烏里雅蘇台城。
> 《記》之曷剌肖城與烏里雅蘇地望、對音並皆相近，疑即一地也。

下文雪山條注云：

> 此雪山當即太祖征河西時避暑所居之雪山，曷剌肖城與
> 《元史·耶律留哥傳》之阿里湫城蓋一地，度其地望，城當在烏
> 隴古河左右，由此可入河西也。

案，沈氏後注用朱筆，蓋作於前，前注則爲後來更正的看法。王國維云："曷剌肖地望正與烏里雅蘇台合，疑烏里雅蘇台即曷剌肖之轉語。"[3]張星烺云："曷剌肖音與烏里雅蘇台相近，尾末台字，爲蒙古語形容字之尾音。"[4]均與沈注觀點一致。不過，後來 Arthur Waley 與伯希和都認爲此説不可靠[5]。

八、"前至白骨甸，地皆黑石"條注云：

> 《方輿紀要》："靈山在吐魯番西百里，山穹隆綿亘，石皆黑

① 參觀張星烺《中西交通史料匯編》，1693 頁。
② 參觀王國維《長春真人西遊記校注》，489 頁。
③ 參觀王國維《長春真人西遊記校注》，491 頁。
④ 參觀張星烺《中西交通史料匯編》，1694 頁。
⑤ 參觀上揭伯希和《評〈長春真人西遊記〉譯文》，33 頁。

紋如毛髮。又有白石堆，如聚骨然也。語詳《今言彙編》。"

下文"又度沙場……蓋白骨甸大沙分流也"條注云：

　　耶律鑄《雙溪集·戰城南》詩注："白骨甸在唐燭龍軍地，有
西僧智全者，該通漢字，云古老相傳，白骨甸從漢時有此名。"

案，關於白骨甸，沈注前後各以墨、朱筆，非一時所寫。王國維注亦
引耶律鑄《雙溪醉隱集》卷二《戰城南》詩注，與沈氏同①。

九、"桃花石，謂漢人也"條注云：

　　《至元譯語》回回曰"撒里答歹"，女直曰"主十歹"，漢人曰
"托忽歹"，蠻子曰"囊家歹"。然則桃花石當作"桃花歹"，桃花
即"托忽"也。

案，沈曾植敏鋭地注意到《至元譯語》中元代稱呼漢人爲"托忽歹"，
並與同樣意爲漢人的"桃花石"進行比較。雖然後來陳寅恪據拉施
特《蒙古史》波斯文本、《元秘史》等史料，考證當時蒙古語中國之通
稱爲 Djavkout，《至元譯語》的"托忽歹"實爲"札忽歹"之訛②，説明早
期的審音勘同工作還不能十分精密，但沈氏的探索還是很可貴的。關
於"桃花石"，光緒中與沈氏約同時研究《長春真人西遊記》的洪鈞則認
爲源自契丹的"大賀氏"，之後中外學人有衆多考釋，説法不一③。

十、"晚至南山下，即大石林牙"條注云：

　　此城疑即西遼之都，所謂"虎思窩爾多"者，烏古論（孫）仲

---

① 參觀王國維《長春真人西遊記校注》，497 頁。卷二，王注誤作卷一；"古老相
傳"，誤作"父老相傳"。

② 參觀陳寅恪《元代漢人譯名考》，原載清華學校研究院 1929 年《國學論叢》第
二卷第一號。後收入《金明館叢稿二編》，上海古籍出版社 1980 年版，90—95 頁。陳氏
云："Djavkout 一語，究爲何字轉譯雖無定論，要爲當時蒙古語中國之通稱則無異議。"
案，中古突厥語中常用詞彙有移植到蒙古語中之例，如斡耳朵 ordo（參觀伯希和《斡耳
朵》，《西域南海史地考證譯叢》五編，中華書局 1962 年版，22—23 頁）。"桃花石"是突
厥語之譯音詞，其移植到蒙古語中演變爲"札忽歹"似也有可能。

③ 參觀芮傳明《古突厥碑銘研究》第七章《"Tabγač"考釋》，上海古籍出版社 1998
年版，133—147 頁。

端《北使記》之益離城。西遼故都蓋亦此地。益離即伊犁。然此城準其地望，已近特穆爾圖泊，當在雅布霍圖山西南，乃伊犁河下流，與今伊犁惠遠城東西相去幾四五百里，非一地也。

案，沈注指出"大石林牙"即西遼都城"虎思窩爾多"，無疑是十分正確的。"特穆爾圖泊"即今伊賽克湖。虎思窩爾多實際地點沈氏考證有誤，王國維後來則考其地在吹河（今楚河）南岸，唐代碎葉城東南四十里裴羅將軍城故址[①]。

十一、"過大河，至邪米思干大城之北"條注云：

> 薩馬爾罕城北之河，俄地圖名雜拉夫山河。《唐書》：颯秣建國，在那密水南。那密水即雜拉夫山河也。

案，此精確不易之論，諸家皆無異詞。

從上可知，沈曾植《長春真人西遊記箋注》本的發現爲近代學術史增添了新的內容，是值得珍視的。

《蒙韃備錄箋注》

一、《蒙韃備錄》及其作者

《蒙韃備錄》作於嘉定十四年辛巳，當蒙古太祖十六年，即1221年。書中"國號年號"條有"年號曰兔兒年、龍兒年，去年方改曰庚辰年，今曰辛巳年是也"之語可證。其作者舊題"宋孟珙撰"，沈曾植《蒙韃備錄》"任相"條注云：

> 據此條稱"珙所見"，則此書實紀所親見，意珙嘗隨使節，傳脫漏也。

---

① 參觀王國維《西遼都城虎思斡耳朵考》，《觀堂集林》卷一四，中華書局1959年版，628—634頁；又見王國維《長春真人西遊記校注》，514—520頁。案，伯希和以爲此結論訛誤，則未允當（見上揭伯氏《評王國維遺書》，67頁）。

蓋以《宋史·孟珙傳》有脱略。沈注又説：

> 此書作於嘉定辛巳（1221），《黑韃事略》作於紹定癸巳（1233），相去十二年。徐霆身至龍庭，故所記較詳於此。同時苟夢玉北使，見太祖於鐵門關，有《使北録》二册，亦辛巳年事，所記當更詳，惜其書亡佚無傳也。

1925 年 11 月王國維作《蒙韃備録跋》①，對此書作者有所辨證，他首先據《宋史·孟珙傳》説明孟珙未嘗出使蒙古。其次，指出嘉定辛巳宋廷曾遣苟夢玉出使蒙古，並引《元史·太祖本紀》、耶律鑄《雙溪醉隱集》卷二《凱歌凱樂詞》注，考夢玉遠至西域，《備録》所記行程僅至燕京，故此書非夢玉之書。

案，耶律鑄詩注略云：

> 昔我太祖皇帝出師問罪西域。辛巳歲夏，駐蹕鐵門關。宋主寧宗，遣國信使苟夢玉，通好乞和。太祖皇帝許之，敕宣差噶哈護送苟夢玉還其國。……宋閬州譙慶茂所編《蜀邊事略》："紹定元年戊子，制置使鄭損與所代官四川制置使桂如淵會於順慶，使以時相所喻和議密指告之，且畀以朝廷所授苟夢玉《使北録》二册。"②

可知上引沈曾植注就是根據《雙溪醉隱集》這段詩注。王國維在作《蒙韃備録箋證》時曾參考過沈注，箋證中有"沈乙庵先生曰"即是明證③。故王跋中考苟夢玉使蒙古似受沈注之啟發。當然王氏更進一步考訂書中稱"珙"者應爲趙珙，孟珙是趙珙之誤，今學界皆從之。王跋引宋周密《齊東野語》卷一九"嘉定寶璽"條云：

---

① 參觀王國維《觀堂集林》卷一六，802—803 頁；又王國維《蒙韃備録箋證》附跋，《王國維遺書》，第八册，191—193 頁。王氏此跋不署所作年月，袁英光、劉寅生《王國維年譜長編》繫於 1925 年 11 月，兹從之。

② 參觀耶律鑄著、李文田箋《雙溪醉隱集》，《知服齋叢書》第三集，光緒十八年（1892）順德龍氏刻本。

③ 參觀王國維《蒙韃備録箋證》，172 頁。

　　　　賈涉爲淮東制闉日，嘗遣都統司計議官趙珙往河北蒙古
軍前議事。久之，珙歸，得其大將撲鹿花所獻"皇帝恭膺天命
之寶"玉璽一座，并元符三年寶樣一册，及鎮江府諸軍副都統
制翟朝宗所獻寶檢一座，並繳進於朝。詔下禮部太常寺討論
受寶典禮，此嘉定十四年七月也。[①]

　　則嘉定十四年使蒙古軍者確系趙珙無疑。他又引《宋史·李全傳》
嘉定十三年趙珙以朝命諭京東云云，指出其使蒙古軍前當在第二次
使京東之後，而《宋史》之"趙拱"當爲趙珙之訛。

　　案，王氏考證甚精。檢劉時舉《續宋中興編年資治通鑑》卷一
五云：

　　　　（嘉定十二年，1219）九月丙午，以……賈涉主管淮東制置
司公事兼節制京東河北路軍馬。……（嘉定十三年，1220）夏四
月，淮東制置賈涉招諭山東、兩河豪傑，勸以來歸。……（嘉定
十四年，1221）秋七月丁亥，蒙國大將獻本朝"皇帝恭膺天命之
寶"，詔禮官詳論受寶典禮以聞。詔以來年元日受寶於大慶殿。
辛丑，趙方爲京湖制置大使，賈涉爲淮東制置使。[②]

　　"蒙古大將"當即《齊東野語》之"大將撲鹿花"。《宋史·李全
傳》略云：

　　　　（嘉定）十三年，趙拱以朝命諭京東，過青崖岵，嚴實求内
附。拱與定約，奉實款至山陽，舉魏、博、恩、德、懷、衛、開、相九
州來歸。涉再遣拱往諭，配兵二千，全亦請往，涉不能止，乃帥

─────────

　　①　參觀周密撰、張茂鵬點校《齊東野語》，中華書局 1983 年版，346 頁。點校者據
《宋史》、《續資治通鑒》、《文獻通考》改"趙拱"爲"趙珙"，但同條下文"豈不貽笑於異類
之趙珙乎"一句則未改。案，趙珙赴蒙古軍事，惟《齊東野語》一書記載。《佩文韻府》上
聲"珙"字條下列"劉珙"、"孟珙"、"趙珙"等詞目，分别引《宋史·劉珙傳》、《宋史·孟珙
傳》、《齊東野語》"嘉定寶璽"條語[參觀商務印書館《萬有文庫》本，民國二十六年
（1937），1517 頁]。王氏或曾檢《佩文韻府》，得迅速考定趙珙事。
　　②　參觀劉時舉撰、王瑞來點校《續宋中興編年資治通鑑》，中華書局 2014 年版，
366、367、370 頁。

楚州及盱眙忠義萬餘人以行。拱說全曰……於是全合（張）林軍得數萬，襲東平之城南。……時大暑……林兵還青州。全所攜鎮江軍五百人多怨憤，全乃分隸拱，使先歸。①

此傳所載賈涉再遣趙拱（珙）往諭京東路，與《續宋中興編年資治通鑑》所記嘉定十三年夏四月賈涉招諭山東兩河豪傑爲一事。李全接受趙拱（珙）勸說襲擊東平之時正值"大暑"，大約在六月，趙拱（珙）歸當在六月之後。因此，其出使蒙古軍前議事不會早於嘉定十三年七月。賈涉將趙珙帶回的玉璽奉獻給朝廷在嘉定十四年七月，則其從蒙古軍歸來當在是年七月前。因此可推測《蒙韃備録》的撰寫時間約在嘉定十四年（1221）上半年。

二、趙珙事迹補證

關於《蒙韃備録》作者趙珙使蒙古軍事，案諸史料還可作些補充。元馬端臨《文獻通考》卷一一五《王禮考》十"圭璧符節璽印"條云：

（寧宗嘉定十四年）十一月，京東、河北節制司繳進北方大將撲鹿花所獻"皇帝恭膺天命之寶"並元符三年《御府寶圖》一冊（原注：時淮東制置使兼京東、河北節度使賈涉遣京東路鈐轄趙拱、北軍大將撲鹿花獻之，續令呂栴投進），又鎮江副都統制翟朝宗繳進玉寶檢。時獲元符玉寶，而朝宗以玉檢來上，其文若合符契。乃詔以來年元日受寶於大慶殿。時又得玉璽，其文曰"受命於天，既壽永昌"。禮官條具典禮，請附於"皇帝恭膺天命之寶"，以獻宗廟。閏十二月，行奏獻之禮。以内侍羅舜舉爲内符寶郎，提舉奉安玉寶。有司豫製沿寶法物及寶輿。明年正月朔，皇帝服靴袍，御大慶殿，設黄麾半仗，受朝賀。畢，次受玉寶。進呈，讀印文訖，於天章閣安奉。己未，大赦天下。監司、帥守、在外從官以上，令上表陳賀。及三衙諸軍都副統制親屬，

---

① 參觀《宋史》卷四七六《李全傳》上，中華書局 1977 年版，13821 頁。

捧表進貢,皆特推恩。臣僚請詔禮官集受寶儀注,勒爲成書,藏之祕閣。十六年七月,置奉安符寶所建殿,以内臣掌之。①

此條記趙珙任京東路鈐轄,與《齊東野語》所記“都統司計議官”不同。又宋王應麟《玉海》卷八四“嘉定大慶殿受寶”條云:

> 嘉定十四年,京東河北節制使賈涉繳進北方大將撲鹿花所獻“皇帝恭膺天命之寶”及元符三年御府寶圖一册。鎮江都統翟朝宗以玉檢來上,其文若合符契。又得“受命于天既壽永昌”玉璽。七月丁亥,太常奏受寶之禮,製寶輿法物。十一月,詔曰:“朕觀前代,宜陽受瑞,江寧闚珍,猶能洪濟大業,今朕曷敢不承。”閏十二月丙午,奏獻宗廟(原注:以内臣爲内符寶郎)。十五年正月庚戌朔,御大慶殿,設黄麾半仗,受玉寶,奉安天章閣。己未,大赦。十六年七月,置奉安符寶所,建殿,以内臣掌之。②

上引諸條都提及蒙古大將撲鹿花獻寶璽事。宋戴栩《浣川集》卷二《上丞相壽》七古略云:

> 玉麒麟表中興瑞,江左風流自《韶濩》。我朝宰相越王家,身爲中興開瑞數。去年寶獻撲鹿花,春風端門散恩華。叢叢萬額扣香穗,祝公壽福逾堤沙。③

詩中所謂“去年寶獻撲鹿花”也當指此事,“去年”即嘉定十四年(1221),“丞相”則權臣史彌遠也。寶璽是趙珙得自撲鹿花而攜歸朝廷的,則珙在赴河北時當與撲鹿花有過接觸。顧此蒙古大將爲史傳中何人,王國維跋中未嘗言之,今試作一假説。

案,據《蒙韃備録》,趙珙在燕京見到統領蒙古大軍攻金的木華黎國王。木華黎,《備録》中名“没黑肋”,又稱“摩睺羅”、“謀合理”、

---

① 馬端臨《文獻通考》,中華書局2011年版,3543頁。

② 王應麟《玉海》,《文淵閣四庫全書》子部類書類第945册,臺灣商務印書館1986年版,333頁。

③ 戴栩《浣川集》十卷,《敬鄉樓叢書》第一輯,民國十七年(1928)永嘉黄氏排印本。

"摩睺國王"、"權皇帝摩睺國王",時"封天下兵馬大元帥、行省、太師、國王"①。

《元史·木華黎傳》云:"丁丑(1217)八月,詔封太師、國王、都行省承制行事。"②本傳中記載當時其手下蒙古大將有"蒙古不花"。

此外,從木華黎攻金大將中著名的還有耶律禿花。《蒙韃備錄·諸將功臣》云:"其次曰兔花兒太傅國公,聲名亞於摩睺羅。""兔花兒太傅",王國維以爲即耶律禿花③,甚是。《元史·耶律禿花傳》云:

> 從木華黎收山東、河北,有功,拜太傅、總領也可那延,封濮國公,賜虎符、銀印。④

耶律禿花爲耶律阿海之弟,金季俱降太祖。《元史·耶律阿海傳》云:

> 甲戌(1214),金人走汴。阿海以功拜太師,行中書省事。封禿花爲太傅、濮國公。每宴享,必賜座。命禿花從木華黎取中原。阿海從帝攻西域。⑤

又《元史·劉伯林傳》云:

> 劉伯林,濟南人。好任俠,善騎射,金末爲威寧防城千户。壬申歲,太祖圍威寧,伯林知不能敵,乃縋城詣軍門請降。太祖許之,遣禿魯花等與偕入城,遂以城降。帝問伯林,在金國爲何官,對曰:"都提控。"即以元職授之,命選士卒爲一軍,與太傅耶律禿懷

---

① 《蒙韃備錄·國號年號》云:"珙親見其權皇帝摩睺國王,每自稱曰'我韃靼人'。"又《諸將功臣》云:"元勳乃彼太師國王没黑肋者,小名也,中國人呼曰摩睺羅,彼詔誥則曰謀合理,南北之音輕重所訛也。見封天下兵馬大元帥、行省、太師、國王。……燕京等處有紙蟬兒元帥、史元帥、劉元帥等甚衆,各有軍馬,皆聽摩睺國王命令。"案,"没黑肋",宛委山堂本、涵芬樓本、《歷代小史》本皆作"没黑助",王國維《箋證》所用《古今説海》本作"没黑肋",對音爲是。

② 《元史》卷一一九《木華黎傳》,2932頁。

③ 王國維《蒙韃備錄箋證》,169頁。

④ 《元史》卷一四九《耶律禿花傳》,3532頁。

⑤ 《元史》卷一五〇《耶律阿海傳》,3549頁。

同征討,招降山後諸州。①

太祖命耶律禿花從木華黎攻金至河北、山東,以功封太傅,《劉伯林傳》之"耶律禿懷"即"禿花",頗疑此前太祖遣與劉伯林同入威寧城之蒙古將領"禿魯花"亦即"禿花",史官以譯語不同,遂別爲二人②。禿花、禿懷、兔花兒、禿魯花均爲一人。

總之,當時有資格贈寶璽給趙珙的蒙古大將"撲鹿花",似即爲上述"木華黎"(又稱没黑肋、謀合理、摩睺羅)、"蒙古不花"、"耶律禿花"三者之一。疑"撲鹿花"乃"撲花鹿"之倒舛,可能是"木華黎"之異譯,姑爲此説,以俟更考③。

另外值得一提的是,趙珙之名見上引《齊東野語》卷一九,而卷九《李全》條則作"趙拱"④,同書寫法也不一致。另外,《宋史》卷四〇三《賈涉傳》⑤、卷四七六《李全傳》、前引《文獻通考》及《續資治通鑑》卷一六二⑥皆作"趙拱"。雖然《蒙韃備録》中作者自稱"珙",但考慮到此書向無善本,抄寫之誤固所難免,此書作者名趙拱的可能性似也不能完全排除。

三、《蒙韃備録》的版本與中外學者的研究

《蒙韃備録》是現存記載蒙古國最早的史料,有很高的研究價

---

① 《元史》卷一四九《劉伯林傳》,3515—3516 頁。

② 禿懷又見《元史三公表》,參觀汪輝祖《元史本證》卷四七《證名》十一,中華書局 2004 年版,543 頁。"禿魯花",疑爲"禿花魯"之倒舛,與"禿花兒"音同。非漢語音譯詞文字倒舛,《元史》中亦有其他例證,如《元史》卷一"遣乙職里往諭金主"云云,《校勘記》謂蒙古語"乙里只"意爲"使臣",疑"乙職里"爲"乙里職"之例舛(18、27 頁),可從。

③ 木華黎、没黑肋、謀合理可擬音爲 Muqal(i),摩睺羅爲 Muqal(a),撲花鹿可擬音爲 Puqal(u),M 與 P 爲唇音,容易混同。案,《蒙韃備録·諸將功臣》"抹哥",王國維注云即《東平王世家》之"不花"、《秘史》之"不合"(見王國維《蒙韃備録箋證》,168 頁)。抹哥(Muqa)與不花、不合(Buqa)的 M 與 B 也相混(參觀《蒙古秘史》226 節,cf.Paul Pelliot, *Histoire Secrète des Mongols*,Paris,1949.p.88)。

④ 周密《齊東野語》,163 頁。

⑤ 王國維《蒙韃備録跋》引《宋史·賈涉傳》作"趙珙",不確。

⑥ 畢沅《續資治通鑑》,中華書局 1957 年版,4403 頁。此書雖晚出,也當有所據。

值。全書分立國、韃主始起、國號年號、太子諸王、諸將功臣、任相、軍政、馬政、糧食、征伐、官制、風俗、軍裝器械、奉使、祭祀、婦女、燕聚舞樂共十七個條目。

　　此書最早收在元末明初天台人陶宗儀（1316—?）所輯《説郛》一百卷中。據伯希和研究，《説郛》之輯大概在元朝末年，最晚不過1370年①。可惜原本《説郛》後來佚失，直到清順治四年（1647）才有姚安陶珽重輯《説郛》一百二十卷，通稱宛委山堂本②，《蒙韃備録》收在其中卷五十六。民國初，張宗祥（1882—1965）據六種明抄本重加校理，成《説郛》一百卷，民國十六年由上海商務印書館出版，通稱涵芬樓本③，《備録》收在卷五十四。1952年，張氏得休寧汪季青家藏明抄殘本二十五册，與涵芬樓本對校，汪氏殘本中適存有《蒙韃備録》（也在卷五十四）④。

　　除《説郛》之外，明嘉靖二十三年（1544）陸楫編纂的《古今説海》收有轉録舊《説郛》本的《蒙韃備録》⑤。現存明代刊本還有李栻輯的

　　①　Paul Pelliot,"L'Édition Collective de Œuvres de Wang Kouo—Wei", *T'oung Pao*,1929,p.165.參觀伯希和《評王國維遺書》"《蒙韃備録箋證》"條，馮承鈞《西域南海史地考證譯叢》五編，商務印書館1962年版，54頁。

　　②　陶宗儀輯、陶珽重校《説郛》一百二十卷，清順治四年（1647）兩浙督學周南李際期宛委山堂刊本。

　　③　陶宗儀輯、張宗祥重校《説郛》一百卷，民國十六年（1927）上海商務印書館排印本。張氏所據六種明鈔本爲：一、原北平圖書館藏約隆慶、萬曆間殘鈔本（案，王國維《聖武親征録校注序》中提到的武進陶湘藏萬曆抄本《説郛》似即此本，見《王國維遺書》第八册，264頁）；二、江安傅增湘雙鑒樓藏明弘農楊氏本、明弘治十八年（1505）鈔本、吳寬叢書堂鈔本，共三種（案，王國維《蒙韃備録箋證》所校傅氏藏明抄本當爲此三種之一）；三、涵芬樓藏明抄殘九十一卷本；四、瑞安孫氏玉海樓藏明殘鈔本十八册（參觀《説郛三種》第一册《出版説明》，上海古籍出版社1988年版，2頁）。

　　④　王國維《聖武親征録校注序》提及江南圖書館有汪魚亭家鈔本《説郛》（《王國維遺書》第八册264頁），當即此休寧汪氏本。張宗祥校汪本於涵芬樓本上，後經陳稼禾整理成《説郛校勘記》（參觀《説郛三種》第二册，《蒙韃備録》校記在65—66頁）。

　　⑤　明陸楫輯《古今説海》説選部偏記家，明嘉靖二十三年（1544）雲間陸氏儼山書院刊本。又有清道光元年（1821）苕溪邵氏西山堂刊本；清宣統元年（1909）上海集成圖書公司排印本（上海文藝出版社1989年版據此影印）；民國四年（1915）上海進步書局石印本。

《歷代小史》本，民國間又據此本影印①。《叢書集成初編》也收有此書②。

1859 年，俄國漢學家瓦西里耶夫（В.П.Васильев，1818—1900）據《古今説海》本最早將《蒙韃備録》譯爲俄文，刊於其所著《10 至 13 世紀中亞東部的歷史與古迹》附録中（收在《俄國皇家地理學會東方部著作》中），1861 年此書又出版單行本③。1975 年，蘇聯學者蒙庫耶夫（Н.Ц.Мункуев，1922—1986）也有俄文本問世。蒙氏的研究成果還有《關於〈蒙韃備録〉與〈黑韃事略〉——十三世紀中國旅行家關於古代蒙古的記載》（載《中國—日本：歷史與語言學》1961）④。另外，德國海尼士（Erich Haenisch，1880—1966）等學者致力於《蒙韃備録》和《黑韃事略》的譯注，1980 年出版了 P. Olbricht、E.Pins 的德文譯注本⑤，受到羅依果（Igor de Rachewiltz）的稱讚⑥。

四、沈曾植《蒙韃備録箋注》評介

《蒙韃備録》最早的箋注本現知爲沈曾植所撰，筆者所見爲謄清鈔本，書眉間有沈氏親筆批注數條。此注初稿應作於清光緒年間，

---

① 李栻輯《歷代小史》，見《景印元明善本叢書》，民國二十九年（1940）商務印書館據明刊本影印。

② 王雲五主編《叢書集成初編》第 3906 册，民國二十八年（1939）上海商務印書館排印本。

③ В.П.Васильев，*История и древности Восточной части Средней Азии от Х до ХⅢ века*，СПБ，1861.參觀閻國棟《俄國漢學史》，人民出版社 2006 年版，299、696 頁。又趙春梅《瓦西里耶夫與中國》，學苑出版社 2007 年版，27—37 頁。

④ 參觀陳得芝《蒙元史研究導論》，南京大學出版社 2012 年版，259 頁。

⑤ Olbricht，Peter. und Pinks，Elisabeth. *Meng-Ta Pei-Lu und Hei-Ta Shih-Lüeh*，*Chinesische Gesandtenberichte über die frühen Mongolen* 1221 und 1237，nach Vorarbeiten von Erich Haenisch und Yao Ts'ung-wu，Asiatische Forschungen，band 56. Wiesbaden：Otto Harrassowitz，1980.

⑥ Igor de Rachewiltz，"On a Recent Translation of the Meng-Ta pei-lu and Hei-Ta shih-lüeh：A Review Article"，*Monumenta Serica*，vol.35，1983，pp.571-582.

眉批數條據筆迹蓋爲民國後補注①。1926 年 2 月王國維以傅增湘所藏明抄《說郛》本校《古今說海》本②，並寫定《蒙韃備録箋證》一卷，收在同年出版的《蒙古史料校注》中③。中國學者注此書唯沈、王二家。沈注勝義不少，兹舉例説明之。

一、《立國》"近者入聘於我宋副使速不罕者"條注云：

> 速不罕，《元史》本紀作挪不罕，《元祕史》作主不罕。

案，王國維《箋證》也引《元朝秘史續集》卷一主不罕、《元史·太宗紀》挪不干，及耶律鑄《雙溪醉隱集》卷二《凱歌凱樂詞》注作綽布干、又詞注引《理宗實録》作蘇巴爾罕，謂皆速不罕之對音④，甚是。

主不罕，伯希和還原爲 Jubqan⑤，不過他在書評中認爲王氏所箋速不罕事首尾似難融合⑥，則不確。挪不罕，又見《元史》卷一一五《睿宗傳》⑦。

二、《國號年號》"按李諒《征蒙記》曰：'蒙人常改元天興，自稱太祖元明皇帝'"條注云：

> 《祕史》叙元之先世，惟合不勒有皇帝之稱，所謂"太祖元明

---

① 筆者所見沈曾植《蒙韃備録注》抄本現藏上海圖書館。另據《中國古籍善本書目·史部·雜史類》(上海古籍出版社 1993 年版，249 頁)、《中國古籍總目·史部》(中華書局、上海古籍出版社 2009 年版，263 頁)著録有武漢圖書館藏沈曾植批校《蒙韃備録》清抄本一種，筆者未見，不知是否著録之誤。

② 王國維《蒙韃備録箋證》末云："丙寅正月三日(1926 年 2 月 2 日)借江安傅氏所藏明鈔《說郛》本校《古今說海》本。"

③ 參觀王國維《蒙古史料校注》，民國十五年(1926)清華學校研究院排印本。《蒙韃備録箋證》又收入《海寧王忠愨公遺書》三集，民國十六年(1927)海寧王氏排印石印本；《海寧王靜安先生遺書》，民國二十九年(1940)商務印書館長沙石印本(上海書店出版社 1983 年版據此影印)。

④ 見王國維《蒙韃備録箋證》，155—156 頁。

⑤ Cf.Paul Pelliot, *Histoire Secrète des Mongols*, p.101.

⑥ 見上揭 Pelliot, *T'oung Pao*, 1929, p.166.(伯希和《評王國維遺書》"蒙韃備録箋證"條，54 頁。)

⑦ 見《元史》卷一一五，2886 頁。參觀道潤梯步《新譯簡注〈蒙古秘史〉》，内蒙古人民出版社 1978 年版，301 頁注 1。又余大鈞譯注《蒙古秘史》，河北人民出版社 2001 年版，424 頁。

皇帝"者是歟?

案,《建炎以來朝野雜記》卷一九"韃靼款塞_{蒙國本末}"條云:"又有蒙國者……其主亦僭稱祖元皇帝。"①"祖元皇帝"與此"太祖元明皇帝"合。《蒙古秘史》合不勒合罕(Qabul-qahan)②(《元史‧太祖本紀》《宗室世系表》、《南村輟耕録》皆作葛不律寒③),最早有合罕即皇帝之稱,沈注以"太祖元明皇帝"屬之甚是④。但他並非先世中唯一稱皇帝者,合不勒合罕之子忽圖剌合罕(Qutula-qahan)也有皇帝之稱⑤。

三、《國號年號》"珙常討究於彼,聞蒙已殘滅久矣"條注云:

> 泰亦赤烏爲俺巴孩嫡系,所謂"蒙已殘滅"也。

案,合不勒合罕卒,遺言令叔父想昆必勒格(Sänggüm-bilgä)之子俺巴孩合罕(Ambaqaï-qahan)統領蒙古,是爲泰赤兀氏(Tayïčï'ut)⑥。此

---

① 《建炎以來朝野雜記》,848—849 頁。"主"字,徐規據《兩朝綱目備要》改爲"酉"。

② 參觀額爾登泰、烏雲達賚《蒙古秘史校勘本》卷二第四十八節,內蒙古人民出版社 2007 年版,45—46 頁。又 Pelliot, *Histoire Secrète des Mongols*, p.10, p.128。

③ 參觀《元史》卷一《太祖本紀》,3 頁;卷一○七《宗室世系表》,2707 頁。陶宗儀《南村輟耕録》卷一"大元宗室世系"條,中華書局 1959 年版,2 頁。

④ 錢大昕《廿二史考異》卷八六《元史》一《太祖紀》"子葛不律寒嗣"條云:"《秘史》作合不勒合罕。合罕,猶言可汗。元之先世,部衆未盛,至葛不律始自稱合罕。葛不律卒,遺言以叔父之子俺巴孩合罕代領其衆,是爲泰赤兀氏。"又卷九一《元史》六《宗室世系表》"葛不律寒"條云:"'寒'當作'罕',並作'汗'。蒙古至是始有君長之號也。"(《嘉定錢大昕全集》,江蘇古籍出版社 1997 年版,第三冊,1616、1697 頁。)參觀道潤梯步《新譯簡注〈蒙古秘史〉》,22 頁注 2。

⑤ 參觀《蒙古秘史校勘本》46 頁。又 Pelliot, *Histoire Secrète des Mongols*, p.10, p.128。

⑥ 參觀《蒙古秘史》第 47、52 節。又 Pelliot, *Histoire Secrète des Mongols*, p.10, p.128。案,《秘史》47 節蒙古原文意謂"察剌孩領忽生子名想昆必勒格、俺巴孩,爲泰亦赤兀惕氏。""俺巴孩"前脫漏"想昆必勒格之子",原漢譯本已補。而 52 節蒙古原文明言"按合不勒合罕之言,合不勒合罕之後雖有七子,卻教想昆必勒格之子俺巴孩來管領全蒙古。"但伯希和把 47 節譯作:"Les fils de Čaraqaï-lïnghu furent Sänggüm-bilgä et Ambaqan, qui eurent le nom de clan de Tayïčï'ut."52 節譯作:"Après Qabul-qahan, et conformément aux paroles de Qabul-qahan, bien qu'il y eût ses sept fils, c'est Ambaqaï-qahan qui eut le gouverment de tous les Mongols."則在這兩節中都沒有把俺巴孩爲想昆必勒格之子的意思譯出來。

處的"蒙已殘滅"當指 1202 年泰赤烏部被鐵木真所擊潰[1]。沈注較王氏《箋證》引僅《建炎以來朝野雜記》更醒豁[2]。

四、《太子諸王》"二公主曰阿里黑百因,俗曰必姬夫人,曾嫁金國亡臣白四部,死,寡居"條,沈曾植作了詳細的箋注,並且著重探討其中反映的蒙古收繼婚俗,尤其具有啓發意義。他説:

> 《黑韃事略》:軍馬將帥,舊有十七頭。其白厮馬,一名白厮卜,即白韃靼偽太子忒木真之壻,偽公主阿剌罕之前夫。
>
> 弘吉剌氏斡羅陳兄弟三人,前後尚囊加真公主。錢氏《考異》辨正甚詳。
>
> 《史·本紀》至正十五年:"儒學教授鄭昍建言:'蒙古乃國家本俗(族),宜教之以禮,而猶循本俗,不行三年之喪,又收繼庶母、叔嬸、兄嫂,恐貽笑後世,[必]宜改革,繩以禮法。'不報。"是終元之世,夷俗不變也。
>
> 按蒙古之俗與契丹、女真不同,納嫂、收庶母,猶有匈奴、突厥之風。文宗至順元年,勅諸人非其本俗,敢有弟收其嫂、子收庶母者坐罪云。非本俗,則本俗如此,必無罪矣。又文宗即位之始,詔諭廷臣曰:"皇姑魯國大長公主,早寡守節,不從諸叔繼尚,鞠育遺孤,其子襲王爵,女配予一人。朕思庶民若是者猶當旌表,況在懿親乎! 趙世延、虞集可議封號以聞。"以此詔所言推之,則夫死而諸叔繼尚,蓋通行常俗矣。

案,沈氏顯然將《黑韃事略》的"白厮馬"、"白厮卜"與《蒙韃備録》的"白四部"對應,而"阿剌罕"則對應"阿里黑百因(必姬)"。他詳引史料,得出"蒙古之俗與契丹、女真不同,納嫂、收庶母,猶有匈奴、突厥之風"、"夫死而諸叔繼尚,蓋通行常俗"、"終元之世,夷俗不變"等令人信服的觀點。沈注還説:

---

① 參觀《蒙古秘史》第 144—146 節。又 Pelliot, *Histoire Secrète des Mongols*, pp. 167-170。

② 參觀王國維《蒙韃備録箋證》,158—159 頁。

《山居新话（語）》：有闊歹平章之次妻高麗寡居，其子欲收之，高麗不從，伯顏太師奏治其抗違聖旨罪事。是則蒙古本俗不特不禁其收，且有令收之者矣。

《出塞紀略》：蒙古俗，夫死妻後母，兄弟死各妻其妻，子死亦妻其婦，如《中行説》所云。惟犯奸者有禁，較重於中國法。①

並進一步指出：

阿剌罕蓋始適白廝波，繼字要合。字要合從太祖西征，既歸，而後尚主。此書作於太祖西征之日，故阿剌罕寡居。《事略》在太宗時，字要合繼尚久矣，故白廝馬爲公主前夫也。

案，王國維《箋證》引《元史·公主表》、《阿剌兀思剔吉忽里傳》，並用屠寄之説。屠氏云：

此録之阿里海必姬即阿剌海別吉異文，白四部即不顏昔丹（班）之音差。又《黑韃事略》徐霆注云："白廝馬，一名白廝卜，即白韃靼偽太子忒没真壻，偽公主阿剌罕之前夫。"

案白廝卜爲不顏昔班之音差，白廝馬爲不顏昔班駙馬之省變。阿剌罕即阿剌海之異文。不顏昔班本阿剌兀思之長子，故曰"白韃靼偽太子"。其云"偽公主阿剌罕之前夫"者，对後夫而言。霆之奉使在宋嘉熙間，其時阿剌海必姬改嫁字要合已十餘年矣。孟珙作《備録》在辛巳岁，正成吉思在西域追札剌勒丁入印度之年，其時不顏昔班已死，字要合從軍未歸，正阿剌海寡居時也。

屠説也引《黑韃事略》，所得結論與沈注可謂不謀而合②。

五、《諸將功臣》"燕京等處有紙蟬兒無帥、史元帥、劉元帥"條注云：

---

① 案沈氏節引元楊瑀《山居新語》語微誤，"闊歹平章之次妻高麗寡居"原文作"闊闊歹平章之次妻，高麗人也，寡居甚謹"（參觀余大鈞點校《山居新語》，中華書局2006年版，212頁）。《出塞紀略》爲清錢良擇所撰。

② 參觀王國維《蒙韃備録箋證》，165—166頁。案，屠寄云"白廝馬爲不顏昔班駙馬之省變"似不確，"白廝卜"、"白廝馬"中的"卜"、"馬"，B與M音近易混耳，參觀前注。

“紙蟬兒無帥”，訛舛不可讀。植案：“紙”者，“札”字之誤；
“蟬”者，“蠟”字之誤；“無”者，“元”字之誤，蓋“元”誤“旡”，傳寫
又訛爲“無”。札蠟兒元帥，即《元史·石抹也先傳》也先之子查
剌、《耶律禿花傳》之札剌兒也。《禿花傳》稱“統萬户札剌兒”。

劉黑馬、史天澤伐金，王惲《史忠武公家傳》：“朝議選三大
帥分統漢地兵，詔公及劉黑馬、蕭札剌居右，爲萬户。其居左
者，悉爲千户長。”此史元帥即天澤，劉元帥即黑馬，正所謂“漢
地三萬户”也。

案，沈注考證十分明晰，王國維《箋證》此條全用沈説①，王氏在其
《〈元朝秘史〉之主因亦兒堅考》一文中也提到沈曾植此條注，並有案
語云：“《輟耕録》云‘石抹曰蕭’，而石抹也先元人亦謂之蕭也先，則
沈先生據《秋澗集》作蕭札剌，謂札剌兒即石抹也先之子查剌，甚有
理據。”②所言甚是。

六、《任相》“其次韃人宰相，乃卒垛奪合”條注云：

九十五功臣中有失吉忽都忽，又有失剌忽勒，對音均與卒
垛奪合近。失吉忽都忽在太祖前有第六弟名分，在護衛裏斷
事，又得燕都不受降臣金帛，太祖稱爲耳目。韃人宰相，蓋此
人也。

案，此條觀沈注手迹，蓋爲民國間補注。九十五功臣，當時研究者鮮

① 參觀王國維《蒙韃備録箋證》，172—173頁。
② 參觀王國維《觀堂集林》卷一六，787—788頁。案，沈氏所引王惲《史忠武公家
傳》非據《秋澗集》，而是《國朝名臣事略》卷七《丞相史忠武王》引《家傳》，原文作：“太宗
即位，公入覲。朝議方選三大帥，分統漢地兵，上素聞公賢，以杖菴公及劉黑馬、蕭札剌
居右，詔爲萬户，其居左者悉爲千夫長，遂以真定、河間、大名、東平、濟南五諸侯兵隸
焉。”（參觀蘇天爵撰、姚景安點校《元朝名臣事略》，中華書局1996年版，115—116頁。）
《秋澗先生大全集》卷四八《開府儀同三司中書左丞相忠武公家傳》無“以杖菴公及劉黑
馬、蕭札剌居右，詔爲萬户，其居左者悉爲千夫長”，作“詔爲五路萬户”（參觀王惲撰，楊
亮、鍾彦飛點校《王惲全集彙校》，中華書局2013年版，2275頁）。王氏引沈文注中亦指
出“案明刊王惲《秋澗集》脱‘及劉黑馬’以下二十字，《國朝名臣事略》所引有之”，不知
何以下文案語如此。

有論及者,沈曾植在其《元秘史補注》卷前附《〈元秘史〉蒙語原文九十五功臣名》一卷①,有所考證。此注所論,可作爲補充。

七、《征伐》"回鶻有田姓者"條注云:

　　此人蓋即鎮海。

案,王國維《蒙韃備録箋證》此條無注,但其《黑韃事略箋證》"鎮海回回人"條下案語云:"余頗疑《備録》之'回鶻人田姓者'即鎮海矣。"②則與沈注同。

八、《風俗》"上至成吉思,下及國人,皆剃婆焦,如中國小兒留三搭頭在頟門者。稍長則剪之,在兩下者,總小角垂於肩上。"條注云:

　　繆柚岑於俄國巴枯城所見韃靼里人薙髮,自額至頂留兩鬢。植案:金、元國俗並開剃,而開剃之制與其首服不同。《永樂大典》有元人《剃(净)髮須知》書,條目甚多,文芸閣編修嘗見之。植疑其中當有南北漢人、色目之别,惜未目驗其書也。李芍農閣學言,見古畫金人垂編髮三道,此與《金國志》言"金俗櫟髮垂肩與契丹異,垂金鎖留顧後,髮繫以色絲"者語合。若此所云,三搭頭及在兩下總小角垂於肩上者,頗亦與金制相近,然不言顧後髮,不知其别若何?《金國志》云:"令金主拜詔稱臣,去冠冕,髡剃髮,爲西京留守。"《金史·徒單益都傳》:"益都不肯改易髻髮,以至於死。"《歸潛志》:"崔立令在城[士庶]皆斷髮,爲大朝民。"金俗固髡髮,《宋史·忠義·郭元邁傳》:"不肯髡髮換官,亦卒於金(引案,原文作北)焉。"而蒙古又令其剃髮斷髮,改易髻髮。然則同一開剃,其制蓋當有絕異者。又孟所言與今蒙古形狀乃不同,亦當有故,皆不可考矣。《東國史略》:"順孝王典十五年,世子諶嗣王位歸自元,與公主胡服同輦入國,從行宗宰不開剃,王責之。"注云:"開剃者,胡俗剃頂至額,方其形留髮謂之怯仇兒。忠烈王諶四年,令境内變元服,自宰相以至下僚,無

①　參觀沈曾植《元秘史補注》,民國三十四年(1945)《敬躋堂叢書》本。
②　參觀王國維《黑韃事略箋證》,200—201頁。

不開剃。"《至元譯語》頭曰"忒妻[溫]"、"孛擎"曰"怯昆"。"怯昆"即"怯仇兒"。《黑韃事略》:"其冠被髮而椎髻,冬帽而夏笠。""被髮"當作"剃髮"。然北狄之剃頭垂髮,由來已久,非始於金、元。《太平御覽》謂肅慎俗皆編髮。《寰宇記》:"烏桓、鮮卑皆髡頭。宇文氏人翦髮而留其頂,上爲飾,長數寸則截之。室韋盤髮,烏落侯繩髮,黠戛斯露首鬈髮。"《魏志》:"州胡在馬韓西海島上,髡頭如鮮卑。"《契丹國志》:"額後重金花織成夾帶,中貯髮一總。嫗厥律,其人長大髡頭,酋長髮盛以紫囊。轄劫子,髡首披布爲衣。"此類不勝枚舉,金、元沿襲舊俗,大同小異耳。①

案,沈注鈔本内有夾葉一紙,上記有關剃髮的史料,可視爲作此注的準備,其中"開剃《高麗史》"、"禿髮《宋史·夏國傳》"、"通判黎州何充被執,大帥欲辮其髮而髡其頂,充曰'可殺不可髡'《宋史·忠義傳》"三條上引沈注未及。

《備録》此節記蒙古人剃髮風俗,沈曾植旁徵博引,作了十分詳盡的考證。所據除《大金國志》、《金史》、《宋史》、《歸潛志》、《契丹國志》、《黑韃事略》、《太平御覽》、《太平寰宇記》、《至元譯語》等多種中土史籍外,還有《東國史略》、《高麗史》等朝鮮史料,還證以近人繆祐孫(字柚岑,1851—1894)在俄國的所見,李文田(號苕農,1834—1895)述古畫中的金人髮型,特别是文廷式(號芸閣,1856—1904)所見《永樂大典》中有元人《淨髮須知》的内容,這是很重要的史料。沈氏取資甚廣,古今中外,互相貫通,顯示出他深厚的學養。

綜上所述,我們看到沈曾植注除了對《蒙韃備録》書中所涉的人名審音勘同外,還十分注重歷史的考訂。尤其他獨具慧眼,對蒙元時代風俗制度(如婚俗、髮型)等社會生活史的探究,顯示出敏鋭的洞察力和學術的前瞻性。在這方面,他的注比後來王國維的箋證更爲透闢。關於收繼婚,近來則頗受學術界重視,上世紀八九十年代

————————

① 　沈注引文多爲節録或取大意,與原文不盡相同。

學者發表不少論文,探討元代這一最具特色的婚姻形態①,而沈注應是最早詳細論述此婚俗的研究成果。又如上述剃髮條,王氏僅引《長春真人西遊記》、《心史》、《高麗史》三書②,遠不及沈注之詳贍,直到後來桑原騭藏、李思純對此習俗才有較深入闡發③。儘管王國維的箋證後來居上,有許多精彩之處,我們相信沈曾植的這一早期研究成果至今依然有其可資參考的價值。

五、附論:《蒙韃備録箋注》的底本問題

最後略談沈注所據之底本問題,筆者以《説郛》宛委山堂本、涵芬樓本、汪氏抄本,王國維《箋證》所據《古今説海》本、《説郛》傅氏抄本,以及《歷代小史》本等初步校勘,發現無一完全相合,則沈注本當是另一種抄本。此本有些地方較他本爲優,如《糧食》"彼國亦有一二處出黑黍米,彼亦解煮爲粥"條,"彼亦解煮爲粥"《説海》本、宛本作"彼亦煮爲解粥",顯然不通。涵本"煮"下無"爲"字,但"處"下無"出"字則也不通。汪本"粥"字作"糜",與沈本義近。參見本書輯校部分該篇校記。

《黑韃事略箋注》

一、《黑韃事略》及其作者

《黑韃事略》是彭大雅、徐霆作爲南宋赴蒙古使節隨員所著的行記。作者親歷其地,耳聞目睹,記載十分全面,詳細敍述了當時蒙古

---

① 參觀劉曉《元史研究》,福建人民出版社 2006 年版,182 頁。

② 參觀王國維《蒙韃備録箋證》,182—183 頁。

③ 桑原騭藏《支那人辮髮の歷史》,《桑原騭藏全集》第一卷《東洋史説苑》,東京:岩波書店,昭和四十三年(1968)版,441—453 頁[原載大正二年(1913)《藝文》第四年第二號]。參觀桑原騭藏《中國人辮髮的歷史》(1913),見錢婉約、王廣文譯《東洋史説苑》,中華書局 2005 年版,115—127 頁。李思純《説民族髮式》(1943),見陳廷湘、李德琬編《川大史學·李思純卷》,四川大學出版社 2006 年版,42—59 頁。

國的朝廷要員、地理氣候、牧獵方式、語言文字、曆法筮占、官制法律、風俗習慣、差發賦税、商賈貿易、兵馬將帥、軍事戰法,以及所屬各投下、被征服各國的名稱。這些内容具有很高的價值,是研究十三世紀上半葉蒙古歷史的寶貴史料。

此書後有徐霆跋云:

> 霆初歸自草地,嘗編叙其土風習俗。及至鄂渚,與前綱書狀官彭大雅解後,各出所編,以相參考,亦無大遼絶,遂用彭所編者爲定本。間有不同,則霆復疏於下方,然此亦只述大略,其詳則見之《北征日記》云。嘉熙丁酉孟夏朔,永嘉徐霆長孺書。

可知南宋理宗嘉熙元年(1237)徐霆將彭大雅使北所記稿本與自己所作《北征日記》相互參照,遂以彭著爲定本,把己作之不同記載録於相關内容之下。今所見各种版本,前者頂格書寫,後者低一格書"霆"云云,所題撰人或署"宋彭大雅撰、徐霆疏證",或"宋徐霆長孺輯",或"永嘉徐霆"。

關於宋人彭大雅的情況,張政烺先生《宋四川安撫制置副使知重慶府彭大雅事輯》一文考證頗詳細[1]。徐霆的生平,前人較少注意,今檢明凌迪知《萬姓統譜》卷七云:

> 徐霆,字長孺。永嘉人。少爲母舅陳埴所鞠,勵以講學,由是得聞性理之要。長游四方,所見益廣,連中漕舉。紹定中,李全亂淮楚。霆從趙善相(湘)於制幕,軍謀檄筆,實參其事。全斃,以功補官。端平初,軺車初通,霆以選介信使奉幣入行闕。又歲餘,覆命授江東路兵馬鈐轄。移江西,再移廣。歷守欽、復州、漢陽軍,以武功大夫致仕卒。[2]

其中"端平初(1234),軺車初通,霆以選介信使奉幣入行闕"與徐霆隨使蒙古的情況是吻合的。在奉幣入行闕之後,朝廷即派遣他出使

---

① 張氏此文原成於 1941 年 7 月,1946 年又作一《補記》,刊于《國學季刊》第六卷第四號,後收入《張政烺文史論集》,中華書局 2004 年版,92—110 頁。

② 見《文淵閣四庫全書》子部類書類 956 册,臺灣商務印書館 1986 年版,181 頁。

蒙古了。

《黑韃事略》云：

> 霆至草地時，立金帳，想是以本朝皇帝親遣使臣來，故立之以示壯觀。前綱鄒奉使至不曾立，後綱程大使、更後綱周奉使至，皆不立。

1926 年 2 月 2 日王國維作《黑韃事略跋》[①]，據此語及《宋史·理宗紀》考徐霆於端平元年（甲午，1234）十二月隨鄒伸之使蒙古，并云："伸之再使，雖奉命於甲午十二月，然其至草地已在丙申（1236）之夏"，而徐霆跋稱彭大雅爲前綱書狀官，其隨鄒伸之使蒙古則在紹定五年壬辰十二月。

王氏推理甚精，所考徐霆出使時間與上引霆傳正合，但彭大雅隨使時間則微有不確。1941 年，張政烺撰《宋四川安撫制置副使知重慶府彭大雅事輯》，指出鄒伸之初使蒙古，嘗撰《使韃日録》，清乾隆時原書尚存，《四庫全書總目》列入史部雜史類存目，以諱"韃"字，易名爲《使北日録》。可惜《四庫》不載，今書已不傳，唯元人白珽《湛淵静語》卷二引《使燕日記》二千餘字，當爲鄒氏《日録》之遺。《四庫全書總目提要》所記鄒伸之出使年月甚精確，可補王跋不足。其文略云：

> 《使北日録》一卷（浙江巡撫採進本）。宋鄒伸之撰。理宗紹定六年癸巳，史嵩之爲京湖制置使，與蒙古會兵攻金。會蒙古遣王檝來通好，因假伸之朝奉大夫京湖制置使參議官，往使。以是歲六月偕王檝自襄陽啟行，至明年甲午二月始見蒙古主於行帳。尋即遣回，以七月抵襄陽。計在途者十三月。因取所聞見及往復問答，編次紀録，以爲此書。……又《宋史》載伸之出

---

① 案王國維此跋見《觀堂集林》，中華書局 1959 年版，804—805 頁。又見王國維《黑韃事略箋證》附跋，《王國維遺書》，上海書店出版社 1983 年版，第八冊，257—260 頁。跋末署"乙丑十二月"，而今國家圖書館藏王氏手稿本則題爲"乙丑季冬二十日"。參觀袁英光、劉寅生《王國維年譜長編》，天津人民出版社 1996 年版，467—468 頁。

使在紹定五年十二月，而此《録》實以六年六月出疆，皆當以此録所紀爲得其實。

又《湛淵静語》卷二云：

> 《使燕日録》載紹定癸巳北朝遣王檝來通好，朝廷剳京湖制司就差官鄒沖（伸）之等六員使北朝審實，於次年六月回抵汴。①

據此可知鄒伸之初使時偕隨員六人（彭大雅當爲其中一員），於紹定六年癸巳（1233）六月由襄陽啓程，第二年即端平元年甲午（1234）二月抵達蒙古汗帳，見太宗窩闊台。伸之一行隨即返程，于同年六月至汴，七月抵襄陽②。

案，張政烺先生所考甚確，但學者論及彭大雅出使事，或有用王國維壬辰之説者③，故特爲拈出。不過最先注意鄒氏《使北日録》這條材料的倒並非張氏，而是晚清蒙元史地學者李文田（1834—1895）。據李氏《黑韃事略箋注》抄本“霆至草地時立金帳”條眉注云：

> 案，鄒伸之撰《使北日録》一卷，事在理宗紹定六年。此書存目在《提要》卷五十二雜史類④。

是李氏應已考知鄒伸之初使蒙古在紹定六年。

二、《黑韃事略》的版本與中國學者的早期研究

《黑韃事略》流傳頗罕，原刊本早已不存。目前所見最早的版本

---

① 參觀白珽《湛淵静語》，《文淵閣四庫全書》子部雜家類第866册，臺灣商務印書館1986年版，304頁。

② 參觀《張政烺文史論集》，96—97頁。

③ 見白壽彝總主編、陳得芝主編《中國通史》第八卷《中古時代·元時期（上）》，上海人民出版社1997年版，15—16頁。不過，陳氏《蒙元史研究導論》（南京大學出版社2012年版，26頁）已糾正此誤。伯希和也從王説，見其《評王國維遺書》“《黑韃事略箋注》”條（馮承鈞《西域南海史地考證譯叢五編》，商務印書館1962年版，55頁）。

④ 此條注文見上海圖書館藏李氏《黑韃事略箋注》抄本，胡思敬所輯《問影樓輿地叢書》本《黑韃事略》書眉李文田注無此條。

爲中國國家圖書館藏明嘉靖二十一年（1542）姚咨跋抄本，據姚跋這
個抄本是據宋刻本抄的，此本爲後來眾多抄本之祖①。清光緒十六
年庚寅（1890）春，李文田在京師廠肆得一抄本，此書原爲張蓉鏡
（1803—?）舊藏本②，李氏跋云：

> 《黑韃事略》一卷，宋彭大雅撰，徐霆疏證而成此書。霆南
> 宋理宗時人，嘗奉使蒙古，歸而編其風土爲此書。據其自跋，尚
> 有《北征日記》一書，今已久佚，即此書亦爲藏家所罕有矣。姚
> 咨跋稱嘉靖丁巳鈔自太史王懋中家云。光緒庚寅，見此於廠
> 肆，亟收之，以慰物聚之好爾。

同年繆荃孫（1844—1919）在南方也購得一舊抄本攜歸京師③。沈曾
植借抄繆本後，又校以李本，並作箋注。沈氏稿本今藏上海圖書館，
有題跋云：

> 此本借抄於繆小山編修，編修歸自江南，新得書也。李詹
> 事春間從廠肆得一舊抄本，復借之校一過。繆本勝李本，然所
> 出之源不同。繆本誤脱而李本是者，亦若干條，此書大略可
> 讀矣。

案，據繆荃孫《藝風老人日記》，繆氏於庚寅五月十二日（1890 年 6 月
28 日）抵京，二十九日（7 月 15 日）與沈曾植等會面。六月三、四、五
日（7 月 19、20、21 日），繆氏自校《黑韃事略》。六月九日（7 月 25 日）
沈曾植來借《黑韃事略》。六月二十三日（8 月 8 日）繆荃孫約沈曾植

---

① 參觀《中國古籍善本書目·史部·雜史類》，上海古籍出版社 1993 年版，249
頁。案，國圖此本嘉靖壬寅（即二十一年，1542）姚咨跋爲他本所無，其他諸本有嘉靖丁
巳（即三十六年，1557）姚咨跋，但無壬寅姚跋。

② 繆荃孫《藝風老人日記》庚寅六月二十四日條云："謁順德師……借《黑韃事
略》張蓉鏡舊藏本回。"（北京大學出版社 1986 年版）案，張蓉鏡，字芙川。江蘇常熟
人。清藏書家（參觀葉昌熾《藏書紀事詩》卷五，上海古籍出版社 1999 年版，579—
581 頁）。

③ 此本著錄於繆荃孫《藝風藏書記》卷三，上海古籍出版社 2007 年版，64 頁。

等聚飲。二十四日（8月9日）繆氏復借李文田本校勘①。據此可知二十三日沈、繆見面時，沈已將繆書歸還，則沈曾植校《黑韃事略》當在光緒十六年六月九日至二十三日（1890年7月25日至8月8日）間。沈氏開始作箋注當也在是年。

從李文田與沈曾植的跋語推測，他們大約同時在作《黑韃事略》的箋注。光緒三十四年戊申（1908）胡思敬（1870—1922）刊刻《問影樓輿地叢書》第一集②，收有一種舊鈔本《黑韃事略》，書眉有箋注，書末除李文田跋外，還有熙元（1864—1900）③跋及胡氏自跋二篇：

> 丁酉（1897）正月，達甫弟得鈔本於廠肆，余愛其敘事詳實，命書僕翟浦錄副藏之。此書惟《述古堂》、《持静齋》二目著錄，他不多見，誠秘笈也。太初記。

> 右書自元以來展轉傳抄，罕見刻本。明人號搜輯古今佚乘，考諸家叢目，亦未著錄。唯吳縣曹中翰注《蒙韃備錄》徵引十餘條，未知所據何本，就其所引者兩相校對，各有脫誤。曹注没去彭大雅之名，竟以此書爲徐霆所著。度其所見，亦非校刻精本可知。此本熙太初祭酒家故物。祭酒殉難後，余遊曉市得之。其李侍郎所跋原書，則不知流落何所。侍郎攻西北輿地學最專，書眉評語，考證精博，足與徐疏互相發明，疑即侍郎之筆，存而不削，異時當與《元秘史》、《西遊錄》注並傳。末附校勘記，多係以意懸度，不敢徑改，用存古書之舊，讀者審之。光緒戊申

---

① 參觀繆荃孫《藝風老人日記》，庚寅五月十二日記："六十里入城，回寓。"十五、十六、十七、十九、二十四、二十五、二十六日皆記"庋置書籍"，二十七日記："庋置書籍略有條理。"二十九日記："晚，王可莊招飲，沈子誠曾棨、子培、子林曾樾、黄仲弢、叔頌紹第、鄭蘇堪全席。"六月三、四、五日皆記"校《黑韃事略》"。九日記："沈子培借《黑韃事略》去。"二十三日記："約王可莊、程蒲孫、沈子培、夏彦保、沙循矩、費屺懷小飲。"二十四日："謁順德師，呈《永嘉召對録》、《甲乙紀事》、《行朝録》，借《黑韃事略》張蓉鏡舊藏本回。"二十五、二十六日皆記"校《黑韃事略》"。

② 清光緒三十四年（1908）新昌胡氏京師仿聚珍版排印本。又見《叢書集成初編》第3177册，民國二十六年（1937）上海商務印書館排印本。後附胡思敬校勘記。

③ 熙元，字太初，號吉甫。滿洲正白旗人。見孫雄《舊京文存》卷三《紀略》（參觀江慶柏《清代人物生卒年表》，人民文學出版社2005年版，812頁）。

（1908）秋九月，新昌胡思敬跋。

案，筆者將此書的李跋及眉批與上海圖書館藏李氏箋注抄本校核，發現除抄本眉批有兩條失載外，幾乎全同①。可知胡氏刊本所依據的實爲李文田注本的另一個抄本。蓋李氏於 1895（光緒二十一年）逝世後，其注本流入廠肆，至 1897（光緒二十三年）書爲熙元之弟所得，熙元命人録一副本。熙氏庚子殉難後，藏書復流出，乃爲胡思敬所得。胡氏跋謂"書眉評語，考證精博，足與徐疏互相發明，疑即侍郎之筆，存而不削"是很有見地的。伯希和在《評王國維遺書》"黑韃事略箋證"條云：

> 一九〇八年有活字本，訛誤甚多，收入胡思敬《問影樓輿地叢書》中。胡氏所據者是一近代抄本，而此抄本又間接出於姚咨一五五七年抄本。箋注佳者不少。王氏所據本，亦出姚咨本，然未言出處，要非胡思敬所據之本。……徐霆疏後云："此亦止述大略，其詳則見之《北征日記》。"王氏箋證未及此書，然胡思敬本有李文田跋，視此《北征日記》爲徐霆之別一記録，余以其説不誤。按舊《説郛》本有《北征記》，前此未能考得其撰人（參看《通報》一九二四年刊二〇五頁），今以此書應是《北征日記》。②

可知伯氏于李文田之説評價頗高，不過他認爲《北征日記》即《説郛》中的《北征記》則未必正確③。而王國維所據本確如伯氏所云是另一

---

①　上圖藏李文田箋注抄本首條眉批有"田案"字樣，而胡刻本無此二字，故胡思敬不能十分肯定所刻本注是李氏所作。而内藤湖南蓋據胡思敬跋語，則徑稱《問影樓輿地叢書》本有李文田眉批，見其《支那史學史》，《内藤湖南全集》第十一卷，東京：筑摩書房，昭和四十四年(1969)版，412 頁。又馬彪譯《中國史學史》，上海古籍出版社 2008 年版，324 頁。

②　參觀馮承鈞《西域南海史地考證譯叢》五編，55—56 頁（Pelliot, *T'oung Pao*, 1929, pp.167-168）。

③　《北征記》見陶宗儀輯、張宗祥重校《説郛》（一百卷本）卷四，民國十六年(1927)上海商務印書館排印本。此本收入《説郛三種》第一册，上海古籍出版社 1988 年版。

本，王氏 1925 年 12 月 16 日（民國十四年十一月初一）致羅振玉函略云：

> 公前所印《黑韃事略》，如有存者否，乞賜一本。……李文誠（案即李文田）《元秘史注》紕繆甚多，與其所著他書無異，培老（即沈曾植）乃盛稱其人，殊不可解。①

案，據此函知王國維《黑韃事略箋證》所據之本應是羅振玉印本，此本 1926 年又由東方學會重印，收入《六經堪叢書》②。顯然，伯希和僅見胡思敬刊本而未見羅氏刊本。王國維對李文田評價甚低，他未及參考胡氏刻本中的李注，所論不如伯希和公允。

1926 年王國維作《黑韃事略箋證》③，其中多次引用沈曾植注，惜王氏當時未見李文田注，李注精彩處可從下舉之例得其一斑。《黑韃事略》“其賦”條有“置蘸之法”，沈注云：

> 置蘸即置站也，蘸字獨見於此。

王國維《箋證》引沈氏說稱是④，他在 1926 年 9 月 14 日（八月初八日）致神田喜一郎函中提及此事：

> 《親征錄校注》甚爲草率，……此書印刷垂成，已發見當增訂處不止三四。至《蒙韃備錄》及《黑韃事略》二種增訂之處尤多，頃見沈乙庵先生校本，釋《事略》中蘸字爲站之異譯，此條

---

① 參觀《王國維全集·書信》，中華書局 1984 年版，425 頁。又見《羅振玉王國維往來書信》，東方出版社 2000 年版，649—650 頁。

② 此本後附章鈺參考曹元忠舊校記，又與羅本對勘所得校記若干。前有章氏題記曰：“上虞羅氏重印《黑韃事略》，鈺有傳錄本與之同。鈺本曾山（由）吳縣曹君直舍人元忠以舊寫本校過，多可取者。因得校記若干條，附羅本之後，曹校列上，羅本列下。丙寅（1926）正月長洲章鈺。”

③ 王國維《黑韃事略箋注》見《蒙古史料校注》，民國十五年（1926）清華學校研究院排印本；又收入《海寧王忠慤公遺書》三集，民國十六年（1927）海寧王氏排印石印本；《海寧王靜安先生遺書》，民國二十九年（1940）商務印書館長沙石印本（1983 年版《王國維遺書》，上海書店出版社據此影印）。

④ 參觀《王國維遺書》，第八冊，220 頁。

甚佳。①

顯然《箋證》所引是後來王氏見到沈曾植注增補進去的。沈注僅一句話,博得王國維如此稱許,他不知道李文田也早已有此見解,而且比沈注論證更充分。李注云:

> 蘸,即"站"字之借音,本借"占"字,其後或作"駐"或"站",皆俗字。明人撰《元史》用"立"旁"站"字以後,此字有一定之用矣。周密《癸辛雜識》及陶宗儀《輟耕錄》皆有"站"字。又《元史·世祖昭睿順聖皇后列傳》:"四怯薛官奏割京城外近地牧馬,責太保劉秉忠曰:'汝何爲不諫? 今軍蘸已定,奪之可乎?'"②是元初不專用"站"字,亦作"蘸"字也。

沈曾植借李文田藏本校過,他們作注約在同時,此見解可謂不謀而合。可惜這條注僅見於上圖所藏李注抄本,而不見於胡思敬刻本。不過即便胡本有,王氏當時沒有看到,也就無從參考了。當然,正如伯希和已指出的那樣,王國維所作箋證"豐富精密,始終如一"③,雖然有個別不足之處,仍是佳作。

三、國外學者的研究

清季研究蒙古史爲一時學術風尚,中日兩國學者都對搜求與研究蒙古史料表現出極大的熱情。日本學者專治《黑韃事略》的,有著名蒙古史家箭內亘(1875—1926),他在 1922 年(大正十一年)印有《黑韃事略》校訂本④。但此書非正式出版物,可能印數很少,因此即使在日本現在也較難見到。京都大學內藤文庫藏有一冊(編號爲

---

① 參觀《王國維全集·書信》,442 頁。
② 李注引文有節略,參觀《元史》卷一一四《后妃傳》,中華書局 1976 年版,2871 頁。
③ Pelliot,"Le commentaire de W. est comme toujours très serré et rich."*T'oung Pao*,1929,p.168.參觀上揭伯希和《評王國維遺書》"《黑韃事略箋注》"條,56 頁。
④ 參觀箭內亘《蒙古史研究》卷前《箭內博士著述目錄》,東京:刀江書院,昭和十二年(1937)版,5 頁。

"内藤—118")①,據東京高等師範學校藏鈔本校印,有箭内亘題跋,末署:

　　　　大正十一年九月東京帝国大学史学研究室二於いて。箭
内亘識す。

上引 1926 年 9 月 14 日王國維致神田喜一郎札略云:

　　　　至《蒙韃備録》及《黑韃事略》二種則當增訂之處尤多。項
見沈乙庵先生校本,釋《事略》中蘸字爲站之異譯,此條甚佳。
不知箭内博士本將來能否印行?

箭内亘當時已病逝,其校訂本雖印出,但未公開發行,故王氏有此
問。王國維《黑韃事略箋證》"東北曰妮奴曰那海益律于"條注云:

　　　　沈乙庵先生曰:"益律于"疑"益律干"之誤。《元史》本紀
五:"至元元年吉里迷來言,其國東有骨嵬、亦里干兩部,歲來
侵,故征之。"亦里、益律,與今言烏拉、鄂倫同,皆古挹婁音
轉也。

　　　　案,沈先生以"益律于"爲"益律干"之訛是也,謂"益律干"
爲"挹婁"之音轉則非。益律干,《秘史》作"亦兒堅",《親征録》
作"亦兒干",乃蒙古語百姓之義。"那海益律干"、"斛速益律
干"謂狗國民、水國民,猶林木中百姓之"槐因亦兒堅"或"火因
亦兒干"也。日本箭内博士所見本,"益律于"作"益律子",以
"益律子"爲蒙古語"奧露絲"之對音,不如讀爲"益律干"之
善也。②

可見或許通過神田的寄贈,王國維顯然已經參考過此書。

　　京大内藤文庫中還有一册羅振玉舊藏《黑韃事略》鈔本,編號爲
"内藤—119"③。書眉有内藤湖南手書校記。書末有内藤 1903 年所

---

① 感謝余欣先生代查内藤文庫收藏情況。
② 見《王國維遺書》,第八册,253 頁。
③ 感謝吳念庵丈惠示内藤湖南藏本的電子圖像版。

作跋兩行：

　　　此書壬寅歲游清國時得之羅叔蘊，歸後借那珂先輩藏本對
校一過。那珂本得之清國陳士可，所以稱陳本。癸卯四月念
九，炳卿。

據此可知此抄本爲内藤 1902 年來華時羅振玉所贈，歸國後第二年，
他從日本近代蒙古史開山那珂通世（1851—1908）處借到原爲陳毅
（字士可，1873—?）所藏的另一抄本作了校勘。跋文雖短，却是近代
中日兩國學者進行學術交流的生動寫照①。

　　德國學者譯注《黑韃事略》的工作始於著名漢學家、蒙古學者
Erich Haenisch（1880—1966），曾師事他的中國學者姚從吾（1894—
1970）也參與了德譯本的前期工作。1980 年，Haenisch 的弟子 Peter
Olbericht 與 Elisabeth Pinks 合作出版了《〈蒙韃備録〉與〈黑韃事略〉
譯注》②，譯文與註釋均爲學界稱道③。

　　蘇聯蒙古學家蒙庫耶夫（Н. Ц. Мункуев，1922—1986）也曾研究
過《蒙韃備録》和《黑韃事略》，并有俄文翻譯與註釋本行世④。

─────────────

　　① 　内藤湖南對蒙元史甚爲關注，多方搜羅史料，1902 年文廷式（1856—1904）就
曾將蒙文《元朝秘史》十二卷抄寄給他（參觀《文廷式集》上册，中華書局 1993 年版，706
頁）。内藤還曾將自己校正過的《蒙古源流》抄了一部送給沈曾植，並希望得到沈氏所
作《蒙古源流事證》（參觀上揭内藤湖南《支那史學史》，414 頁；馬彪譯《中國史學史》，
325—326 頁）。
　　② 　Peter Olbricht und Elisabeth Pinks, *Meng-Ta Pei-Lu und Hei-Ta Shih-Lüeh*,
Chinesische Gesandtenberichte über die frühen Mongolen 1221 *und* 1237, nach Vorarbe-
iten von Erich Haenisch und Yao Ts'ung-wu, Asiatische Forschungen, band 56. Wiesba-
den：Otto Harrassowitz, 1980.
　　③ 　參觀 Igor de Rachewiltz, "On a Recent Translation of the Meng-Ta pei-lu and
Hei-Ta shih-lüeh：A Review Article", *Monumenta Serica*, vol. 35, 1983, pp. 571-582.
Thomas T. Allsen, " *Meng-ta pei-lu und Hei-ta shih-lüeh. Chinesische
Gesandtenberichte über die frühen Mongolen* 1221 *und* 1237. Nach Vorarbeiten von
Erich Haenisch und Yao Ts'ung-wu. Übersetzt und kommentiert von Peter Olbricht
und Elisabeth Pinks"（book review）, *Monumenta Serica*, vol.35, 1983, pp.656-660.
　　④ 　參觀陳得芝《蒙元史研究導論》，259 頁。

四、沈曾植《黑韃事略箋注》的成就

1890 年（光緒十六年）夏，沈曾植借抄繆荃孫藏本後，又校以李文田藏本。據其書眉批註筆迹看，其注釋是不斷增補的，非成於一時。沈曾植《黑韃事略箋注》是目前所知最早的《黑韃事略》注本之一，有不同於李文田注的獨特價值，也受到後來王國維的重視。伯希和對胡刻本的箋注有較好的評價，雖然他當時不知道這就是李文田所注。伯希和在書評中也因王氏箋證引沈曾植説而提及沈氏，他曾與沈氏有過交往①，但因未見沈注全貌，没有加以任何評説②。

沈氏箋注中除爲王國維所徵引者之外，還有不少值得注意的研究成果。以下舉例加以説明。

一、"其子曰闊端、曰闊除、曰河西斛、立爲僞太子，讀漢文書，其師馬録事。曰合剌直"條注云：

《史·表》，太宗七子，次二闊端，次[三]闊出，即此闊除也。次四哈剌察兒，即此哈剌直也。

《史·阿剌罕傳》，父也柳干，太宗時爲皇子岳里吉衛士。岳里吉即合剌直，亦即月良也。《秘史》稱西夏主爲合申主，或疑此河西斛即《史》合失太子也。

陳桱《通鑑續編》云："太宗七子，長曰合西歹，二皇后字灰所生，蚤卒，有子曰海都。次貴由，次曰闊端，曰屈出，曰合剌察兒，六皇后所生也。曰合丹，曰滅立，七皇后所生也。"陳桱所稱之合西歹即此河西斛，據有子海都證之，則《考異》以爲合失，確然無疑。

此條沈曾植前後注釋了三次，第一次注後原有"惟河西斛不見《表》，疑即所謂'太宗以子月良不材，不立爲嗣'者"之語，後删去。第二次

---

① 參觀許全勝《沈曾植年譜長編》，中華書局 2007 年版，425—426 頁。
② Pelliot, *T'oung Pao*, 1929, p.169.（上揭伯希和《評王國維遺書》，56 頁。）伯氏文中把沈曾植的生卒年誤作 1853—1922，應作 1850—1922。

注後原有"存考"字樣,後也删去。於此俱見沈氏治學之精益求精。此條王國維《箋證》也據《元史·宗室世系表》,考《事略》"闊除即闊出,河西䐩即合失,合剌直即哈剌察兒"[1],與沈說全同。

案,《元史·宗室世系表》太宗皇帝條云:

> 按《憲宗紀》有云:太宗以子月良不材,故不立爲嗣。今考《經世大典·帝系篇》及《歲賜錄》,並不見月良名字次序,故不敢列之《世表》,謹著于此,以俟知者。[2]

錢大昕《廿二史考異》卷九五《阿剌罕傳》"幼隸皇子岳里吉爲衛士"條注云:

> 按《宗室表》太宗七子無岳里吉名,《表》又引《憲宗紀》"太宗以子月良不材,故不立爲嗣",岳里吉豈即月良之轉聲乎?[3]

同書卷九一《宗室世系表》"太宗皇帝,七子:長定宗皇帝,次二闊端太子,次三闊出太子,次四哈剌察兒王,次五合失大王,次六合丹大王,次七滅里大王"條云:

> 按,陳桱《通鑑續編》云:"太宗七子,長曰合西歹,即合失。二皇后孛剌所生,蚤卒,有子曰海都。次諱貴由,是为定宗。曰闊端,曰屈出,亦作曲出。曰合剌察兒,即哈喇察兒。六皇后所生也。曰合丹,曰滅立,即滅里,亦作明里。七皇后所生也。"其次第與《表》互異。[4]

錢大昕疑《元史·阿剌罕傳》之"岳里吉"即《宗室世系表》引《憲宗紀》之"月良"[5],又指出《通鑑續編》之"合西歹"即《宗室世系表》之"合失"。沈曾植在肯定錢說的基礎上,進一步指出"岳里吉即合剌

---

① 參觀《王國維遺書》,第八册,198頁。
② 參觀《元史》卷一〇七《宗室世系表》,2717頁。
③ 參觀《嘉定錢大昕全集》,江蘇古籍出版社1997年版,第三册,1757頁。
④ 參觀《嘉定錢大昕全集》,第三册,1698頁。
⑤ 參觀《元史》卷一二九《阿剌罕傳》,3147頁。案,"太宗以子月良不材,故不立爲嗣"一語不見今本《憲宗本紀》。

直,亦即月良",“合西歹"即“河西犞",亦即“合失",則較王注引證更爲充分。

二、“粘合重山隨屈尤僞太子南侵。次年,屈尤死"條注云:

> 《太宗紀》:“乙未,皇子曲出及胡土虎伐宋。"“丙申冬,皇子曲出薨。"即此屈尤也。粘合重山從伐宋,本傳不見。

案,《元史·阿剌罕傳》云:“父也柳干,幼隸皇子岳里吉爲衛士長。歲乙未,從皇子闊出、忽都禿南征。"[①]闊出、忽都禿即《太宗紀》之“曲出及胡土虎",沈氏以“曲出"當“屈尤"甚是。王國維云:“屈尤即彭氏所謂闊除,徐作屈尤,則又誤分爲二人。"[②]徐霆疏作“屈尤",其所記譯音與彭大雅本來就不同,未必是誤分爲二人。

三、“非大燕會不刑馬"條注云:

> 元制,馬爲大牲,惟祀天及宗廟用之。《刑法志·禁令篇》:“諸宴會,雖達官,殺馬爲禮者,禁之。"[③]

四、“火燎者十九,鼎烹者十二三,爨而先食,然後食人。"注云:

> 明刻《增新事林廣記》有筵會上燒肉事件,凡羊羔、黃鼠、塔剌不花等二十五件,皆泰定重刻宋《事林廣記》所無。此蒙古火燎之證。

五、“其俗射獵,凡其主打圍,必大會衆,挑土以爲坑,插木以爲表,維以毳索,繫以氊羽,猶漢兔罝之智,綿亘一二百里間。風颺羽飛,則獸皆驚駭,而不敢奔逸,然後麏圍攫繫○李本作‘擊’。焉"條注云:

> 《雙溪醉隱集·大獵》詩:“營表交馳突騎過,射聲雲布已星羅。詔官檢點貔貅數,奏比年[來]百萬多。"“網絡周阹萬里疆,幅員都是禁圍場。傳言羽獵將來到,有詔惟教靜虎狼。"注:禁

---

① 《元史》卷一二九《阿剌罕傳》,3147頁。

② 參觀《王國維遺書》,第八冊,199頁。

③ 參觀《元史》卷一〇五《刑法志》四《禁令》,2683頁。

地圍場,自和林南越沙地,皆浚以塹,上羅以繩,名曰"扎什",古之虎落也。比歲大獵,特詔先殄除虎狼。

案,沈曾植十分重視研究元人的風俗制度①,以上三條都是有關這方面的,而李文田、王國維注皆未有説。

六、"霆出居庸關,過野狐嶺,更千餘里,入草地曰界里濼"條注云:

> 界里泊,即張參議《紀行》之蓋里泊。

案,沈氏以"界里泊"即"蓋里泊",甚是。但"蓋里泊"見於《長春真人西遊記》,而非張德輝《紀行》,是他誤記。李文田注也指出:

> 《金史》西京路撫州豐利縣:"明昌四年以泥濼置,有蓋里泊。"即此《略》所云界里濼②。

王國維注也引《金史·地理志》此條③,與李注同。

七、"故姑"條注云:

> 《至元譯語》:故故曰播庫脱。然則故故非蒙語也。
>
> 《事林廣記》:固姑,韃人、回回婦女戴之,以皮或糊紙爲之,朱漆剔金爲飾。

案,此條李文田注云:

> 故姑,蒙古冠名也。《蒙韃備録》作"顧姑",元丘處機《西遊記》作"故故",明葉子奇《草木子》作"姑姑",皆此物也。又《輟耕録》二十二卷云:"承旨阿目茄八剌死……帶罟罟娘子十有五人。"④

沈曾植和李文田是國內最早注意罟罟冠問題的學者。後來王國維

---

① 參觀上文《蒙韃備録》沈注的研究。

② 參觀《金史》卷二四《地理志上》,中華書局 1975 年版,567 頁。李注見胡刻《問影樓輿地叢書》本第三葉,上圖抄本"蓋里泊"前脱"有"字。

③ 參觀《王國維遺書》,第八册,207 頁。

④ 見《問影樓輿地叢書》本第三葉。

《蒙韃備録箋證》"顧姑冠"條引《長春真人西遊記》、楊允孚《灤京雜
詠》、《析津志》，另外其《黑韃事略箋證》"故姑"條、《長春真人西遊記
校注》"故故"條，也都有考證①。沈注向未刊佈，而載有李注的《問影
樓輿地叢書》本雖早已印行，學者似多未注意，故學術界至今論及此
問題均首推王氏②，理應更正。

　　罟罟，又寫作故姑、故故、顧姑、固故、姑姑等，是蒙古婦女所戴
的一種冠飾。據諸家考證，固姑冠《元朝秘史》蒙古原文音譯作"孛
黑塔"（boqtaq）③，此蒙古語詞來源于波斯語 baghtāq，指已婚婦女的
冠飾；而"固姑"爲蒙古語 kükül/kukul，意指裝飾或頭飾④。而據法
國學者 Hamilton 的考證，kükül 輾轉借自拉丁語的 Cucullus，意爲
"頭巾"或"尖頂帽"，這個拉丁詞約在 12 世紀從歐洲傳到絲綢之路的
東端⑤。《至元譯語·衣服門》"故故"作"播庫脱"⑥，與"孛黑塔"爲同
一個詞。據《至元譯語》體例，"播庫脱"當爲蒙古語，因此沈曾植懷
疑"故故"本非蒙古語。如 Hamilton 之説可信的話，那麼沈氏的見
解不但無可厚非，而且應該説是頗具啓發意義的⑦。

　　八、"其事書之以木杖"條注云：

　　　　李本原校改"板"。

　　　　《中堂事記》："回回譯史麥尤丁，其所譯簿籍，搗治方厚，尺

───────────────

　　①　參觀《王國維遺書》，第八册，186、209、484 頁。

　　②　參觀方齡貴《元明戲曲中的蒙古語》，漢語大詞典出版社 1991 年版，304 頁；又
方齡貴《古典戲曲外來語考釋詞典》，漢語大詞典出版社、云南大學出版社 2001 年版，
317 頁。劉曉《元史研究》，185 頁。

　　③　Cf. Paul Pelliot, *Histoire Secrète de Mongols*, Chap. Ⅱ. 74 "Enforçant son
boqtaq au sommet de la tête", p16, p134.

　　④　見上揭方齡貴《古典戲曲外來語考釋詞典》，312、323 頁，又見方齡貴《元明戲
曲中的蒙古語》，299、310 頁。

　　⑤　見方齡貴《古典戲曲外來語考釋詞典》，326 頁。

　　⑥　見賈敬顔、朱風輯《蒙古譯語女真譯語匯編·至元譯語》，天津古籍出版社
1990 年版，7 頁。

　　⑦　近蔡美彪發表《罟罟冠一解》，認爲罟罟是鷄鳴鳥語之象聲詞，罟罟冠即雉冠
或野鷄冠，因冠上皆插有羽毛，可參觀，《中華文史論叢》2010 年第 2 期，365－370 頁。

紙爲葉,以木筆挑書普速蠻字。"然則回回書以木筆書於紙上,作"杖"是也。

案,沈注以王惲《中堂事記》作爲校勘依據,十分正確。王國維《箋證》全錄此注。

九、"霆見韃人只是撒花,無一人理會得賈販。自韃主以下,只是以銀與回回,令其自去賈販以納息。回回或自轉貸與人,或自多方賈販,或詐稱被劫而責償於州縣民户"條注云:

> 自韃主以下,皆以銀貸回回,令貿易以納息。此即元世所謂斡脱錢也。《史·本紀》:世祖至元元年定諸王"不許擅招民户,不得以銀與非投下人爲斡脱";又至元二十九年"蠲阿里父布伯所負斡脱鈔三千錠"。《元典章新集·兵部·驛站》使臣冒起鋪馬[罪]例云:"延祐六年,宣政院官人每差往西番地面拘收牌面,追徵斡脱等錢,多用鋪馬,斷一百七,除名不敍。"蓋終元世有此風,而元初尤甚。羊羔兒息,殆亦緣此虐用之。《元史類編·中統建元頒新政詔》見《元典章》。其第五"止貢獻"曰:"開國以來,庶事草創,既無俸禄以養廉,故縱貨賄而爲蠹,凡事撒花等物,無非取給於民。名曰己財,寔皆官物,取百散一,長盜滋奸,若不盡更,爲害匪淺。始自朕躬,斷絕兹弊,除外用進奉、軍前克敵之物,并斡脱等拜見撒花等物,並行禁止。內外官吏,視此爲例。"

> 《至元譯語》:買賣人曰"或旦督赤"。"或旦督"即"斡脱"也。

案,元朝政府及蒙古皇室貴族多出本銀委託中亞穆斯林商人經商,借发放高利貸以謀取高額利潤。所發放的貸款稱为"斡脱錢",其利息則稱爲"羊羔息"。"斡脱"一詞源於突厥語 ortaq/ortoq[1],本意爲"合伙",轉義爲商人,是一種官商。沈曾植指出"斡脱"即《至元譯

---

① Cf. Paul Pelliot, "Note sur le 'Turkestan' de M. W. Barthold", *T'oung Pao*, 1930, p.33, note1. 參觀伯希和《〈蒙古侵略時代之土耳其斯坦〉評註》注一八,馮承鈞《西域南海史地考證譯叢》三編,商務印書館 1962 年版,26—27 頁。

語・君官門》的"或旦督"①,似未經他人道及。他是較早關注這種元代廣爲流行的商業行爲的學者之一②。王國維《箋證》也具録此注③。

十、"其見物則欲,謂之'撒花'。……撒花者,漢語覓也"條注云:

> 楊瑀《山居新語》:"都城豪民,每遇假日,必以酒食招致省憲僚吏翹傑出羣者款之,名曰'撒和'。凡人有遠行者,至巳午時,以草料飼驢馬,謂之'撒和',欲其致遠不乏也。"又云:"取覓者,謂之'撒和穿鼻子'。"按彼"撒和"即此"撒花"。

案,《山居新語》卷四此條有云:"江南有新官來任者,巨室須遠接,以拜見錢與之。叩之,則答以'穿鼻了'。……江鄰幾《雜志》載,士陽豪民邵□□者,指縉紳來借貸者,乞與二百緡,便可作驢騎。腰金拖紫,不爲豪子以長耳視之鮮矣。余曰:若以借貸者便作驢騎,取覓者指以撒和,穿鼻又何多耶!""穿鼻了",一本作"穿鼻來"④,沈注作"穿鼻子"不知是否另有版本依據,或即指"穿鼻"而言。"撒花",又寫作"掃花"、"撒貨"、"撒活"、"撒和"等,原意爲禮物。《元朝秘史》"掃花"旁譯爲"人事",也是此意。《黑韃事略》"撒花"一詞是目前所知出現最早的例子之一⑤。沈注最早指出"撒花"即《山居新語》的"撒和",後來王國維作《蒙古札記》掃花條也引《新語》、《事略》、《元典章》等史料,有所討論⑥。

十一、"霆常見其日中沛馬姤矣,亦嘗問之,初無拘於日與夜。

---

① 見上揭《至元譯語・君官門》,15頁。
② 李文田注引《元史・耶律楚材傳》、《太宗本紀》等,也注意及此。王國維《箋證》則引《元文類》卷五七《中書令耶律公神道碑》,與李注實相合。關於斡脱與斡脱錢的研究,參觀方齡貴《古典戲曲外來語考釋詞典》,27—32頁;又劉曉《元史研究》,158—159頁。
③ 參觀《王國維遺書》,第八册,223—224頁。但王氏未録沈注論《至元譯語》"或旦督"之語。
④ 參觀余大鈞點校《山居新語》,中華書局2006年版,234、238頁。
⑤ 參觀方齡貴《古典戲曲外來語考釋詞典》"撒和"條,32—39頁。
⑥ 參觀《觀堂集林》卷一六,813—814頁。王氏所引《元典章》中統紀元頒新政詔,前文第九條沈注中也已徵引。

沛之之法,先令駒子啜,教乳路來,却趕了駒子,人自用手沛,下皮桶中,却又傾入皮袋撞之,尋常人只數宿便飲。初到金帳,韃主飲以馬妳,色清而味甜,與尋常色白而濁、味酸而羶者大不同,名曰黑馬奶。蓋滑○李本作'清'。則似黑,問之,則云此實撞之七八日,撞多則愈清,清則氣不羶"條注云:

> 耶律鑄《廬沇》詩注:"廬沇,馬酮也。漢有挏馬官,注曰:'以韋革爲夾兜,盛馬乳挏治之,味酢可飲。'又《禮樂志》'大官挏馬酒',注曰:'以馬乳爲酒。'言挏之味酢則不然,愈挏治則味愈甘,逾萬杵,香味醇醲甘美,謂之廬沇。廬沇,奄蔡語也。李詹事曰:雙溪蓋以'奄蔡'二字爲'欽察'本字。國朝因之。自注:蔡,千葛切。今有其種,率皆以從事挏馬。"

> 廬音助,見《廣韻》。白湛淵《續演雅》十詩發揮云:"迤北八珍,謂醍醐、廬沇、野駝蹄、鹿脣、駝乳糜、天鵝炙、紫玉漿、玄玉漿也。"玄玉漿即馬妳子。按此則馬妳子非一種,徐君所見黑馬妳,即白氏所謂玄玉漿而至清者。又別爲廬沇,則欽察人所制,雙溪謂"愈挏治則愈甘",徐君謂愈撞愈清,理則一也。

案,擠馬奶、飲馬奶是蒙古人獨特的風俗習尚,沈注引耶律鑄《雙溪醉隱集》詩注作了較詳細的解説[1]。王國維《箋證》也引這條材料,與沈注同[2]。王氏又以奄蔡即欽察,而沈注已引李文田《雙溪醉隱集箋》之説:"雙溪蓋以'奄蔡'二字爲'欽察'本字。"[3]不過,伯希和認爲

---

　　① 案耶律鑄詩注引《漢書・百官公卿表》太僕條"武帝太初元年更名家馬爲挏馬"應劭注、《漢書・禮樂志》"其七十二人給大官挏馬酒"李奇注皆有節略,參觀《漢書》卷一九上、卷二二,中華書局 1962 年版,730、1075 頁。

　　② 王氏此條未引沈注,參觀《王國維遺書》,第八册,235 頁。

　　③ 李詹事即李文田,李氏於光緒十五至十六年(1889—1890)任詹事府少詹事,是爲此條沈注作於 1890 年之證。李氏此説,不見於其《黑韃事略箋注》,而見其所著《雙溪醉隱集箋》卷六,原文云:"文田案,雙溪以'奄蔡'二字爲'欽察'之本字也。《元史・西北地附錄》有欽察國,雙溪引《漢書・西域傳》注以'蔡'音'察',蓋以'欽察'即'奄蔡'二字之對音也。"此書收入龍鳳鑣輯《知服齋叢書》第三集,光緒十八年(1892)刻本。沈氏作注時蓋據李氏稿本。王國維云"雙溪以'奄蔡'爲'欽察'也",未引李箋。

"奄蔡"與"欽察"對音不合，不可相混①，其説是也。

　　十二、"蕭夫人、契丹人，專官（管）投拜户死事。○'死事'，李本作'砲車'"條注云：

　　　　植案，元初以婦人而統部曲，惟耶律留哥之妻姚里氏。此蕭夫人，當即是姚里氏也。遼以后族爲蕭，概不論其本氏。留哥嘗僭號，故其妻沿遼時后制，不稱姚里而稱蕭。

此條王國維《箋證》云：

　　　　"蕭夫人"當作"蕭大夫"，即石抹也先。《輟耕録》一"石抹曰蕭"。《元史·石抹也先傳》："也先，遼人。以御史大夫提控諸路元帥府事，後從國王木華黎攻蠡州北城，先登，中石死。"姚燧《故提刑趙公夫人楊氏新阡銘》："太師國王徇地至蠡，其刺猶城守，礮殺王悍將蕭大夫。"與此注"死事"合。……沈乙庵先生曰（略）。附記於此，似以鄙説較長②。

案，沈本"死事"兩字李文田本作"砲車"，王國維所據的《六經堪叢書》本也作"砲車"③。"專管投拜户死事"一語不通，當以作"砲車"爲是。王氏箋注所論雖有理據，但遷就石抹也先之死，而從沈注本的"死事"二字則不妥。

　　十三、"成吉思立法，只要其種類子孫蕃衍，不許有妬忌者"條注云：

　　　　《本紀》太宗六年，大會諸王百官於達蘭達葩之地，所頒條令有婦人"妬者，乘以騾馬（牛）徇部中，論罪，即聚財爲更娶"

　　　　————————————

　　①　Cf Pelliot, *T'oung Pao*, 1929, p.169. 上揭伯希和《評王國維遺書》"《黑韃事略箋注》"條，56 頁。

　　②　參觀《王國維遺書》第八册，243—244 頁。姚燧《故提刑趙公夫人楊氏新阡銘》，見姚氏《牧庵集》卷二七，原題作"《故提刑趙公夫人楊君新阡碣》"。此文又見元蘇天爵編《元文類》卷五五，題作"《故提刑趙公夫人楊君新阡碣銘》"，明劉昌編《中州名賢文表》卷一〇同。

　　③　王氏《箋證》原文作"砲車"（《王國維遺書》第八册，241 頁），蓋趙萬里據天一閣本覆勘時所改，如此則與王注不吻合了。

一條。嘗疑此細事,何汲汲於大札撒中言之,讀此乃知其故也。

案,此條有關法律制度,頗有價值。王國維《箋證》云:"蒙古法,夫人妬者離之。"也引《元史·太宗紀》六年所載條令,而未提及沈注①。

十四、"曰烏鵒,〇李本作'鵒'。曰速里"條注云:

"速"當作"遺",遺里諸回紇部名,見烏古孫仲端《北使記》。

速里者,撒里畏吾兒也。其後為明之阿端四衛。烏鵒者,畏吾兒也。曰回回者,二字皆開口音;曰畏吾者,上開下合;曰烏鵒者,二字皆合口也。

案,沈曾植《蒙古源流箋證》卷六"歲次癸酉,行兵薩哈連圖伯特地方,將上下沙喇衛郭爾二部落……以及所屬人眾盡行收服"條注云:

安定四衛之亡,《明史》以為正德亦不剌之寇,不知乃嘉靖俺答之兵也。此可補《西域傳》者。明《諸司職掌》禮部主客部:朝貢諸國西域有撒來,有撒立畏吾爾。《明史稿》:安定衛、阿端衛,皆在甘州西,其地本名撒里畏兀兒,廣袤千里,東近甘州,南接西番,居無城郭,以氈帳為廬舍。蓋漢之諸羌。撒里畏兀兒,即此沙喇衛郭爾也,今謂之撒剌回子。《元史·速不台傳》:太祖征河西,速不台從渡大磧以往,攻下撒里畏吾、特勒、赤憫(閔)部。《聖武記》:甘肅有撒拉回子,亦謂之黑帽回②。

王國維《箋證》僅引沈氏前一條注,未引第二條,不知何故③。王氏案云:"此書列速里於烏鵒之後、撒里達之前,蓋指回鶻別部。"其後也引《蒙古源流》、《明史·西域傳》,云"沙喇衛郭爾,即《速不台傳》之撒

---

① 見《王國維遺書》,第八冊,244頁。

② 參觀沈曾植箋證、張爾田校補《蒙古源流箋證》卷六,二十二葉a面,民國二十一年(1932)年嘉興姚家埭沈氏家刻本。

③ 沈注手稿這兩條注不在同一頁上,從筆迹看也非一時所作。王氏有漏看的可能,或者所見為另一沈注抄本,其中沒有第二條注。下面"撒里達"注的情況相同。

里畏吾也”，則與沈注相合①。

十五、“曰撒里達”條注云：

撒里達即回回也。《秘史》蒙文凡回回皆作“撒兒塔兀惕”，《元史·本紀》西域諸國木乃奚、素丹來朝，“素丹”者，“撒兒塔兀惕”之簡言“撒里達”也。

撒里達，即《秘史》蒙文之“撒兒塔兀惕”，即回回之在西域者，《西遊記》所謂“算端”，《史·憲宗紀》來朝之“素丹國”，《蒙古源流》之“薩爾塔［郭］勒”、之“札里雅特蘇勒德汗”也。

案，沈注兩條非同時所作。據《元朝秘史》，“撒兒塔兀惕”應作“撒兒塔兀勒”（sarta'ul）②。據《元史·憲宗紀》六年“素丹諸國來覲”，“木乃奚”（此名見劉郁《西使記》）《憲宗紀》作“没里奚”，並未來朝③。沈氏《蒙古源流箋證》卷三“歲次乙卯，三十四歲，用兵於薩爾塔郭勒”條注亦云：

《秘史》回回，蒙文均作“撒兒塔兀惕”，此“薩爾塔郭勒”即“撒兒塔兀惕”也。④

王國維《箋證》也引《蒙古源流》，云“薩爾塔郭勒即此撒里達”⑤，與沈注相合。

十六、“厥相王賢佐，年餘九十，有知來之明”條注云：

影元本《中州樂府》王元佐小傳：“賢佐，一名（字）元佐，名澮，咸平人。爲人沈默寡欲，邃于《易》學，若有神授之。又通星曆讖緯之學。明昌初，［以］德行才能召至京師，命以官，不拜。朝廷重其人，授信州教授。未幾，自免去。至授博州教授，郡守

---

① 參觀《王國維遺書》，第八册，248—249 頁。

② 參觀 Igor de Rachewiltz, *Index to the Secret History of the Mongols*, Bloomington: Indiana University, 1972, p.303.又見方齡貴《元朝秘史通檢》，中華書局 1986 年版，366—367 頁。

③ 參觀《元史》卷三《憲宗本紀》，46、49 頁。

④ 參觀沈曾植《蒙古源流箋證》卷三，十九葉 b 面。

⑤ 參觀《王國維遺書》，第八册，249 頁。

以下皆師尊之。一日，守客澮，適中使至，中使漠然少年，重賢佐名，強之酒，守從旁救之，曰：‘王先生不茹葷酒，勿苦之也。’中使乃止。是夕，賢佐棄官，遁歸鄉里。宣宗即位，聞其名，議驛召之，以道梗不果。車駕南渡，人有自咸平來者，説賢佐年六十餘，起居如少壯人。宣宗重其人，常以字呼遣王曼卿。授遼東宣撫使，不拜。又詔宰相以書招之，有‘道尊德重，名動天朝，推其緒餘，足利天下’、‘聖上明發不寐，軫念元元，屈己下賢，尊師重道’、‘豈先生建策于明昌之初，獨無一言於貞祐之日乎？想惠然而來，審定大計’之語。書達，竟不至。遼東破時年餘九十矣。”按《[金]史‧宣宗本紀》貞祐二年正月乙酉，徵處士王澮，不至。四年三月己卯，處士王澮以右諫議大夫復遷中奉大夫、翰林學士，仍賜詔襃諭。

案，屠寄《蒙兀兒史記》卷三一《蒲鮮萬奴傳》附《王澮傳》“王澮字賢佐”自注：“名依《金史》本紀，字依《黑韃事略》。”[1]王國維《箋證》也引元好問《中州集》卷一一《王賢佐小傳》，并云：

> 屠靜山作《蒲鮮萬奴傳》，已疑此書之“王賢佐”即《金史》之“王澮”。今據《中州集》乃得定之。[2]

不知沈注早已定之。

十七、“霆見忒没真墓在瀘渚○李本作‘溝’。河之側”條注云：

> 瀘渚河，即臚朐河也。起輦谷所在，惟此書著之。

案，記載成吉思汗墓地所在是《黑韃事略》具有很高價值的一個著例。李文田箋注亦云：

> 此所云“瀘溝河”者，指漠南之驢駒河也。《元史》：太祖諱鐵木真，葬起輦谷。

---

① 屠寄《蒙兀兒史記》卷三一，上海古籍出版社 2012 年版，295 頁。參觀《金史》卷一四《宣宗紀》上，303、312、317 頁。

② 《王國維遺書》，第八冊，252—253 頁。

臚朐河、臚駒河即今克魯倫河。蒙元諸帝王陵墓迄今未發現,徐霆疏明確提到成吉思汗墓在克魯倫河畔的這條史料十分重要。波斯史家拉施特的《史集》中提及成吉思汗葬地在不兒罕·哈勒敦山(即今肯特山),此山爲怯綠連河(即克魯倫河)等衆多河流的發源地①,這一説法與徐霆疏是相合的。後來蒙古學家亦鄰真考證起輦谷(ki-lien-gu)與《蒙古秘史》"古連勒古"(Kürelgü,即《聖武親征録》曲鄰居山)爲對音,位於今蒙古人民共和國肯特省曾克爾滿達勒一帶②。彭大雅原文還説:

> 其墓無塚,以馬踐蹂,使如平地。若忒没真之墓,則插矢以爲垣,闊踰三十里。邏騎以爲衛。

則對成吉思汗陵墓的墓園有具體記載。而屠寄、王國維均引述明葉子奇《草木子》"歷代送終之禮"條的記載③,這些都是研究蒙古陵寢制度不可多得的史料。

　　總之,沈曾植對《黑韃事略》這部重要的行記所涉及的歷史人物,種族、地理名稱,蒙古風俗習慣,以及法律、商業制度等諸大端都作了開創性的研究,是我們應該珍視的學術遺産。

《塞北紀程箋注》

一、張德輝及其《紀行》

張德輝(1195—1274),字耀卿,一作曜卿,號頤齋。金太原交城

---

① 參觀余大鈞、周建奇譯《史集》第一卷第一分册,商務印書館1983年版,321—323頁。

② 參觀亦鄰真《起輦谷和古連勒古》,《亦鄰真蒙古學論文集》,内蒙古人民出版社2001年版,747—753頁。

③ 參觀葉子奇《草木子》卷三下《雜制篇》,中華書局1959年版,60頁。屠寄《蒙兀兒史記》卷三《成吉思汗本紀》,57頁。《王國維遺書》,第八册,254頁。

（元代又稱冀寧交城，今山西交城縣）人。貞祐間（1213—1216）補御史臺掾。金亡，僑居洺州成安縣（今河北成安縣）。真定史天澤聞其名，聘充經歷官。蒙古太宗七年（1235）從天澤南征，師還，兼提領真定府事，後升真定府參議。定宗二年（1247），忽必烈在漠北潛邸召見，德輝自真定北覲衛帳應對，談儒術，薦儒士。翌年（1248），有紀行之作。還真定，忽必烈任命提舉真定學校。憲宗二年（1252），復與元好問同赴和林，請忽必烈爲儒教大宗師，並乞降旨免除儒户兵賦，從之。中統元年（1260），忽必烈即位，拜河東南北路宣撫使、翰林學士、參議中書省事。明年（1261），遷東平路宣慰使。至元三年（1266），復召參議中書省事。五年（1268），起侍御史，以老乞致仕，許之。其生平事迹詳《元朝名臣事略》①及《元史》本傳②。

丁未（1247）六月，張德輝從真定府（今河北正定縣）赴召北上，至燕京，度居庸關西行，至宣德州（今河北宣化市）。再途經扼胡嶺（即野狐嶺）、魚兒泊（今達里諾爾）、驢駒河（今克魯倫河）、渾獨剌河（今土拉河）、吾悞竭腦爾（今鄂爾渾河上游東烏蓋依諾爾）、和林城、塌米河（今塔米爾河），最後抵達忽必烈帳殿。第二年戊申（1248）六月③，他據沿途經歷見聞撰寫了行記，這是漢文中最早記述到蒙古可汗駐帳和林地區情況的一篇重要文獻。文中對大漠南北的自然地理、風土人情有較詳細的描寫，是研究蒙古國時期漠北歷史地理的寶貴史料。

二、《紀行》的版本與中外學者的研究

這篇行記最早見於元王惲《秋澗先生大全文集》卷一百《玉堂嘉

---

① 　參觀蘇天爵《元朝名臣事略》卷一〇《宣慰張公》，中華書局 1996 年版，205—210 頁。《事略》據王惲所撰《行狀》，此文今不載王惲《秋澗先生大全集》。

② 　參觀《元史》卷一六三，3823—3826 頁。

③ 　《紀行》末署：“戊申夏六月望日，太原張德輝謹志。”沈曾植注引《元史·張德輝傳》“丁未（1247），世祖在潛邸，召見”、“（戊申，1248）夏，得告，將還”，指出“此紀行作時，蓋猶在朔方”。案，沈氏此推斷可從。德輝自丁未六月初出發，至忽必烈帳殿在八月左右（《紀行》記至帳殿後云“迨中秋後始啓行”），路程所需約有兩月，回程應大致相當。而《紀行》云德輝“游于王庭者凡十閱月”，則戊申六月望日應仍在漠北。

話》卷八①,題作《紀行》,下有"張參議曜卿"字樣②。《玉堂嘉話》除
《秋澗集》外,後又有單刊本行世③。明人或改爲《邊堠紀行》④,清人
又改爲《嶺北紀行》⑤或《塞北紀行》⑥。另外,顧炎武的《天下郡國利
病書》也録有此紀行⑦。據姚從吾研究,《秋澗集》與《天下郡國利病
書》所録最爲完備,《墨海金壺》、《守山閣叢書》本《玉堂嘉話》非全
文,《嶺北紀行》删改尤多⑧。

　　沈曾植注本則題作《塞北紀程》,其下注云"新題李學士改"。案
李學士即李文田,其所改名爲《塞北紀行》⑨,沈注所云似當另有所

　　① 《秋澗先生大全文集》今存多種版本。一、元至治元年至二年(1321—1322)嘉
興路儒學刊明遞修本;二、明弘治十一年(1498)河南馬龍、金舜臣翻刻本;三、清宋賓王
抄校本;四、《四庫全書》本(稱《秋澗集》)。參觀楊曉春點校《玉堂嘉話》前言,中華書局
2006年版,7—11頁。另外還有《四部叢刊初編》集部之《秋澗先生大全集》,民國八年
(1919)上海商務印書館初次影印本;民國十八年(1929)上海商務印書館二次影印本;
民國二十五年(1936)上海商務印書館縮印本。此本影印明弘治翻刻本。
　　② 《四庫全書》本《秋澗集》無此字樣。
　　③ 《玉堂嘉話》單刊本有如下版本:一、《文淵閣四庫全書》子部雜家類;二、《墨海金
壺》子部,清張海鵬輯,清嘉慶中海虞張氏刊本,民國十年(1921)上海博古齋據清張氏刊
本影印,此本據文瀾閣四庫全書刊刻;三、《守山閣叢書》子部,清道光二十四年(1844)金
山錢氏據墨海金壺刊版重編增刊本,光緒十五年(1889)上海鴻文書局據清錢氏本影印,
民國十一年(1922)上海博古齋據清錢氏本影印;四、《叢書集成初編》總類,民國二十四年
至二十六年(1935—1937)上海商務印書館排印本。參觀楊曉春點校《玉堂嘉話》,11—14頁。
　　④ 見(明)陶珽輯《説郛續》卷二六,清順治三年(1646)兩浙督學周南李際期宛委
山堂刊本。
　　⑤ 見(清)黃可潤纂修《口北三廳志》卷一三《藝文志》二,清乾隆二十三年(1758)
刻本。又(清)海忠纂修《承德府志》卷六《雜誌》,清道光十一年(1831)修光緒十三年
(1887)重訂刻本;又光緒三十三年(1907)重印本。
　　⑥ 見(清)胡祥鑅輯《漸學廬叢書》第一集,光緒二十三年(1897)元和胡氏石印本。
又收入《皇朝藩屬輿地叢書》第二集,光緒二十九年(1903)金匱浦氏静寄東軒石印本。
　　⑦ 顧炎武撰、黃珅等校點《天下郡國利病書》卷四八《九邊四夷》,《顧炎武全集》,
上海古籍出版社2012年版。
　　⑧ 參觀姚從吾《張德輝〈嶺北紀行〉足本校注》引言,《姚從吾先生全集》(七),臺
灣正中書局1982年版,285頁。
　　⑨ 《漸學廬叢書》本《塞北紀行》胡祥鑅跋云:"右《塞北紀行》殘本得之泉唐汪氏。
舊稱《張德輝紀行》,明人稱《邊堠紀行》,順德李侍郎改題今名,遂從之。"李侍郎即李文
田。當時蓋尚不知《紀行》出於王惲《秋澗集》。又案,清軍機大臣馬思哈著有《塞北紀程》
一卷(收入《小方壺齋叢鈔》卷四及《小方壺齋輿地叢鈔》第二帙),與沈注本題名相同。

本。不過，比較《漸學廬叢書》第一集所收《塞北紀行》，如自"白（案，應作蘆）溝橋以達於燕"以上闕等，均與沈注本同。經細校可知，沈注所用底本與《漸學廬叢書》所據的錢塘汪氏殘鈔本是同源的①。

張德輝《紀行》對考證中原至漠北驛路道里很有價值，早在清道光中，沈垚研究《長春真人西遊記》時即以之作比較，撰有《西遊記金山以東釋》②。王國維作《長春真人西遊記校注》，也參考了《紀行》③。

西方最早研究張德輝《紀行》的是俄國東正教傳教士巴拉第神父，他在 1867 年將《紀行》譯爲俄文並加注釋④。1875 年，美國學者兼外交家徐樓（Eugene Schuyler，1840—1890）又據俄文譯爲英文。

現知中國學者最早的箋注本爲沈曾植所撰。沈注本中援引李文田案語兩條，似乎李氏也有注本，但其詳不得而知。沈注本因從未刊行，故不爲世所知。沈曾植之後，專治此行記的還有丁謙（1843—1919）⑤、姚從吾（1894—1970）⑥、賈敬顏（1924—1990）⑦諸家之注，都各有發明。丁氏專考地理；姚氏則兼顧歷史、地理、典章、名物制度，較爲詳贍；賈氏在前人基礎上又有增益。

三、沈曾植《塞北紀程箋注》的貢獻

作爲現存最早的注本，沈曾植的注釋至今仍具有值得注意的地

---

① 上海圖書館藏鈔本上可見圈去"上闕白"三字，并在書眉處將前文補足。

② 沈垚《西遊記金山以東釋》，清金山錢氏輯《指海》第十三集《長春真人西遊記》附錄，道光二十五年（1845）刻本。又見《落颿樓文稿》卷四，楊尚文墨林輯《連筠簃叢書》，道光二十七年（1847）刻本。

③ 王國維《長春真人西遊記校注》，《王國維遺書》，第八册，上海書店出版社 1983年版。

④ 巴拉第《中國人張德輝在 13 世紀上半葉的蒙古遊記》，《俄國皇家地理學會西伯利亞分會論叢》1867 年第 9—10 卷。參觀閻國棟《俄國漢學史》，人民出版社 2006 年版，397 頁。

⑤ 丁謙《元張參議耀卿紀行地理考證》，《浙江圖書館叢書》（一名《蓬萊軒史地叢書》）第二集，民國四年（1915）浙江圖書館校刊本。

⑥ 姚從吾《張德輝〈嶺北紀行〉足本校注》，《臺大文史哲學報》1962 年 9 月第十一期，1—38 頁。又載《姚從吾先生全集》（七）》，285—347 頁。

⑦ 賈敬顏《張德輝〈嶺北紀行〉疏證稿》，收入《五代宋金元人邊疆行記十三種疏證稿》，中華書局 2004 年版，333—359 頁。

方。對於忽必烈召見張德輝的歷史背景,沈注作了較深入地闡發。他説:

> 《世祖紀》:"歲(在)甲辰(1244),帝在潛邸,思大有爲於天下,延藩府舊臣及四方文學之士,問以治道。"按,憲宗即位,詔軍民在赤剌温山以南者,聽世祖總之,世祖之受任中原,蓋自此始。若甲辰,則六皇后稱制之時,不特憲宗未立,定宗亦未立也,而已有志中原,勤求民瘼如此。檢諸列傳,《趙璧傳》稱世祖爲親王,召見,命馳驛聘四方名士王鶚等。據鶚傳,即甲辰年事。《李冶傳》稱魏璠、王鶚、李獻卿、蘭光廷、趙復、郝經、王博文等,皆賢王所嘗聘問者。據《魏璠傳》,亦庚戌(1250)前事。李德輝、馬亨、陳思濟、許國禎傳,紀其召見,皆在憲宗即位以前。而劉秉忠上書於憲宗即位之初,姚樞、張文謙受任於總理中原庶務之始,其深結主知,亦在漠北建牙之日。壬子歲(1252),遂因張德輝、元裕之之請,爲天下大儒師。運會貞元,天心默牖。中統(1260—1263)、至元(1264—1294)之治,其幾已伏於牝晨雊雛之朝。中國之人民政事不胥而爲夷者幾希,自此而後,《禮》、《樂》、《詩》、《書》存什一於千百。嗚呼! 世祖之明德遠矣。

案,"牝晨雊雛之朝"指六皇后乃馬真氏(1242—1245)及海迷失后(1249—1250)稱制之時[1]。沈曾植在按語中鉤輯了《元史》中諸多傳記史料,但未將原文一一録出。兹將所涉傳主的有關材料徵引如下:

> 《元史·趙璧傳》:"世祖爲親王,聞其名,召見,呼秀才而不名,賜三僮,給薪水,命后親製衣賜之,視其試服不稱,輒爲損益,寵遇無與爲比。命馳驛四方,聘名士王鶚等。"[2]
>
> 《元史·王鶚傳》:"甲辰冬,世祖在藩邸,訪求遺逸之士,遣

---

[1] 《元史·定宗本紀》:"(元年)秋七月,即皇帝位於汪吉素滅禿里之地。帝雖御極,而朝政猶出於六皇后云。"是定宗時乃馬真皇后仍主朝政。

[2] 《元史》卷一五九《趙璧傳》,3747 頁。

使聘鸮。及至,使者數輩迎勞,召對。進講《孝經》、《書》、《易》,及齊家治國之道,古今事物之變,每夜分乃罷。世祖曰:'我雖未能即行汝言,安知異日不能行之耶!'"①

《元史·李(冶)〔治〕傳》"世祖在潛邸,聞其賢,遣使召之……問今之人材賢否,對曰:'天下未嘗乏材,求則得之,舍則失之,理勢然耳。今儒生有如魏璠、王鸮、李獻卿、蘭光庭、趙復、郝經、王博文輩,皆有用之材,又皆賢王所嘗聘問者,舉而用之,何所不可,但恐用之不盡耳。然四海之廣,豈止此數子哉。王誠能旁求於外,將見集於明廷矣。'"②

《元史·魏初傳》附《魏璠傳》:"庚戌歲(1250),世祖居潛邸,聞璠名,徵至和林,訪以當世之務。璠條陳便宜三十餘事,舉名士六十餘人以對,世祖嘉納,後多採用焉。"③

《元史·李德輝傳》:"時世祖在潛藩,用劉秉忠薦,使侍裕宗講讀,乃與寶默等皆就辟。"④案,《國朝名臣事略》卷一一《左丞李忠宣公》:"歲丁未(1247),用故太保劉公薦,徵至潛藩,俾侍皇太子講讀,薦故翰林侍讀學士寶默、宣撫司參議智迂賢,皆就徵。"⑤

《元史·馬亨傳》:"庚戌(1250),太保劉秉忠薦亨於世祖,召見潛邸,甚器之。"⑥

《元史·陳思濟傳》:"世祖在潛邸,聞其名,召之以備顧問;既即位,始建省部,俾掌敷奏。"⑦

《元史·許國禎傳》:"世祖在潛邸,國禎以醫徵至翰海,留

① 《元史》卷一六〇《王鸮傳》,3756頁。

② 《元史》卷一六〇《李冶傳》,3759—3760頁。案,李冶當爲李治之誤,參觀余嘉錫《四庫提要辨證》卷一二,中華書局1980年版,715—716頁。

③ 《元史》卷一六四《魏初傳》附《魏璠傳》,3857頁。

④ 《元史》卷一六三《李德輝傳》,3815—3816頁。

⑤ 《元朝名臣事略》,213頁。

⑥ 《元史》卷一六三《馬亨傳》,3827頁。

⑦ 《元史》卷一六八《陳思濟傳》,3957頁。

守掌醫藥。……世祖即位，録前勞，授榮禄大夫、提點太醫院事，賜金符。至元三年，改授金虎符。"①

《元史·劉秉忠傳》："世祖在潛邸，海雲禪師被召，過雲中，聞其博學多材藝，邀與俱行。既入見，應對稱旨，屢承顧問。……服除，復被召，奉旨還和林。上書數千百言……世祖嘉納焉。"②

《元史·姚樞傳》："世祖在潛邸，遣趙璧召樞至，大喜，待以客禮。詢及治道，乃爲書數千言……憲宗即位，詔凡軍民在赤老温山南者，聽世祖總之。世祖既奉詔，宴群下，罷酒將出，遣人止樞，問曰：'頃者諸臣皆賀，汝獨默然，何耶？'對曰：'今天下土地之廣，人民之殷，財賦之阜，有加漢地者乎？軍民吾盡有之，天子何爲？異時廷臣間之，必悔而見奪，不若惟持兵權，供億之需取之有司，則勢順理安。'世祖曰：'慮所不及者。'乃以聞，憲宗從之。樞又請置屯田經略司於汴以圖宋；置都運司于衛，轉粟于河。憲宗大封同姓，敕世祖於南京、關中自擇其一。樞曰：'南京河徙無常，土薄水淺，舄鹵生之，不若關中厥田上上，古名天府陸海。'於是世祖願有關中。"③

《元史·張文謙傳》："與太保劉秉忠同學。世祖居潛邸，受邢州分地，秉忠薦文謙可用。歲丁未（1247），召見，應對稱旨，命掌王府書記，日見信任。……由是世祖益重儒士，任之以政，皆自文謙發之。"④

這些都充分説明，遠在中統元年（1260）即位的十多年前，忽必烈就已志在中原，深謀遠慮，重視延攬天下人才，並接受建議，提倡儒學。張德輝丁未（1247）北覲即發生在此大歷史背景之下，沈氏的見解是十分精闢的。姚注、賈疏對此也有一定的論述，但徵引傳記史料似尚

---

① 《元史》卷一六八《許國禎傳》，3962—3963 頁。
② 《元史》卷一五七《劉秉忠傳》，3688—3692 頁。
③ 《元史》卷一五八《姚樞傳》，3711—3713 頁。
④ 《元史》卷一五七《張文謙傳》，3659 頁。

不及沈氏之博①。姚從吾指出丁未同時被召者不止張德輝一人，所知尚有李德輝、張文謙，並引《元史‧世祖本紀》甲辰條②，這些沈氏均已論及。

沈注還注意到張德輝致仕前推舉廉訪使人才的名單：

> 《傳》："德輝請老，命舉任風憲者，疏烏古論貞等二十人以聞。"《經世大典》云："德輝手疏烏古論貞、張邦彥、徒單公履、張夛、張肅、李榮、張昉、曹椿年、西方賓、周止、高逸民、王博文、劉郁、孫汝楫、王惲、胡祗通、周砥、李謙、魏初、鄭宸等以聞。"

案，《傳》即《元史》本傳，所引《經世大典》與《元朝名臣事略》張德輝傳中文字相同③。姚從吾注所引《事略》版本較差，此段文字作：

> 公手疏烏古倫貞、張邦彥、張肅、李盤、張昉、曹椿年、孫汝楫、王惲、胡祗通、周砥、李謙、魏初、鄭宸等十餘人以聞④。

遺漏了徒單公履、張夛、西方賓、周止、高逸民、王博文、劉郁等七人。

沈注本在地理、名物考訂方面參考了諸多史料，如《中堂事記》、《讀史方輿紀要》、《金史‧地理志》、《元史‧地理志》、《三史語解》、《至元譯語》、《元朝秘史》、《雙溪醉隱集》、《水道提綱》、《長春真人西遊記》等，有不少發明，以下試舉數例：

一、"泊之東涯有公主離宮"條注云：

> 此蓋按陳駙馬所尚魯國大長公主之離宮。

案，此公主離宮，姚注、賈疏皆謂指魯國大長公主也速不花的離宮，都

---

①　參觀賈敬顏《五代宋金元人邊疆行記十三種疏證稿》，351—352 頁。近年學者在忽必烈與儒士的關係方面作了較深入的探討，參觀趙琦《金元之際的儒士與漢文化》第五章《蒙古諸王與儒士》第二節《忽必烈與儒士》，人民出版社 2004 年版，146—167 頁。

②　參觀《姚從吾先生全集（七）》，304 頁注四。

③　《經世大典》原書久佚，僅有《永樂大典》殘本佚文存世。沈注似爲誤記。"德輝手疏"，上揭《元朝名臣事略》210 頁作"公手疏"，這可能是沈氏引用時改寫。

④　見《姚從吾先生全集（七）》，302 頁。

有較詳細的考證①。也速不花是睿宗拖雷之女,適按陳之子幹陳駙馬。沈注作按陳駙馬,蓋誤記。

二、"吾悞竭腦兒"條鈔本原注:"譯改'烏蘇徹諾爾'"。沈注云:

> 洪譯《俄圖》額歸泊曰烏格淖爾湖。

> 吾悞竭腦兒當是今額歸泊。《元史·憲宗紀》:"駐蹕軍腦兒,釃馬乳祭天下。"軍腦兒疑亦是額歸泊。

> 《三史語解》:蒙古語謂"深"爲"袞"。亦與清澈意相近。"軍腦兒"即是"袞腦兒"矣。

案,沈注以吾悞竭腦兒當額歸泊,甚是。王國維注《長春真人西遊記》有同樣見解②。賈敬顏也説:"今鄂爾渾河以東之烏蓋依諾爾,又譯沃給諾爾、額歸泊等。"③

三、"外皆有山。山之陰多松林"條注云:

> 山即《西遊記》之長松嶺。

又"其水亦東北流,水之西有峻嶺"條注云:

> 此《西遊記》所謂"西山連延"者。惟長春經其北,所見當爲庫庫嶺之北支;德輝出其南,所見乃庫庫嶺、烏克嶺也。

又"嶺陰多松林,其陽帳殿在焉"條注云:

> 帳殿與《西遊記》所泊窩耳朵合。

案,這幾條注都是比勘《長春真人西遊記》所記地理作出的判斷。王國維注《西遊記》也認爲此窩耳朵與《紀行》所記帳殿地望道里相合④。

四、"過一河曰唐古,以其源出於西夏故也"條注云:

> 自塔迷爾源西南踰山二三百里,所得之河,則推河也。推河,

---

① 參觀《姚從吾先生全集(七)》,317—318頁注三十五;賈敬顏《五代宋金元人邊疆行記十三種疏證稿》,342頁。

② 參觀《王國維遺書》,第八册,487頁。

③ 參觀賈敬顏《五代宋金元人邊疆行記十三種疏證稿》,345頁。

④ 參觀《王國維遺書》,第八册,490頁。

《水道提綱》云："一名拖音河，或曰圖兒郭勒。"對音即唐兀也。

　　唐古河，約其地望，當爲塔迷爾北源。源出西夏，蓋緣其名而附會之。李先生説甚碻。李氏曰："田案，此必《金史》'祥穩九處'之唐古紀人徙處也。孟珙《蒙韃備録》曰：'金明昌中，築長城静州以北，以唐古紀人戍之。韃靼因唐古紀叛，結耶刺都紀等俱叛，令（金）人發兵討之，紀人散走，投於韃人'云云。此地住唐古紀人，故河名唐古矣。"

　　《遼史》大石西行所經諸國有唐古部，則漠北有唐古久矣。

案，唐古河源出西夏是附會不實之詞，沈垚、王國維皆有説①。但沈注援引李文田説並舉《遼史》，指出唐古河附會西夏的原因是當地可能駐有唐古紀人，則很有啓發。至其將"唐古河"比勘爲推河則似不碻，因爲推河爲西南流，而非《紀行》所云"其水亦東北流"。

　　總之，沈曾植《塞北紀程箋注》雖然是一個早期注本，但其學術價值仍可爲今天我們進一步研究提供有益的參考，這無疑是難能可貴的。

《異域説箋注》

一、朱德潤與《異域説》

　　朱德潤（1294—1365），字澤民，號睢陽散人，祖籍睢陽（今河南商丘），著籍於吴（今江蘇蘇州），遷居昆山。早年見知於高克恭，經趙孟頫推薦爲官，又得元仁宗愛育黎拔力達（1311—1320）、英宗碩德八刺（1321—1323）賞識。歷任國史院編修、鎮東行中書省儒學提舉、江浙行中書省照磨。英宗卒，歸里近三十年。一度出仕，不久又以疾免歸。他詩宗李白，書學王羲之，筆劃遒麗，與鮮于樞、趙孟頫相頡頏。山水學郭熙，蒼潤清逸，亦善人物。畫作傳世有《秀野軒圖》、《林下鳴琴圖》、《松溪放艇圖》等。著有《存復齋文集》十卷和

---

① 　參觀上揭沈垚《西遊記金山以東釋》；又《王國維遺書》，第八册，490 頁。

《存復齋續集》①。

朱德潤至正七年(1347)冬寓居鎮江,適常州達魯花赤岳忽難和平陽同知散竺台來訪,談到延祐(1314—1320)年間他們擔任宿衛近侍時,曾有拂林國使來朝,備言其國之事。岳、竺兩人去後,德潤記其事作《異域説》。此文雖很短,但所記內容相當重要,它涉及到蒙古汗廷與羅馬教廷的一段交往史,是元代中西關係史的重要篇章。

二、傳教士與《天馬圖》

1294 年(至元三十一年),義大利方濟各會會士孟高維諾(Giovanni da Montecorvino)受教宗尼古拉四世(Nicolas Ⅳ)之命抵達大都,獲准傳教,成爲以羅馬教廷名義來華創立天主教教區的第一人。1307 年(大德十一年),因孟高維諾傳教成績卓著,教宗克萊門五世(Clement Ⅴ)特設汗八里總教主區,委以總教主之職,同年又命方濟各會士主教七人來華協助孟高維諾②。這七人中僅安德列(Andrea da Perugia)、傑拉多(Gerado Albuini)、貝萊格里諾(Peregrino da Castello)三人於 1314 年左右抵達大都③,朱德潤

---

① 參觀周伯琦《有元儒學提舉朱府君墓誌銘》,《故宮博物院珍藏歷代碑帖墨迹選·元周伯琦楷書朱德潤墓誌銘》,紫禁城出版社 1998 年版。又陳高華《元代畫家史料匯編》"朱德潤"條,杭州出版社 2004 年版,303—321 頁。

② 參觀方豪《中國天主教史人物傳·孟高維諾》,宗教文化出版社 2007 年版,21—22 頁。[英]阿·克·穆爾著、郝鎮華譯《一五五〇年前的中國基督教史》第七章《方濟各會》,中華書局 1984 年版,189—205 頁。

③ 安德列致佩魯賈修道院沃登神甫書説他於 1318 年抵達汗八里(即大都),此書的三份手稿本(巴黎、梵蒂岡、瓦丁手稿)均如此。但這個年代有問題,因此書中稱他在大都居留約五年,並於貝萊格里諾 1322 或 1323 年去世前四年赴剌桐(即泉州),前後約九年,穆爾據此將其抵大都之年校正爲 1313 年(《一五五〇年前的中國基督教史》,217—223 頁)。今人多從之。案,貝萊格里諾卒年如按 1323 年算,實足九年,應校訂爲 1314 年。如按 1322 年算,從 1314 年連頭帶尾計也跨九年。1314 年爲延祐元年,則與朱德潤《異域説》所記合,故今校正安德列抵大都之年爲 1314 年。參觀陳得芝《元仁宗時教皇使者來華的一條漢文史料》,收入《蒙元史研究叢稿》,人民出版社 2005 年版,527 頁;林梅村《元人畫迹中的歐洲傳教士》,《九州學林》2007 年冬季號(總十八輯),211 頁;林梅村《大朝春秋——蒙元考古與藝術》,故宮出版社 2013 年版,275—276 頁。

所記延祐年間拂林國來使應該就是指上述諸人。

　　到 1338 年（後至元四年），義大利聖十字（Santa Croce）方濟各會教士馬黎諾里（Giovanni da Marignolli）奉教皇本篤十二世（Benedictus XII，1334—1342 在位）之命出使元朝①。1342 年 8 月 19 日（至正二年七月十八日）在元上都行宫中的慈仁殿謁見元順帝，晋教皇國書、禮物並獻馬②。順帝"御慈仁殿，臨觀稱歎，遂命育於天閑，飼以肉粟酒湩"③。三天后（二十一日），又在龍光殿敕畫師周朗繪《天馬圖》。周朗兩天後（二十三日）就畫完呈上，順帝又命揭傒斯作《天馬贊》④。據説，一個月之後順帝從上都回大都時乘的就是

---

　　① 參觀《約翰·馬黎諾里遊記》摘録（《一五五〇年前的中國基督教史》，282—295 頁）。又，張星烺《中西交通史料匯編》第一編《古代中國與歐洲之交通》第五章《元代中國與歐洲之交通》二六《〈馬黎諾里遊記〉之發現及其行程》、二七《〈馬黎諾里遊記〉摘録》，中華書局 2003 年版，346—358 頁。方豪《中西交通史》第三編《蒙元及明》第七章《元代記述中國之歐洲人阿拉伯人及非洲人》第七節《馬黎諾里之奉使回憶録》，岳麓書社 1987 年版，528—530 頁。方豪《中國天主教史人物傳·馬黎諾里》，25—26 頁。白壽彝總主編、陳得芝主編《中國通史》第八卷《中古時代·元時期（上）》乙編《綜述》第十三章《中外關係》第八節《歐洲》，上海人民出版社 1997 年版，696—698 頁。

　　② 《馬黎諾里遊記》云："越過沙山，我們來到汗八里，此城乃東方帝國之首府，雄偉無比，其人口之衆和軍容之莊嚴，無須贅述。大汗看見戰馬、教皇的禮物和用金箔密封的國書（也有羅伯特國王的國書），看見我們，極大喜悦，讚不絶口，對我們尊重畢至。觀見時，我身著禮服，在我前面有人持一極爲精美的十字架，燈燭輝煌，香煙繚繞；我口唱'篤信唯一真神'，進入豪華壯麗宫殿朝見大汗。"（參觀《一五五〇年前的中國基督教史》，286 頁。）文中汗八里指元大都似有誤，據中文載籍馬黎諾里見元順帝應在上都。元上都行宫伯亦斡耳朵（西内）中設有龍光殿、慈仁殿、慈德殿、欽明殿、清寧殿（參觀葉新民、齊木德道爾吉《元上都研究資料選編》第三章《上都的行宫》，中央民族大學 2003 年版，28—29 頁）。

　　③ 見周伯琦《天馬行應制作并序》，清顧嗣立編《元詩選》初集之庚集周伯琦《近光集》，中華書局 1987 年版，1864 頁。參觀張星烺《中西交通史料匯編》，359 頁。

　　④ 《元史》卷四〇《順帝本紀》至正二年（1342）七月條："是月，拂郎國貢異馬，長一丈一尺三寸，高六尺四寸，身純黑，後二蹄皆白。"（864 頁）歐陽玄《圭齋文集》卷一《天馬頌》序云："至正二年壬午七月十八日丁亥，皇帝御慈仁殿，拂郎國進天馬。二十一日庚寅，自龍光殿敕周朗貌以爲圖。二十三日壬辰，以圖進。翰林學士承旨巎巎傳旨，命傒斯爲之贊。"（參觀魏崇武、劉建立校點《歐陽玄集》，吉林文史出版社 2009 年版，4 頁。）

這匹寶馬[1]。

據伯希和研究,十八世紀法國耶穌會士宋君榮(Gaubil)[2]曾在宮中見《天馬圖》。他還説:"我尋這幀天馬圖的蹤迹,一直到1815年爲止,此年調查内府藏畫,尚有此圖。"[3]案,此年份似誤,伯氏蓋以《石渠寶笈三編》成書之年爲據,而周朗圖實著録於《石渠寶笈初編》,其書編纂於乾隆九至十年(1744—1745)。所以現在可知此圖至遲在乾隆初尚在清宮,而不是伯希和所考的嘉慶年間。初編卷六載"元周朗貢馬圖一卷上等宿一",卷高九寸八分,廣四尺一寸五分,爲"宋箋本,白描畫。款云'臣周朗奉勅畫'。下有'周朗印'、'金門待詔'二印"。拖尾部分有揭傒斯贊并序,其序曰:

> 皇帝御極之十年七月十八日,拂郎國獻天馬,身長一丈一尺三寸有奇,高六尺四寸有奇,昂首高八尺有二寸。廿有一日,勅臣周朗貌以爲圖。廿有三日,詔臣揭傒斯爲之贊。臣推本聖德及制作之體,皆合列于歌頌,故以頌體爲之。是日翰林學士承旨巙巙進臣爲贊,而皇帝謙讓弗居,申勅臣朗繪于卷軸。二十八日,詔臣復贊之。臣本才疏識下,豈足以上當聖心,然職在贊述,敢不稽首,奉詔謹作。[4]

---

① 吴師道《禮部集》卷一一《天馬贊》序略云:"食芻粟倍常,間以肉湩。奇偉驍駿,真神物也。……上御慈仁殿受之。後月,乘以歸燕。"(參觀《文淵閣四庫全書》集部別集類第1212册,臺灣商務印書館1986年版,134頁。張星烺《中西交通史料匯編》,362頁。)

② 宋君榮(P.Antoine Gaubil,1689—1759),法國耶穌會士。1722年(康熙六十一年)來華,1759年(乾隆二十四年)卒於北京。參觀費賴之撰,梅乘騏、梅乘駿譯《明清間在華耶穌會士列傳(1552—1773)》,天主教上海教區光啓社1995年版,805—844頁;又馮承鈞譯《在華耶穌會士列傳及書目》,中華書局1995年版,685—719頁。榮振華撰、耿昇譯《在華耶穌會士列傳及書目補編》,中華書局1995年版,259—261頁。

③ Paul Pelliot,"Chrétiens d'Asie Centrale et d'Extrême-Orient", T'oung Pao,1914,pp.642-643.參觀伯希和《唐元時代中亞及東亞之基督教徒》,馮承鈞譯《西域南海史地考證譯叢》一編,商務印書館1962年版,68—69頁。

④ 張照、梁詩正等《石渠寶笈》卷六《乾清宮六》,《文淵閣四庫全書》子部藝術類824册,臺灣商務印書館1986年版,178—179頁。此序文比《文安公文集》卷一四所載多出"臣推本聖德及製作之體"後一段(參觀李夢生標校《揭傒斯全集》,上海古籍出版社1985年版,425頁)。

　　但據今人鑒定，現存於北京故宮博物院的周朗畫作是明代摹本，並非真迹①。拂郎國使貢獻天馬在當時頗爲轟動，除了周朗所畫《貢馬圖》外，還有任賢佐畫《三駿圖》②、道士張彦輔畫《拂郎馬圖》③，可見此事影響之大。

三、《異域説》的版本與研究

　　《異域説》見《存復齋文集》卷五，有《涵芬樓秘集》影印舊鈔本和《四部叢刊續編》影印明刊本、《續修四庫全書》影印明刻本、《四庫全書存目叢書》影印明刻本④。明代陳繼儒在其所著《偃曝談餘》中也輯録有此文⑤。明陳霆《兩山墨談》節録該文有關水銀的記載⑥，此節

---

　　①　據清室善後委員會編《故宮已佚書畫目録三種》之《賞溥傑書畫目録》[《故宮叢刊之四》]，民國十五年(1926)6月2日版]記載，宣統十四年(民國十一年)十一月初六日(1922年12月23日)賞溥傑《周朗拂郎國獻馬圖》一卷(九號)。楊仁愷《國寶沉浮録》第九章《〈佚目〉書畫總目簡注》周朗《貢馬圖》(《拂林國獻馬圖》)條云："《石渠寶笈》初編著録。明人作品。'國兵'金香蕙存長春劉國賢處，交原東北博物館，後上調故宮博物院藏。"楊氏在第六章中云："所謂元周朗《貢馬圖》，素箋本，白描人馬，圖前揭奚斯題一般，均屬舊假老片。"(楊仁愷《國寶沉浮録：故宮散佚書畫見聞考略》，遼海出版社1999年版，237、345頁。)參觀周積寅、王鳳珠《中國歷代畫目大典(遼至元代卷)》，江蘇教育出版社2002年版，503頁。林梅村《元人畫迹中的歐洲傳教士》一文附有北京故宮藏周朗繪《拂郎國獻馬圖》，見《大朝春秋——蒙元考古與藝術》，294—295頁圖14。

　　②　《三駿圖》卷尾題："至正壬午季秋，叔九峰道人作此圖拜進。"據余暉考證此"叔九峰道人"爲元畫家任仁發第三子任賢佐(參觀余輝《九峰道人〈三駿圖〉卷考略及其它》，《文物》1993年第1期，93—96頁)。

　　③　參觀陳基《夷白齋稿》外集《跋張彦輔畫拂郎馬圖》(陳高華《元代畫家史料匯編》"周朗"條，809—813頁)。

　　④　朱德潤《存復齋文集》，見《涵芬樓秘集》第五集，民國十二年(1923)上海商務印書館影印舊鈔本。又《四部叢刊續編》集部，民國二十三年(1934)上海商務印書館據明本影印。《續修四庫全書》集部1324冊，上海古籍出版社1995年據明刻本影印。《四庫全書存目叢書》集部22冊，齊魯書社1997年據北京圖書館藏明成化十一年項璁刻本影印。

　　⑤　陳繼儒《偃曝談餘》，見《寶顏堂秘笈》秘集(一名《眉公雜著》)，萬曆三十四年(1606)刊本。又民國十一年(1922)上海文明書局石印本。

　　⑥　陳霆《兩山墨談》，見《續修四庫全書》子部雜家類第1143冊，上海古籍出版社1995年據明嘉靖十八年(1539)李檗刻本影印。

後又爲李時珍《本草綱目》“水銀”條所徵引①。沈曾植可能是我國近代最早注意到《異域説》史料價值的學者,他將此文從《復存齋文集》中單獨抽出來加以注釋,可謂獨具慧眼。沈注所用底本與上述諸本皆有不同處,蓋輾轉抄録所致②。

他在注中引了周伯琦的《天馬行序》,並云“當時文士多賦拂林天馬詩者”。的確如此,元人詩文集中多有記載,除揭傒斯《天馬贊》(《文安公文集》卷一四)、周伯琦《天馬行應制作有序》(《近光集》卷二)外,尚有歐陽玄《天馬頌》、《天馬賦》(《圭齋文集》卷一),吳師道《天馬贊》(《禮部集》卷一一),陸仁《天馬歌》(《乾乾居士集》)、秦約《天馬歌》(《草堂雅集》卷一二)等。在沈曾植之後關注此篇獻馬事的主要是張星烺(1889—1951),他在 1930 年出版的《中西交通史料匯編》中專門列有一節“元代關於拂郎獻馬之文獻”③。但《異域説》所記延祐年間“佛㷌國使來朝”一事,沈氏、張氏都未論及,而研究元代基督教史和中西關係史的外國學者如伯希和、穆爾、佐口透等則都未提到《異域説》,直到二十年前才經元史專家陳得芝考證,所謂延祐年間的拂林國使當即 1314 年來華的教士安德列等人④。

《島夷誌略箋注》

一、汪大淵與《島夷誌略》

《島夷誌略》的作者爲元人汪大淵,但其生平不詳。書前有張翥、吳鑒二篇序,至正十年庚寅二月一日(1350 年 3 月 9 日)張翥序云:

---

① 參觀李時珍撰、王育傑整理《本草綱目》卷九,人民衛生出版社 1999 年版,414 頁。

② 參觀本文附録校記。

③ 參觀張星烺《中西交通史料匯編》,358—369 頁。

④ 參觀上揭陳得芝《元仁宗時教皇使者來華的一條漢文史料》,原載《祝賀楊志玖教授八十壽辰中國史論集》,天津古籍出版社 1994 年版。

　　西江汪君煥章，當冠年嘗兩附舶東西洋，所遇輒采録其
山川、風土、物産之詭異，居室、飲食、衣服之好尚，與夫貿易
資用之所宜，非其親見不書，則庶乎其可徵也。……泉修郡
乘，既以是誌刊入之，煥章將歸，復刊諸西江，以廣其傳，故予
序之。①

至正九年己丑十二月十五日（1350 年 1 月 23 日）吳鑒序云：

　　奇珍異寶，流布中外，爲不少矣。然欲考求其故實，則執事
者多秘其説，鑿空者又不得其詳。唯豫章汪君煥章，少負奇氣，
爲司馬子長之遊，足跡幾半天下矣。顧以海外之風土，國史未
盡其藴，因附船以浮於海者數年然後歸。其目所及，皆爲書以
記之。校之五年舊誌，大有逕庭矣。以君傳者其言必可信，故
附《清源續志》之後。②

據此知汪氏字煥章。而《四庫全書總目提要》卷七一稱其爲“南昌
人”，即本於此，伯希和③、鄂盧梭（L. Aurousseau）④、蘇繼廎⑤等皆因
之。不過，雖然南昌古也稱豫章，但從張序稱“西江”、吳序又稱“豫
章”來看，此處的“西江”和“豫章”也有可能只是江西的代稱而已⑥。

─────────

①　參觀汪大淵撰、蘇繼廎校釋《島夷誌略校釋・張序》，中華書局 1981 年版，1 頁。
②　參觀《島夷誌略校釋・吳序》，5 頁。
③　Paul Pelliot, *Memoires sur les Coutumes de Cambodge de Tcheou Ta-Kouan*,
Paris：Librairie d'Amérique et d'Orient, Adrien-Maisonneuve, 1951, pp72-73, note1.
④　Léonard Aurousseau, "Georges Maspero：Le Royaume de Champa" (compte-
rendu), *Bulletin de l'Ecole française d'Extrême-Orient*, Tome 14, 1914, p.35. 參觀
鄂盧梭《占城史料補遺》"《島夷誌略》"條，見馮承鈞《西域南海史地考證譯叢》二編，商
務印書館 1962 年版，140 頁。
⑤　參觀《島夷誌略校釋・敍論》，9 頁。
⑥　伯希和又疑西江在泉州（Zaiton）附近則誤，見上揭 Pelliot(1951)73 頁。《島夷
誌略》"大佛山"條記汪大淵見海中瓊樹作詩紀實，並云："袖之以歸，豫章邵庵虞先生見
而賦詩，迨今留于君子堂以傳玩焉。"所言"邵庵虞先生"即元代著名文人虞集，據《元
史》本傳，虞氏隨父僑寓臨川崇仁，即今江西崇仁縣，這裏稱"豫章"也是用以代指江西，
而不是指南昌。至於此條所記"君子堂"，蘇繼廎懷疑是築於南昌東湖上宋末元初人王
義山的君子堂，後爲汪大淵所有（見蘇繼廎《島夷誌略校釋》，314 頁），也無確據，古人室
名堂號相同者多有，似不足爲憑。

除了張、吳之序外，汪大淵還有一篇《島夷誌後序》略云：

　　　　大淵少年嘗附舶以浮于海。所過之域，竊嘗賦詩以記其山
　　川土俗、風景物産之詭異，與夫可怪可愕、可鄙可笑之事，皆身
　　所遊覽，耳目所親見。傳説之事，則不載焉。至正己丑冬，大淵
　　過泉南，適監郡偰侯命三山吳鑒明之續《清源郡誌》，顧以清源
　　舶司所在，諸番輻輳之所，宜記録不鄙。謂余知方外事，屬《島
　　夷誌》附於郡誌之後。①

據蘇繼廎考證，至正九年（1349）高昌偰玉立至泉州任達魯花赤②，命
續修泉州郡誌。至正十一年辛卯三月三日（1351 年 4 月 4 日）吳鑒
《清源續誌序》也記載此事。

　　從汪氏自序看，原著本名爲《島夷誌》，後來才改作《島夷誌
略》③。明代馬歡所作《瀛涯勝覽序》中也説：

　　　　余昔觀《島夷誌》……然後知《島夷誌》之所著不誣。④

此書原附於 1351 年成書的《清源續誌》之後，而其成書當在 1349 年
吳鑒準備主編郡誌之前，也可能就在此年方最後定稿。

　　前引吳序有云：

　　　　其目所及，皆爲書以記之，校之五年舊誌，大有逕庭矣。⑤

這句話中外學者看法也大相徑庭。鄂盧梭以爲汪氏彙集資料加以
整理與修正，費時五年始成此書，而與前誌大有徑庭，則見其所記力求

　　①　參觀蘇繼廎《島夷誌略校釋》，385 頁。文末無年月與名款。
　　②　參觀蘇繼廎《島夷誌略校釋》，10—11 頁。
　　③　陳得芝認爲“現存諸本並作今名，當係明人鈔本所改”。參觀白壽彝總主編、
陳得芝主編《中國通史》第八卷《中古時代·元時期（上）》，19 頁。又陳得芝《蒙元史研
究導論》，45 頁。
　　④　萬明認爲馬歡所提到的《島夷誌》是宋人佚著，與汪大淵《島夷誌略》非一書，
似不確。參觀萬氏著《明鈔本〈瀛涯勝覽〉校注》，海洋出版社 2005 年版，2 頁。
　　⑤　參觀《島夷誌略校釋·吳序》，5 頁。

忠實①。顯然鄂氏的句讀和理解皆有誤。伯希和也指出鄂氏誤以爲
汪氏最後成書與原稿有很大差異，並説"按我的理解，'舊誌大有徑
庭'一語與以前涉及海外的著作而其作者僅憑道聽塗説顯然有
關"②。蘇繼廎則認爲"五年舊誌"殆指汪大淵第一次遠航往返五年
所記，《島夷誌略》則爲其第二次遠航新作，包括第一次所記的内容，
"唯第一次歸來之作既世無傳本，書名亦不可考矣"③。雖然伯希和
的句讀有問題，伯氏對上下文的理解大致不誤，蘇氏評伯希和爲"曲
説"，但他的假説則似乎更爲迂曲。吳鑒序下文已明言："以君傳者
其言必可信，故附録《清源續誌》之後。"則所謂"前誌"應指續修前的
泉州郡誌——《清源前誌》、《清源後誌》及其他前人著述④。

　　《島夷誌略》"大佛山"條云："至順庚午（1330）冬十月十有二日，
因卸帆於山下。"鄂盧梭、伯希和、蘇繼廎等皆據此記載並結合張序
"當冠年嘗兩附舶東西洋"一語，考證汪大淵第一次遠航大致在 1330
年前後，而汪氏的生年則在 1310 年前後⑤。

---

　　① 　Léonard Aurousseau, "Georges Maspero : Le Royaume de Champa"（compte-
rendu）, *Bulletin de l'Ecole française d'Extrême-Orient*, Tome 14, 1914, pp.35-36,
note1.參觀蘇繼廎《島夷誌略校釋》附録，395 頁，原刊《遠東法國學校校刊》第 14 卷第
35—36 頁（蘇氏誤作 36—37 頁）注 1。上揭馮承鈞譯本此注有節略。鄂氏認爲汪大淵
於 1345 年歸國，顯然誤解了"五年"之意。
　　② 　見伯希和（1951），73 頁。但從伯氏最後假設汪大淵第二次遠航在 1343 年至
1345 年來看，他與鄂盧梭一樣，也從"五年"二字推斷汪氏於五年前自海外歸來。伯氏
的句讀似爲："其目所及，皆爲書以記之，校之五年，舊誌大有徑庭矣。"這是不正確的。
　　③ 　見蘇繼廎《島夷誌略校釋》，7 頁。
　　④ 　吳鑒《清源續誌序》云："觀《清源前誌》放失，《後誌》止於淳祐庚戌，迄今百有
餘年。前政牧守，多文吏武夫，急簿書期會，而不遑於典章文物。比年修宋遼金三史，
詔郡國各上所録，而泉獨不能具，無稱德意，有識愧焉。"（蘇繼廎《島夷誌略校釋》，8
頁。）所謂"校之五年舊誌"或有誤字。
　　⑤ 　至順庚午（1330）冬十月十有二日汪大淵至大佛山，則其自中國出發當在此時
間之前，鄂盧梭推測在 1329 年，伯希和也以爲汪氏首航海外在 1329—1331 或 1330—
1331 間，而蘇繼廎則推定爲 1330—1334（《島夷誌略校釋·敘論》，9—10 頁）。而關於
"冠年"，鄂盧梭以 20 年計，伯希和與蘇繼廎根據古人習慣爲 20 虚歲，則以 19 年計。
這樣，汪大淵的生年鄂氏推定爲 1309 年，伯氏推爲 1310 或 1311，蘇氏則推定爲 1311。
在没有新材料的情况下，似以伯希和之説較爲妥當。

二、《島夷誌略》的版本與中外學者的研究

除附於《清源續誌》中的《島夷誌》外，據張翥序，汪大淵返回江西後另有單刻本行世。可惜這兩種元刊本都早已失傳[①]，《島夷誌》便一直以抄本流傳。

此書明清書目多著録，如明《文淵閣書目》、晁瑮《晁氏寶文堂書目》[②]、錢謙益《絳云樓書目》[③]、錢曾《述古堂書目》[④]、《讀書敏求記》等，皆題爲《島夷誌》。錢氏《讀書敏求記》稱"是書爲元人舊鈔本"[⑤]，説明當時尚存元抄本。而天一閣則藏有明抄本[⑥]，題作《島夷誌略》，《四庫全書》所收即據此本。另外還有彭元瑞（1731—1803）[⑦]、丁丙（1832—1899）[⑧]、李文田（1834—1895）藏鈔本，也都題爲今名。直至清光緒十八年（1892），才由龍鳳鑣據李文田藏鈔本輯刻入《知服齋叢

---

① 今存諸本皆有明嘉靖二十七年戊申（1548）袁表跋，袁氏所跋之本或以爲當是元代單刻本，筆者認爲也不能排除是其所藏的元鈔本或明鈔本。

② 見明晁瑮《晁氏寶文堂書目》，上海古籍出版社 2005 年版，200 頁。

③ 見錢謙益《絳云樓書目》卷一地志類，《叢書集成初編》本，民國二十四年（1935）版，33 頁。

④ 參觀錢曾撰、瞿鳳起編《虞山錢遵王藏書目彙編》卷二史部別志類："汪焕章《島夷誌》一卷 《述》別志鈔 《敏》別志元鈔本。"上海古籍出版社 2005 年版，89 頁。

⑤ 見錢曾撰，管庭芬、章鈺校證《讀書敏求記校證》卷二，上海古籍出版社 2007 年版，201—202 頁。

⑥ 參觀駱兆平編《新編天一閣書目·天一閣進呈書目校録》，中華書局 1996 年版，206 頁。

⑦ 清彭元瑞知聖道齋藏《島夷誌略》一卷抄本，有彭元瑞校記，藏中國國家圖書館（參觀《中國古籍善本書目·史部·地理類二》，上海古籍出版社 1993 年版，1074 頁）。

⑧ 清丁丙八千卷樓藏鈔本，見《善本書室藏書志》卷一二，光緒二十七年（1901）錢唐丁氏刻本。此本後歸江南圖書館，今藏南京圖書館。伯希和曾托人將此本抄過一部，參觀 Paul Pelliot, "Friedrich Hirth et W. W. Rockhill, *Chau Ju-kua: His Work on the Chinese and Arab Trade in the twelfth and thirteenth Centuries, entitled Chu-fan-chi*"(Bulletin Critique), *T'oung Pao*, 1912, p.451.（伯希和《諸蕃志譯註正誤》，馮承鈞《西域南海史地考證譯叢》一編，90 頁）。

書》第二集，並録有李氏案語，是爲近代第一次刻本①。沈曾植就是
以《知服齋叢書》本爲底本進行箋注的。

　　《島夷誌略》沈氏注稿本今藏上海圖書館，卷末題記云：

　　　　　此書思之有年，而不可得見，舊歲始得此新刻本，譌脱至
　　甚，不能讀也。

沈氏題記蓋於作此書出版的翌年，即光緒十九年（1893）。原書天
頭、地脚、行間均有批注，字體不盡相同，應是 1893 年以後陸續
所作②。

　　《島夷誌略》以沈曾植注本爲最早，民國元年至二年（1912—
1913）由上海國粹學報社分上下兩卷刊于《古學彙刊》中，題爲《島夷
誌略廣證》③。伯希和在《真臘風土記新校注》（1951）注中説沈氏此
著“在大錯中有一些引人注目的批注”④。沈氏此注後又由孫德謙校
理爲二卷，題爲《島夷誌略箋》，未刊行⑤。筆者此次整理，以沈氏稿
本爲底本，參照《古學彙刊》本，題爲《島夷誌略箋注》。

---

　　①　美國柔克義記《島夷誌略》云：“1896 年（清光緒二十二年）龍鳳鑣刊有《知服齋
叢書》，此書爲其中一種。”（W.W.Rockhill, “Notes on the Relations and Trade of China
with the Eastern Archipelago and the Coasts of the Indian Ocean during the Fourteenth
Century”, *T'oung Pao*, 1913, p.475.參觀蘇繼廎《島夷誌略校釋》附録，394 頁。）另外，
上揭伯希和（1951）也誤爲 1896 年刊刻，不知何故。而上揭鄂盧梭《占城史料補遺》
“《島夷誌略》”條則作 1892 年，不誤。

　　②　此沈曾植批注本《島夷誌略》爲筆者發現，上海圖書館古籍目録原著録爲“清
佚名批校”。

　　③　沈曾植《島夷誌略廣證》，見《古學彙刊》第一集輿地類，民國元年至二年
（1912—1913）上海國粹學報社排印本。蘇繼廎云：“嘗見黄陂陳士可過録本，知沈氏於
此書殆爲閱讀時所作之眉批。1912—1913 年上海神州國光社將其刊於《古學彙刊》中，
題爲《島夷誌略廣證》，分上下兩卷，此皆爲沈氏原本所無。”（見蘇繼廎《島夷誌略校
釋·敘論》，13 頁。）案，陳士可名毅，嘗師事沈曾植。陳氏過録本今未見，蘇氏所謂“此
皆爲沈氏原本所無”似誤，《古學彙刊》亦非神州國光社刊行。

　　④　伯氏云：Il y a là quelques remarques intéressantes au milieu d'erreurs formida-
bles. 見上揭伯希和（1951），72 頁。

　　⑤　《島夷誌略箋》二卷，列于《沈乙盦先生海日樓遺書總目》内，見民國二十一年
（1931）刊《蒙古源流箋證》卷首。

在沈曾植之後,中外衆多學者如日本的藤田豐八(1914)①、美國的柔克義(W.W.Rockhill)(1913—1915)②、法國的鄂盧梭(1914)、伯希和(1912、1951)③、費琅(Gabriel Ferrand,1864—1935)(1919、1922)④等都對《島夷誌略》進行過研究。其中藤田豐八所作《島夷誌略校注》,對全書作了通盤考證,成果頗多,也引述了兩三年前刊佈的《島夷誌略廣證》。後來馮承鈞(1937)⑤、日本的丹羽友三郎(1953)⑥、桑田六郎(1969)⑦等學者也有進一步的研究。而 1981 年中華書局出版了蘇繼廎《島夷誌略校釋》,則是這部重要中外交通史籍的最新的重要研究成果。近年來,又有更多的學者對此書進行深入的探討⑧。

三、沈曾植的《島夷誌略》研究

姚楠在《島夷誌略校釋·前言》中説:

① 藤田豐八《島夷誌略校注》,羅振玉輯《雪堂叢刻》,民國四年(1915)上虞羅氏排印本。

② W.W.Rockhill."Note on the Relations and Trade of China with the Eastern Archipelago and the Coasts of Indian Ocean during the Fourteenth Century", *T'oung Pao*,1913,pp.473-476;1914,pp.419-447,Part I;1915,pp.61-159,Part II.

③ 伯希和曾託繆荃孫鈔録《島夷誌略》,見《藝風堂書札·致伯希和》(《繆荃孫全集·詩文》二,鳳凰出版社 2014 年版,584 頁)。

④ Gabriel Ferrand, "Le K'ouen Louen et les anciennes navigations interocéaniques dans les mers du Sud", *Journal Asiatique*, Série 11,Tome XIII,1919,pp.258-259. Gabriel Ferrand, "L'empire sumatranais de Çrivijaya", *Journal Asiatique*, Série 11,Tome XX,1922,pp.30-32.參觀費琅撰、馮承鈞譯《昆侖及南海古代航行考》,中華書局 2002 年版,16 頁。又費琅撰、馮承鈞譯《蘇門答臘古國考》,中華書局 2002 年版,89 頁。案,馮氏譯文節略頗多。

⑤ 馮承鈞《中國南洋交通史》第九章《元代之南海》,上海書店 1984 年據商務印書館 1937 年版重印,84—89 頁。

⑥ 丹羽友三郎《〈島夷志略〉成立年代考》,《史學研究》第 50 期,1953 年 4 月,153—154 頁。

⑦ 桑田六郎《島夷志略新証》,《東洋學報》第 52 卷第 3 號,1963 年 12 月,329—349 頁。參觀蘇繼廎《島夷誌略校釋》附録,399—416 頁。

⑧ 參觀 Rodrich Ptak,"Images of Maritime Asia in Two Yuan Texts:*Daoyi zhi-lue*(島夷誌略)and *Yiyu zhi*(異域志)", *Journal of Sung-Yuan Studies* 25,1995,pp.47-75.[德]廉亞明(Ralph Kauz)、葡萄鬼(Rodrich Ptak)撰,姚繼德譯《元明文獻中的忽魯謨斯》,寧夏人民出版社 2007 年版。

　　（沈曾植）對域外地理也有所研究，除就汪大淵的著作，參
證地圖，加以考訂外，還據《佛國記》、《太平寰宇記》、《宋史》、
《諸蕃志》、《職方外紀》、《異域録》等考訂了域外地名近百條，列
入《海日樓札叢》第二部分。他爲中外關係史研究做了許多篳
路藍縷的工作，這是值得我們欽佩的。但是由於他不通外文，
只能採用對音、互證的方法來作考證，以致錯誤很多，參考價值
不大。①

蘇繼廎在《島夷誌略校釋·敘論》也説：

　　汪大淵《島夷誌略》，自以沈曾植之注本爲最早。……沈氏
不曉外文，所據當時國内譯印圖書亦多難依據。故沈氏於書中
地名考證，常遊移不定，使讀者無所適從。……拙作以沈氏注
有助於考證者不多，僅略舉數例，以備讀者參考。②

誠如姚楠所説那樣，沈曾植爲中外關係史研究做了許多開拓性的工
作，但在早期特定條件下，他只能採取對音互證的方法，努力作審音
勘同的工作。不過，沈氏參考的圖籍却遠遠不止姚文所舉之數，即
從其《島夷誌略箋注》來看，他參考的資料頗廣，地圖就有明《廣輿
圖》中各圖經、艾儒略《職方外紀》附圖、陳倫炯《海國聞見録》附圖
（沈注稱爲"陳圖"）、魏源《海國圖志》附圖（沈注稱爲"魏圖"）、廠圖、
滇刻越南圖等，還參考張燮《東西洋考》卷九所載針路。在地名比定
上，除多與宋趙汝适《諸蕃志》記載對勘外，還引證《梁書》、《隋書》、
《新唐書》、《宋史》、《元史》、《明史》等各代正史地理志、外國傳，以及
各種類書、政書、地理書、地方誌、唐宋以來筆記，如唐劉恂《嶺表録
異》、宋陳元靚《事林廣記》、樂史《太平寰宇記》、周去非《嶺外代答》、
《至順鎮江志》、明黄省曾《西洋朝貢典録》、馬歡《星槎勝覽》、費信
《瀛涯勝覽》（張昇編《瀛涯勝覽集》）、黄衷《海語》、清顧祖禹《讀史方
輿紀要》、《續文獻通考》、《皇朝文獻通考》（沈注稱爲《皇清通考》、

① 《島夷誌略校釋·前言》，4頁。
② 《島夷誌略校釋·敘論》，13頁。

《欽定通考》)、《廣東通志》、邵遠平《元史類編》、謝清高《海錄》、《宦遊筆記》等。當時新興的介紹海外地理的書刊及近人著作也用以取資，如《察世俗每月統紀傳》、《地理備考》、《地理全志》、《萬國地理全圖集》、《外國史略》、《商業博物志》、黃楙材《印度札記》、鄒代鈞《西征紀程》、《薛福成日記》等等。除了地名的勘定外，沈氏還十分注意物產研究，參考了《和名類聚》、《本草綱目》、《本草綱目拾遺》等博物著作。從以上所舉，可見沈曾植讀書範圍很廣，他爲研究中外交通史確實做了許多篳路藍縷的工作。

蘇繼廎説沈氏考證常遊移不定，確實有這樣的情況，但這種不定是有其主客觀原因的。從客觀上講，南海地名考證本身難度較大，即使現在學術界對一些問題仍没有定論，當然更不能苛求於最早爲此作注的沈曾植了。從主觀上講，從沈注稿本的不同字體就能看到箋注本身是他歷年不斷探索的結果，有些批注前後觀點不同，正反映了他思考的變化。民國後，沈曾植對早年從事的學問已不太關心了，其箋注本被題爲《島夷誌略廣證》刊載于《古學彙刊》時，這些先後不同的注幾乎未作什麽改動就被一併彙集在一起①，所以給人以無所適從之感，這是需要説明的。

但是細看蘇繼廎《島夷誌略校釋》一書，引述沈注達四五十處，絕非如他所説"拙作以沈氏注有助於考證者不多，僅略舉數例，以備讀者參考"。沈注固然有許多錯誤，但他的不少審音勘同則是正確的，這些看法比中外學人都要早的多，從學術史的角度看，沈曾植的先發之明是無論如何不應該被忽視遺忘的，何況他的某些正確的校勘成果至今尚未被注意呢。下面筆者就擬從版本校勘與史地箋注兩方面進行闡釋。

---

① 《古學彙刊》本《島夷誌略廣證》蓋爲沈曾植應羅振玉之請以舊稿抄録刊佈的，經筆者比對，其中僅極個別條目的箋注爲上圖稿本所無，其他幾乎一字不差照原稿刊載，但其中有些誤字，應是過録時手民之誤。沈曾植在注釋中其實也已意識到某些地名的考證不確定性，如"日麗"條注云："《趙志》大食舟運載象牙，與三佛齊日囉（羅）亭交易。彼日囉（羅）亭，此日麗也。"又説："《趙志》渤泥屬國有日麗。今蘇門答剌有日裹埠，未能定其爲一爲二。"

四、《島夷誌略箋注》的版本校勘成果

沈曾植在注釋的同時做了不少版本校勘的工作,其中有不少好的意見,這對整理出此書的最佳版本仍有參考價值,故重點舉例説明之。

一、"琉球"條"大峙",沈注云:

> 《典録》作"大崎之山"。

案,此見黄省曾《西洋朝貢典録》"琉球"條①,藤田豐八注云:

> 費信《星槎勝覽》天一閣本"琉球"條"峙"作"崎",黄有(省)曾《西洋朝貢典録》亦然。此書"三島"條云"居大奇山之東"(引案,"三島"條此句藤田注云:"《星槎勝覽》天一閣本'三島'條'奇'作'崎',是也。")。"峙"亦當作"崎"。②

沈、藤田之説皆正確。蘇繼廎校勘記亦據《勝覽》、《典録》改③。下文"其峙山極高峻,自彭湖望之甚近","峙"字沈注稿點去。而藤田注云:

> "其"殆"大"之誤,"峙"乃"崎"之譌。

蘇繼廎則據藤田所考"大崎"爲"大鼓山"(在今高雄),辨"其峙山"非"大崎山"④。姑不論藤田所考大鼓山是否定論,"其峙山極高峻"即使不讀爲"大崎山極高峻",文句也不通,而沈氏改作"其山極高峻"應不失爲合理之校。

二、"麻逸"條"貿易之貨用鼎",沈稿"鼎"字前加"銅"字,《古學彙刊》沈氏《島夷誌略廣證》本已徑作"銅鼎"。藤田注云:

---

① 參觀(明)黄省曾撰、謝方校注《西洋朝貢典録校注》,中華書局 2000 年版,50—51 頁。

② 見藤田豐八《島夷誌略校注》,2 頁下。

③ 見蘇繼廎《島夷誌略校釋》,17 頁。但蘇氏未引沈氏、藤田説。

④ 參觀蘇繼廎《島夷誌略校釋》,20 頁注 5、6 兩條。

知服齋本奪“銅”字，今據丁本補。①

案，丁本即丁丙藏鈔本，沈注或亦據其他鈔本補，但更可能是據本書理校，因爲“銅鼎”還見於《島夷誌略》民多朗、東沖古剌、蘇洛鬲、八都馬、淡邈、尖山、都督岸諸條。蘇校引藤田説，而未及沈本②。

三、“民多朗”條“地産烏梨木”，沈注云：

　　烏梨木疑“楠”字之誤。《東西洋考》占城、暹羅物産皆有烏楠木。

案，烏楠木亦見《諸蕃志》“占城”、“單馬令國”條，另有“烏楠木”專條③。藤田注云：

　　馬來及爪哇人謂此木曰 Kayu-arāng（烏木之義），烏梨或爲 arāng 之對音，亦未可知。④

烏楠木與烏木、烏梨木爲同一物，沈注指出此處烏梨木即烏楠木誠是，但“梨”字並不誤。

四、“賓童龍”條“贊唱曰亞或僕。番語也。”，沈注云：

　　“亞或僕”，《星槎勝覽》作“亞曰僕”。

案，藤田注亦引《星槎勝覽》⑤，而蘇繼廎本則未出校記，其注中有姚楠所補案語與沈注、藤田注同⑥。

五、“丹馬令”條“産上等白錫、朱腦”，“朱腦”之“朱”，沈注稿改爲“生”。《廣證》則徑作“生腦”。

藤田注云：

　　“朱”殆“片”之譌，《諸蕃志》“腦子”條云：腦子出渤泥國，又

①　藤田豐八《島夷誌略校注》，7 頁上。
②　參觀蘇繼廎《島夷誌略校釋》，34 頁。
③　參觀趙汝适撰、楊博文校釋《諸蕃志校釋》，中華書局 2000 年版，9、43、190 頁。
④　藤田豐八《島夷誌略校注》，16 頁下—17 頁上。
⑤　藤田豐八《島夷誌略校注》，18 頁上。
⑥　蘇繼廎《島夷誌略校釋》，66 頁。

出賓窣 Pansur,其成片者謂之梅花腦,以狀似梅花也。明黄衷《海語》云片腦産暹羅諸國,惟佛打泥 Patani 者爲上。①

蘇校未提及沈本,他未見沈稿,蓋以《廣證》爲排印之誤。其校記云:

> "米"原作"朱",丁本、彭本、龍本同。藤田云,"朱"殆"片"之譌。案,《宋史·勃泥傳》有"米龍腦",《諸蕃志》"渤泥"條作"米腦","米"、"朱"形近,而"片"、"朱"則否,今依《諸蕃志》改。②

案,《島夷誌略》中别處未見"米腦",而有"片腦",出蘇洛鬲、都督岸,"淳泥"、"三佛齊"條則均言"地産梅花片腦"③。另據《諸蕃志》,梅花腦爲腦子之上品,次爲金脚腦,再次"其碎者謂之米腦"④。藤田似又以"上等"兩字亦修飾"朱腦",而"米腦"則非上等品。當然,此處"上等"也可能僅指"白錫"而言。

《西洋朝貢典録》"暹羅國"條"朱腦",謝方先生據《明會典》暹羅貢物作"米腦"而改⑤。這與此處情況相仿,似可爲蘇校之旁證。但據《諸蕃志》中除"渤泥國"條明確提到出"米腦"外,其他三佛齊、單馬令、凌牙斯加、班窣等只稱出産"腦子",另外《明會典》記暹羅、淳泥、蘇禄貢物中有米腦,《西洋朝貢典録》記三佛齊貢物也有米腦,其他典籍均未明言丹馬令(單馬令)出米腦。而與《諸蕃志》不同的是,《島夷誌略》"淳泥"、"三佛齊"條則均言地産"梅花片腦",非"米腦"。

沈氏改作"生腦",除了"生"與"朱"字形極近易混外,蓋也運用理校。《諸蕃志》記單馬令國也産腦子。腦子即龍腦香,有生腦、熟腦之分,生腦也稱爲生腦子,可入藥。《島夷誌略》"遐來物"條也提到"生腦"⑥,因此《島夷誌略》"丹馬令"條的"朱腦"作"生腦"的可能

---

① 藤田豐八《島夷誌略校注》,23 頁下。
② 見蘇繼廎《島夷誌略校釋》,79 頁。
③ 參觀蘇繼廎《島夷誌略校釋》,123、173 頁,141、148 頁。
④ 參觀楊博文《諸蕃志校釋》,161 頁。
⑤ 參觀謝方《西洋朝貢典録校注》,60—61 頁。
⑥ 參觀蘇繼廎《島夷誌略校釋》,93 頁。

性似也存在。

六、"丹馬令"條"貿易之貨用甘理布",沈稿改"理"爲"埋",可惜《廣證》漏此注,仍作"理"。又"古里佛"條"其珊瑚、珍珠、乳香諸等貨物,皆由甘理、佛朗來也",甘理之"理"沈稿亦改爲"埋",《廣證》徑改。而此書"甘埋里"條沈注云:

> 今波斯東南拉利斯坦海岸,與阿拉伯之俄莽灣相對之地,曰告母白魯倫。《陳圖》曰甘勃倫,蓋即此地。《明史》所謂"忽魯謨斯"者,亦在此。一以南岸地稱之,一以北岸地稱之耳。

> 《諸蕃志》大食屬國有甘眉,即此。

案,"丹馬令"條藤田注亦云:

> "理"殆"埋"之譌,"甘埋里"此書有專條。[1]

"古里佛"條藤田本也徑作"甘埋",其注云:

> "甘埋"之"埋",知服齋本作"理",但此書有甘埋里專條,則"理"爲"埋"之譌可知。[2]

"甘埋里"條藤田注亦云:

> 此條所言爲忽魯謨斯殆無可疑。[3]

蘇繼廎校釋則引藤田之説,不過他認爲"甘理"與"甘埋里"非一地,"甘理"爲《諸蕃志》大食國條之"伽力吉(Kalhat)"之省譯。又疑"甘埋里"爲"甘里埋"之倒置,但也以爲是忽魯模斯[4]。

七、"吉蘭丹"條"外有小港,索遷極深",沈注云:"遷"疑"牽"。又同條"青盤花碗",沈注稿本改"盤花"爲"花盤",《廣證》則已徑改。

---

① 藤田豐八《島夷誌略校注》,24頁上。
② 藤田豐八《島夷誌略校注》,96頁上。
③ 藤田豐八《島夷誌略校注》,110頁上。
④ 參觀蘇繼廎《島夷誌略校釋》,85—86、329、365—367頁。勝案,蘇氏以"甘埋里"非"甘理",而爲"甘里埋"倒置,其説有些似是而非。參觀廉亞明、葡萄鬼《元明文獻中的忽魯謨斯》,39—41頁。

案，前一條諸本皆作"遷"，沈氏顯然用理校，蘇校從之①。後一條蘇本作"青盤、花碗"則爲兩物，而據沈注作"青花盤碗"則是一詞，此書多見"青白花碗"②、"青白花器"、"青白花磁器"，"青盤"僅見此條，似以沈注所改爲長。

八、"嘯噴"條"每歲與毒網國相通貿易"，沈注云：

> "毒網"疑"丹網"之誤，即《諸蕃志》蘇吉丹所屬打網國也。

案，藤田注云：

> "打網"之"打"，知服齋本作"毒"，今據丁本改。③

蘇校云：

> 打網國，丁本同，彭本"打"作"前"，龍本作"毒"。④

沈注所考甚確，蓋"丹"譌爲"毒"，"毒"爲"前"之異體字，遂又改爲"前"。

九、"古里地悶"條"居加羅之東北，山無異木，惟檀樹爲最盛。以銀、鐵、碗、西洋絲布、色絹之屬爲貿易也"，沈注云：

> 此即《星槎勝覽》之吉里地悶也。據彼文，此"加羅"上脫一"重"字；"檀樹"當作"檀香樹"，"銀、鐵、碗"當作"銀、鐵、磁碗"。重加羅即爪哇島，吉里地悶更在其東，兼產檀香。徑疑即地問島，即《厰圖》之塔毛耳島矣。
>
> 《名山藏》云：遲悶國即故吉里地悶也，居重加羅東。

案，《島夷誌略》"重迦羅"條沈注引《東西洋考》亦云：

> 吉里地問即《厰圖》之塔毛兒島，地最在東。

---

① 參觀蘇繼廎《島夷誌略校釋》，99頁。
② 案《島夷誌略》中提及"青白花碗"的有三島、丹馬令、戎、東沖古剌、爪哇、喃哑哩、加里那等條。
③ 藤田豐八《島夷誌略校注》，41頁上。
④ 蘇繼廎《島夷誌略校釋》，146、148頁。

藤田注云：

> "加"上殆奪"重"字，《星槎勝覽》"吉里地悶"條襲此書，云
> 其國在重迦羅之東。①

顯然承襲沈説。蘇繼廎注贊同沈注所考，"古里地悶"、"吉里地悶"
即地悶島（Timor，今譯帝汶），但蘇氏以"加羅"別是一地，考爲帝汶
西塞茅島（Semao）港名 Hala 之對音②，則非確論。

十、"僧加刺"條"土人長七尺餘，面紫身黑，眼巨而長，手足溫潤
而壯健，聿然佛家種子"，"聿"字，沈注稿改爲"偉"。

蘇校云：

> "聿"原作"穴"，丁本同，彭本、龍本作"聿"，今依改。③

案，蘇氏以文津閣四庫爲底本，但改從"聿"作"聿然"其實也不
辭。沈注改作"偉然"較"聿然"爲優，蓋"偉"缺筆爲"韋"，又訛爲
"聿"。另查文淵閣四庫本則作"宛"字，"穴"蓋"宛"字之譌，"宛然"
也較"聿然"爲通順。

十一、"喃啞哩"條"地當喃啞哩之要衝"，沈注云："'哩'下疑脱
'洋'字。"又同條"其赤風迅迅之乖時使之然哉"，"其赤風迅迅"沈稿
改作"其亦風汛"。

案，前者藤田注引沈説，云"或然"。蘇校也據"小唄喃"條有"喃
啞哩洋"補"洋"字。後者，丁本作"其赤風迅雨"，藤田贊同沈本，蘇
校亦從之。④

十二、"高郎步"條"繋八郎那間布捎"，沈稿改"郎"爲"節"，《廣
證》已經改。

案，藤田注亦云：

---

① 藤田豐八《島夷誌略校注》，62 頁下。

② 參觀蘇繼廎《島夷誌略校釋》，210—211 頁。

③ 蘇繼廎《島夷誌略校釋》，244 頁。

④ 參觀藤田豐八《島夷誌略校注》，77 頁下。蘇繼廎《島夷誌略校釋》，261—262 頁。

“郎”乃“節”之偽（譌）。①

蘇校云：

> “即”原作“郎”，丁本、彭本、龍本同。藤田云，“郎”乃“即”
> 之譌，本書有八節那間條，“即”“節”音同，今依改。②

引藤田注作“即”不確，且不如沈氏直接改爲“節”。

十三、“沙里八舟（丹）”條“地産八舟布”，沈注略云：

> 諸“八舟”字並當作“八丹”。又按黄氏《朝貢典録》正作“沙
> 里八丹”。

“大八舟（丹）”條“國居西洋之後”，沈注云：

> 《地理備考》：曰瓜爾國一名古宜加瓦爾，在印度之西。其
> 都城曰巴羅達，《圖志》圖作巴羅他，《廠圖》作巴羅答，即此八丹
> 地矣。云大八丹者，對沙里八丹而言。云“居西洋之後”，知在
> 印度西方。此書語例以印度東岸爲前，西崖爲後。緣舟行，先
> 至東岸名之。《元史》稱馬八兒國爲俱蘭後障，即此義也。

案，雖然沈注所考之地未確，但此數處“舟”字均當依沈氏改爲
“丹”無疑③。

又，“沙里八丹”條“其地採珠，官抽畢，皆以小舟渡此國互易，富
者用金銀以低價塌之”，“塌”字，沈稿改爲“博”，《廣證》則徑改。

案，諸家皆仍作“塌”，“塌之”實不通，沈説可從。

十四、“土塔”條“傳聞中國之人其年敀彼”，“敀”沈稿改爲“旅”。

案，藤田注云：

> “敀”，丁本作“彷”，殆“皈”之譌。④

---

① 藤田豐八《島夷誌略校注》，80 頁下。

② 蘇繼廎《島夷誌略校釋》，271 頁。

③ “沙里八丹”與“大八丹”所在之地，參觀陳佳榮、謝方、陸峻嶺《古代南海地名
匯釋》，中華書局 1986 年版，457、139 頁。

④ 藤田豐八《島夷誌略校注》，85 頁上。

蘇校則引兩氏之説，未下結論①。案，"皈"與"故"字形較近，但意思不如"旅"字佳，筆者則疑爲"訪"字之譌。

十五、"第三港"條"古號爲淵"，沈注云：

> "爲淵"抄本作"馬淵"，疑"馬"字是。此第三港必在印度西南之地，而印度西南有馬黑海口，即《海録》所稱"馬英"者。對音地望，均與"馬淵"二字親切相當。《西域記》云："摩臘婆，南羅羅國也，城據莫訶河東南。"按英圖，馬黑之北實有大河入海，則馬黑即莫訶，地以河名，由來久矣。摩臘婆即馬拉巴爾，自唐以來，據有印度西南海岸。凡印度西南城邑往往猶存古名，以土人種類不改，故地名亦多不改也。

案，藤田注、蘇繼廎校注皆引沈説，作"馬淵"甚確，惟沈氏考其地爲馬英、馬黑、莫訶之異譯，即今印度西岸的馬埃（Mahe），而蘇氏則考爲印度東南端之奔顔加一（Punnei Keyal），尚未有定論②。

同條"田土、氣候、俗、男女"，沈稿同，《廣證》改"俗"爲"風俗"；又"遂執綆牽制"，"制"，沈稿改爲"掣"，《廣證》則徑改。蘇校皆從之，是也③。

十六、"加將門里"條"去加里二千餘里"，"加里"後，沈稿加"那"字，《廣證》則徑作"加里那"。又同條"往朋加剌互"，"互"字後沈稿加"市"字。

案，蘇校附姚楠案引藤田注："沈本及別本作加里那。"但蘇氏注則以此"加里"，非"加里那"，別爲一地，未爲確論。"互市"，丁本作"互用"，不通。沈注所改甚確，蘇校亦從之④。

十七、"千里馬"條"地産翠羽、百合、蘿蔔"，沈稿改"蘿"爲"薯"，

---

① 參觀蘇繼廎《島夷誌略校釋》，285 頁。
② 參觀藤田豐八《島夷誌略校注》，85 頁下至 86 頁下。蘇繼廎《島夷誌略校釋》，288—290 頁。陳佳榮、謝方、陸峻嶺《古代南海地名匯釋》，166 頁。
③ 參觀蘇繼廎《島夷誌略校釋》，288—289 頁。
④ 參觀藤田豐八《島夷誌略校注》，89 頁上。蘇繼廎《島夷誌略校釋》，297—299 頁。陳佳榮、謝方、陸峻嶺《古代南海地名匯釋》，305 頁。

《廣證》則徑改。

　　案，藤田注、蘇校皆引沈本，藤田稱是，而蘇氏注疑"蘿"字從僧伽羅語名 alloes 得音，亦非確論①。

　　十八、"萬里石塘"條"一脈至爪哇，一脈至勃泥及古里地悶，一脈至西洋遐崑崙之地"，沈稿改"遐"爲"達"，《廣證》則徑改。

　　藤田注引沈説，並云"殆'假'之譌也"，又云：

　　　　西洋假崑崙，殆謂印度以西黑人國。②

蘇校也引兩氏説，但將沈本之"達"誤作"遠"，並疑"遐崑崙"爲馬達加斯加島（Jaziral al Aumr）之近音③。

　　案，藤田、蘇繼廎皆誤"遐崑崙"爲一地名，其實從語法看，"遐"字與上文"及"字相當，沈氏改爲"達"甚是。

　　十九、"小唄喃"條：

　　　　民居○當依費書作"居民"。懶事耕作，歲藉烏爹運米供給○沈稿加"商船"。或風迅○汛。到遲，馬船已去，貨載不滿，風迅○汛。或逆，不得遇○過。喃哑哩洋，且防高浪阜○費作"埠"。中鹵股石之厄。

案，"居民"、"過"，藤田、蘇校改相同，但"迅"字則照舊④。這裏兩處"風迅"無疑應作"風汛"，沈氏所改甚確。

　　二十、"古里佛"條：

　　　　當巨海之要衝，去僧加刺（剌）蜜（密）耳，○邇。亦西洋諸○沈稿加"國"字。馬頭也。○《[星槎]勝覽》古里國記述略同。《黄録》古里絶無一字相涉。一在印度西北，一在印度東南，異地同名，不可混而爲。○此古里與僧加刺密邇，彼古里在柯枝西北，東通巴夷替

---

　　① 參觀藤田豐八《島夷誌略校注》，90 頁下。蘇繼廎《島夷誌略校釋》，309—310 頁。

　　② 藤田豐八《島夷誌略校注》，93 頁上至 94 上。

　　③ 參觀蘇繼廎《島夷誌略校釋》，319—320 頁。

　　④ 參觀藤田豐八《島夷誌略校注》，94 頁上。蘇繼廎《島夷誌略校釋》，321 頁。

山橫○廣。而田瘠，宜種麥。每歲藉烏爹水○米。至。……産胡椒，亞於下里，人閩居○俱。有倉廩貯之。

案，"邇"、"米"、"俱"，藤田、蘇本校相同，"橫"字照舊。"諸馬頭"，藤田據《星槎勝覽》疑"諸"下奪"國之"二字[①]，蘇校則據《星槎勝覽》天一閣本作"番之"[②]。

二十一、"層搖羅"條沈注云：

"搖"當作"拔"，傳寫誤也。《諸蕃志》大食所屬有"層拔國，在胡茶辣國南海島中，西接大山。其人民皆大食種落，遵大食教度。纏青蕃布，躡紅皮鞋。產象牙、生金、龍涎香、黃檀香。每歲，胡茶辣國及大食邊海等處發船，與之販易"。此層拔羅即彼層拔也。《艾儒略圖》阿利非南境有初法蠟地，《湯若望圖》同，《厥圖》作梭發拉，《魏圖》有所縛拉。《西南海夷總圖》作這不魯麻，爲阿洲南境最古之埠。

案，沈氏所考甚確，蘇本從之[③]。

同條"地多滀"，"滀"字沈稿改"滿"。

案，"滀"字，諸本同，沈氏所改甚確，藤田、蘇校也均引沈說[④]。

二十二、"馬魯澗"條"民樂業而富遮迴廣一萬八千餘里"，沈稿改"遮"爲"庶"，下又加"周"字，《廣證》徑作"民樂業而富庶。周迴廣一萬八千餘里"。

案，藤田據丁本改"遮"爲"週"，蘇本也作"民樂業而富。週迴廣一萬八千餘里"[⑤]。"富庶"與"樂業"兩字並列，比單作"富"好，故當以沈本爲佳。

二十三、"異聞類聚"條沈注云：

①　參觀藤田豐八《島夷誌略校注》，95 頁上。
②　蘇繼廎《島夷誌略校釋》，325—326 頁。
③　參觀蘇繼廎《島夷誌略校釋》，358 頁。勝案，蘇校記"藤田云，沈說是也"是指"滀"作"滿"，蘇校誤繫於"層搖羅"條。
④　參觀藤田豐八《島夷誌略校注》，95 頁上。蘇繼廎《島夷誌略校釋》，358 頁。
⑤　參觀藤田豐八《島夷誌略校注》，109 頁上。蘇繼廎《島夷誌略校釋》，360 頁。

此條所述者皆出《事林廣記·方國類》。云見某書，亦《廣記》引用原文也。

其大食國云：“山樹花開如人首，不解語。人借問，惟頻笑，笑則凋落。”沈本改“惟頻笑，笑則凋落”爲“惟笑，頻笑則凋落”。

案，《事林廣記》卷五《方國類》云：

> 山谷間、樹枝上，花生人首，如花不解語，人借問，惟笑而已，頻笑輒彫落①。

沈氏最早指出此“異聞類聚”條皆出《事林廣記》方國類，諸家皆從之。他據此所作校改較原文更通順，可從。藤田、蘇本皆知參考《太平廣記》、《事林廣記》所引，但未作校勘之資，仍照舊，當據改②。

五、《島夷誌略箋注》對物産的研究

上面所舉《島夷誌略》文本的校勘成果還不是沈注價值的全部，除了地理考證外，他對名物也十分重視。如植物中的茄藍木、麝檀、萬年棗，動物中的龜筒、鶴頂，以及處州磁器、孩兒茶、兜羅綿、苾布等物産，皆有較好的意見。

處州磁器，又名處器，見於“琉球”、“龍牙門”、“無枝拔”、“麻里魯”、“舊港”、“蘇禄”、“花面”等條。其中“琉球”、“蘇禄”條有沈注云：

> 處州磁器，龍泉窰也。西人譯博羅馬哥書，其稱中國佳磁，亦以處州言之。

> 處器者，處州青田窰器也。

案，據沈稿，兩處筆迹不同，當非一時所注，故一作“龍泉窰”、一作“青田窰”。不過，龍泉、青田皆爲處州府屬縣，兩窰所産瓷器皆可

---

① “花生人首”，《酉陽雜俎》前集卷一〇“人木”條“花”作“化”。參觀（唐）段成式撰、方南生點校《酉陽雜俎》，中華書局 1981 年版，98 頁。

② 勝案，藤田誤爲《事林廣記》前集四，蘇繼廎誤從之，實爲前集卷五。參觀藤田豐八《島夷誌略校注》，115 頁。蘇繼廎《島夷誌略校釋》，379—382 頁。

稱爲"處器",並不矛盾。另外,值得重視的是注中提到的"博羅馬哥書",即《馬可波羅遊記》,沈曾植當是最早引述此書材料作研究的學者之一。《馬可波羅遊記》第一個中譯本是魏易所譯,題爲《元代客卿馬哥博羅遊記》,1913 年 7 月由正蒙印書局出版,此前曾部分發表於 1909 年的《京報》上①。沈氏注書遠在此前,當別有所本,俟更考之。

藤田注引陶宗儀《輟耕録》云:"江南則處州龍泉縣,窯質頗麤厚。"②蘇繼廎則謂:"元明時,處屬諸縣窯業,似以麗水爲最盛,故處州瓷器似以其爲龍泉、麗水等縣瓷之總稱較合。"③

茄藍木之名見"龍涎嶼"、"占城"、"賓童龍"條,其中"龍涎嶼"、"賓童龍"條沈注云:

> 茄藍木,即伽㑪香木。《宦遊筆記》:"伽㑪,即沈香木之佳者。"《本草綱目拾遺》:"廣人呼伽㑪爲棧香。""棧"亦作"箋"。自宋以前無伽㑪,自元以後無棧香。物名代異,紀原者所當留意也。

《勝覽》敘次與此略同,彼棋楠香即此茄藍木也。

案,沈氏指出"茄藍"即"伽㑪"、"棋楠",甚是。後來藤田、蘇繼廎注皆有增補,并指出爲馬來語 kelambak、占城語 kinan 之對音④。

麝檀不見於他書,僅見於此書"民多朗"條,沈注云:

> 《諸蕃志》:"麝香木出占城、真臘,樹老仆,湮[没]於土而腐,以熟脱者爲上。其氣依稀似麝,故謂之麝香。若伐生木取之,則氣勁而惡,爲下品。泉人多以爲器,用如花梨木之類。"此麝檀疑即彼麝香木也。

---

① 參觀張躍銘《〈馬可波羅遊記〉在中國的翻譯與研究》,余士雄主編《馬可波羅介紹與研究》,書目文獻出版社 1983 年版,42 頁。

② 參觀藤田豐八《島夷誌略校注》,2 頁下至 3 頁上。又陶宗儀《南村輟耕録》卷二九"窯器"條,中華書局 1959 年版,362—363 頁。

③ 蘇繼廎《島夷誌略校釋》,22 頁。

④ 參觀藤田豐八《島夷誌略校注》,9 頁。蘇繼廎《島夷誌略校釋》,47 頁。

案，沈説可從。藤田引沈注，又引《明一統志》麝香木氣似麝臍説，云"殆亦本《諸蕃志》也"。蘇繼廎也疑麝檀與麝香本爲一物①。

萬年棗，見"波斯離"條，沈注云：

> 《本草綱目》：無漏子，《開寶》曰千年棗，《一統志》曰萬歲棗，《嶺表録異》曰波斯棗。彼人呼其木曰窟莽，實曰苦魯麻。似棗而實非棗，味極甘。

案，此注節引《本草綱目》卷三一"無漏子"條大意②。蘇注也引古籍中此物之異名，並指出"窟莽"、"苦魯麻"分別爲中古波斯語 khurman、新波斯語 khurma 之對音③。

"須文那"條"孩兒茶一名'烏爹士（土）'，又名'胥實失之'，其實檳榔汗也"，沈注云：

> 《本草綱目》："'烏爹泥'即'孩兒茶'，又名'烏壘泥'，出南番爪洼、暹羅等國。云是細茶末，入竹筒中，堅塞兩頭，埋污泥溝中，日久取出，搗汁熬制而成。"
>
> 按英人《商業博物志》："'兒茶'一名'阿煎藥'，又稱'日本土'，乃一種荳科多刺之樹，取其木斷戳小片，煎熬成汁，非檳榔木也。"然其"檳榔"條云"檳榔子生有收斂性之'越幾斯'，坊間一二種兒茶因此而成"，則檳榔汗之説亦非無因。

案，沈氏所考頗詳，蘇繼廎注也引《本草綱目》，並謂"烏爹泥"、"烏壘泥"爲泰米爾語 vodalay 之對音④。

兜羅綿，見"班達里"、"加將門里"、"朋加剌"條，"班達里"條沈注云：

---

① 參觀藤田豐八《島夷誌略校注》，17頁上。蘇繼廎《島夷誌略校釋》，62頁。案蘇氏未提及沈氏及藤田之注。

② 參觀（明）李時珍撰、王育傑整理《本草綱目》（金陵版排印本），人民衛生出版社2010年版，1505—1506頁。

③ 蘇繼廎《島夷誌略校釋》，303頁。

④ 蘇繼廎《島夷誌略校釋》，317頁。

《諸蕃志》：吉貝以之爲布，最堅厚者謂之兜羅綿，次曰番布，次曰木棉，又次曰吉布。

案，藤田、蘇氏注皆引《諸蕃志》"吉貝"條，"兜羅"據 Hirth 考證爲梵語 tūla 之對音①。

芯布，見"朋加剌"條，沈注云：

芯布亦見《明史·古里傳》，黄氏《典録》"芯"作"宓"。

案，藤田、蘇繼廎未引《明史》，但引《瀛涯勝覽》、《西洋朝貢典録》又名"蕐布"、"卑泊"、"宓布"，謂爲 byrampaut 之對音②。

"丹馬令"條"龜筒"，沈注云：

《嶺表録異》：蠵蟕，大龜也。其甲通明黄色，土人生脱取之，拍陷玳瑁爲器，謂之"龜筒"。

案，《嶺表録異》所記又見《太平廣記》卷四六四，《太平御覽》卷九四三，《政和本草》卷二○③。藤田、蘇氏注也皆引此書爲説④。

同條"鶴頂"，沈注云：

《西洋朝貢典録》："三佛齊有鳥焉，其狀如鳧，黑翼、鶴頸、鷺啄，腦骨厚寸餘，外紅内黄，其名曰'鶴頂'，可以爲帶靼［擠機］。"《海語》："海鶴大者，項五尺許，翅足稱是。島夷剥其頂，售於舶估，價等金玉。"⑤

案，此注見《廣證》，沈氏稿本未見。藤田注引《東西洋考》，而蘇注則徵引更博，也提及《海語》，但未引《東西洋考》、《典録》，當補入⑥。

---

① 參觀藤田豐八《島夷誌略校注》，76 頁下。蘇繼廎《島夷誌略校釋》，257 頁。

② 參觀藤田豐八《島夷誌略校注》，98 頁上。蘇繼廎《島夷誌略校釋》，333—334 頁。

③ 參觀（唐）劉恂撰、魯迅輯録《嶺表録異》卷下，《魯迅輯録古籍叢編》第三卷，人民文學出版社 1999 年版，473 頁，校勘記 494 頁。

④ 參觀藤田豐八《島夷誌略校注》，23 頁下。蘇繼廎《島夷誌略校釋》，84 頁。

⑤ （明）黄衷《海語》三卷，《文淵閣四庫全書》史部地理類第 594 册，沈注乃節引，見卷中，臺灣商務印書館 1986 年版，124 頁。

⑥ 參觀藤田豐八《島夷誌略校注》，23 頁下。蘇繼廎《島夷誌略校釋》，84—85 頁。

六、《島夷誌略箋注》在地理考訂方面的成績

地名的審音勘同當然是研究《島夷誌略》的最主要工作,沈曾植之後的中外學人已經大大推進了這方面的研究。雖然沈氏當時的探索是初步的,但絕非乏善可陳,現將其要點概述如下。

一、"三島"條,沈注略云:

> 自呂宋、蘇禄,以至美六居,島嶼盈千,大半爲是班呀羈屬。西人以呂宋、明達那、蘇禄、巴拉彎四島統之,宋元人以三島統之。
>
> 《典録》:"其鼎峙大崎山東,曰三島之國,羈事琉球。"
>
> 《諸蕃志》:"三嶼乃麻逸之屬,曰加麻延、巴姥酉、巴吉弄。各有種落,散居島嶼,船至,則出而貿易。總謂之三嶼。"又有白蒲延、蒲里嚕、里銀、東流、新里漢,皆麻逸屬也。按:《志》所謂三嶼即此三島,蒲里嚕即蒲里咾,東流即東流里。
>
> 《東洋鍼路》:"自彭湖丙巳辰巽向二十二更至紅豆嶼,按即《海國聞見録》之紅頭嶼。轉辛酉向十三更取密雁港,又用巳午向十八更取麻里荖嶼,五更取蘇安及玳瑁嶼,東是傍加施欄,又用癸丑向五更取表山,丙午向五更取里銀中邦,十更至呂宋國。"
>
> 今西班牙於此島設十五部,其省會乃稱麻尼拉,其灣曰麻尼拉灣。閩人自宋世已涉東南洋,而《趙志》及此書自淳泥末獨詳三嶼、麻逸,蓋所屬之蒲里咾,即《鍼路》麻里荖。《海録》蠻里剌已統呂宋羣島於中,而《趙志》之加麻延即《鍼路》之密雁港,其白蒲延則即呂宋北《廠圖》之巴布延羣島也。

案,沈注所説呂宋即 Luzon 島;明達那即 Mindanao 島,今又譯爲棉蘭老島;蘇禄即 Sulu 島;巴拉彎島即 Palawan,今又譯爲巴拉望島。沈氏以"三島"即《諸蕃志》之"三嶼",甚確,諸家皆無異詞。他以《諸蕃志》"白蒲延"即巴布延群島,後來夏德、柔克義也有此説,楊

博文校釋從之①。又以《島夷誌略》"蒲里咾"即《東西洋考》中《東洋鍼路》的"麻里荖嶼",《誌略》"東流里"即《諸蕃志》東流,蘇繼廎注也有相同見解②。

二、"麻逸"條,注云:

《[星槎]勝覽》作"麻逸凍"。植案:此與《[星槎]勝覽》之麻逸凍在交欄山西南洋海中者非一地。據趙《志》云:"麻逸在渤泥北。"《東洋鍼路》云:從呂宋(蓬)用坤未鍼五更取芒煙山,丁未鍼十更取磨葉洋,洋以麻逸國得名。又丁未鍼十更至巴荖圓,八更至聖山,乃轉坤未鍼十更歷長腰嶼、毛花臘,至文萊。然則麻逸在呂宋西南、文萊東北,非交欄山西南之麻逸凍也。明《廣輿圖·東南海夷總圖》:麻逸、里銀、三嶼、里安共一島,海贍嶼、麻里魯、孛羅吉諸島與相近。其方位雖不可憑,然諸國之名與《諸蕃志》可相證合,必非明人所能臆造。凡此諸地皆呂宋羣島地,可決定也。

里安即趙《志》新里漢,孛羅吉即巴弄吉。

案,沈氏以明《廣輿圖》所記"麻逸"等島嶼在呂宋群島,《島夷誌略》"麻逸"與《星槎勝覽》之"麻逸凍"非一地,又"磨葉洋以麻逸國得名"等見解均可從③。

三、"賓童龍"條"賓童龍隸占城,土骨與占城相連,有雙溪以閒之。佛書所稱王舍城是也。或云目連屋基猶存。田土人物、風俗氣候,與占城略同",沈注云:

《明史·占城傳》之邦都朗(郎),亦此地。

①　參觀楊博文《諸蕃志校釋》,143 頁。

②　參觀(明)張燮著、謝方點校《東西洋考》卷九《舟師考·東洋針路》,中華書局 2000 年版,182—184 頁。又藤田豐八《島夷誌略校注》,6 頁上;蘇繼廎《島夷誌略校釋》,33 頁。勝案,《諸蕃志》卷上麻逸國"三嶼、白蒲延、蒲里嚕、里銀東流新里漢等,皆其屬也"。其中"里銀東流新里漢"的句讀,諸家不一,或作"里銀、東流、新里漢",或作"里銀、東流新、里漢"、"里銀東、流新、里漢",參觀陳佳榮、謝方、陸峻嶺《古代南海地名匯釋》,東流 262 頁,東流里 265 頁,里銀 424 頁,里漢 423 頁。

③　《廣輿圖》,元朱思本原作,明羅洪先增訂,有嘉慶四年刻本。又參觀陳佳榮、謝方、陸峻嶺《古代南海地名匯釋》,麻逸 740 頁,麻逸凍 744—745 頁,磨葉洋 864 頁。

《嶺外代答》占城所"屬有賓瞳朧國、賓陁陵國。目連舍基在賓陁陵，或云即王舍城。"

案，沈注以"賓童龍"當《明史》之"邦都郎"、《嶺外代答》之"賓瞳朧國"、"賓陁陵國"，甚確。伯希和以"賓瞳朧"與"賓陁陵"爲同名異譯，在今 Phanrang[①]。

四、"丹馬令"條，沈注略云：

《宋史》："丹眉流國，東至占臘五十程，南至羅越水路十五程，西至西天三十五程，北至程良六十程，東北至羅斛二十五程，東南至闍婆四十五程，東北至廣州一百三十五程。俗跣足衣布，産犀象。"即丹馬令國也。

《諸蕃志》三佛齊所屬，有單馬令、佛羅安二國。

《西南海夷總圖》暹與丹孛郎同一區。丹孛郎即丹馬令。

《桂海虞衡志》：占城隔一水爲真臘，又隔一水爲登樓眉。

案，沈注以"丹馬令"當《宋史》之"丹眉流"、《諸蕃志》之"單馬令"、《廣輿圖·西南海夷總圖》之"丹孛郎"、《桂海虞衡志》之"登樓眉"，後來學者也多有此見，一般認爲是今泰國洛坤的梵文 Tambralinga 的譯音[②]。

五、"彭坑"條，沈注云：

---

① Paul Pelliot,"Textes Chinois sur Paṇḍuranġa, *Bulletin de l'Ecole française d'Extrême-Orient*, Tome Ⅲ, 1903, pp.649-654.參觀伯希和《中國載籍中之賓童龍》, 馮承鈞《西域南海史地考證譯叢》二編，74—78 頁。原載《遠東法國學校校刊》第三卷, 649—659 頁。又(宋)周去非著、楊武泉校注《嶺外代答校注》，中華書局 1999 年版, 80—81 頁。

② 參觀陳佳榮、謝方、陸峻嶺《古代南海地名匯釋》，丹眉流 212—213 頁，單馬令 540 頁，登流眉 796 頁。又 Paul Pelliot, Deux Itinéraires de Chine en Inde a la fin du VIIIᵉ Siècle, *Bulletin de l'Ecole française d'Extrême-Orient*, TomeⅣ, 1904, pp.231-234. (伯希和著、馮承鈞譯《交廣印度兩道考》下卷《海道考》二七"羅越與丹眉流"條，中華書局 2003 年版，242 頁。)蘇繼廎《島夷誌略校釋》，79—82 頁。但也有學者指出丹眉流與登流眉非一地，參觀黎道綱《泰國古代史地叢考·登流眉國》，中華書局 2000 年版, 130—135 頁。

《諸蕃志》真臘屬國有蓬豐、登牙儂、凌牙斯加、吉蘭丹。蓬豐即此彭坑，登牙儂即下丁家廬。《廠圖》彭坑作帕哈恩，《魏圖》曰旁恒。

案，此對勘甚確，彭坑即今馬來西亞彭亨（Pahang）①。

六、"丁家廬"條，沈注云：

此即《圖志》之丁瓦那，《元史》丁呵兒。

《唐書·墮和羅傳》之迦羅舍弗即哥羅舍分。"哥羅舍分"條稱東接墮和羅；又《盤盤傳》稱東南有哥羅，一曰箇羅，又曰哥羅富沙羅。俗與赤土、墮和羅同，亦即迦羅舍弗也。其地蓋今之克老海腰。

植案：暹緬海崎，自古市舶輻輳之區，其土蓋多古國。丁瓦那，在元爲丁呵兒，在宋爲登牙儂，在唐則墮和羅也。《唐書·南蠻傳》："墮和羅一（亦）曰獨和羅，南距盤盤，北迦羅舍弗，西屬海，東真臘。自廣州行五月乃至。國多美犀，世謂墮和羅犀。有二屬國，曰曇陵、曰陀洹。曇陵在海洲中。陀洹亦（一）曰耨陀洹。"《寰宇記》稱耨陀洹在吐火羅西北，然則曇陵乃坦來侖島，陀洹蓋《諸蕃志》之杜懷，《魏圖》達歪地也。《唐書》所稱東兼北，西兼南。

案，沈注以"丁家廬"當《諸蕃志》之"登牙儂"、《元史》之"丁呵兒"，對音甚確。注中附帶所考《新唐書》之"哥羅"即克老海腰（今譯克拉Kra地峽），"陀洹蓋《諸蕃志》之杜懷"，對勘亦正確②。

七、"戎"條，沈注云：

此疑柔佛，《艾儒略圖》謂之若耳國。

案，戎在何地，後來學者看法不一。或説爲泰國春蓬（Chumphorn）一名Jumbara中Jum（Chum）的對音；或説戎爲馬來語Ujong（意爲海

① 參觀陳佳榮、謝方、陸峻嶺《古代南海地名匯釋》，彭坑、彭亨766頁。又蘇繼廎《島夷誌略校釋》，97—98頁。
② 參觀陳佳榮、謝方、陸峻嶺《古代南海地名匯釋》，丁家廬108頁，哥羅632頁，陀洹464頁，杜懷406頁，打歪241頁。又楊博文《諸蕃志校釋》，27頁注19。

角、盡頭）的對音，指馬來半島南端的柔佛，則與沈注相合①。

八、"羅衛"條"南真臘（沈稿改爲臘）之南，實加羅山，即故名也"，沈注云：

> 植案：《宋史》真臘西接蒲甘，南接加羅希。《趙志》云真臘南至三佛齊之加羅希。此加羅山即加羅希也。《唐書·南蠻傳》："羅越者，北距海五千里，[西]南哥谷羅，商賈往來所湊集，俗與墮羅鉢底同。歲乘舶至廣州，州必以聞。"即是此國。《唐書·地理志》："自軍突弄山五日行至海硤，蕃人謂之質，南北百里，北岸則羅越國，南岸則佛逝國。"説麻六甲峽最爲明晰也。

案，沈注以羅衛當《新唐書》之羅越，在麻六甲海峽北馬來半島南部，後來藤田、柔克義皆與沈氏同，但也有不同意見②。

九、"羅斛"條，沈注云：

> 《諸蕃志》羅斛屬真臘，真臘所屬有麻羅問，即此彌勒佛。

又"針路"條"自馬軍山水路，由麻來墳至此地"，沈注云：

> 《諸蕃志》：真臘屬國有麻羅[問]，即此麻來墳也。前羅斛屬國彌勒佛，疑亦一地。

案，沈氏以《諸蕃志》"麻羅問"當《島夷誌略》之"麻來墳"、"彌勒佛"。蘇繼廎注也以"麻羅問"即"麻來墳"，爲 Malebun 之對音，但未引"針路"條沈注。蘇氏僅引"羅斛"條沈注，並認爲"麻來問"與"彌勒佛"非一地③。

十、"八都馬"條，沈注云：

> 此當是《圖志》馬他萬。自彭亨至此，皆暹羅地股山前後之

_____

① 參觀藤田豐八《島夷誌略校注》，31 頁；蘇繼廎《島夷誌略校釋》，107—108 頁。又陳佳榮、謝方、陸峻嶺《古代南海地名匯釋》，戎 311 頁。

② 參觀陳佳榮、謝方、陸峻嶺《古代南海地名匯釋》，羅衛 510 頁，羅越 514 頁，實加羅山 531 頁。又藤田豐八《島夷誌略校注》，32 頁；蘇繼廎《島夷誌略校釋》，110—112 頁。

③ 參觀蘇繼廎《島夷誌略校釋》，118、128 頁。陳佳榮、謝方、陸峻嶺《古代南海地名匯釋》，麻羅問、麻來墳 743 頁。

地。此時滿剌甲尚未著。又按《新唐書·驃國傳》云：所屬部落三十二，最後曰磨地勃，由磨地勃柵海行五日至佛代。佛代即佛逝，則磨地勃爲驃國西南港口，即今馬他萬地無疑。驃之屬國十八，大都在巫來由地股，摩禮烏即末羅瑜，佛代即佛逝，渠論即崛（掘）倫，偈陀即偈荼，羅聿即羅越，多歸即陀洹也。

案，沈注以八都馬當《新唐書》之"磨地勃"，所考甚確，即今馬達班（Martaban）。其附帶所論《新唐書》地名"摩禮烏即末羅瑜，佛代即佛逝，渠論即崛倫，偈陀即偈荼，羅聿即羅越，多歸即陀洹"，對勘也大致可從①。

十一、"八節那間"條，沈注云：

《續文獻通考》：爪哇國其水有八節澗，乃爪哇咽喉必争地。元史弼、高興嘗會兵於此。《元史[·爪哇傳]》："八節澗上接杜馬班王府，下通蒲（莆）奔大海，乃爪哇咽喉必争之地。"

又"蒲奔"條"地控海濱"，沈注云：

《元史類編》："八節澗上接杜馬班王府，下通莆奔大海"。《東南洋鍼路》："吉力石港，即爪哇之杜板村，史所謂通蒲（莆）奔大海者也。"植案：吉力石港即《海國圖志》圖之竭石力，在爪哇島東北。

案，沈氏以"八節那間"即《續文獻通考》、《元史》之"八節澗"，"蒲奔"即"蒲（莆）奔大海"，藤田、柔克義也有此説，蘇繼廎則以爲"八節那間"與"八節澗"非同一地②。

十二、"嘯噴"條"吉陀"，沈注云：

《地理備考》暹羅屬部有給達，《魏圖》作貴他。《海録》：吉

---

① 參觀蘇繼廎《島夷誌略校釋》，131—132 頁。陳佳榮、謝方、陸峻嶺《古代南海地名匯釋》，八都馬 117 頁，巫來由 401 頁，掘倫 693 頁，偈陀 701 頁，多歸 358 頁。又余定邦、黃重言《中國古籍中有關緬甸資料匯編》，中華書局 2002 年版，14 頁。

② 參觀《元史》卷一六二《史弼傳》，3801—3802 頁；《高興傳》，3805—3806 頁；卷二一〇《外夷傳》三《爪哇傳》，4665—4666 頁。又蘇繼廎《島夷誌略校釋》，139—140、200—201 頁。

德在新埠北,亦名計達(噠),後山連宋卡。此吉陀蓋吉德也。

案,此對勘甚確,吉陀在今馬來西亞吉打(Kedah)州一帶①。

十三、"爪哇"條"門遮把逸山",沈注云:

> 《續文獻通考·爪哇國》:"初至杜板,但有千家二酋主之流寓者,多廣東、漳、泉人;又東行半日至厮村,中國人客此成聚落,遂名新村。約千餘家,村主廣東人。番舶至此互市,金寶充溢。又南水行可半日,至淡水港,乘小艇二十餘里,至蘇馬魯益港,旁大洲,多中國人。又水行八十里至漳沽,登岸西行半日,至王所居溝者伯夷。"按"溝"當作"滿","門遮把逸"即"滿者伯夷"。

> 《每月統紀傳》紀爪哇事云:"元時有國曰摩爪巴佚,甚強,征伐鄰民,收服回教。至明永樂三年,有回教師領大軍強服其土人,使棄舊教而拜回回教主。是後印度舊教遂微。"按所云"摩爪巴佚",亦即"門遮把逸",當是以地名爲國名。

> 《元史類編》:"史弼至爪哇之杜並足,議分軍水陸進攻。弼帥那海等水軍,自杜並足過戎牙港口至八節澗,土虎登哥等乘鑽鋒船,由戎牙路至麻喏巴歇之浮橋。時爪哇方與鄰國葛郎構怨,其主爲葛郎主哈只葛當所殺。其婿土罕必闍耶攻葛郎不勝,退保麻喏巴歇。聞弼等至,以其國出川戶口並獻葛郎國地圖來降。"《類編》爪哇與葛郎戰,殆即新舊教相爭之事;"麻喏巴歇"亦此"門遮把逸"之異文;葛郎即噶留巴也。

案,沈氏以"門遮把逸"即"滿者伯夷"、"摩爪巴佚"、"麻喏巴歇",對音甚確②。

十四、"重迦羅"條"杜瓶之東曰重迦羅",沈注略云:

---

① 參觀陳佳榮、謝方、陸峻嶺《古代南海地名匯釋》,吉陀 320 頁。

② 參觀陳佳榮、謝方、陸峻嶺《古代南海地名匯釋》,門遮把逸山 156 頁,滿者伯夷 818 頁。蘇繼廎《島夷誌略校釋》,162—163 頁。又萬明《明鈔本〈瀛涯勝覽〉校注》,17 頁。

杜瓶即《[元]史》杜並。

植按：《諸蕃志》云："打板國東連大闍婆，一名重迦羅（盧）。"《星槎勝覽》云："重迦盧與爪哇相接，有石洞云云。"與此略同。《明史》不録此國。《海國圖志》以來，亦遂無考及者。據《東西洋考》稱："吉力石即爪哇之杜板（下略）。"

案，沈氏以"杜瓶"即《元史》之"杜並"、《諸蕃志》之"打板"、《東西洋考》之"杜板"，對音甚確。《元史·爪哇傳》作"杜並足"，蘇繼廎疑衍"足"字，不知沈注早已揭之[1]。

十五、"蘇禄"條"其地以石倚山爲堡障"，沈注云：

《西洋朝貢典録·蘇禄國》："其鎮曰石崎之山。"《東南海夷總圖》作"蘇六"。

案，顯然沈氏以"石倚山"當作"石崎山"，"蘇禄"即蘇六，對音也確，即今蘇禄（Sulu）群島[2]。

十六、"龍牙犀角"條，沈注云：

《諸蕃志》：凌牙斯加，三佛齊之屬國。又云："凌牙斯國自單馬令風帆六晝夜可到"、"佛囉安國自凌牙斯加四日可到。"《事林廣記》：佛囉安國"自凌牙蘇家風帆四晝夜可到"。此龍牙犀角即二書之凌牙斯加、凌牙蘇家也。又案，《星槎勝覽》述龍牙加貌風土與此同，是又名龍牙加貌。《續文獻通考》述龍牙犀角風土，正《星槎》龍牙加貌條文也。又案，凌牙斯加即古狼牙脩音轉。《鍼路》以石旦峽爲狼牙須，此舶人相傳舊語，是狼牙脩之南地。《隋書》常駿等自師子石南行數日，西望見狼牙須國之山，乃南行至赤土，則狼牙脩之北地即凌牙斯加地也。梁時，蓋巽他水峽左右並屬狼牙脩，故其境東西三十日、南北二十日行。

---

① 參觀蘇繼廎《島夷誌略校釋》，170頁；陳佳榮、謝方、陸峻嶺《古代南海地名匯釋》，杜板406—407頁。

② 藤田豐八、蘇本皆校改爲"石崎山"，參觀藤田豐八《島夷誌略校注》，54頁上；蘇繼廎《島夷誌略校釋》，178—180頁。

案，沈注以龍牙犀角即《梁書》之"狼牙修"、《隋書》之"狼牙須"、《諸蕃志》之"淩牙斯加"、"淩牙斯"、《事林廣記》之"淩牙蘇家"，對音甚確。但他又以爲即《星槎勝覽》之"龍牙加貌"，並謂"狼牙修"分南北兩地，則非是①。

十七、"假里馬打"條，沈注云：

> 《東南海島圖經》：加里馬打羣島在婆羅洲西南，必來東島東北。必來東即《鍼路》勿里洞山也。《元史類編》："征爪哇之師自泉州後渚發，行過七洲洋、萬里石塘，歷交趾、占城界，經東董、西董山、牛崎嶼，入混沌大洋橄欖嶼、假里馬答、勾闌等山，駐兵伐木，遣使諭爪哇。大軍繼進，至吉利門。"彼假里馬答即此假里馬打。《南洋鍼路》：從玳瑁洲三更至東、西董，三十五更至失力大山，五更至馬鞍嶼，五更至塔林嶼，三十更至吉甯馬哪山，十三更至勿里洞山，十五更至吉里問大山，四更至保老岸山。即元人行師之路。吉甯馬哪亦即此假里馬打也。

案，沈氏以假里馬打即《東南海島圖經》之"加里馬打"、《東西洋考》之"吉寧馬哪"、《元史類編》之"假里馬答"（此當引《元史》卷一六二《史弼傳》），對音至確，即今加里曼丹島西南之卡里馬塔（Karimata）群島②。他以"必來東"爲"勿里洞（Biliton）"島，也至確。

十八、"崑崙"條"古者崑崙山，又名軍屯山"，沈注云：

> 《唐書·地理志》：占不勞山在環王國東，南二日行至陵山，又四日半行至軍突弄山，又五日行至海硤。植案：海硤即今麻剌甲、蘇門答剌之峽，則軍突弄山即軍屯山，即崑崙山矣。陵山即

<hr/>

① 參觀陳佳榮、謝方、陸峻嶺《古代南海地名匯釋》，狼牙修、狼牙須661—662頁，淩牙斯加674頁，龍牙加貌、龍牙犀角258頁。藤田豐八《島夷誌略校注》，55頁下至56頁上；蘇繼廎《島夷誌略校釋》，182頁。

② 參觀陳佳榮、謝方、陸峻嶺《古代南海地名匯釋》，假里馬答714頁、吉寧馬哪325頁。

下靈山，唐世水道與元明水道同①。

案，沈氏以《新唐書》"軍突弄山"即此"崑崙山"、"軍屯山"，對音至確，諸家皆從之②。

十九、"東西竺"條，沈注云：

> 《嶺外代答》："三佛齊之來也，正北行，舟歷上下竺與交洋，乃至中國境。闍婆之來也，稍西北行，舟過十二子石，乃與三佛齊舟合於竺嶼之下。"所謂上下竺即東西竺也。《南洋鍼路》：自彭亨用單午鍼五更取地盤山，三更至東西竺，爲柔佛界；用丁未鍼十更至羅漢嶼，爲柔佛港口。

案，沈氏以"東西竺"即《嶺外代答》之"上下竺"，對勘甚確。此即"竺嶼"，在柔佛之東海中，今名奧爾（Aur）島。Aur 爲馬來語，意爲竹，"竹"通"竺"③。

二十、"花面"條，沈注云：

> 《瀛涯勝覽》：那姑王又名花面國王，國有那姑兒山。《續文獻通考》：蘇門答剌正西邊海小國二處，先至那孤兒王國界，後至黎代國界。那孤兒即花面國。植案：《元史‧世祖本紀》、《楊庭璧傳》皆記那旺國與蘇木都剌同入貢事。紀言那旺國王忙昂以其國無識漢字人，遣使二（四）人，不奉表。亦足見其爲南洋小國也。

案，《瀛涯勝覽》"蘇門答剌國"條應作"那孤兒"，而《星槎勝覽》則作"那姑兒"，沈注所引微誤，但他以"花面"當即"那孤兒"、"那姑

---

① 《新唐書‧地理志》原文爲："……至占不勞山，山在環王國東二百里海中。又南二日行至陵山。又一日行，至門毒國。又一日行，至古笪國。又半日行，至奔陀浪洲。又兩日行，到軍突弄山。又五日行至海硤。"（《新唐書》卷四三下，中華書局 1975 年版，1153 頁。）

② 參觀藤田豐八《島夷誌略校注》，65 頁下至 66 頁上；蘇繼廎《島夷誌略校釋》，220 頁。

③ 參觀藤田豐八《島夷誌略校注》，68 頁上；蘇繼廎《島夷誌略校釋》，229 頁；楊武泉《嶺外代答校注》，125—126 頁。

兒”，對勘甚確。又以爲即《元史》之“那旺國”，則有不同意見①。

二十一、“須文答剌”條，沈注云：

> 《明史》以須文達那與蘇門答剌並列，且云或以爲一，“洪武
> 時所更，然其貢物與王名皆不同，無可考”。植案：《明史》所謂
> 或以爲一者，即指費信言之。費信言古名須文達那。所謂古
> 者，即指此書之類所載市舶舊稱也。洪武、永樂，貢不同時，王
> 名、貢物安能相合？此所謂以不悖爲悖者也。

案，費信《星槎勝覽》“蘇門答剌國”條云“古名須文達那”，馬歡
《瀛涯勝覽》“蘇門答剌國”條亦云“即古之須文達那國是也”，即此
“須文答剌”，沈氏對音甚確②。

二十二、“北溜”條，沈注云：

> 《海夷總圖》之“三萬六千嶼”，湯若望、利瑪竇圖之“萬島”，
> 皆此地。

> 《[星槎]勝覽·溜山洋》：“自錫蘭山別羅里南去，順風七晝
> 夜可至。溜山有八，有沙溜、官嶼溜等名。”此北溜疑即彼之溜
> 山洋，準其地望，即《廠圖》之麻答愛夫群島、拉克答愛夫羣島地
> 也。印度平流夏自馬拉巴而南，環哥摩凌角，而東北流向孟加
> 拉；冬自孟加拉而西南，環哥摩凌角，而北向馬拉巴。其貿易風
> 則冬春恒爲東北，夏秋恒爲西南。海行往西洋者，去以冬春，則
> 風水皆順；歸以夏秋，亦風水皆順。昔之泛海者準方依岸，大較
> 由斯。其麻答愛夫羣島之側平流西注，別出一支，西南達馬達
> 嘎斯嘎，去岸絕遠，趨避爲難，而兩流相會於適當僧加剌西南、
> 麻答愛夫羣島之左右，故有漂泊之患。必東南風而後上溜者，

---

① 參觀藤田豐八《島夷誌略校注》，70 頁上。蘇繼廎《島夷誌略校釋》，234—236
頁。蘇氏引藤田説，而未及沈注。又陳佳榮、謝方、陸峻嶺《古代南海地名匯釋》，那孤
兒、那姑兒 393 頁，那旺 392 頁。沈注“楊庭璧傳”當作《馬八兒等國傳》（參觀《元史》
卷二一○，4670 頁）。

② 參觀陳佳榮、謝方、陸峻嶺《古代南海地名匯釋》，須文達那 605 頁，蘇門答剌
416—418 頁。

溜勢西注故也。

又案《地理備考》云:"馬地威羣島約百八十里,産珊瑚,有沙石,出椰子,多沙魚。居民勤勞,歲歲將椰油、鹹魚、貝子等貨赴印度市。臘其地威十七島在其北,惟八洲有居民,種椰子爲飲食。"馬地威即麻答愛夫,臘其地威即臘(拉)克答愛夫也。物産相同,準望相直,審爲一地,理可不疑。臘其地威之八洲,即溜山洋之八溜也。

案,沈注所引"《勝覽》"爲紀録彙編本《星槎勝覽》"溜山洋國"條,而天一閣本後集作"溜洋國";《瀛涯勝覽》則作"溜山國",云"好風行十日到其國",與紀録彙編本文均有不同。沈氏以《島夷誌略》之"北溜"當"溜山洋"、"三萬六千嶼"、"萬島","麻答愛夫群島"、"馬地威羣島"(今譯馬爾代夫 Maldive 群島)及"拉克答愛夫群島"、"臘其地威"(今譯拉克代夫 Laccadive 群島),對勘皆甚確[1]。

二十三、"高郎步"條,沈注云:

此爲錫蘭島西方口岸。《厥圖》曰考老母波,《陳圖》曰科侖波。諸書多作可倫坡。

案,高郎步即今斯里蘭卡首都可倫坡(Colombo),沈注對音至確。

二十四、"華羅"條,沈注云:

"華羅"上脫"南尼"字。《事林廣記》:"西天南尼華羅國事佛尊牛,屋壁皆塗牛糞以爲潔。各家置壇,以牛糞塗之,置花水爇香供佛。蕃商到,不得入其屋,止坐門外。"《諸蕃志》云:"南尼華羅(囉)諸國不啻百餘,皆冠以西天之名。"又云:"西天南尼華囉國,城有三重,人早晚浴以鬱金塗體,效佛金色,多稱'婆羅門',以爲真佛子孫。屋壁坐席,悉塗牛糞相尚,以此爲潔。家置壇,崇三尺,三級而升,每晨焚香獻花,名爲供佛。大食番至

① 參觀陳佳榮、謝方、陸峻嶺《古代南海地名匯釋》,北溜 275 頁,溜山 816 頁。

其國,則坐之門外,館之別室。"按《志》與《廣記》敍述與此略同。
《廣記》即删略《志》文,此又就《志》文以所見略爲增損耳。

　　南尼華羅,疑即謝清高所稱"乃弩王國"。《職方外紀》所稱
"乃勒"者,其國地當在中、西印度之間。《宋史·天竺傳》:"乾
陀羅國西行二十日,至曩誐囉賀囉國。"曩誐囉賀囉對音與南尼
華羅相近,疑即是矣。

案,沈注以"華羅"即《諸蕃志》、《事林廣記》之"南尼華羅
(囉)"、《宋史》之"曩誐囉賀囉"。藤田也以爲"華羅"即《諸蕃志》、
《嶺外代答》之"西天南尼華囉國","南尼華囉"爲 Nahrwara(Naha-
rawara)之對音①。"曩誐囉賀囉"與 Naharawara 對音正合,沈氏之
説可從。

二十五、"大佛山"條"大佛山界於迓里、高郎步之間",沈注云:

　　《地理備考》:"馬爾地瓦斯一名錫蘭山,其都城曰可倫破。
又有牙利城,爲東南之堅城。"魏氏《圖》錫蘭西南有牙里邑。牙
利、牙里,即此迓里也。云大佛山界兩地之間,則山亦在錫蘭西
岸矣。或疑《魏圖》方向不可憑,大佛山即亞旦峯。

案,藤田也以大佛山爲高郎步(今可倫坡 Colombo)與迓里(今加
勒 Galle)間之 Adam's Peak,即沈注之"亞旦峰"。藤田又謂其港即
Caltur(即今卡盧塔拉 Kalutara)②。

二十六、"須文那"條,沈注云:

　　《元史·馬八兒傳》:俱蘭(藍)既下,餘諸國曰馬八兒、曰須
門那、曰僧急里、曰南無力、[曰馬蘭丹、]曰那旺、曰丁呵兒、曰
來來、曰急蘭亦觲、曰蘇木都剌,皆遣使貢方物。須門那,即此
須文那也。

① 參觀藤田豐八《島夷誌略校注》,86 頁下至 87 下;蘇繼廎《島夷誌略校釋》,
292—293 頁。又陳佳榮、謝方、陸峻嶺《古代南海地名匯釋》,南尼華囉 585 頁。
② 參觀藤田豐八《島夷誌略校注》,91 下至 92 上;蘇繼廎《島夷誌略校釋》,312—
313 頁。

案，沈氏以須文那即《元史》之須門那，對音至確，惟未考其今地①。

二十七、"小唄喃"條，沈注云：

> 此即《元史》之俱蘭（藍），明世所稱小葛蘭，於魏氏《圖志》則南加那拉、北加那拉也。

> 此條文句與《星槎勝覽》大葛蘭條大略同。彼此相補，敍述始明。以此知唄喃之即葛蘭，而《元史》俱蘭（藍）亦葛蘭也。

案，沈氏"小唄喃"即"小葛蘭"、《元史》之"俱蘭"（當作"俱藍"），對音正確②。

二十八、"朋加剌"條，沈注云：

> 此《勝覽》之榜葛剌，《諸蕃志》鵬茄羅（囉）也。《諸蕃志》："西天鵬茄羅（囉）國，都號茶那咭，城圍一百二十里。民物好勝，專事剽奪。以白砑螺殼磨治爲錢。土產寶劍、兜羅綿等布。或謂佛法（教）始於此國，唐三藏取經曾到。"

案，沈注以"朋加剌"即《諸蕃志》之"鵬茄囉"、《瀛涯勝覽》、《星槎勝覽》之"榜葛剌"，即今孟加拉（Bengal），對音甚確。《諸蕃志》之"鵬茄囉"，蘇繼廎、楊博文皆以馮承鈞考爲孟加拉爲首創，不知沈氏早已及之③。

二十九、"放拜"條，沈注云：

> 此即西印度之孟買。或譯網買、或譯邦拜。元時商舶聚於蘇拉特，此地尚未爲都會，故敍述止此。《廣東通志》嘡喟："乾隆四年，有船進口，小西洋北爲望娑羅國，又北麻倫你國，又北少西爲英吉利國，又北少西爲嘡喟，乃紅毛所轄；又北舟行三

---

①　參觀陳佳榮、謝方、陸峻嶺《古代南海地名匯釋》，須門那 604 頁。蘇繼廎《島夷誌略校釋》，315—316 頁。

②　參觀陳佳榮、謝方、陸峻嶺《古代南海地名匯釋》，小唄喃 162 頁。蘇繼廎《島夷誌略校釋》，322—323 頁。

③　參觀蘇繼廎《島夷誌略校釋》，332 頁；楊博文《諸蕃志校釋》，80 頁。

日、陸行四五日至蘇喇。”

案，沈注以“放拜”、“喠喟”即“孟買”（Bombay），至確，諸家皆從之①。

三十、“馬魯澗”條“國與遐邇沙喃之後山接壤”，沈注云：

《諸蕃志》：蘆眉國一名眉路骨。遐邇沙喃對音與耶路撒冷至近。

案，沈注以“馬魯澗”即《諸蕃志》之“眉路骨”，可從②。“遐邇沙喃”，諸家意見不同，沈氏以爲即耶路撒冷（Jerusalem），似亦可備一説。

三十一、“麻呵斯離”條，沈注云：

《諸蕃志》：“勿廝離國，其地多石山，秋露沆瀣，日曬即凝，狀如糖霜。採而食之，清涼甘腴，蓋真甘露也。”此麻呵斯離，蓋即彼勿廝離，當爲今波斯東法爾斯地。

案，沈氏以“麻呵斯離”即《諸蕃志》之“勿廝離”，對音不誤，惟此地非波斯之“法爾斯”，而爲今摩蘇爾（Mosul）③。

通過上面衆多條辨，可見沈曾植所作箋注，在文本校理、地名對勘、名物疏證等各方面都有不少值得肯定的見解。從學術史的角度看，當然不能以輕描淡寫的態度視之。他所作的開創性工作，儘管有不少疏失，但經過一百年，仍有如上諸多可借鑒之處，僅憑這點就足以使治學術史者不能不珍視了。

---

① 參觀蘇繼廎《島夷誌略校釋》，337 頁；陳佳榮、謝方、陸峻嶺《古代南海地名匯釋》，830 頁。

② 參觀陳佳榮、謝方、陸峻嶺《古代南海地名匯釋》，馬魯澗 169 頁，遐邇沙喃795 頁。

③ 參觀蘇繼廎《島夷誌略校釋》，370 頁；楊博文《諸蕃志校釋》，114—115 頁。

沈曾植史地著作九種輯校本

輯校本説明

一、九種輯校本皆以沈曾植箋注所據之刻本或抄本爲底本。

二、各底本説明如下：

1.《佛國記箋注》以清嘉慶十年(1805)張海鵬照曠閣刻《學津討原》本爲底本。

2.《諸蕃志箋注》以清嘉慶十年(1805)張海鵬照曠閣刻《學津討原》本爲底本。

3.《西遊録箋注》以上海圖書館藏盛如梓《庶齋老學叢談》節抄本爲底本。

4.《長春真人西遊記箋注》以清道光二十七年(1847)楊墨林刻《連筠簃叢書》本爲底本。

5.《蒙韃備録箋注》以上海圖書館藏抄本爲底本。

6.《黑韃事略箋注》以上海圖書館藏稿本爲底本。

7.《塞北紀程箋注》以上海圖書館藏抄本爲底本。

8.《異域説箋注》以上海圖書館藏抄本爲底本。

9.《島夷誌略箋注》以清光緒十八年(1892)龍鳳鑣輯刻《知服齋叢書》本爲底本。

三、《蒙韃備録箋注》、《塞北紀程箋注》、《異域説箋注》後附底本與諸本校勘記。

四、輯校所據底本之訛字，訂正於其後，避諱字補出通行字，均以圓括號( )標識。

五、沈氏箋注部分以楷體表示，前以小圓圈○爲標識。其文有缺漏者補足相關文字，以方括號[ ]標識；其訛誤者則訂正於其後，以圓括號( )標識。

佛國記箋注

東晉釋法顯撰

清沈曾植箋注

欽定四庫全書提要

佛國記一卷,宋釋法顯撰。杜佑通典引此書,又作法明,蓋中宗諱顯,唐人以明字代之,故原注有"國諱改焉"四字也。法顯晉義熙中自長安游天竺,經三十餘國,還到京,與天竺禪師參互辨定,以成是書。胡震亨刻入祕册[彙]函中,從舊題曰佛國記,而震亨附跋則以爲當名法顯傳。今考酈道元水經注引此書,所云"於此順嶺西南行十五日"以下八十九字,又引"恒水上流有一國"以下二百七十六字,皆稱曰法顯傳,則震亨之説似爲有據。然隋志雜傳類中載法顯傳二卷,法顯行傳一卷,不著撰人。地理類載佛國記一卷,注曰"沙門釋法顯撰"。一書兩收,三名互見,則亦不必定改法顯傳也。其書以天竺爲中國,以中國爲邊地,蓋釋氏自尊其教,其誕謬不足與争。又于闐即今和闐,自古以來崇回回教法,欽定西域圖志考證甚明。而此書載其有十四僧伽藍,衆僧數萬人,則所記亦不必盡實。然六朝舊笈流傳頗久,其叙述古雅,亦非後來行記所及,存廣異聞,亦無不可也。書中稱宏(弘)始三(二)年歲在己亥,案晉書姚萇宏(弘)始二年爲晉隆安四年,當稱庚子,所紀較前差一年。然晉書本紀載趙石虎建武六年當咸康五年,歲在己亥。而金石録載趙横山李君神碑及西門豹祠殿基記乃均作建武六年庚子,復後差一年,蓋其時諸國紛争,或逾年改元,或不逾年改元,漫無定制,又南北隔絶,傳聞異詞,未可斷史之必是,此之必非,今仍其舊文,以從闕疑之義焉。

佛國記箋注

法顯昔在長安,慨律藏殘缺,於是遂以宏(弘)始二年歲在己亥,與慧景、道整、慧應、慧嵬等同契,至天竺尋求戒律。

　　初發跡長安,度隴,至乾歸國夏坐。夏坐訖,前行至褥檀國。度養樓山,至張掖鎮。張掖大亂,道路不通。張掖王慇懃,遂留爲作檀越。於是與智嚴、慧簡、僧紹、寶雲、僧景等相遇,欣於同志,便其夏坐。夏坐訖,復進到燉煌。有塞,東西可八十里,南北四十里,其停一月餘日。法顯等五人隨使先發,復與寶雲等別。燉煌太守李浩供給度沙河。沙河中多有惡鬼、熱風,遇則皆死,無一全者。上無飛鳥,下無走獸。遍望極目,欲求度處,則莫知所擬,唯以死人枯骨爲標幟耳。

　　行十七日,計可千五百里,得至鄯善國。其地崎嶇薄瘠,俗人衣服麤與漢地同,但以氈褐爲異。其國王奉法,可有四千餘僧,悉小乘學,諸國俗人及沙門盡行天竺法,但有精麤。從此西行,所經諸國,類皆如是,唯國國胡語不同。然出家人皆習天竺書、天竺語。住此一月日。

　　復西北行十五日,到烏夷國。烏夷國僧亦有四千餘人,皆小乘學,法則齊整。秦土沙門至彼都,不預其僧例。法顯得符行堂公孫經理,住二月餘日,於是還與寶雲等共。爲烏夷國人不修禮義,遇客甚薄,智嚴、慧簡、慧嵬遂返向高昌,欲求行資。法顯等蒙符公孫供給,遂得直進。西南行,路中無居民。涉行艱難,所經之苦,人理莫比。

　　在道一月五日,得到于闐。其國豐樂,人民殷盛,盡皆奉法,以法樂相娛。衆僧乃數萬人,多大乘學,皆有衆食。彼國人民星居,家家門前皆起小塔,最小者可高二丈許。作四方僧房,供給客僧及餘所須。國主安堵法顯等於僧伽藍。僧伽藍名瞿摩帝,是大乘寺,三千僧共犍槌食,入食堂時,威儀齊肅,次第而坐,一切寂然,器鉢無聲。淨人益食,不得相喚,但以手指麾。

　　慧景、道整、慧達先發,向竭叉國。法顯等欲觀行像,停三月日。其國中十四大僧伽藍,不數小者。從四月一日,城里便掃灑道路，莊嚴巷陌。其城門上張大幃幕，事事嚴飾。王及夫人、采女皆住其中。瞿摩帝僧是大乘學，王所敬重，最先行像。離城三四里，作四輪像車，高三丈餘，狀如行殿，七寶莊校，懸繒幡蓋。像立車中，二菩薩侍，作諸天侍從，皆金銀彫瑩，懸於虛空。像去門百步，王脫天冠，易著新衣，徒跣持華香，翼從出城迎像，頭面禮足，散華燒香。像入城時，門樓上夫人、采女搖散衆華，紛紛而下。如是莊嚴供具，車車各異。一僧伽藍，則一日行像。四月一日爲始，至十四日行像乃訖。行像訖，王及夫人乃還宮耳。其城西七八里有僧伽藍，名王新寺。作來八十年，經三王方成。可高二十五丈，彫文刻鏤，金銀覆上，衆寶合成。塔後作佛堂，莊嚴妙好，梁柱、戶扇、窗牖，皆以金薄。別作僧房，亦嚴麗整飾，非言可盡。嶺東六國諸王，所有上價寶物，多作供養，人用者少。

既過四月行像，僧紹一人，隨胡道人向罽賓。法顯等進向子合國。在道二十五日，便到其國。國王精進，有千餘僧，多大乘學。

住此十五日已，於是南行四日，入葱嶺山，到於麾國安居。

安居已止，行二十五日，到竭叉國，與慧景等合。值其國王作般遮越師。般遮越師，漢言"五年大會"也。會時請四方沙門，皆來云集，已，莊嚴衆僧坐處，懸繒幡蓋，作金銀蓮華，著繒座後，鋪淨坐具。王及羣臣如法供養，或一月、二月，或三月，多在春時。王作會已，復勸諸羣臣設供供養，或一日、二日、三日、五日，供養都畢，王以所乘馬，鞍勒自副，使國中貴重臣騎之，并諸白氎、種種珍寶、沙門所須之物，共諸羣臣，發願布施。布施已，還從僧贖。其地山寒，不生餘穀，唯熟麥耳。衆僧受歲已，其晨輒霜，故其王每讚衆僧，令麥熟然後受歲。其國中有佛唾壺，以石作，色似佛鉢。又有佛一齒，國人爲佛齒起塔，有千餘僧，盡小乘學。自山以東，俗人被服，麤類秦土，亦以氎褐爲異。沙門法用轉轉勝，不可具記。其國當葱嶺之中，自葱嶺已前，草木果實皆異，唯竹及安石榴、甘蔗三物，與漢地同耳。

　　從此西行向北天竺，在道一月，得度葱嶺。葱嶺冬夏有雪，又有毒龍，若失其意，則吐毒風、雨雪、飛沙、礫石。遇此難者，萬無一全。彼土人人即名爲雪山人也。

　　度嶺已，到北天竺。始入其境，有一小國名陀歷，亦有衆僧，皆小乘學。其國昔有羅漢，以神足力，將一巧匠上兜術天，觀彌勒菩薩長短、色貌，還下，刻木作像。前後三上觀，然後乃成。像長八丈，足趺八尺，齋日常有光明，諸國王競興供養。今故現在。

　　於此順嶺西南行十五日。其道艱阻，崖岸險絶，其山唯石，壁立千仞，臨之目眩，欲進則投足無所。下有水，名新頭河。昔人有鑿石通路施傍梯者，凡度七百，度梯已，躡懸絚過河，河兩岸相去減八十步。九驛所記，漢之張騫、甘英皆不至。衆僧問法顯："佛法東過，其始可知耶？"顯云："訪問彼土人，皆云古老相傳，自立彌勒菩薩像後，便有天竺沙門齎經、律過此河者。像立在佛泥洹後三百許年，計於周氏平王時。由兹而言，大教宣流，始自此像。非夫彌勒大士繼軌釋迦，孰能令三寶宣通，邊人識法。固知冥運之開，本非人事，則漢明之夢，有由而然矣。"

　　渡河便到烏萇國。烏萇國是正北天竺也。盡作中天竺語，中天竺所謂中國。俗人衣服、飲食亦與中國同。佛法盛甚，名衆僧住止處爲僧伽藍，凡有五百僧伽藍，皆小乘學。若有客比邱到，悉供養三日，三日過已，乃令自求所安常。傳言佛至北天竺，即到此國已，佛遺足跡於此。跡或長或短，在人心念，至今猶爾。及曬衣石、度惡龍處亦悉現在。石高丈四，闊二丈許，一邊平。慧景、道整、慧達三人先發，向佛影那竭國。法顯等住此國夏坐。

　　坐訖，南下，到宿呵多國。其國佛法亦盛。昔天帝釋試菩薩，化作鷹、鴿，割肉貿鴿處，佛即成道，與諸弟子遊行，語云："此本是吾割肉貿鴿處。"國人由是得知，於此處起塔，金銀校飾。○水經注私訶條王，即此宿呵多國王也。

從此東下五日行，到犍陀衛國，是阿育王子法益所治處。佛爲菩薩時，亦于此國以眼施人。其處亦起大塔，金銀校飾。此國人多小乘學。

自此東行七日，有國名竺刹尸羅。○即西域記怛（呾）又始羅。竺刹尸羅，漢言“截頭”也。佛爲菩薩時，於此處以頭施人，故因以爲名。復東行二日，至投身餧餓虎處。此二處亦起大塔，皆衆寶校飾。諸國王、臣民，競興供養，散華然燈，相繼不絕。通上二塔，彼方人亦名爲四大塔也。

從犍陀衛國南行四日，到弗樓沙國。○魏書：“小月氏國都富樓沙城。城東有佛塔，周三百五十步，高八十丈。自佛塔初建，計至武定八年，八百四十二年，所謂‘百丈浮圖’也。”佛昔將諸弟十（子）遊行此國，語阿難云：“吾般泥洹後，當有國王名罽膩伽於此處起塔。”後膩伽王出世，出行游觀時，天帝釋欲開發其意，化作牧牛小兒，當道起塔。王問言：“汝作何等？”答曰：“作佛塔。”王言：“大善。”於是王即於小兒塔上起塔，高四十餘丈，衆寶校飾。凡所經見塔廟，壯麗威嚴，都無此比。傳云：“閤（閻）浮提塔，唯此爲上。”王作塔成已，小塔即自傍出大塔南，高三尺許。佛鉢即在此國。昔月氏王○即後漢書西域傳之大月氏王邱就却也。大興兵衆，來伐此國。欲取佛鉢。既伏此國已，月氏王篤信佛法，欲持鉢去，故興供養。供養三寶畢，乃校飾大象，置鉢其上，象便伏地，不能得前。更作四輪車。載鉢，八象共牽，復不能進。王知與鉢緣未至，深自愧歎，即於此處起塔及僧伽藍，并留鎮守，種種供養。可有七百餘僧，日將中，衆僧則出鉢，與白衣等種種供養，然後中食。至暮燒香時復爾。可容二斗許，雜色而黑多，四際分明，厚可二分，瑩徹光澤。貧人以少華投中便滿，有大富者，欲以多華而供養，正復百千萬斛，終不能滿。

寶雲、僧景只供養佛鉢便還。慧景、慧達、道整先向那竭國，供養佛影、佛齒及頂骨。慧景病，道整住看，慧達一人還，於弗樓沙國相見，而慧達、寶雲、僧景遂還秦土。慧（景）應在佛鉢寺無常。山（由）是，法顯獨進向佛頂骨所。

西行十六由延，便至那竭國界醯羅城，○西域記：濫波國，北印度所攝。東南百餘里，逾大嶺，度大河，至那伽羅曷國，古花氏城也。東南三十餘里，有醯羅城。中有佛頂骨精舍，盡以金薄、七寶校飾。國王敬重頂骨，慮人抄奪，乃取國中豪姓八人，人持一印，印封守護。清晨，八人俱到，各視其印，然後開戶。開戶已，以香汁洗手，出佛頂骨，置精舍外高座上，以七寶圓碪碪下，琉璃鐘覆上，皆珠璣校飾。骨黄白色，方圓四寸，其上隆起，每日出後，精舍人則登高樓，擊大鼓，吹螺，敲銅鈸。王聞已，則詣精舍，以華香供養。供養已，次第頂戴而去。從東門入，西門出。王朝朝如是供養、禮拜，然後聽國政。居士、長者亦先供養，乃修家事，日日如是，初無懈惓。供養都訖，乃還頂骨於精舍。中有七寶解脫塔，或開或閉，高五尺許，以盛之。精舍門前，朝朝恒有賣華香人，凡欲供養者，種種買焉。諸國王亦恒遣使供養。精舍處方四十步，雖復天震地裂，此處不動。

從此北行一由延，到那竭國城，是菩薩本以銀錢貿五莖華，供養定光佛處。城中亦有佛齒塔。供養如頂骨法。城東北一由延，到一谷口，有佛錫杖，亦起精舍供養。杖以牛頭栴檀作，長丈六七許，以木筒盛之，正復百千人，舉不能移。入谷口四日，西行，有佛僧伽梨精舍供養。彼國上（土）亢旱府（時），國人相率出衣，禮拜供養，天即大雨。

那竭城南半由延，有石室，博山西南向，佛留影此中。去十餘步，觀之如佛真形，金色相好，光明炳著，轉近轉微，髣髴如有。諸方國王遣工畫師模寫，莫能及。彼國人傳云，千佛盡當於此留影。影西百步許，佛在時剃髮翦爪，佛自與諸弟子共造塔，高七八丈，以巍峨爲將來塔法，今猶在。邊有寺，寺中有七百餘僧，此處有諸羅漢、辟支佛塔乃千數。

住此冬二月，法顯等三人南度小雪山。雪山冬夏積雪，山北陰中，過寒暴起，人皆噤戰。慧景一人不堪復進，口出白沫，語法顯云：“我亦不復活，便可時去，勿得俱死。”於是遂終。法顯撫之悲號：“本圖不果，命也奈何！”復自力前，得過嶺。

南到羅夷國。近有三千僧，兼大小乘學。住此夏坐。坐訖，南下行十日，到跋那國。亦有三千許僧，皆小乘學。

從此東行三日，復渡新頭河，兩岸皆平地。過河有國，名毗荼。佛法興盛，兼大小乘學，見秦道人往，乃大憐愍，作是言：“如何邊地人，能知出家爲道，遠求佛法？”悉供給所須，待之如法。

從此東南行減八十由延，經歷諸寺甚多，僧衆萬數。

過是諸處已，到一國，國名摩頭羅。又（有）經（遙）捕那河，河邊左右有二十僧伽藍，可有三千僧，佛法轉盛。凡沙河已西，天竺諸國，國王皆篤信佛法。供養衆僧時，則脫天冠，共諸宗親、羣臣，手自行食。行食已，鋪氍於地，對上座前坐，於衆僧前不敢坐床。佛在世時，諸王供養法式，相傳至今。

從是以南，名爲中國。中國寒暑調和，無霜、雪。人民殷樂，無戶籍官法，唯耕王地者乃輸地利，欲去便去，欲住便住。王治不用刑罔，有罪者但罰其錢，隨事輕重，雖復謀爲惡逆，不過截右手而已。王之侍衛、左右，皆有供祿。舉國人民悉不殺生，不飲酒，不食葱蒜，唯除旃荼羅。旃荼羅名爲惡人，與人別居，若入城市，則擊木以自異，人則識而避之，不相搪揆。國中不養豬、雞，不賣生口，市無屠行及酤酒者。貨易則用貝齒，唯旃荼羅、獵師賣肉耳。

自佛般泥洹後，諸國王、長者、居士爲衆僧起精舍供養，供給田宅、園圃、民戶、牛犢，鐵券書録，後王王相傳，無敢廢者，至今不絶。衆僧住止房舍、床褥、飲食、衣服，都無缺乏，處處皆爾。衆僧常以作功德爲業，及誦經、坐禪。客僧往到，舊僧迎逆，代擔衣鉢，給洗足水，塗足油，與非時漿。須臾，息已，復問其臘數，次第得房舍、臥具，種種如法。眾僧住處，作舍利佛塔、目連、阿難塔，并阿毗曇、律、經塔。安居後一月，諸希福之家勸化供養僧，作非時漿。眾僧大會說法。說法已，供養舍利佛塔，種種香華，通夜然燈。使彼（伎）人作舍利弗本婆羅門時詣佛求出家，大目連、大迦葉亦如是。諸比邱尼多供養阿難塔，以阿難請世尊聽女人出家故。諸沙彌多供養羅云。阿毗曇師者，供養阿毗曇。律師者，供養律。年年一供養，各自有日。摩訶衍人，則供養般若波羅蜜、文殊師利、觀世音等。眾僧受歲竟，長者、居士、婆羅門等各持種種衣物、沙門所須，以布施僧眾。僧亦自各各布施。佛泥洹已來，聖眾所行威儀法則，相承不絶。

　　自渡新頭河，至南天竺，迄於南海，四五萬里皆平坦，無大山川，正（止）有河水。

　　從此東南行十八由延，有國名僧伽施，○西域記：劫比他國，中印度古僧伽舍也。佛上忉利天三月爲母說法來下處。佛上忉利天，以神通力，都不使諸弟子知。未滿七日，乃放神足。阿那律以天眼遙見世尊，即語尊者大目連：“汝可往問訊世尊。”目連即往，頭面禮足，共相問訊。問訊已，佛語目連：“吾却後七日，當下閻浮提。”目連既還，于時八國大王及諸臣民，不見佛久，咸皆渴仰，雲集此國，以待世尊。時優鉢羅比邱尼即自心念：“今日國王、臣民皆當奉迎佛，我是女人，何由得先見佛？”即以神足化作轉輪聖王，最前禮佛。佛從忉利天上來向下，下時化作三道寶階：佛在中道七寶階上行；梵天王亦化作白銀階，在右邊執白拂而侍；天帝釋化作紫金階，在左邊執七寶蓋而侍。諸天無數從佛下。佛既下，三階俱没于地，餘有七級現。後阿育王欲知其根際，遣人掘看，下至黃泉，根猶不盡。王益信敬，即於階上起精舍。當中階作丈六立像，精舍後立石柱，高三十肘，上作師子，柱内四邊有佛像，内外映徹，浄若琉璃。有外道論師與沙門諍此住處，時沙門理屈，於是共立誓言：“此處若是沙門住處者，今當有靈驗。”作是言已，柱頭師子乃大鳴吼見證，於是外道懼怖，心伏而退。佛以受天食三月故，身作天香，不同世人。即便浴身，後人於此處起浴室，浴室猶在。優鉢羅比邱尼初禮佛處，今亦起塔。佛在世時，有翦髮、爪作塔，及過去三佛并釋迦文佛坐處、經行處，及作諸佛形像處，盡有塔，今悉在。天帝釋、梵天王從佛下處亦起塔。此處僧及尼可有千人，皆同衆食，雜大、小乘學。住處一白耳龍，與此衆僧作檀越，令國內豐熟，雨澤以時，無諸災害，便衆僧得安。衆僧感其惠，故爲作龍舍，敷置坐處，又爲龍設福食供養。衆僧日日衆中別差三人，到龍舍中食。每至夏坐訖，龍輒化形作一小蛇，兩耳邊白。衆僧識之，銅盂盛酪，以龍置中。從上座至下座行之，似若問訊，遍便化去，年年一出。其國豐饒，人民熾盛，最樂無比。諸國人來，無不經理，供給所須。

寺北五十由延，有一寺名火境。火境者，惡鬼名也。佛本化是惡鬼。後人於此處起精舍，以精舍布施阿羅漢，以水灌手，水瀝滴地，其處故在。正復掃除，常現不滅。此處別有佛塔，善鬼神常掃灑，初不須人工。有邪見國王言："汝能如是者，我常多將兵衆住此，益積糞穢，汝復能除不？"鬼神即起大風，吹之令净。此處有百枚小塔，人終日數之，不能得知。若至意欲知者，便一塔邊置一人已，復計數人，人或多或少，其不可得知。有一僧伽藍，可六七百僧。此中有辟支佛食處、泥洹地，大如車輪。餘處生草，此處獨不生。及曬衣地處，亦不生草。衣條著地跡，今故現在。法顯住龍精舍夏坐。

坐訖，東南行七由延，到罽饒夷城。○西域記文不見，疑即羯（羯）若曲（鞠）闍城，以其同在恒河，記言羯若城有佛説身無常苦空不净處也。城接恒水，有二僧伽藍，盡小乘學。去城西六七里，恒水北岸，佛爲諸弟子説法處。傳云：説無常、苦，説身如泡沫等。此處起塔猶在。

度恒水，南行三由延，到一林，名呵梨。佛於此中説法、經行、坐處，盡起塔。

　　從此東南行十由延，到沙祇大國。○西域記：憍賞彌國，北行百餘里，至劫索迦城。城南道側有奇樹，高七十尺，春冬不改，是佛齒木，棄而茂生。諸邪見者，競來斫伐，尋生如故。劫索迦即佛國記沙祇也。出沙祇城南門道東，佛本在此嚼楊枝，刺土中，即生長七尺，不增不減。諸外道婆羅門嫉妬，或斫或拔，遠棄之，其處續生如故。此中亦有四佛經行、坐處，起塔故在。

　　從此南行八由延，到拘薩羅國舍衛城。○支僧載外國事曰：“舍衛國，今無復王，盡屬播黎日（曰）國。王遣小兒治國，不奉佛法。”又曰：“播黎日（曰）國，昔是小國，今是外國之大都，流沙之外，悉稱臣妾。”植按：播離（黎）日（曰）者，蓋即後文波羅捺國。城內人民稀曠，都有二百餘家。即波斯匿王所治城也。大愛道故精舍處，須達長者井壁，及鴦掘魔得道、般泥洹、燒身處，後人起塔，皆在此城中。諸外道婆羅門生嫉妬心，欲毀壞之，天即雷電霹靂，終不能得壞。出城南門千二百步，道西，長者須達起精舍。精舍東向開門戶，兩廂有二石柱，左柱上作輪形，右柱上作牛形。池流清淨，林木尚茂，衆華異色，蔚然可觀，即所謂祇洹精舍也。佛上忉利天爲母說法九十日，波斯匿王思見佛，即刻牛頭旃檀作佛像，置佛坐處。佛後還入精舍，像即避出迎佛。佛言：“還坐。吾般泥洹後，可爲四部衆作法式。”像即還坐。此像最是衆像之始，後人所法者也。佛於是移住南邊小精舍，與像異處，相去二十步。祇洹精舍本有七層，諸國王、人民競興供養，懸繒幡蓋，散華燒香，然燈續明，日日不絕。鼠銜燈炷，燒花幡蓋，遂及精舍，七重都盡。諸國王、人民皆大悲惱，謂旃檀像已燒却。後四五日，開東小精舍户，忽見本像，皆大歡喜，共治精舍，得作兩重，遠移像本處。

　　法顯、道整初到祇洹精舍，念昔世尊住此二十五年，自傷生在邊地，共諸同志遊歷諸國，而或有還者，或有無常者，今日乃見佛空處，愴然心悲。彼衆僧出，問顯道，言：“汝從何國來？”答云：“從漢地來。”彼衆僧歎曰：“善哉！邊地之人，乃能求法至此！”自相謂言：“我等諸師和尚相承已來，未見漢道人來到此也。”

精舍西北四里有榛，名曰得眼。本有五百盲人，依精舍住此。佛爲説法，盡還得眼。盲人歡喜，刺杖著地，頭面作禮。杖遂生長大，世人重之，無敢伐者，遂成爲榛，是故以“得眼”爲名。祇洹衆僧中食後，多往彼榛中坐禪。祇洹精舍東北六七里，毗舍佉母作精舍，諸佛及僧，此處故在。祇洹精舍大援落有二門，一門東向，一門北向。此園即須達長者布金錢買地處也。精舍當中央，佛住此處最久。説法、度人、經行、坐處，亦盡起塔，皆有名字，乃（及）孫陀利殺身謗佛處。

出祇洹東門，北行七十步，道西，佛昔共九十六種外道論議，國王、大臣、居士、人民皆雲集而聽。時外道女名旃遮摩那，起嫉妬心，及懷衣著腹前，似若妊身，於衆會中謗佛以非法，於是天帝釋即化作白鼠，齧其腰帶斷，所懷衣墮地，地即劈裂，生入地獄。及調達毒爪欲害佛、生入地獄處，後人皆標識之。○釋道安西域志：“波羅奈斯國，佛轉法輪、調達入地獄土陷處，皆在其國。”又於論議處起精舍，精舍高六丈許，裏有坐佛。其道東有外道天寺，名曰影覆，與論議處精舍夾道相對，亦高六丈許。所以名“影覆”者，日在西時，世尊精舍影則映外道天寺；日在東時，外道天寺影則北映，終不得映佛精舍也。外道常遣人守其天寺，掃灑、燒香，然燈供養。至明旦，其燈輒移在佛精舍中。婆羅門恚言：“諸沙門取我燈，自供養佛，爲爾不止。”婆羅門於是夜自伺候，見其所事天神，持燈繞佛精舍三帀，供養佛已，忽然不見。婆羅門乃知佛神大，即捨家入道。傳云：近有此事。繞祇洹精舍有九十八僧伽藍，盡有僧住處，唯一處空。此中國有九十六種外道，皆知今世，各有徒衆，亦皆乞食，但不持鉢。亦復求福，於曠路側立福德舍，屋宇、牀臥、飲食，供給行路人及出家人、來去客，但所期異耳。調達亦有衆在，供養過去三佛，唯不供養釋迦文佛。舍衛城東南四里，瑠璃王欲伐舍夷國。世尊當道側立，立處起塔。

　　城西五十里，到一邑，名都維，是迦葉佛本生處。○支僧載外國事曰："迦葉佛生碓國，今無復此國，故處在舍衛國西，相去三十里。"父子相見處、般泥洹處，皆悉起塔。迦葉如來全身舍利亦起大塔。

　　從舍衛城東南行十二由延，到一邑，名那毗伽，是拘樓秦佛所生處。父子相見處、般泥洹處，亦有僧伽藍起塔。

　　從此北行，減一由延，到一邑，是拘那含牟尼佛所生處。父子相見處、般泥洹處，亦皆起塔。

　　從此東行，減一由延，到迦維羅衛城。○外國事曰："迦維羅衛國，今無復王也。國人亦屬播黎曰（日）國，人尚精進。"城中都無王民，甚如坵荒，只有眾僧、民户數十家而已。白淨王故宮處，作太子母形像，乃（及）太子乘白象入母胎時。太子出城東門，見病人迴車還處，皆起塔。阿夷相太子處。與難陀等撲象、捔、射處箭（箭處）。東南去三十里，入地令泉水出，後世人治作井，令行人飲之。佛得道還見父王處。五百釋子出家，向優波離作禮，地六種震動處。佛爲諸天説法，四天王守四門，父王不得入處。佛在尼拘律樹下，東向坐，大愛道布施佛僧伽梨處，此樹猶在。瑠璃王殺釋種子，釋種子先盡得須陀洹，立塔，今亦在。城東北數里有王田，太子樹下觀耕者處。

　　城東五十里，有王園，園名論民。夫人入池洗浴，出池北岸二十步，舉手攀樹枝，東向生太子。太子墮地行七步，二龍王浴太子身，浴處遂作井。及上洗浴池，今眾僧常取飲之。凡諸佛有四處常定：一者成道處，二者轉法輪處，三者説法論議伏外道處，四者上忉利天爲母説法來下處。餘則隨時示現焉。迦維羅衛國大空荒，人民稀疏。道路怖畏白象、師子，不可妄行。

　　從佛生處東行五由延，有國名藍莫。此國王得佛一分舍利，還歸起塔，即名藍莫塔。塔邊有池，池中有龍，常守護此塔，晝夜供養。阿育王出世，欲破八塔作八萬四千塔，破七塔已，次欲破此塔，龍便現身，持阿育王入其宮中，觀諸供養具已，語王言："汝供若能勝是，便可壞之持去，吾不與汝争。"阿育王知其供養具非世之有，於是便還。此中荒蕪，無人灑掃。常有羣象以鼻取水灑地，取雜華香而供養塔。諸國有道人來，欲禮拜塔，遇象大怖，依樹自翳。見象如法供養，道人大自悲感，此中無有僧伽藍可供養此塔，乃令象灑掃。道人即捨大戒，還作沙彌，自挽草木，平治處所，使得净潔，勸化國王作僧住處，已爲寺，今現有僧住。此事在近。自爾相承至今，恒以沙彌爲寺主。

從此東行三由延，太子遣車匿、白馬還處，亦起塔。

從此東行四由延，到炭塔，亦有僧伽藍。○畢缽村人，持地焦炭歸起塔，是爲涅槃時第九（十）塔。見釋迦譜。

復東行十二由延到拘夷那竭城。○外國事曰："佛在拘私那竭國，欲入涅般時，自然有寶牀從地出。有八萬四千國王，争將佛歸，神妙天人曰：佛應就此亡（土）。那竭王乃作金棺旃檀車送金佛喪，積薪不火自然。王將舍利婆羅門分之，乃用金升量舍利，得八斛四斗，諸國各得少許還國，各立浮圖。"城北雙樹間希連河邊，○水經注作希禪連（連禪）。希連河，釋迦譜作阿夷羅跋提河。鄒云："今哥伽離江。"世尊於此北首而般泥洹，及須跋最後得道處，以金棺供養世尊七日處，金剛力士放金杵處，八王分舍利處，諸處皆起塔，有僧伽藍，今悉現在。其城中人民亦稀曠，止有衆僧民户。

從此東南行十二由延，到諸梨車欲逐佛般泥洹處。而佛不聽，戀佛不肯去。佛化作大深壍，不得渡。佛與鉢作信，遣還其家。立石柱，上有銘題。

自此東行五由延，到毗舍離國。毗舍離城北，大林重閣精舍，佛住處，及阿難半身塔。其城裏本菴婆羅女家，爲佛起塔，今故現在。城南三里道西，菴婆羅女以園施佛，作佛住處。佛將般泥洹，與諸弟子出毗舍離城西門，迴身右轉，顧看毗舍離城，告諸弟子："是吾最後所行處。"後人于此處起塔。城西北三里，有塔，名放弓仗。以名此者，恒水上流有一國王，王小夫人生一肉胎，大夫人妒之，言："汝生不祥之徵。"即盛以木函，擲恒水中。不（下）流有國王遊觀，見水上木函，開看，見千小兒端正殊特，王即取養之。遂便長大，甚勇健，所往征伐，無不摧伏。次伐父王本國，王大愁憂。小夫人問王何故愁憂，王曰："彼國王有千子，勇健無比，欲來伐吾國，是以愁耳。"小夫人言："王勿愁憂。但於城東作高樓，賊來時置我樓上，則我能却之。"王如其言。至賊到時，小夫人于樓上語賊言："汝是我子，何故作反逆事？"賊曰："汝是何人，云是我母？"小夫人曰："汝等若不信者，盡仰向張口。"小夫人即以兩手搆兩乳，乳各作五百道，墮千子口中。賊知是我母，即放弓仗。二父王於是思惟，皆得辟支佛。二辟支佛塔猶在。後世尊成道，告諸弟子："是吾昔時放弓仗處。"後人得知，于此立塔，故以名焉。千小兒者，即賢劫千佛是也。佛於放弓仗塔邊告阿難言："我却後三月，當般泥洹。"魔王嬈固阿難，使不得請佛住世。

從此東行三四里，有塔。佛般泥洹後百年，有毗舍離比邱錯行戒律，十事證言佛説如是。爾時諸羅漢及持戒律比邱凡夫者，有七百僧，更檢校律藏。後人于此處起塔，今亦在。

從此東行四由延，到五河合口。阿難從摩竭國向毗舍離，欲般涅槃，諸天告阿闍世王，即自嚴駕，將士衆追到河上。毗舍離諸梨車聞阿難來，亦復來迎，俱到河上。阿難思惟："前則阿闍世王致恨，還則梨車復怨。"則於河中央入火光三昧，燒身而般泥洹，分身作二分，一分在一岸邊。於是二王各得半身舍利，還歸起塔。

度河南下一由延，到摩竭提國巴連弗邑。巴連弗邑是阿育王所治，城中王宮殿皆使鬼神作，累石起牆闕，雕文刻鏤，非世所造。今故現在。阿育王弟得羅漢道，常住耆闍崛山，志樂閑静，王敬心請於家供養。以樂山静，不肯受請。王語弟言："但受我請，當爲汝於城裏作山。"王乃具飲食，召詣鬼神而告之曰："明日悉受我請，無坐席，各自齎來。"明日諸大鬼神各持大石來，辟方四五步，坐訖，即使鬼神累作大石山。又於山底以五大方石作石室，可長三丈，廣二丈，高丈餘。有一大乘婆羅門子，名羅汰私婆迷，住此城裏,爽悟多智,事無不達,以清净自居。國王宗敬師事,若往問訊,不敢並坐。王設以愛敬心執手,執手已,婆羅門輒自灌洗。年可五十餘,舉國瞻仰。賴此一人,宏宣佛法,外道不能得加陵衆僧。於<u>阿育王</u>塔邊造摩訶衍僧伽藍,甚嚴麗。亦有小乘寺,都合六七百僧衆,威儀庠序可觀。四方高德沙門及學問人,欲求義理,皆詣此寺。婆羅門子師亦名<u>文殊師利</u>,國內大德沙門、諸大乘比邱,皆宗仰焉,亦住此僧伽藍。

　　凡諸<u>中國</u>,唯此國城邑爲大。民人富盛,競行仁義。年年常以建卯月八日行像。○<u>佛入涅槃二月八日,出菩薩處胎經</u>。作四輪車,縛竹作五層,有承櫨、揠戟,高二丈餘許,其狀如塔。以白氎纏上,然後彩畫,作諸天形像。以金、銀、琉璃莊校其上,懸繒幡蓋。四邊作龕,皆有坐佛,菩薩立侍。可有二十車,車車莊嚴各異。當此日,境内道俗皆集,作倡伎樂,華香供養。婆羅門子來請佛,佛次第入城,入城内再宿。通夜然燈,伎樂供養。國國皆爾。其國長者、居士,各于城中立福德醫藥舍,○<u>初造福德舍,緣出雜阿含經</u>。凡國中貧窮、孤獨、殘跛、一切病人,皆詣此舍,種種供給。醫師看病隨宜,飲食及湯藥皆令得安,差者自去。

　　<u>阿育王</u>壞七塔,作八萬四千塔。最初所作大塔,在城南二里餘。此塔前有佛脚跡,起精舍,户北向塔。塔南有一石柱,圍丈四五,高三丈餘。上有銘題,云:“<u>阿育王</u>以閻浮提布施四方僧,還以錢贖,如是三反。”塔北三四百步,<u>阿育王</u>本於此作<u>泥犁城</u>。中央有石柱,亦高三丈餘,上有師子。柱上有銘,記作<u>泥犁城</u>因緣及年數、日月。

　　從此東南行九由延,至一小孤石山。山頭有石室,石室南向。<u>佛</u>坐其中,<u>天帝釋</u>將天樂<u>般遮</u>彈琴樂<u>佛</u>處。<u>帝釋</u>以四十二事問<u>佛</u>,一一以指畫石,畫跡故在。此中亦有僧伽藍。

　　從此西南行一由延,到<u>那羅聚落</u>。是<u>舍利弗</u>本生村。<u>舍利弗</u>還,於此村中般泥洹,即此處起塔。今亦現在。

從此西行一由延,到王舍新城。新城者,是阿闍世王所造,中有二僧伽藍。出城西門三百步,阿闍世王得佛一分舍利起塔,高大嚴麗。出城南四里,南向入谷,至五山裏。五山周圍,狀若城郭,即是萍(菁)沙王舊城。城東西可五六里,南北七八里。舍利弗、目連初見頻鞞處,尼犍子作火坑、毒飯請佛處,阿闍世王酒飲黑象欲害佛處,城東北角曲中,耆舊於菴婆羅園中起精舍,請佛及千二百五十弟子供養處,今故在。其城中空荒,無人住。

入谷,搏山東南上十五里,○水經注舊本同,官本校改"傅山"。到耆闍崛山。未至頭三里,有石窟南向,佛本於此坐禪。西北三十步,復有一石窟,阿難於中坐禪,天魔波旬化作鵰鷲,住窟前恐阿難。佛以神足力隔石舒手摩阿難肩,怖即得止。鳥跡、手孔,今悉存,故曰鵰鷲窟山。窟前有四佛坐處。又諸羅漢各各有石窟坐禪處,動有數百。佛在石室前,東西經行。調達於山北嶮巇間,橫擲其石傷佛足指處,石猶在。佛説法堂已毀壞,止有磚壁基在。其山峰秀端嚴,是五山中最高。

法顯於新城中買香華、油燈,倩二舊比邱送法顯上耆闍崛山。華香供養,然燈續明。慨然悲傷,收淚而言:"佛昔於此住,説首楞嚴。法顯生不值佛,但見遺跡處所而已。"即於石窟前誦首楞嚴。停止一宿,還向新城。

出舊城北行三百餘步,道西,迦蘭陀竹園精舍,今現在,衆僧掃灑。精舍北二三里有屍摩賒那。屍摩賒那者,漢言棄死人墓田。搏南山西行三百步,有一石室,名賓波羅窟,佛食後常於此坐禪。又西行五六里,山北陰中有一石室,名車帝。佛泥洹後,五百阿羅漢結集經處。出經時,鋪三空座,○根本説一切有部毗奈耶頌下所謂:"授記當來佛,留第三分爲衆生,舍利、目連爲一雙,佛應化者皆自度。最後涅槃歸命禮,敬禮結集諸大德,亦禮侍者阿難陀,次禮聖者鄔波離,次禮尊者迦攝波,是律家儀。"可證此鋪三空座之意。莊嚴校飾,舍利弗在左,目連在右。五百數中少一阿羅漢。大迦葉爲上座。時阿難在門外不得入。其處起塔,今亦在。搏山亦有諸羅漢坐禪石窟甚多。

　　出舊城北東下三里，有調達石窟。離此五十步，有大方黑石。昔有比邱在上經行，思惟是身無常、苦、空，不得淨觀，厭患是身，即捉刀欲自殺。復念世尊制戒不得自殺。又念雖爾，我今但欲殺三毒賊。便以刀自刎。始傷，再得須陀洹，既半得阿那含，斷已成阿羅漢果，般泥洹。

　　從此西行四由延，到伽耶城，城內亦空荒。復南行二十里，到菩薩本苦行六年處，處有林木。從此西行三里，到佛入水洗浴，天按樹枝得攀出池處。又北行二里，得彌家女奉佛乳糜處。從此北行二里，佛於一大樹下石上，東向坐食糜。樹、石今悉在，石可廣長六尺，高二尺許。中國寒暑均調，樹木或數千歲，乃至萬歲。

　　從此東北行半由延，到一石窟。菩薩入中，西向結跏趺坐。心念："若我成道，當有神驗。"石壁上即有佛影現，長三尺許，今猶明亮。時天地大動，諸天在空中白言："此非過去、當來諸佛成道處，去此西南行，減半由延，貝多樹下，是過去、當來諸佛成道處。"諸天說是語已，即便在前唱導，導引而去。菩薩起行，離樹三十步，天授吉祥草，菩薩受之。復行十五步，五百青雀飛來，繞菩薩三币而去。

　　菩薩前到貝多樹下，敷吉祥草，東向而坐。時魔王遣三玉女從北來試，魔王自從南來試，菩薩以足指按地，魔兵退散，三女變老。自上苦行六年處，及此諸處，後人皆於中起塔立像，今皆在。佛成道已七日，觀樹受解脫樂處；佛於貝多樹下東西經行七日處；諸天化作七寶屋供養佛七日處；文鱗盲龍七日繞佛處；佛于尼拘律樹下方石上東向坐，梵天來請佛處；四天王奉鉢處；五百賈客授麨蜜處；度迦葉兄弟師徒千人處。此諸處亦起塔。佛得道處有三僧伽藍，皆有僧住。眾僧民戶供給饒足，無所乏少。戒律嚴峻，威儀、坐起、入眾之法，佛在世時聖眾所行，以至於今。

　　佛泥洹已來，四大塔處相承不絕。四大塔者：佛生處、得道處、轉法輪處、般泥洹處。

　　阿育王昔作小兒時，當道戲，遇釋迦佛行乞食，小兒歡喜，即以一掬土施佛。佛持還，泥經行地。因此果報，作鐵輪王，王閻浮提。乘鐵輪案行閻浮提，見鐵圍兩山間地獄治罪人，即問羣臣："此是何等？"答言："是鬼王閻羅治罪人。"王自念言："鬼王尚能作地獄治罪人，我是人主，何不作地獄治罪人耶？"即問臣等："誰能爲我作地獄主治罪人者？"臣答言："唯有極惡人能作耳。"王即遣臣遍求惡人。見泄水邊有一長壯、黑色、髮黃、眼青，以脚鉤兼魚，口呼禽獸，禽獸來便射殺，無得脱者。得此人已，將來與王。王蜜（密）敕之："汝作四方高牆，内殖種種華果，并好谷池，莊嚴校飾，令人渴仰。牢作門户，有人入者輒捉，種種治罪莫使得出。設使我入，亦治罪莫放。今拜汝作地獄王。"有比邱次第乞食入其門，獄卒見之，便欲治罪。比邱惶怖，求請須臾，聽我中食。俄頃得有人入，獄卒内置碓臼中擣之，赤沫出。比邱見已，思惟此身無常、苦、空，如泡如沫，即得阿羅漢。既而獄卒捉内鑊湯中，比邱心顏欣悦，火滅，湯冷，中生蓮華，比邱坐上。獄卒即往白王，獄中奇怪，願王往看。王言："我前有要，今不敢往。"獄卒言："此非小事，王宜疾往。"更改先要，王即隨入。比邱爲説法，王得信解，即壞地獄，悔前所作衆惡。由是信重三寶，常至貝多樹下，悔過自責，受八齋。王夫人問："王常遊何處？"羣臣答言："恒在貝多樹下。"夫人伺王不在時，遣人伐其樹倒。王來見之，迷悶躄地。諸臣以水灑面，良久乃蘇。王即以塼累四邊，以百罌牛乳灌樹根，身四布地，作是誓，言："若樹不生，我終不起。"誓已，樹便即根上而生，以至於今。今高減十丈。

　　從此南三里行，到一山，名雞足。大迦葉今在此山中。劈山下入，入處不容人，下入極遠，有旁孔，迦葉全身在此中住。孔外有迦葉本洗手土，彼方人若頭痛者，以此土塗之即差。此山中即日故有諸羅漢住，彼方諸國道人年年往供養迦葉，心濃至者，夜即有羅漢來，共言論，釋其疑已，忽然不現。此山榛木茂盛，又多師子、虎、狼，不可妄行。

法顯還向巴連弗邑。順恒水西下十由延，得一精舍，名曠野，佛所住處，今現有僧。

復順恒水西行十二由延，到迦尸國波羅捺城。○外國事曰："彌陀佛當生波羅奈國，是屈陀羅經所説，在迦羅越南。"城東北十里許，得仙人鹿野苑精舍。此苑本有辟支佛住，常有野鹿栖宿。世尊將成道，諸天於空中唱言："白净王子出家學道，却後七日當成佛。"辟支佛聞已，即取泥洹，故名此處爲仙人鹿野苑。世尊成道已，後人於此處起精舍。佛欲度拘驎等五人，五人相謂言："此瞿曇沙門本六年苦行，日食一麻、一米，尚不得道，況入人間，恣身、口、意，何道之有！今日來者，慎勿與語。"佛到，五人皆起作禮處。復北行六十步，佛於此東向坐，始轉法輪度拘驎等五人處。其北二十步，佛爲彌勒授記處。其南五十步，翳羅鉢龍問佛："我何時當得免此龍身？"此處皆起塔，見在。中有二僧伽藍，悉有僧住。

自鹿野苑精舍西北行十三由延，有國，名拘睒彌。其精舍名瞿師羅園，佛昔住處。今故有衆僧，多小乘學。

從東行八由延，佛本於此度惡鬼處。亦嘗在此住，經行、坐處皆起塔。亦有僧伽藍，可百餘僧。

從此南行二百由延，有國名達嚫。是過去迦葉佛僧伽藍，穿大石山作之，凡有五重：最下重作象形，有五百間石室；第二層作師子形，有四百間；第三層作馬形，有三百間；第四層作牛形，有二百間；第五層作鴿形，有百間。最上有泉水，循石室前繞房而流，周圍廻曲，如是乃至下重，順房流，從户而出。諸層室中，處處穿石，作窗牖通明，室中朗然，都無幽暗。其室四角頭穿石，作梯磴上處。今人形小，緣梯上，正得至昔人一脚所躡處。因名此寺爲波羅越，波羅越者，天竺名鴿也。其寺中常有羅漢住。此土邱荒，無人民居，去山極遠方有村，皆是邪見，不識佛法、沙門、婆羅門及諸異學。彼國人民常見人飛來入此寺。於時諸國道人欲來禮此寺者,彼村人則言:“汝何以不飛耶?我見此間道人皆飛。”道人方便答言:“翅未成耳。”達嚫國嶮,道路艱難,而知處欲往者,要當賫錢貨施彼國王,王然後遣人送,輾轉相付,示其逕路。法顯竟不得往,承彼上人言,故説之耳。

從波羅捺國東行,還到巴連弗邑。法顯本求戒律,而北天竺諸國皆師師口傳,無本可寫,是以遠步,乃至中天竺。於此摩訶衍僧伽藍得一部律,是摩訶僧祇衆律。佛在世時最初大衆所行也,於祇洹精舍傳其本。自餘十八部各有師資,大歸不異,於小小不同,或用開塞。但此最是廣説備悉者。復得一部抄律,可七千偈,是薩婆多衆律,即此秦地衆僧所行者也。亦皆師師口相傳授,不書之於文字。復於此衆中得雜阿毗曇心,可六千偈。又得一部綖經,二千五百偈。又得一卷方等般泥洹經,○出三藏記集八六卷泥洹[經]記:“摩竭陀國巴連弗邑阿育王塔天王精舍優婆塞伽羅先,見晉土道人釋法顯遠遊此土,爲求法故,深感其人,即爲寫此大般泥洹經如來秘藏,願令此經流傳晉土,一切衆生悉成如來平等法身”云云。據彼文,則“一卷”“一”字是“六”字之誤。檢出三藏記集智猛傳之羅閲宗與伽羅斯(先)似是一人。可五千偈。又得摩訶僧祇阿毗曇。故法顯住此三年,學梵書、梵語,寫律。

道整既到中國,見沙門法則,衆僧威儀,觸事可觀,乃追歎秦土邊地,衆僧戒律殘缺。誓言:“自今已去至得佛,願不生邊地。”故遂停不歸。法顯本心欲令戒律流通漢地,於是獨還。

順恒水東下十八由延,其南岸有瞻波大國。佛清(精)舍、經行處及四佛坐處,悉起塔,現有僧住。

從此東行近五十由延,到多摩梨帝國,即是海口。其國有二十四僧伽藍,盡有僧住,佛法亦興。法顯住此二年,寫經及畫像。

於是載商人大舶,汎海西南行,得冬初信風,晝夜十四日,到師子國。彼國人云,相去可七百由延。其國在大洲上,東西五十由延,南北三十由延。左右小洲乃有百數,其間相去或十里、二十里，或二百里，皆統屬大洲。多出珍寶珠璣。有出摩尼珠地，方可十里。王使人守護，若有采者，十分取三。其國本無人民，正（止）有鬼神及龍居之。諸國商人共市易，市易時，鬼神不自現身，但出寶物，題其價直，商人則依價直（置）直取物。因商人來、往、住故，諸國人聞其土樂，悉亦復來，於是遂成大國。其國和適，無冬夏之異，草木常茂，田種隨人，無有時節。

佛至其國，欲化惡龍。以神足力，一足躡王城北，一足躡山頂，兩跡相去十五由延。於王城北跡上起大塔，高四十丈，金銀莊校，眾寶合成。

塔邊復起一僧伽藍，名<u>無畏山</u>，有五千僧。起一佛殿，金銀刻鏤，悉以眾寶。中有一青玉像，高二丈許，通身七寶炎光，威相嚴顯，非言所載。右掌中有一無價寶珠。<u>法顯</u>去<u>漢</u>地積年，所與交接悉異域人，山川草木，舉目無舊，又同行分析，或留或亡，顧影唯己，心常懷悲。忽於此玉像邊，見商人以<u>晉</u>地一白絹扇供養，不覺悽然，淚下滿目。

其國前王遣使<u>中國</u>，取貝多樹子於佛殿旁種之，高可二十丈。其樹東南傾，王恐倒，故以八九圍柱拄樹。樹當拄處心生，遂穿柱而下，入地成根。大可四圍許，柱雖中裂，猶裹在其外，人亦不去。樹下起精舍，中有坐像，道俗敬仰無倦。

城中又起佛齒精舍，皆七寶作。王淨修梵行，城內人信敬之情亦篤。其國立治已來，無有饑荒喪亂。眾僧庫藏多有珍寶、無價摩尼，其王入僧庫遊觀，見摩尼珠，即生貪心，欲奪取之。三日乃悟，即詣僧中，稽首悔前罪心。告白僧言，願僧立制，自今已後，勿聽王入其庫看，比邱滿四十臘，然後得入。

其城中多居士、長者、薩薄、商人。屋宇嚴麗，巷陌平整。四衢道頭皆作説法堂，月八日、十四日、十五日，鋪施高座，道俗四眾皆集聽法。其國人云，都可五六萬僧，悉有眾食，王別於城內供五六千人眾食，須者持本鉢往取，隨器所容，皆滿而還。

　　佛齒常以三月中出之。未出十日，王莊校大象，使一辯説人，著王衣服，騎象上，擊鼓喝言："菩薩從三阿僧祇劫，苦行不惜身命，以國、妻、子及挑眼與人，割肉貿鴿，截頭布施，投身餓虎，不恡髓腦，如是種種苦行，爲衆生故。成佛在世四十九年，説法教化，令不安者安，不度者度，衆生緣盡，乃般泥洹。泥洹已來一千四百九十七年，世間眼滅，衆生長悲。却後十日，佛齒當出至無畏山精舍。國内道俗欲植福者，各各平治道路，嚴飾巷陌，辦衆華香、俱養之具！"如是唱已，王便夾道兩邊，作菩薩五百身已來種種變現，或作須人（大）拏，或作睒變，或作象王，或作鹿、馬。如是形像，皆彩畫莊校，狀若生人。然後佛齒乃出，中道而行，隨路供養，到無畏精舍佛堂上。道俗雲集，燒香、然燈，種種法事，晝夜不息。滿九十日乃還城内精舍。城内精舍至齊（齋）日則開門户，禮敬如法。

　　無畏精舍東四十里，有一山。山中有精舍，名跋提，可有二千僧。僧中有一大德沙門，名達摩瞿諦，其國人民皆共宗仰。住一石室中四十許年，常行慈心，能感蛇鼠，使同止一室而不相害。

　　城南七里有一精舍，名摩訶毗訶羅，有三千僧住。有一高德沙門，戒行清潔，國人或疑是羅漢。臨終之時，王來省視，依法集僧而問："比邱得道耶？"其便以實答，言是羅漢。既終，王即案經律，以羅漢法葬之。於精舍東四五里，積好大薪，縱、廣可三丈餘，高亦爾，近上著栴檀、沈水諸香木，四邊作階，上持净好白氎，周帀蒙積上，作大轝床，似此間轜車，但無龍魚耳。當闍維時，王及國人、四衆咸集，以華香供養。從轝至墓所，王自華香供養。供養訖，轝著積上，酥油遍灌，然後燒之。火然之時，人人敬心，各脱上服及羽儀、傘蓋，遙擲火中，以助闍維。闍維已，即檢取骨，即以起塔。法顯至，不及其生存，唯見葬時。

　　王篤信佛法，欲爲衆僧作新精舍。先設大會，飯食僧。供養已，乃選好上牛一雙，金銀、寶物莊校角上。作好金犁，王自耕頃四邊，然後割給民戶、田宅，書以鐵券。自是已後，代代相承，無敢廢易。

法顯在此國，聞天竺道人於高座上誦經，云："佛鉢本在毗舍離，今在揵陀衞。竟若千百年，法顯聞誦之時，有定歲數，但今忘耳。當復至西月氏國。若千百年，當至于闐國。住若千百年，當至屈茨國。若千百年，當復來到漢地。住若千百年當復至師子國。若千百年，當還中天竺。到中天已，當上兜術天上。彌勒菩薩見而歎曰：'釋迦文佛鉢至。'即共諸天華香供養七日。七日已，還閻浮提，海龍王持入龍宮。至彌勒將成道時，鉢還分爲四，復本頻那山上。彌勒成道已，四天王當復應念佛如先佛法。賢劫千佛共用此鉢。鉢去已，佛法漸滅。佛法滅後，人壽轉短，乃至五歲。十歲之時，粳米、酥油皆悉化滅，人民極惡，捉木則變成刀杖，共相傷割殺。其中有福者，逃避入山。惡人相殺盡已，還復來出，共相謂言：'昔人壽極長，但爲惡甚，作諸非法故，我等壽命遂爾短促，乃至十歲。我今共行諸善，起慈悲心，修行仁義。'如是各行信義，輾轉壽倍，乃至八萬歲。彌勒出世，初轉法輪時，先度釋迦遺法弟子、出家人及受三歸、五戒、齋法，供養三寶者，第二、第三次度有緣者。"法顯爾時欲寫此經，其人云："此無經本，我止口誦耳。"法顯住此國二年，更求得彌沙塞律藏本，又得長阿含、雜阿含，復得一部雜藏，此悉漢土所無。

得此梵本已，即載商人大船，上可有二百餘人。後係一小船，海行艱險，以備大船毀壞。得好信風，東下二日，便值大風。船漏水入，商人欲趣小船，小船主人恐人來多，即斫絚斷，商人大怖，命在須臾，恐船水漏，即取麤財貨擲著水中。法顯亦以軍持及澡灌（罐）并餘物棄擲海中，但恐商人擲去經像，唯一心念觀世音及歸命漢地衆僧："我遠行求法，願威神歸流，得到所止。"如是大風晝夜十三日，到一島邊。潮退之後，見船漏處，即補塞之。於是復前。海中多有抄賊，遇輒無全。大海彌漫無邊，不識東西，唯望日月星宿而進。若陰雨時，爲逐風去，亦無準。當夜暗時，但見大浪相搏，晃然火色，黿鼉水性怪異之屬，商人荒遽，不知那向。海深無底，又無下石住處。至天晴已，乃知東西，還復望正而進。若值伏石，則無活路。

如是九十日許，乃到一國，名耶婆提。其國外道、婆羅門興盛，佛法不足言。

停此國五月日，復隨他商人大船上，亦二百許人，賫五十日糧，以四月十六日發。法顯於船上安居。東北行，趣廣州。一月餘日，夜鼓二時，遇黑風暴雨，商人、賈客皆悉惶怖，法顯爾時亦一心念觀世音及漢地衆僧，蒙威神佑，得至天曉。曉已，諸婆羅門議言："坐載此沙門，使我不利，遭此大苦。當下比邱置海島邊，不可爲一人令我等危嶮。"法顯本檀越言："汝若下此比邱，亦并下我！不爾，便當殺我！汝其下此沙門，吾到漢地，當向國王言汝也。漢地王亦敬信佛法，重比邱僧。"諸商人躊躇，不敢便下。於時天多連陰，海師相望僻誤，遂經七十餘日。糧食、水漿欲盡，取海鹹水作食。分好水，人可得二升，遂便欲盡。商人議言："常行時正可五十日便到廣州爾，今已過其多日，將無僻耶？"即便西北行求岸，晝夜十二日，到長廣郡界牢山南岸，便得好水、菜。但經涉險難，憂懼積日，忽得至此岸，見藜藿菜依然，知是漢地。然不見人民及形跡，未知是何許。或言未至廣州，或言已過，莫知所定。即乘小船，入浦覓人，欲問其處。得兩獵人，即將歸，令法顯譯語問之。法顯先安慰之，徐問："汝是何人？"答言："我是佛弟子。"又問："汝入山何所求？"其便詭言："明當七月十五日，欲取挑臘佛。"又問："此是何國？"答言："此青州長廣郡界，統屬劉家。"聞已，商人歡喜，即乞其財物，遣人往長廣。太守李嶷敬信佛法，問有沙門持經像乘船泛海而至，即將人從至海邊，迎接經像，歸至郡治。商人於是還向揚州。劉法（沇）青州請法顯一冬、一夏。夏坐訖，法顯遠離諸師久，欲趣長安。但所營事重，遂便南下向都，就諸師出經律。

　　法顯發長安，六年到中國，停六年還，三年達青州。凡所遊歷，減三十國。沙河已西，迄于天竺，衆僧威儀法化之美，不可詳說。竊唯諸師未得備聞，是以不顧微命，浮海而還，艱難具更，幸蒙三尊威靈，危而得濟，故竹帛疏所經歷，欲令賢者同其聞見。是歲甲寅。

　　晉義熙十二年，歲在壽星，夏安居末，迎法顯道人。既至，留共冬齋。因講集之際，重問遊歷。其人恭順，言輒依實。由是先所略者，勸令詳載。顯復具敘始末。自云：“顧尋所經，不覺心動汗流。所以乘危履險，不惜此形者，蓋是志有所存，專其愚直，故投命於不必全之地，以達萬一之冀。”於是感歎斯人，以爲古今罕有。自大教東流，未有忘身求法如顯之比。然後知誠之所感，無窮否而不通；志之所獎，無功業而不成。成夫功業者，豈不由忘夫所重，重夫所忘者哉！

　　　書記所載竺國取經，惟藏本顯、奘兩法師傳及洛陽伽藍記宋雲、惠生事稱佳耳。然伽藍記雖翼翼婉秀，而三藏傳極爲詳褥，要之不若佛國記元致簡盡，不失晉人軌度。第所遊歷，微有不同，如顯法師由燉煌而西，從師子國汎海還；奘法師由涼州出玉門，從于闐還；宋雲由赤領（嶺）至吐谷渾，尋本路而還。此釋迦方志所謂“其道衆多，未可盡言”者也。至若沙河、葱嶺、懸度、雪山，則共蹠齊攀矣。更按呂氏筆記云：“水經注引佛國記‘恒水東南流，逕拘夷那竭城，城北雙樹間’云。”今檢本記，無“恒水東南流”句，當是傳寫脫落，善長定亦有據也。余自束髮，便尊慈旨，坐以塵毒所牽，雖生平師友，不越河山，動自乖遠，視投身逝景、探道幽遐者，得無爲冥識惰軀發一悲涕？繡（秀）水沈士龍跋。

　　此書舊名法顯傳，據宋僧跋語當名佛國記，隋志佛國記一卷，自在地理部。跋語定不足憑，但法顯傳原有兩種，一種二卷者已亡，其一種止一卷，則今書是也。傳尾有晋人記，云"先所略者，勸令詳載，顯復具敘始末"，應是一卷者後出詳備，二卷者遂廢不行耳。梁釋慧皎云："顯游履諸國，別有大傳。"此書正當名法顯大傳以別之。至於記中所載，亦有不可不爲表辯者。云宏（弘）始二年，是姚興紀年，乃晋安帝隆安四年也。曰乾歸國，是乞伏乾歸所都宛川也。曰張掖王，是涼王段業也。曰燉煌太守李浩，即涼武昭王李暠。按暠於是年三月受段業燉煌之命，法顯於張掖夏坐後始到燉煌。乃知浩即暠無疑，蓋以音同誤書之也。第云耨檀國，則秃髮利鹿孤始於是年僭號，後二年利鹿孤死，耨檀乃嗣位，不應便稱耨檀，豈後來追憶之誤邪？又若同行沙門，長安則有慧景、道整、慧應、慧嵬，張掖則有智嚴、慧簡、僧紹、寶雲、僧景，凡九人。至偽夷，則智嚴、慧簡、慧嵬便返向高昌。至于闐王新寺，則僧紹別往罽賓。至弗樓沙，又有慧達與寶雲、僧景還歸秦土。而慧景遂於佛鉢寺無常，則所云顯等三人南度小雪山者，是道整與慧應也。何得復云慧景不堪復進？檢蕭梁高僧傳，亦云慧景，此慧景當作慧應，將由南朝時便誤寫矣。其後道整竟留天竺，惟慧達一人不在九人之列，豈從他道相從者乎？武原胡震亨跋。

諸蕃志箋注

宋臨海趙汝适撰

清嘉興沈曾植箋注

欽定四庫全書提要

諸蕃志二卷，宋趙汝适撰。汝适始末無考，惟據宋史宗室世系表，知其爲岐王仲忽之元孫，安康郡王士說之曾孫，銀青光祿大夫不柔之孫，善待之子，出於簡王元份房，上距太宗八世耳。此書乃其提舉福建路市舶時所作，於時宋已南渡，諸蕃惟市舶僅通，故所言皆海國之事。宋史外國列傳實引用之，核其叙次事類歲月皆合，但宋史詳事蹟而略於風土物産，此則詳風土物産而略於事蹟。蓋一則史傳，一則雜志，體各有宜，不以偏舉爲病也。所列諸國，賓瞳（瞳）龍，史作賓同隴；登流眉，史作丹流眉；阿婆羅拔，史作阿蒲羅拔；麻逸，史作摩逸。蓋譯語對音本無定字，"龍"、"隴"三聲之通，"登"、"丹"，"蒲"、"婆"，"麻"、"摩"，雙聲之轉，呼有輕重，故文有異同，無由核其是非，今亦各仍其舊。惟南宋僻處臨安，海道所通，東南爲近，志中乃兼載大秦、天竺諸國，似乎隔越西域，未必親覿其人，然考册府元龜載唐時祆教稱大秦寺，桯史所記廣州海獠，即其種類。又法顯佛國記載陸行至天竺，附商舶還晉。知二國皆轉海可通，故汝适得於福州見其市易。然則是書所記，皆得諸見聞，親爲詢訪，宜其叙述詳核，爲史家之所依據矣。

諸蕃志箋注卷上

交趾國

交趾，古交州。東南薄海，接占城。西通白衣蠻，北抵欽州。歷代置守不絶，賦入至薄，守禦甚勞。皇朝重武愛人，不欲宿兵瘴癘之區，以守無用之土，因其獻欵，從而羈縻之。王係唐姓，服色飲食，畧與中國同，但男女皆跣足差異耳。每歲正月四日，椎牛饗其屬。以七月十五日爲大節，家相問遺，官寮以生口獻其酋。十六日，開宴酬之。歲時供佛，不祭先。病不服藥。夜不燃燈。樂以蚺蛇皮爲前列。不能造紙筆，求之省地。土産沉香、蓬萊香、生金、銀、鐵、朱砂、珠、貝、犀、象、翠羽、車渠、鹽、漆、木綿、吉貝之屬。歲有進貢。其國不通商，以此首題，言自近者始也。舟行約十餘程抵占城國。

占城國

占城，東海路通廣州，西接云南，南至真臘，北抵交趾，通邕州。自泉州至本國，順風舟行二十餘程。其地東西七百里，南北三千里。國都號新州，有縣鎮之名，甃塼爲城，護以石塔。王出入乘象，或乘軟布兜，四人昇之。頭戴金帽，身披瓔珞。王每出朝坐，輪使女三十人，持劍盾或捧檳榔從。官屬謁見，膜拜一而止，白事畢，膜拜一而退。婦人拜揖，與男子同。男女犯姦皆殺，盜有斬指斷趾之刑。戰則五人結甲，走則同甲皆坐以死。唐人被土人殺害，追殺償死。國人好潔，日三五浴，以腦麝合香塗體，又以諸香和焚薰衣。四時融暖，無寒暑候。每歲元日，牽象周行所居之地，然後驅逐出郭，謂之逐邪。四月有遊船之戲，陳魚而觀之。定十一月望日爲冬至。州縣以土産物帛獻於王。民間耕種，率用兩牛，五穀無麥，有秔、粟、麻、豆。不産茶，亦不識醞釀之法，止飲椰子酒。菜實有蓮、蔗、蕉、椰之屬。土地所出，象牙、箋沉速香、黃蠟、烏樠木、白藤、吉貝、花布、絲絞布、白氎簟、孔雀、犀角、紅鸚鵡等物。官監民入山斫香輸官，謂之身丁香，如中國身丁鹽稅之類。納足，聽民貿易。不以錢爲貨，惟博米酒及諸食物，以此充歲計。若民入山爲虎所噬，或水行被鱷魚之厄，其家指其狀詣王，王命國師作法，誦呪書符，投民死所，虎、鱷即自投赴請命，殺之。若有欺詐誣害之訟，官不能明，令競主同過鱷魚潭，其負理者，魚即出食之；理直者，雖過十餘次，鱷自避去。買人爲奴婢，每一男子鬻金三兩，準香貨酬之。商舶到其國，即差官摺黑皮爲策，書白字，抄物數，監盤上岸，十取其二，外聽交易，如有隱瞞，籍没入官。番商興販，用腦、麝、檀香、草席、涼傘、絹、扇、甆器、鉛、錫、酒、糖等博易。舊州、烏麗、日麗、越裏、微芮、賓瞳龍、烏馬、拔弄、容蒲羅甘兀亮、寶毗齊，皆其屬國也。其國前代罕與中國通，周顯德中，始遣使入貢。皇朝建隆、乾德間，各貢方物。太平興國六年，交趾黎桓上言，欲以其國俘九十三人獻于京師，太宗令廣州止其俘，存撫之。自是貢獻不絶，輒以器幣優賜，嘉其嚮慕聖化也。國南五七日程，至真臘國。

賓瞳龍國

賓瞳龍國，地主手飾衣服與占城同。以葵蓋屋，木作栅護。歲貢方物於占城。今羅漢中有賓頭盧尊者，蓋指此地言之。賓瞳龍，音訛也。或云目連舍基尚存。雍熙四年，同大食國來貢方物。

真臘國○此今之東埔寨，元稱甘字智，唐曰閣蔑。希麟音義云：
　　　"閣蔑，崑崙語也。古名林邑，於諸崑崙國中，此國最大，亦敬
　　　重三寶也。"

真臘接占城之南，東至海，西至蒲甘，南至加羅希。自泉州舟行，順風月餘日可到，其地約方七千餘里，國都號禄兀。天氣無寒。其王粧束大槩與占城同，出入儀從則過之，間乘輦，駕以兩馬，或用牛。其縣鎮亦與占城無異。官民悉編竹覆茅爲屋，惟國王鐫石爲室。有青石蓮花池沼之勝，跨以金橋，約三十餘丈。殿宇雄壯，侈麗特甚。王坐五香七寶床，施寶帳，以紋木爲竿，象牙爲壁。羣臣入朝，先至階下三稽首，升階則跪，以兩手抱膊，遶王環坐，議政事訖，跪伏而退。西南隅銅臺上列銅塔二十有四，鎮以八銅象，各重四千斤。戰象幾二十萬，馬多而小。奉佛謹嚴，日用

番女三百餘人，舞獻佛飯，謂之阿南，即妓弟也。其俗淫，姦則不問，犯盜則有斬手、斷足、燒火、印頣之刑。其僧道呪法靈甚。僧衣黃者有室家，衣紅者寺居，戒律精嚴。道士以木葉爲衣，有神曰<u>婆多利</u>，祠祭甚謹。以右手爲凈，左手爲穢。取雜肉羹與飯相和，用右手掬而食之。厥土沃壤，田無畛域，視力所及而耕種之。米穀廉平，每兩烏鉛可博米二斗。土產象牙、暫速細香、粗熟香、黃蠟、翠毛、篤耨腦、篤耨瓢、番油、姜皮、金顏香、蘇木、生絲、綿布等物。番商興販，用金銀、甆器、假錦、涼傘、皮皷、酒糖、醯醢之屬博易。<u>登流眉</u>、<u>波斯蘭</u>、<u>羅斛</u>、<u>三濼</u>、<u>真里富</u>、<u>麻羅問</u>、<u>綠洋</u>、<u>吞里富</u>、<u>蒲甘</u>、<u>宎裏</u>、<u>西棚</u>、<u>杜懷</u>、<u>潯番</u>皆其屬國也。本國舊與<u>占城</u>鄰好，歲貢金兩，因<u>淳熙</u>四年五月望日，<u>占城</u>主以舟師襲其國都，請和，不許，殺之，遂爲大讐，誓必復怨。<u>慶元</u>己未，大舉入<u>占城</u>，俘其主，戮其臣僕，勦殺幾無噍類。更立<u>真臘</u>人爲主，<u>占城</u>今亦爲<u>真臘</u>屬國矣。<u>唐武德</u>中始通<u>中</u>國。國朝<u>宣和</u>二年，遣使入貢。其國南接<u>三佛齊</u>屬國之<u>加羅希</u>。

登流眉國

<u>登流眉</u>國在<u>真臘</u>之西。地主椎髻簪花，肩紅蔽白。朝日登場，初無殿宇。飲食以葵葉爲椀，不施匕筯，掬而食之。有山曰<u>無弄</u>，<u>釋迦</u>涅槃示化銅像在焉。產白荳蔻、箋沉速香、黃蠟、紫礦之屬。

<u>蒲甘</u>國○即<u>暹羅</u>都城之<u>萬谷</u>也。陳圖譯作<u>邦圖</u>，於<u>蒲甘</u>音尤近。此書無<u>暹</u>，蓋<u>蒲甘</u>即<u>暹</u>也。

<u>蒲甘</u>國，官民皆撮髻於額，以色帛繫之，但地主別以金冠。其國多馬，不鞍而騎。其俗奉佛尤謹，僧皆衣黃。地主早朝，官僚各持花來獻，僧作梵語祝壽，以花戴王首，餘花歸寺供佛。國有<u>諸葛武侯</u>廟。皇朝<u>景德</u>元年，遣使同<u>三佛齊</u>、<u>大食</u>國來貢，獲預上元觀

燈。崇寧五年，又入貢。

三佛齊國〇明之柔佛，即三佛轉音。唐書："室利佛誓國，一曰尸利
佛誓。過軍徒弄山二千里，地東西千里，南北四千里而遠，
有城十四，以二國分總。西曰郎婆露斯，多金汞砂、龍腦，
夏至立八尺表，影在表南二尺五寸。"唐會要："證聖元年
勅：蕃國使入朝，糧料各分等第給。南天竺、北天竺、大食、
波斯等國使，宜給六月糧；尸利佛誓、真臘、訶陵，宜給五月
糧；林邑國使，給三月糧。"又："天祐元年六月，授福建道佛
齊國進奉使都蕃長蒲訶桑（粟）寧遠將軍。"尸利佛誓，唐書
地理志作佛逝，天祐中變書佛齊。

三佛齊，間於真臘、闍婆之間，管州十有五，在泉之正南，冬月
順風月餘方至凌牙門。經商三分之一始入其國。國人多姓蒲。
累甓爲城，周數十里。國王出入乘船，身纏縵布，葢以絹傘，衛以
金鏢。其人民散居城外，或作牌水居，鋪板覆茅。不輸租賦。習
水陸戰，有所征伐，隨時調發，立酋長率領，皆自備兵器糇糧，臨敵
敢死，伯於諸國。無緡錢，止鏨白金貿易。四時之氣，多熱少寒。
豢畜頗類中國。有花酒、椰子酒、檳榔蜜酒，皆非麴蘗所醞，飲之
亦醉。國中文字用番書，以其王指環爲印，亦有中國文字，上章表
則用焉。國法嚴，犯姦男女，悉寘極刑。國王死，國人削髮成服，
其侍人各願狗死，積薪烈焰，躍入其中，名曰同生死。有佛名金銀
山，佛像以金鑄。每國王立，先鑄金形，以代其軀，用金爲器皿，供
奉甚嚴。其金像器皿，各鐫誌示後人勿毀。國人如有病劇，以銀
如其身之重，施國之窮乏者，示可緩死。俗號其王爲龍精，不敢穀
食，惟以沙糊食之，否則歲旱而穀貴。浴以薔薇露，用水則有巨浸
之患。有百寶金冠，重甚，每大朝會，惟王能冠之，他人莫勝也。
傳禪則集諸子，以冠授之，能勝之者則嗣。舊傳其國地面忽裂成
穴，出牛數萬成羣，奔突入山，人競取食之，後以竹木窒其穴，遂
絕。土地所產：璊玗、腦子、沉速暫香、粗熟香、降真香、丁香、檀

香、荳蔲,外有真珠、乳香、薔薇水、栀子花、腽肭臍、没藥、蘆薈、阿魏、木香、蘇合油、象牙、珊瑚樹、猫兒睛、琥珀、番布、番劍等,皆<u>大食</u>諸番所産,萃於本國。番商興販,用金銀、甆器、錦綾、纈絹、糖、鐵、酒、米、乾良薑、大黄、樟腦等物博易。其國在海中,扼諸番舟車往来之咽喉,古用鐵綵爲限,以備他盗,操縱有機,若商舶至則縱之。比年寧謐,撤而不用,堆積水次,土人敬之如佛,舶至則祠焉。沃以油則光焰如新,鰐魚不敢踰爲患。若商舶過不入,即出船合戰,期以必死,故國之舟輻凑焉。<u>蓬豐</u>、<u>登牙儂</u>、<u>凌牙斯加</u>、<u>吉蘭舟</u>(<u>丹</u>)、<u>佛羅安</u>、<u>日羅亭</u>、○<u>明史</u>:“<u>日羅夏治</u>近<u>瓜</u>(<u>爪</u>)<u>哇</u>,永樂三年入貢。國小,知種藝,無盗賊,尚釋教,産蘇木、胡椒。”<u>地理備考</u>:“<u>蘇門達拉</u>島嶼甚多,一名<u>尼亞斯</u>。”<u>海録</u>:“<u>尼</u>是國一名<u>哇德</u>,在<u>蘇蘇、叹當</u>二國之西。”<u>厫圖</u>:“<u>尼阿斯</u>,一名<u>尼是</u>。”按:<u>日羅夏治</u>即<u>尼阿斯</u>。<u>日羅亭</u>即<u>日羅夏治</u>。<u>潛邁</u>、<u>拔沓</u>、○<u>拔沓</u>即<u>海録</u>之<u>叹當</u>,<u>厫圖</u>作<u>巴吐</u>,在<u>蘇門答剌島</u>西。<u>單馬令</u>、<u>加羅希</u>、<u>巴林馮</u>、<u>新拖</u>、<u>監篦</u>、<u>藍無里</u>、<u>細蘭</u>,皆其屬國也。其國自<u>唐天祐</u>始通<u>中國</u>。皇朝<u>建隆</u>間凡三遣貢。<u>淳化三年</u>,告爲<u>闍婆</u>所侵,乞降詔諭本國,從之。<u>咸平六年</u>,上言本國建佛寺,以祝聖壽,願賜名及鐘,上嘉其意,詔以“承天萬壽”爲額,併以鐘賜焉。至<u>景德</u>、<u>祥符</u>、<u>天禧</u>、<u>元佑</u>(<u>祐</u>)、<u>元豐</u>,貢使絡繹,輒優詔奬慰之。其國東接<u>戎牙路</u>。或作<u>重迦盧</u>。

單馬令國

<u>單馬令國</u>,地主呼爲相公。以木作柵爲城,廣六七尺,高二丈餘,上堪征戰。國人乘牛,打鬃跣足。屋舍官場用木,民居用竹,障以葉,繫以藤。土産黄蠟、降真香、速香、烏楠木、腦子、象牙、犀角。番商用絹傘、雨傘、荷池纈絹、酒、米、鹽、糖、甆器、盆鉢、矗重等物,及用金銀爲盤盂博易。<u>日囉亭</u>、<u>潛邁</u>、<u>拔沓</u>、<u>加囉希</u>類此。本國以所得金銀器糾集<u>日囉亭</u>等國,類聚獻入<u>三佛齊國</u>。

凌牙斯國

凌牙斯國，自單馬令風帆六晝夜可到，亦有陸程。地主纏縵跣足，國人剪髮，亦纏縵。地產象牙、犀角、速暫香、生香、腦子。番商興販用酒、米、荷池縑絹、甆器等爲貨，各先以此等物準金銀，然後打博。如酒壹㽅，準銀一兩，準金二錢；米二㽅，準銀一兩，十㽅準金一兩之類。歲貢三佛齊國。

佛囉安國○佛祖統紀："唐義淨三藏於咸亨二年自番禺附舶，西至訶陵，次室利佛逝，次末羅瑜，次揭茶。北行十日，至裸人，在蜀西南徼外，男女皆裸形。西北半月行至耽摩立底，東印度海口，升舶歸唐處也。正西至莫訶菩提國，即摩竭陀之那爛陀寺，有七十驛。"又云："耽摩去莫訶行十日，義淨住那爛陀十年求經，還至耽摩立底，升舶過揭茶，將梵本寄佛逝，作南海寄歸、求法高僧傳。永昌元年回廣府。至冬，復附舶至佛逝，住三年。證聖元年回洛京譯經。"植按：唐世航海徑途，惟此所記可與地理志互相證發。末羅瑜即佛羅安，今語轉爲馬來由者也。

佛囉安國，自凌牙斯加四日可到，亦可遵陸。其國有飛來佛二尊，一有六臂，一有四臂，賊舟欲入其境，必爲風挽回，俗謂佛之靈也。佛殿以銅爲瓦，飾之以金。每年以六月望日爲佛生日，動樂鐃鈸，迎導甚都，番商亦預焉。土產速暫香、降真香、檀香、象牙等，番商以金、銀、甆、鐵、漆器、酒、米、糖、麥博易。歲貢三佛齊。其隣蓬豐、○即島夷誌略之彭坑。登牙儂、○即丁家廬，今作丁機宜。［凌牙斯］加、吉蘭丹類此。

新拖國○巽他水峽。

新拖國有港，水深六丈，舟車出入，兩岸皆民居，亦務耕種。架造屋宇，悉用木植，覆以椶櫚皮，藉以本板，障以藤篾。男女裹（裸）體，以布纏腰，剪髮僅留半寸。山產胡椒，粒小而重，勝於打

板。地産東瓜、甘蔗、匏豆、茄菜。但地無正官，好行剽掠，番商罕
至興販。

監篦國

監篦國，其國當路口，舶船多泊此。從三佛齊國風帆半月可
到。舊屬三佛齊，後因争戰，遂自立爲王。土産白錫、象牙、真珠。
國人好弓箭，殺人多者，帶符標榜，互相誇詑。五日水路到藍無里國。

藍無里國

藍無里國，土産蘇木、象牙、白藤。國人好鬬，多用藥箭。北
風二十餘日，到南毗管下細蘭國。自藍無里風帆將至其國，必有
電光閃爍，知是細蘭也。其王黑身而逆毛，露頂不衣，止纏五色
布，躡金線紅皮履，出騎象，或用軟兜，日唼檳榔，煉真珠爲灰。屋
宇悉用猫兒睛及青紅寶珠、瑪瑙、雜寶粧飾，仍用藉地以行。東西
有二殿，各植金樹，柯莖皆用金，花實并葉則以猫兒睛、青紅寶珠
等爲之。其下置金椅，以琉璃爲壁。王出朝，早升東殿，晚升西
殿，坐處常有寶光，葢日影照射琉璃，與寶樹相映，如霞光閃爍然。
二人常捧金盤從，承王所唼檳榔滓。從人月輸金一鎰於官庫，以
所承檳榔滓内有梅花腦并諸寶物也。王握寶珠，徑五寸，火燒不
燬，夜有光如炬，王日用以拭面，年九十餘，顔如童。國人肌膚甚
黑，以縵纏身，露頂跣足，以手掬飯。器皿用銅。有山名細輪疊，
頂有巨人跡，長七尺餘，其一在水内，去山三百餘里。其山林木低
昂，周環朝拱，産猫兒睛、紅玻瓈、[瑪]腦(瑙)、青紅寶珠。地産白
荳蔲、木蘭皮、驫細香。番商轉易，用檀香、丁香、腦子、金銀、甆
器、馬、象、絲帛等爲貨。歲進貢于三佛齊。

闍婆國

闍婆國又名莆家龍，於泉州爲丙巳方，率以冬月發船，葢藉北

風之便，順風晝夜行，月餘可到。東至海，水勢漸低，女人國在焉。愈東則尾閭之所泄，非復人世。泛海半月至崑崙國。南至海三日程，泛海五日，至大食國。西至海四十五日程，北至海四日程，西北泛海十五日至渤泥國。又十日至三佛齊國。又七日至古邏國。又七日至柴歷亭，抵交趾，達廣州。國有寺二，一名聖佛，一名捨身。有山，出鸚鵡，名鸚鵡山。其王椎髻，戴金鈴，衣錦袍，躡革履，坐方牀，官吏日謁，三拜而退。出入乘象或腰輿，壯士五七百輩執兵以從，國人見王，皆坐俟其過乃起。以王子三人爲副王。官有司馬傑、落佶連，共治國事，如中國宰相，無月俸，隨時量給土產諸物。次有文吏三百餘員，分主城池帑廩及軍卒。其領兵者，歲給金二十兩，勝兵三萬，歲亦給金有差。土俗婚聘無媒妁，但納黃金於女家以取之。不設刑禁，犯罪者隨輕重出黃金以贖，惟寇盜則寘諸死。五月遊船，十月遊山，或跨山馬，或乘軟兜。樂有橫笛、皷板，亦能舞。山中多猴，不畏人，呼以霄霄之聲即出，投以果實，則有大猴先至，土人謂之猴王，先食畢，羣猴食其餘。國中有竹園，有鬬雞、鬬豬之戲。屋宇壯麗，飾以金碧。賈人至者，館之賓舍，飲食豐潔。土人被髮，其衣裝纏縈，下至於膝。疾病不服藥，但禱求神佛。民有名而無姓。尚氣好鬬，與三佛齊有讐，互相攻擊。宋元嘉十二年嘗通中國，後絕。皇朝淳化三年，復脩朝貢之禮。其地坦平，宜種植，產稻、麻、粟、豆，無麥。耕田用牛，民輸十一之租，煮海爲鹽。多魚鼈、雞鴨、山羊，兼椎馬牛以食。果實有大瓜、椰子、蕉子、甘蔗、芋。出象牙、犀角、真珠、龍腦、瑇瑁、檀香、茴香、丁香、荳蔲、蓽澄茄、降真香、花簟、番劍、胡椒、檳榔、硫黃、紅花、蘇木、白鸚鵡。亦務蠶織，有雜色繡絲、吉貝、綾布。地不產茶，酒出於椰子及蝦猱丹樹之中，此樹華人未曾見，或以桄榔、檳榔釀成，亦自清香。蔗糖其色紅白，味極甘美。以銅、銀、鍮、錫雜鑄爲錢，錢六十準金一兩，三十二準金半兩。番商興販，用夾雜金銀及金銀器皿、五色纈絹、皁綾、川芎、白芷、硃砂、

緑礬、白礬、鵬砂、砒霜、漆器、鐵鼎、青白甆器交易。此番胡椒
萃聚，商舶利倍蓰之獲，往往冒禁，潛載銅錢博換，朝廷屢行禁
止興販，番商詭計，易其名曰蘇吉丹。○地理備考："瓜（爪）哇大埠，
有蘇拉加爾大。"即蘇吉丹也。

蘇吉丹

　　蘇吉丹即闍婆之支國，西接新拖，東連打板，有山峻極，名
保老岸，番舶未到，先見此山，頂聳五峯，時有雲覆其上。○地理備
考："瓜（爪）哇之巴拉呼山，高一千二百丈有奇。"此保老岸即巴拉呼也。
其王以五色布纏頭，跣足，路行蔽以凉傘，或皂或白，從者五百餘
人，各持鎗劍、鏢刀之屬。頭戴帽子，其狀不一，有如虎頭者，如鹿
頭者，又有如牛頭、羊頭、雞頭、象頭、獅頭、猴頭者，旁插小旗，以
五色纈絹爲之。土人男剪髮，女打鬃，皆裹（裸）體跣足，以布纏
腰。民間貿易，用雜白銀鑿爲幣，狀如骰子，上鏤番官印記，六十
四隻準貨金一兩，每隻博米三十升，或四十升至百升。其他貿易
悉用是，名曰闍婆金，可見此國即闍婆也。架造屋宇與新拖同。
地多米穀，巨富之家，倉儲萬餘石。有樹名波羅蜜，其實如東瓜，
皮如栗殼，肉如柑瓣，味極甘美。亦有荔支、芭蕉、甘蔗，與中國
同。荔支曬乾，可療痢疾。蕉長一尺，蔗長一丈，此爲異耳。蔗汁
入藥，醞釀成酒，勝如椰子。地之所產，大率與闍婆無異。胡椒最
多，時和歲豐，貨銀二十五兩，可博十包至二十包，每包五十升。
設有凶歉寇攘，但易其半。採椒之人爲辛氣薰迫，多患頭痛，餌川
芎可愈。蠻婦搽抹，及婦人染指甲衣帛之屬，多用朱砂。故番商興
販，率以二物爲貨。厚遇商賈，無宿泊飲食之費。其地連百花園、
麻東、打板、禧寧、戎牙路、○下卷胡椒出蘇吉丹、打板、百花園、麻東、戎
牙路。○百花見明史稿。東岐、打綱、黃麻駐、麻篱、牛崙、丹戎武囉、
底勿、平牙夷、勿奴孤，○勿奴孤即島夷誌略之文老古。○下卷檀香出
闍婆之打綱、底勿二國。肉豆蔻出黃麻駐、牛崙等深番。椰心簟出丹戎武
囉。皆闍婆之屬國也。打板國東連大闍婆，號戎牙路。或作重迦

盧。○唐書稱訶陵，即牙路、迦盧之異譯。居民架造屋宇，與中國同。其地平坦，有港通舟車往來。産青鹽、綿羊、鸚鵡之屬。番官勇猛，與東邊賊國爲姻，彼以省親爲名，番舶多遭刼掠之患，甚至俘人以爲奇貨，每人換金二兩或三兩，以此商貨遂絶。賊國丹重布囉、琶離、孫他、故論是也。打綱、黃麻駐、麻篭、牛論、丹戎武囉、底[勿]、平牙夷、勿奴孤等國在海島中，各有地主，用船往來。地罕耕種，國多老樹，内産沙糊，狀如麥麪，土人用水爲圓，大如緑豆，曬乾入包，儲蓄爲糧。或用魚及肉雜以爲羹。多嗜甘蔗、芭蕉，搗蔗入藥，醖釀爲酒。又有尾巴樹，剖其心，取其汁，亦可爲酒。土人壯健凶惡，色黑而紅，裏（裸）體文身，剪髮跣足，飲食不用器皿，緘樹葉以從事，食已則棄之。民間博易，止用沙糊，準以升斗，不識書計。植木爲棚，高二丈餘，架屋其上，障葢與新拖同。土産檀香、丁香、荳蔲、花簟、番布、鐵劍、器械等物。内麻篭、丹戎武囉尤廣袤，多蓄兵馬，稍知書計。土産降真、黃蠟、細香、璷瑁等物，丹戎武囉亦有之。率不事生業，相尚出海，以舟刼掠，故番商罕至焉。

南毗國

南毗國在西南之極。自三佛齊便風月餘可到，國都號蔑阿抹，唐語曰禮司。○西人謂婆羅門爲墨那敏。海國聞見録之那馬，海録之阿里敏，此及朝貢典録之南毗，皆墨那敏之聲轉也。蔑阿抹即孟買。此節所敘風俗物産，與嶺外代答故臨國正同。故臨爲網蘭海西之都會，可知南毗是印度西海岸國矣。其主裏（裸）體跣足，縛頭纏腰，皆用白布，或著白布窄袖衫，出則騎象，戴金帽，以真珠珍寶雜拖（施）其上，臂繫金纏，足圈金鍊。儀仗有纛，用孔雀羽爲飾，柄拖（施）銀朱，凡二十餘人。左右翊衛，從以番婦，擇貌壯奇偉者，前後約五百餘人，前者舞導，皆裏（裸）體跣足，止用布纏腰，後者騎馬，無鞍，纏腰束髮，以真珠爲纓絡，以真金爲纏鍊，用腦麝雜藥塗體，蔽以孔雀毛傘。其餘從行官屬，以白番布爲袋，坐其上，名曰布袋轎，以扛(杠)昇之。扛(杠)包以金銀，在舞婦之前。國多沙地。王出，先差官一員及兵卒百餘人持水灑地，以防颶風播揚。飲食精細，鼎以百計，日一易之。有官名翰林，供王飲食，視其食之多寡，每裁納之，無使過度。或因而致疾，則嘗糞之甘苦以療治之。國人紫色，耳輪垂肩。習弓箭，善刀稍，喜戰鬭，征伐皆乘象，臨敵以綵纈纏頭。事佛尤謹。地暖無寒，米、穀、麻、豆、麥、粟、芋、菜，食用皆足，價亦廉平。鑿雜白銀爲錢，鏤官印記，民用以貿易。土產真珠、諸色番布、兜羅綿。國有淡水江，乃諸流湊匯之處。江極廣袤，旁有山突兀，常有星現其上，秀氣鍾結。產爲小石，如猫兒睛，其色明透，埋於山坎中，不時山發溯洪推流，官時差人乘小舸採取，國人珍之。故臨、胡茶辣、〇即今中印度之亞加拉，所謂印度聖城者。甘琶逸、〇即內府地圖之剛巴亞，圖志之干排海隅，平圓圖之開母拜灣，在孟買西北。弼離沙、〇即平圓圖之巴羅答。麻囉華、〇即平圓圖之毛耳瓦。馮牙囉、〇圖志旁加羅邑，平圓圖曰班該羅，屬麻梭耳。麻哩抹、都奴、〇馬拉巴爾一作拉馬巴塔拉，是麻哩抹都奴也。都奴者，馬拉巴爾西境海濱市埠之丹那也。馬拉巴爾即元史馬八兒國。何啞、〇即㦴亞，平圓圖作果阿。哩嗒嗽、囉囉哩〇即元史馬八兒傳之來來。又按：囉囉見宋史天竺傳。北囉囉亦名伐臘毘，見釋迦方志。準其地望，校以道里，其地當爲西印度扼要之所，殆即今廠圖康坎肯，陳圖孔坎。黃氏印度劄記云："康肯在孟買之南，一名鹿那乍里。首城曰勒那志里。"鹿那、勒那、來來、囉囉、羅羅，皆此一音之轉也。伐臘毘又與孟買音近，則囉囉哩爲鹿那乍里無疑。皆其屬國也。其國最遠，番舶罕到。時羅巴、智力干父子，其種類也，今居泉之城南。土產之物，本國運至吉囉達弄、〇即吉蘭丹。三佛齊，用荷池纈絹、甆器、樟腦、大黃、黃連、丁香、腦子、檀香、荳蔻、沉香爲貨，商人就博易焉。

　　故臨國自南毗舟行，順風五日可到，泉舶四十餘日到藍里住冬，至次年再發，一月始達。土俗大率與南毗無異。土產椰子、蘇木，酒用蜜糖和椰子花汁醞成。好事弓箭，戰鬭臨敵，以綵纈纏髻。交易用金銀錢，以銀錢十二準金錢之一。地暖無寒，每歲自三佛齊、監篦、吉陀等國發船，博易用貨，亦與南毗同。大食人多寓其國中，每浴畢，用鬱金塗體，蓋欲仿佛之金身。

胡茶辣國

胡茶辣國，管百餘州，城有四重。國人白淨，男女皆穴耳，墜重環，着窄衣，纏縵布，戴白煖耳，躡紅皮鞋。人禁葷食。有佛宇四千區，内約二萬餘妓，每日兩次歌獻佛飯及獻花。獻花用吉貝線結縛爲毬，日約用三百斤。有戰象四百餘隻，兵馬約十萬。王出入乘象，頂戴冠，從者各乘馬持劍。土產青碇至多，紫礦、苟子、諸色番布，每歲轉運就大食貨賣。

麻囉華國○毛耳瓦東境，與亞加拉接。

麻囉華國與胡茶辣連接，其國管六十餘州，有陸路。衣服、風俗與胡茶辣國同。產白布甚多，每歲約發牛二千餘隻馱布，就陸路往他國博易。

注輦國○此蓋即瀛涯勝覽之詔納福兒，黃録之沼納樸兒。沼納、沿納、注輦，一音之轉。跡其地望，亦相合也。此地蓋近榜葛剌，故勝覽敘入榜葛剌中，而此書無榜葛剌也。平圓圖東印度有查愛普爾，疑是沼納樸兒。

注輦國，西天南印度也。東距海五里，西至西天竺千五百里，南至羅蘭二千五百里，北至頓田三千里。自古不通商，水行至泉州約四十一萬一千四百餘里。欲往其國，當自故臨易舟而行，或云蒲甘國亦可往。其國有城七重，高七尺，南北十二里，東西七里。每城相去百步，四城用磚，二城用土，最中城以木爲之，皆植花菓雜木。第一第二城皆民居，環以小濠，第三第四城侍郎居之，第五城王之四子居之，第六城爲佛寺，百僧居之，第七城即王之所居。屋四百餘區，所統有三十一部落。其西十二，曰只都尼、施亞盧尼、羅琶離鼈琶移、布林琶布尼、古檀布林蒲登、故里、婆輪岑、本蹄揭蹄、闍黎池离、那部尼、遮古林、亞里者林；其南八，曰無雅加黎麻藍、眉古黎苦低、舍里尼、蜜多羅摩、伽藍蒲登、蒙伽林加藍、琶里琶离遊、亞林池蒙伽藍；其北十二，曰撥羅耶、無没离江、注林、加里蒙伽藍、漆結麻藍、握折蒙伽藍、皮林伽藍、蒲稜和藍、堡琶来、田注离、盧娑囉、迷蒙伽藍。民有罪，命侍郎一員處治之，輕者繫於木格，笞五七十至一百，重者即斬，或以象踐殺之。其宴則王與四侍郎膜拜于階，遂共作樂歌舞，不飲酒而食肉。俗衣布。亦有餅餌。掌饌執事用妓，近萬餘家，日輪三千輩祇役。其嫁娶先用金銀指環，使媒婦至女家，後三日會男家親族，約以田土、生畜、檳榔酒等，稱其有無爲禮，女家復以金銀指環、越諾布及女所服錦衣遺壻。若男欲離女，則不敢取聘財，女欲却男，則倍償之。其國賦税繁重，客旅罕到。與西天諸國鬪戰，官有戰象六萬，皆高七八尺，戰時象背立屋，載勇士，遠則用箭，近則用槊，戰勝者，象亦賜號，以旌其功。國人尚氣輕生，或有當王前用短兵格鬪，死而無悔。父子兄弟不同釜而爨，不共器而食，然甚重義。地産真珠、象牙、珊瑚、玻瓈、檳榔、豆蔲、琉璃、色絲布、吉貝布。獸有山羊、黄牛，禽有山雞、鸚鵡，菓有餘甘、藤蘿、千年棗、椰子、甘羅、崑崙梅、波羅蜜之類。花有白茉莉、散絲、蚍臍、[佛]桑、麗秋、青黄碧婆羅、瑶蓮、蟬紫、水蕉之類。五穀有緑黑豆、麥、稻。地宜竹。自昔未嘗朝貢。大中祥符八年，其主遣使貢真珠等，譯者導其言曰：“願以表遠人慕化之意。”詔閣門祇候史佑之館伴宴，錫恩例同龜兹使。適值承天節，其使獲預啟聖院祝壽。至熙寧十年，又貢方物，神宗遣内侍勞問之。其餘南尼華囉等國，不啻百餘，悉冠以西天之名。又有所謂王舍城者，俗傳自交趾之北至大理，大理西至王舍城不過四十程。按賈耽皇華四達記云，自安南通天竺，是有陸可通其國。然達摩之来，浮海至番禺，豈陸程迂迴，不如海道之迅便歟？

　　西天鵬茄囉國，都號茶那咭，○茶那咭是印度史之查留堯，或疑即宋史注輦。城圍一百二十里。民物好勝，專事剽奪，以白硨螺殼磨治爲錢。土産寶劍、毑羅綿等布。或謂佛教始於此國，唐三藏元奘取經曾到。

西天南尼華囉國，城有三重。人早晚浴，以鬱金塗體，效佛金色。多稱婆羅門，以爲佛真子孫。屋壁坐席，悉塗牛糞相尚，以此爲潔。家置壇，崇三尺，三級而升，每晨焚香獻花，名爲供佛。大食番商至其國，則坐之門外，館之別室，具供帳器皿。婦人犯奸輒殺之，官不問。土産上等木香、細白花藥布。人多食酥酪、飯、豆、菜，少食魚肉。道通西域，西域忽有輕騎来刼，但閉門距之，數日乏糧自退。

大秦國

大秦國，一名犁軒。西天諸國之都會，大食番商所萃之地也。其王號麻囉弗，理安都城。以帛織出金字纏頭，所坐之物則織以絲罽。有城市里巷，王所居舍，以水精爲柱，以石灰代瓦，多設簾幰，四圍開七門，置守者各三十人。有他國進貢者，拜於堦陛之下，祝壽而退。其人長大美晢，頗類中國，故謂之大秦。有官曹簿領，而文字習胡。人皆髦頭，而衣文繡。亦有白蓋小車旌旗之屬，及十里一亭、三十里一堠。地多獅子，遮害行旅，不百人持兵器偕行，易爲所食。宮室下鑿地道，通禮拜堂一里許。王少出，惟誦經禮佛，遇七日即由地道往禮拜堂拜佛，從者五十餘人，國人罕識王面。若出遊，則騎馬，用傘，馬之頭頂皆飾以金玉珠寶。遞年，大食國王有號素丹者，遣人進貢，如國内有警，即令大食措置兵甲撫定。所食之物，多飯餅肉，不飲酒，用金銀器以匙挑之，食已，即以金盤貯水濯手。土産琉璃、珊瑚、生金、花錦、縵布、紅瑪瑙、真珠，又出駭雞犀，駭雞犀即通天犀也。漢延嘉（熹）初，其國主遣使，自日南徼外来獻犀、象、瑇瑁，始通中國。所供無他珍異，或疑使人隱之。晋太康中，又來貢，或云其國西有弱水、流沙，近西王母所處，幾於日所入也。按杜還（環）經行記云："拂桑（林）國在苫國西，亦名大秦。其人顔色紅白，男子悉著素衣，婦人皆服珠錦，好飲酒，尚乾餅，多工巧，善織絡。地方千里，勝兵萬餘，與大食相禦。西海中有市，客主同和，我往則彼去，彼来則我歸，賣者陳之於前，買者酬之於後，皆以其直置諸物旁，待領直，然後收物，名曰'鬼市'。"

天竺國

天竺國隸大秦國，所立國主悉由大秦選擇。俗皆辮髮，垂下兩鬢及頂，以帛纏頭。所居以石灰代瓦，有城郭居民。王服錦罽，爲螺髻於頂，餘髮剪之使短。晨出坐氈皮，氈乃獸名。用朱蠟飾之，畫雜物於其上，羣下皆禮拜祝壽。出則騎馬，鞍轡皆以烏金銀鬧裝，從者三百人，執矛劍之屬。妃衣大袖鏤金紅衣，歲一出，多所賑施。國有聖水，能止風濤，番商用琉璃缾盛貯，猝遇海敏波，以水灑之則止。後魏宣武時，嘗遣使獻駿馬，云其國出獅子、貂、豹、橐［駝］、犀、象、瑇瑁、金、銅、鐵、鉛、錫、金縷織成金罽、白疊、氍（毹）毹，有石如雲母而色紫，裂之則薄如蟬翼，積之則如紗縠。有金剛石，似紫石英，百鍊不銷，可以切玉。又有旃檀等香，甘蔗、石蜜諸果。歲與大秦、扶南貿易，以齒貝爲貨。俗工幻化，有弓箭、甲稍、飛梯、地道及木牛流馬之法，而怯於戰鬪。善天文、算歷（曆）之術，皆學悉曇章書，以下闕七字。以貝多樹葉爲紙。唐貞觀、天授中嘗遣使入貢。雍熙間，有僧囉護哪航海而至，自言天竺國人，番商以其胡僧，競持金繒珍寶以施，僧一不有，買隙地建佛刹于泉之城南，今寶林院是也。

大食國

大食在泉之西北，去泉州最遠。番舶艱於直達，自泉發船四十餘日，至藍［無］里博易住冬，次年再發，順風六十餘日方至其

國。本國所產，多運載與三佛齊貿易，賈轉販以至中國。其國雄
壯，其地廣袤，民俗侈麗，甲於諸番。天氣多寒，雪厚二三尺，故貴
氊毯。國都號蜜徐籬，或作麻囉拔。○即魏圖之摩熱，局圖之摹蒐，陳
圖之所剌。據諸番衝要。王頭纏織錦番布，朔望則戴八面純金平
頂冠，極天下珍寶，皆施其上。衣錦衣，繫玉帶，躧間金履。其居
以瑪瑙爲柱，以綠甘石之透明如水晶者爲壁，以水晶爲瓦，以碌石爲
磚，以活石爲灰。帷幕之屬，悉用百花錦，其錦以真金線夾五色絲
織成。檯榻飾以珠寶，堦砌包以純金。器皿鼎竈雜用金銀。結真
珠爲簾，每出朝，坐於簾後。官有丞相，披金甲，戴兜鍪，持寶劍，
擁衛左右。餘官曰太尉，各領兵馬二萬餘人，馬高七尺，用鐵爲
鞋，士卒驍勇，武藝冠倫。街闊五丈餘，就中鑿二丈深四尺，以備
駱駝馬牛馱負物貨，左右鋪砌青黑石板，尤極精緻，以便来往。民
居屋宇與中國同，但瓦則以薄石爲之。民食專仰米穀，好嗜細麪、
蒸羊，貧者食魚、菜、果實，皆甜無酸。取蒲萄汁爲酒，或用糖煮香
藥爲思酥酒，又用蜜和香藥作眉思打華酒，其酒大煖。巨富之家，
博易金銀，以量爲秤。市肆誼譁，金銀、綾錦之類，種種萃聚，工匠
技術咸精其能。王與官民皆事天，有佛名麻霞勿。七日一削髮翦
甲，歲首清齋念經一月，每日五次拜天。農民耕種無水旱之憂，有
溪澗之水足以灌溉，其源不知從出。當農隙時，其水止平兩岸，及
農務將興，漸漸汎溢，日增一日。差官一員，視水候至，廣行勸集，
齊時耕種，足用之後，水退如初。國有大港，深二十餘丈，東南瀕
海，支流達於諸路。港之兩岸皆民居，日爲墟市，舟車輻湊，麻、
麥、粟、豆、糖、麪、油、柴、雞、羊、鵝、鴨、魚、蝦、棗圈、蒲萄、雜果皆
萃焉。土地所出，真珠、象牙、犀角、乳香、龍涎、木香、丁香、肉豆
蔻、安息香、蘆薈、沒藥、血碣、阿魏、膃肭臍、鵬砂、琉璃、玻瓈、硨
磲、珊瑚樹、貓兒睛、梔子花、薔薇水、沒石子、黃蠟、織金軟錦、駝
毛布、兜羅綿、異緞等。番商興販，係就三佛齊、佛囉安等國轉易。
麻囉抹、施曷、奴發、啞四包閑、○即海國圖志之伊士巴含，嚴圖作乙思

拍罕。囉施美、木俱蘭、○即今邁克蘭。伽力吉、毗喏耶、伊禄、○波斯之伊拉克。白達、思蓮、○日本圖：“白達東南二十里，底格里士河岸，有斯羅城，古來大市是思蓮。”白蓮、積吉、甘眉、蒲花羅、層拔、○波斯之齊拜拉巴特。弼琶囉、勿拔、甕篦、記施、麻嘉、弼斯羅、吉甕尼、勿斯离皆其屬國也。○東南海夷總圖邁加、奴伐、施嚇、賞那、合眉兒同一洲，蓋皆在紅海左右岸。邁加，即此麻嘉，廠圖之邁刻。奴伐，即此奴發，疑今努比阿。施嚇，即此施曷，今阿剌伯之薩哈。賞那，即此喏那，今厓孟部之薩那。合眉兒，即此甘眉，今阿拜力得也。○下卷乳香出大食麻羅拔、施曷、奴發三國。没藥出大食麻囉抹國。梔子花出大食啞巴閑、囉施美二國。木香出大食麻囉抹國，施曷、奴發亦有之。阿魏出大食木俱蘭國。蘆薈出大食奴發國。珊瑚樹出大食毗喏耶國。象牙惟麻囉抹國最多。膃肭臍出大食伽力吉國。其國本波斯之别種，隋大業中，有波斯之桀黠者，探穴得文石以爲瑞，乃糾合其衆，剽略資貨，聚徒浸盛，遂自立爲王，據有波斯國之西境。唐永徽以後，屢來朝貢。其王盆尼末換之前，謂之白衣大食。阿婆羅拔之後，謂之黑衣大食。皇朝乾德四年，僧行勤游西域，因賜其王書，以招懷之。開寶元年，遣使來朝貢。四年，同占城、闍婆致禮物于江南李煜，煜不敢受，遣使上其狀，因詔自今勿以爲獻。淳化四年，遣副使李亞勿來貢，引對於崇政殿，稱其國與大秦國爲鄰，土出象牙、犀角。太宗問取犀象何法？對曰：“象用象媒，誘至漸近，以大繩羈縻之耳。犀則使人升大樹，操弓矢伺其至，射而殺之。其小者，不用弓矢亦可捕獲。”賜以襲衣冠帶，仍賜黄金，準其所貢之直。雍熙三年，同賓瞳龍國來朝。咸平六年，又遣麻尼等貢真珠，乞不給回賜。真宗不欲違其意，竦其還，優加恩禮。景德元年，其使與三佛齊、蒲甘使同在京師，留上元觀燈，皆賜錢縱飲。四年，偕占城來貢，優加館餼，許覽寺觀苑囿。大中祥符，車駕東封，其主陁婆離上言，願執方物赴泰山，從之。四年，祀汾陰，又來，詔令陪位。舊傳廣州言大食國人無西忽盧華，百三十歲，耳有重輪，貌甚偉異，自言遠慕皇化，附古邏國舶船而来，詔賜錦袍銀帶，加束帛。元祐、開禧間，各遣使入貢。有番商曰施那幃，大食人也，蹻（僑）寓泉南，輕財樂施，有西土氣習，作叢塚於城外之東南隅，以掩胡賈之遺骸，提舶林之奇記其實。

麻嘉國

麻嘉國自麻囉拔國西去，陸行八十餘程方到，乃佛麻霞勿所生之處。佛居用五色玉甃成。每歲遇佛忌辰，大食諸國皆至瞻禮，爭持金銀珍寶以施，仍用錦綺覆其居。後有佛墓，晝夜常有霞光，人莫能近，過則合眼。若人臨命終時，摸取墓上土塗胸，云可乘佛力超生。

層拔國

層拔國在胡茶辣國南海島中，○此胡茶辣，即唐杜環經行記之亞俱羅，非前南毗所屬之胡茶辣。層拔即紅海西岸之擠拜斯地。四裔年表：“唐德宗貞元十六年，衣伯剌罕據土逆司及開那，建阿格拉朝。”土逆司即局圖都逆斯，開那即局圖之喀愛羅，埃及國都城也。胡茶辣即阿格拉之轉音，喀愛羅爲城名，阿格拉則國名也。西接大山，其人民皆大食種落，遵大食教度。纏青番布，躡紅皮鞋。日食飯麵、燒餅、羊肉。鄉村山林多障岫層疊，地氣暖無寒。產象牙、生金、龍涎、黃檀香。每歲胡茶辣國及大食邊海等處發船販易，以白布、瓷器、赤銅、紅吉貝爲貨。

弼琶囉國　○此爲亞丁灣南岸之巴巴里，所言土俗物產，皆阿非利加洲情形，非復亞洲氣象矣。勝覽阿丹國亦指此一帶言之。○新唐書波斯傳：“撥拔力在波斯西南海中。”酉陽雜俎：“撥拔力國在西南海中，不識（食）五穀，食肉而已。常鍼牛畜脈，取血和乳生飲。無衣服，惟腰下用羊皮蔽之。其婦人潔白端正，國人自掠賣與外國商人，其價數倍。土地惟有象牙及阿末香。波斯商人欲入此國，團集數千人，齎緤布，没老幼共刺血立誓，乃市其物。自古不屬外國，戰用象牙排、野牛角爲矟、衣甲、弓矢之器，步兵二十萬，大食頻討襲之。”

弻琶囉國有四州，餘皆村落，各以豪強相尚，事天不事佛。土多駱駝、綿羊，以駱駝肉并乳及燒餅爲常饌。產龍涎、大象牙及大犀角，象牙有重百餘斤，犀角重十餘斤。亦多木香、蘇合、香油、没藥，璵瑂至厚，他國悉就販焉。又產物名駱駝鶴，身頂長六七尺，有翼能飛，但不甚高。獸名徂蠟，狀如駱駝，而大如牛，色黃，前脚高五尺，後低三尺，頭高向上，皮厚一寸。又有騾子，紅、白、黑三色相間，紋如經帶，皆山野之獸，往往駱駝之別種也。國人好獵，時以藥箭取之。

勿拔國　○按此國有陸道可通大食，則當仍在阿剌伯洲。中有大山與弻琶羅隔界，則又似已在阿[非]利加洲上。然巴白里曼德波海灣，地理備考屬之亞洲阿剌伯。東瀛圖亦在阿剌伯西南地角，則此所謂隔山之弻琶羅，是巴白里曼德波海灣，非指非洲巴巴里國地也。古弻琶羅，蓋跨有紅海西南兩岸地，而阿剌伯之巴白里海灣，亦即從巴巴里國得名，審知弻琶羅所在，而後勿拔所在可定。今阿剌伯國極南邊海之部曰亞達拉毛，其會城曰馬來波，西與巴白里海灣、東與怯失接，其爲勿拔，蓋無疑已。○植按：事林廣記録勿拔事，乳香、飛禽、大魚、龍涎大略相同，前大食國條中，勿拔直接甕蠻，亦無中理之目，蓋抄胥誤析一國爲二條。當削去中理國，以"爲事中理"爲句乃合。

勿拔國，邊海，有陸道可到大食。王紫棠色，纏頭衣衫，遵大食教度爲事。

中理國

中理國人露頭跣足，纏布不敢着衫，惟宰相及王之左右乃着衫纏頭以別。王居用磚甓甃砌，民屋用葵茆苫蓋，日食燒麫餅、羊乳、駱駝乳，牛、羊、駱駝甚多，大食惟此。國出乳香。人多妖術，能變身作禽獸或水族形，驚眩愚俗。番舶轉販，或有怨隙，作法咀（詛）之，其船進退不可知，與勸解方爲釋放，其國禁之甚嚴。每歲有飛禽泊郊外，不計其數，日出則絕，不見其影，國人張羅取食之，其味極佳，惟暮春有之，交夏而絕，至來歲復然。國人死，棺殮畢欲殯，凡遠近親戚慰問，各舞劍而入，噉問孝主死故，若人殺死，我等當刃殺之報仇，孝主答以非人殺之，自係天命，乃投劍慟哭。每歲常有大魚死，飄近岸，身長十餘丈，徑高二丈餘，國人不食其肉，惟剜取腦髓及眼睛爲油，多者至三百餘燈，和灰修舶船，或用點燈。民之貧者，取其肋骨作屋桁，脊骨作門扇，截其骨節爲臼。國有山與弼琶囉國隔界，○云與弼琶羅隔界，則亦阿非里加洲地。周圍四千里，大半無人烟。山出血碣、蘆薈，水出瑇瑁、龍涎。其龍涎不知所出，忽見成塊，或三五斤，或十斤，飄泊岸下，土人競分之，或船在海中，驀見採得。

甕蠻國○俄莽，阿剌伯地。商業博物志："真珠産錫蘭及波斯海灣之巴利音島。"

甕蠻國人物如勿拔國。地主纏頭繳縵，不衣跣足，奴僕則露首跣足，繳縵蔽體。食燒麵餅、羊肉并乳魚菜。土産千年棗甚多，沿海出真珠，山畜牧馬，極蕃庶。他國貿易惟買馬與真珠及千年棗，用丁香、荳蔲、腦子等爲貨。

記施國○給施母島，平圓圖在俄莽灣口。大典圖之怯失，即此地。

記施國在海嶼中，望見大食，半日可到。管州不多。王出入騎馬，張皂傘，從者百餘人。國人白淨，身長八尺，披髮打纏，纏長八尺，半纏于頭，半垂於背。衣番衫，繳縵布，躡紅皮鞋。用金銀錢。食麵餅、羊、魚、千年棗，不食米飯。土産真珠、好馬。大食歲遣駱駝負薔薇水、栀子花、水銀、白銅、生銀、朱砂、紫草、細布等下船至本國，販於他國。

白達國○報達。

白達國係大食諸國之一都會。自麻囉拔國約陸行一百三十餘程,過五十餘州乃到。國極强大,軍馬器甲甚盛。王乃佛麻霞勿直下子孫,相襲傳位,至今二十九代,經六七百年。大食諸國或用兵相侵,皆不敢犯其境。王出,張皂蓋,金柄,其頂有玉師子背負一大金月,閃耀如星,雖遠可見。城市衢陌民居豪侈,多寶物珍段,少米魚菜,人食餅、肉、酥酪。産金銀、碾花上等琉璃、白越諾布、蘇合油。國人相尚,以好雪布纏頭及爲衣服,七日一次削髮、剪爪甲。一日五次禮拜天,遵大食教度,以佛之子孫,故諸國歸敬焉。

弼斯囉國○巴鎖剌。

弼斯囉國,地主出入,騎從千餘人,盡帶鐵甲,將官帶連環鎖子甲,聽白達節制。○弼斯囉國殆即巴索拉也,去報達極近,故聽報達王制也。人食燒麵、餅、羊肉。天時寒暑稍正,但無朔望。産駱駞、綿羊、千年棗。每歲記施、甕蠻國常至其國般販。

吉慈尼國○噶斯尼。

吉慈尼國,自麻羅拔國約一百二十程可到。地近西北,極寒,冬雪至春不消。國有大山圍遶,鑿山爲城,方二百餘里,外環以水。有禮拜堂二百餘,官民皆赴堂禮拜,謂之厨或作除。懺。民多豪富,居樓閣,至有五七層者。多畜牧駞馬。人食餅、肉、乳酪,少魚米,或欲飲飯,以牛湩拌水飲之。王手臂過膝,有戰馬百匹,各高六尺餘,驟數十匹,亦高三尺,出則更迭乘之。所射弓數石,五七人力不能挽。馬上使鐵鎚,重五十餘斤。大食及西天諸國皆畏焉。土産金銀、越諾布、金絲綿、五色駞毛段、碾花琉璃、蘇合油、無名異、摩娑石。

勿廝離國○波斯國法士部，平圓圖作發西。

勿廝離國，其地多石山，秋露沆瀣，日曬即凝，狀如糖霜，採而食之，清涼甘腴，蓋真甘露也。山有天生樹，一歲生栗，名蒲蘆，次歲生没石子。地産火浣布、珊瑚。

蘆眉國

蘆眉國，自麻羅拔西陸行三百餘程始到，亦名眉路骨國。其城屈曲七重，用黑光大石甃就，每城相去千步。有番塔三百餘，内一塔高八十丈，容四馬並驅而上，内有三百六十房。人皆纏頭塌項，以色毛段爲衣，以肉麵爲食，以金銀爲錢。有四萬户，織錦爲業。地産絞綃、金字越諾布、間金間絲織錦綺、摩娑石、無名異、薔薇水、栀子花、蘇合油、鵬砂及上等碾花琉璃。人家好畜馳馬犬。

木蘭皮國

木蘭皮國。大食國西有巨海，海之西有國不可勝數，大食巨艦所可至者，木蘭皮國爾。自大食之陁盤地國發舟，正西涉海百餘日方至其國。一舟可容數千人，舟中有酒食肆、機杼之屬，言舟之大者莫木蘭皮若也。國之所産極異，麥粒長三寸，瓜圍六尺，可食二三十人。榴重五斤，桃重二斤，香圓重二十餘斤，萵苣菜每莖可重十餘斤，其葉長三四尺。米麥開地窖藏之，數十年不壞。産胡羊，高數尺，尾大如扇，春剖腹取脂數十斤，再縫合而活，不取則發脹脹死。陸行二百程，日暑長三時，秋月西風忽起，人獸速就水飲乃生，稍遲則渴死。

勿斯里國

○此麥西國。

勿斯里國，屬白達國節制。國王白晢，打纏頭，着番衫，穿皂靴。出入乘馬，前有看馬三百匹，鞍轡盡飾以金寶。有虎十頭，縻以鐵索，伏虎者百人，弄鐵索者五十人，持攂棒者一百人，臂鷹者三十人。又千騎圍護，有親奴三百，各帶甲持劍，二人持御器械導王前，其後有百騎鳴鼓，儀從甚都。國人惟食餅肉，不食飯。其國多旱，管下一十六州，周回六十餘程，有雨則人民耕種反爲之漂壞。有江，水極清甘，○此尼羅河。莫知水源所出。歲旱，諸國江水皆消减，惟此水如常，田疇充足。農民藉以耕種，歲率如此，人至有七八十歲不識雨者。舊傳蒲囉吽第三代孫名十宿，曾據此國，爲其無雨，恐有旱乾之患，遂於近江擇地，置三百六十鄉村，村皆種麥，遞年供國人日食，每村供一日，三百六十村可足一年之食。又有州名懇野，傍近此江。兩年或三年必有一老人自江水中出，頭髮黑短，鬚鬢皓白，坐於水中石上，惟現半身，掬水洗面、剔甲。國人見之，知其爲異，近前拜問今歲人民吉凶。如其人不語若笑，則其年豐稔，民無札瘥；若蹙額，則是年或次年必有凶歉疾疫。坐良久復没不見。江中有水駱駞、水馬，時登岸齧草，見人則没入水。

遏根陀國○植按：*外國辭典釋此地爲亞歷山大黎亞，與此説同。按：此即埃及多國之對音字。坤輿圖説載天下七奇，其一曰厄日多國尖形高臺，乃多禄某王所造，基方一里，周二里，高二百五十級，每級寬二丈八尺五寸，高二尺五寸，皆細白石爲，共高六十二丈五尺，頂上寬容五十人，造工者每日三十六萬人。其一曰法羅海島高臺，亦多禄某王所建，依山爲基，細白石築成，頂上安火炬，夜照百里外海舟，俾識港路。此二百丈之塔，即所謂尖形高臺，照船之鏡，即照船火炬之訛。俎（俎）葛尼與多禄茂名不合，則傳聞之異也。*

遏根陀國，勿斯里之屬也。相傳古有異人俎葛尼，於瀕海建大塔，下鑿地爲兩屋，塼結甚密，一窖糧食，一儲器械。塔高二百丈，可通四馬齊驅而上。至三分之二塔心開大井，結渠透大江以防他國，兵侵則舉國據塔以拒敵，上下可容二萬人，内居守而外出戰。其頂上有鏡極大，他國或有兵船侵犯，鏡先照見，即預備守禦之計。近年爲外國人投塔下，執役掃洒數年，人不疑之，忽一日得便，盜鏡抛沉海中而去。

海上雜國

晏陀蠻國。自藍無里去細蘭國，如風不順，飄至一所，地名晏陀蠻。○即海錄之晏得尼加。海中有一大嶼，内有兩山，一大一小，其小山全無人煙，其大山周圍七十里，山中之人，身如黑漆，能生食人，船人不敢艤岸。山内無寸鐵，皆以磚礫、蚌殼磨銛爲刃。上有聖跡渾金床，承一死人，經代不朽。常有巨蛇衛護，蛇身毛長二尺，人不敢近。有井，每歲兩次水溢流入於海，所過砂石，經此水浸，皆成金。闔山人常祭此井，如銅鉛鐵錫用火燒紅，取此水沃之，輒變成金。舊傳曾有商舶壞，船人扶竹木，隨流飄至此山，知有聖水，潛以竹筒盛滿，乘木筏隨浪飄漾至南毗國，以水獻南毗國王，試之果驗。南毗王遂興兵謀，奄有其山，船未至，間遭惡風飄回，船人漂至山，盡爲山蠻所食。蓋此山有金床異人，密有神護，不令人近也。

崑崙層期國，在西南海上，連接大海島，常有大鵬飛，蔽日移晷。有野駱駝，大鵬遇則吞之，或拾鵬翅，截其管可作水桶。土産大象牙、犀角。西有海島，多野人，身如黑漆，虯髮，誘以食而擒之，轉賣與大食國爲奴，獲價甚厚，託以管鑰，謂其無親屬之戀也。

沙華公國，其人多出大海劫奪，得人縛而賣之闍婆。又東南有野島，蠻賊居之，號麻囉奴，商舶飄至其國，羣起擒人，以巨竹夾燒而食之。其賊首鑽齒，皆以黃金裝飾，取人腦蓋爲飲食器。其島愈深，其賊愈甚。

又東南有女人國，水常東流，數年水一泛漲，或流出蓮肉，長尺餘，桃核長二尺，人得之則以獻于女王。昔常有舶舟飄落其國，羣女攜以歸，數日無不死。有一智者，夜盜船亡命，得去，遂傳其事。其國女人遇南風盛發，裸而感風，即生女也。西海亦有女國，其地五男三女，以女爲國王，婦人爲吏職，男子爲軍士。女子貴則多有侍男，男子不得有侍女，生子從母姓。氣候多寒，以射獵爲業。出與大秦、天竺博易，其利數倍。

波斯國在西南國（海）上，其人肌理甚黑，鬢髮皆虬，以青花布纏身，以兩金串鈐手。無城郭。其王早朝以虎皮蒙机（杌）疊足坐，羣下膜拜而退。出則乘軟兜，或騎象，從者百餘人，執劍呵護。食餅、肉、飯，盛以甆器，掬而啗之。

茶弼沙國，城方一千餘里。王著戰袍，縛金帶，頂金冠，穿皁靴，婦女著真珠衫。土産金寶極多。人民住屋有七層，每一層乃一人家。其國光明，係太陽没入之地，至晚日入，其聲極震，洪於雷霆，每於城門用千人吹角、鳴鑼擊鼓，雜混日聲，不然則孕婦及小兒聞日聲驚死。

斯加里野國，近蘆眉國界，海嶼闊一千里，衣服、風俗、語音與蘆眉同。本國有山穴至深，四季出火，遠望則朝煙暮火，近觀則火勢烈甚。國人相與扛舁大石，重五百斤或一千斤，拋擲穴中，須臾爆出，碎如浮石。每五年一次，火從石出流轉，至海邊復回，所過林木皆不燃燒，遇石則焚蓺如灰。

黙伽獵（獵伽）國，王逐日誦經拜天，打纏頭，着毛段番衫，穿紅皮鞋。教度與大食國一同。王每出入乘馬，以大食佛經用一函乘在駱駝背前行。管下五百餘州，各有城市，有兵百萬，出入皆乘馬。人民食餅肉，有麥無米，牛羊、駱駝、菓實之屬甚多。海水深二十丈，産珊瑚樹。

渤泥國

渤泥在泉之東南，去闍婆四十五日程，去三佛齊四十日程，去占城與麻逸各三十日程，○太平寰宇記：“淳泥國去摩逸三十日。”皆以順風爲則。其國以板爲城，城中居民萬餘人，所統十四州。王居覆以貝多葉，民舍覆以草。王之服色，略倣中國，若裸體跣足，則臂佩金圈，手帶金練，以布纏身，坐繩床。出則施大布單坐其上，衆昇之，名曰“阮囊”。從者五百餘人，前持刀劍器械，後捧金盤，貯香腦、檳榔等從。以戰船百餘隻爲衛，戰鬭則持刀被甲，甲以銅鑄，狀若大筒，穿之於身，護其腹背。器皿多用金。地無麥，有麻、稻，以沙糊爲糧，沙糊詳見黃麻駐。又有羊及雞魚。無絲蠶，用吉背（貝）花織成布。有尾巴樹、加蒙樹、椰子樹，以樹心取汁爲酒。富室之婦女，皆以花錦銷金色帛纏腰，婚聘先以酒，檳榔次之，指環又次之，然後以吉貝布，或量出金銀成禮。喪葬有棺斂，以竹爲轝，載棄山中，二月始耕則祀之，凡七年則不復祀矣。以十二月七日爲歲節。地多熱，國人宴會，鳴鼓、吹笛、擊鉢、歌舞爲樂。無器皿，以竹編貝多葉爲器，食畢則棄之。其國鄰於底門國，○底門即地悶島。有藥樹，取其根，煎爲膏服之，仍塗其體，兵刃所傷皆不死。土地所出，梅花腦、速腦、金脚腦、米腦、黃蠟、降真香、瑇瑁。番商興販，用貨金、貨銀、假錦、建陽錦、五色絹、五色茸、琉璃珠、琉璃瓶子、白錫、烏鉛、網墜、牙臂環、臙脂、漆椀楪、青瓷器等博易。番舶抵岸三日，其王與眷屬率大人王之左右號曰大人。到船問勞，船人用錦藉跳板迎肅，欵以酒醴，用金銀器皿、褥蓆、涼傘等分獻有差。既泊舟登岸，皆未及博易之事，商賈日以中國飲食獻其王，故舟往佛泥，必挾善庖者一二輩與俱。朔望並講賀禮，幾月餘，方請其王與大人論定物價，價定，然後鳴鼓，以召遠近之人，聽其貿易。價未定而私貿易者罰。俗重商賈。有罪抵死者，罰而不殺。船回日，其王亦釃酒椎牛祖席，酢以腦子、番布等，稱其所施。舶舟雖貿易迄事，必候六月望日排辨佛節然後出港，否則有風濤之厄。佛無他像，茅舍數層，規制如塔，下置小龕，罩珠二顆，是謂聖佛。土人云：“二珠其初猶小，今漸大如拇指矣。”遇佛節，其王親供花果者三日，國中男女皆至。太平興國二年，遣使蒲亞利等貢腦子、瑇瑁、象牙、檀香。其表緘封數重，紙類木皮而薄，瑩滑，色微綠，長數尺，博寸餘，卷之僅可盈握。其字細小，橫讀之，譯以華言云：“渤泥國王向打稽首拜。皇帝萬歲萬歲萬萬歲。”又言：

"每年修貢,易飄泊占城,乞詔占城今後勿留。"館其使於禮賓院,優遣之。元豐五年,又遣使来貢。西龍宮、什廟、日麗、胡蘆蔓頭、蘇勿、里馬、○南洋鍼路:"自重迦羅用單卯鍼,五更取火,山内是里馬山,有真里馬、假里馬。"膽逾、馬喏○張爕東西洋考:"毛思賊者,婆羅屬夷也。劫掠海上生人,至彭亨賣之,代作崑崙奴,不如指者,則殺以供祭,每人得直三金。"又:"浡泥鄰境,有買哇柔,每夜半盜斬人頭,以金裝之。"毛思、買哇柔疑皆即此馬喏也。○南洋鍼路:"自單戎世力四更至美亞柔港,是處多盜,好夜殺人,前有大山,是文郎馬神國。"美亞柔即東西洋考買哇柔。居海島中,用小船来往,服色飲食與渤泥同。出生香、降真香、黃蠟、瑇瑁。商人以白甆器、酒、米、[麤]鹽、白絹、貨金易之。

麻逸國

麻逸國在渤泥之北,團聚千餘家,夾溪而居。土人披布如被,或腰布蔽體。有銅佛像,散布草野,不知所自。盜少至其境,商舶入港,駐於官場前,官場者,其國闤闠之所也,登舟與之雜處。酋長日用白傘,故商人必賚以爲贐。交易之例,蠻賈叢至,隨筏篙搬取物貨而去,初若不可曉,徐辨認搬貨之人,亦無遺失。蠻賈迺以其貨轉入他島嶼,貿易率至八九月始歸,以其所得,準償舶商,亦有過期不歸者,故販麻逸舶回最晚。三嶼、白蒲延、蒲里嚕、里銀、東流新、里漢等,皆其屬也。土產黃蠟、吉貝、真珠、瑇瑁、藥檳榔、于達布。商人用甆器、貨金、鐵鼎、烏鉛、五色琉璃珠、鐵針等博易。

三嶼

三嶼乃麻逸之屬,曰加麻延、巴姥酉、巴吉弄等,各有種落,散居島嶼,舶舟至,則出而貿易,總謂之三嶼。其風俗大畧與麻逸同。每聚落各約千餘家,地多崇岡疊嶂,峭拔如壁,憑高依險,編茅爲屋。山無水源,婦女以首纍擎二三甕,取水於溪,登陟如履平地。窮谷別有種落,號海膽,人形而小,眼圓而黃,虯髮露齒,巢於木顛,或三五爲羣,踤伏榛莽,以暗箭射人,多罹其害。投以甆椀,則俯拾忻然,跳呼而去。番商每抵一聚落,未敢登岸,先駐舟中流,鳴鼓以招之,蠻賈争棹小舟,持吉貝、黄蠟、番布、椰心簟等至與貿易。如議之價未決,必賈豪自至説諭,餽以絹傘、甆器、籐籠,仍留一二輩爲質,然後登岸互市,交易畢則返其質。停舟不過三四日,又轉而之他。諸蠻之居,環繞三嶼,不相統屬。其山倚東北隅,南風時至,激水衝山,波濤迅駛,不可泊舟,故販三嶼者,率四五月間即理歸棹。博易用甆器、皂綾、纈絹、五色燒珠、鉛網墜、白錫爲貨。蒲哩嚕與三嶼聯屬,聚落差盛,人多猛悍,好攻劫。海多鹵股之石,槎牙如枯木芒刃,銛於劍戟,舟過其側,預曲折以避之。産青琅玕、珊瑚樹,然絶難得。風俗、博易與三嶼同。

流求國

流求國當泉州之東,舟行約五六日程。王姓歡斯,土人呼爲"可老"。王所居曰波羅檀洞,塹柵三重,環以流水,植棘爲藩,殿宇多彫刻禽獸。男女皆以白紵繩纏髮,從頭後盤繞,及以雜紵雜毛爲衣,製裁不一。織藤爲笠,飾以羽毛。兵有刀、稍、弓箭、劍、鼓之屬,編熊豹皮爲甲。所乘之車,刻獸爲像,導從僅數十人。無賦斂,有事則均税。不知節朔,际月盈虧以紀時。父子同床而寢,曝海水爲鹽,釀米麴爲酒,遇異味先進尊者。肉有熊羆、豺狼,尤多猪、雞,無牛羊、驢馬。厥土沃壤,先用火燒,然後引水灌注,持鋪僅數寸而墾之。無他奇貨,尤好剽掠,故商賈不通。土人間以所産黄蠟、土金、氂尾、豹脯往售於三嶼。旁有毗舍耶、談馬顔等國。

毗舍耶

毗舍耶,語言不通,商販不及,袒裸盱睢,殆畜類也。泉有海島曰彭湖,隸晉江縣,與其國密邇,煙火相望,時至寇掠,其來不測,多羅生噉之害,居民苦之。淳熙間,國之酋豪常率數百輩猝至泉之水澳、圍頭等村,恣行兇暴,戕人無數,淫其婦女,已而殺之。

喜鐵器及匙箸。人閉户則免,但刓其門圈而去。擲以匙箸,則俯拾之,可緩數步。官軍擒捕,見鐵騎則競刓其甲,駢首就戮,而不知悔,臨敵用標鎗,繫繩十餘丈爲操縱,蓋愛其鐵,不忍棄也。不駕舟楫,惟以竹筏從事,可摺疊如屏風,急則羣昇之汹水而遁。

新羅國

新羅國,弁韓遺種也。其國與泉之海門對峙,俗忌陰陽家子午之説,故興販必先至四明,而後再發,或曰泉之水勢漸低,故必經由四明。有大族曰金氏、朴氏。唐武德中,封真金爲樂浪郡王,其後常爲君長。開耀中,遣使乞唐禮及他文,從之。屋宇、器用、服飾、官屬略做中國。其治峻法以繩下,故少犯,道不拾遺。婚娶不用幣。人知書喜學,厮役之家,亦相矜勉。里有庠,扁曰局堂,處子弟之未婚者,習書射於其中。三歲一試,舉人有進士、算學諸科,故號君子國。地宜粳稻,有橐駝、水牛。不用錢,第以米博易。民家器皿,悉銅爲之。樂有二品,曰庫樂,曰鄉樂。開元中,嘗遣邢璹爲弔使。五代同光、長興中,各遣使修朝貢禮。皇朝建隆二年,遣使来貢。興國二年,又貢。其國信陰陽鬼神之事,多拘忌。中國使至,必涓吉而後具禮受詔,每受詔,亦爲謝表,粗有文采。地出人參、水銀、麝香、松子、榛子、石決明、松塔子、防風、白附子、茯苓、大小布、毛施布、銅磬、瓷器、草蓆、鼠毛筆等。商舶用五色纈絹及建本文字博易。

倭國

倭國在泉之東北,今號日本國。以其國近日出,故名,或曰惡舊名改之。國方數千里,西南至海,東北限以大山,山外即毛人國。凡五畿、七道、三島,三千七百七十二鄉,四百一十四驛,八十八萬三千餘丁。地多山林,無良田,嗜海錯。俗多文身,自謂泰伯之後,又言上古使至中國,皆自稱大夫。昔夏少康之子封於會稽,斷髮文身，以避蛟龍之害。今倭人沈没取魚，亦文身以厭水族。計其道里，在會稽之正東，寒暑大類中國。王以王爲姓，歷七十餘世不易，文武皆世官。男子衣橫幅，結束相連，不施縫綴。婦人衣如單被，穿其中以貫頭，一衣率用二三縑，皆被髮跣足。亦有中國典籍，如五經、白樂天文集之類，皆自中國得之。土宜五穀而少麥。交易用銅錢，以“乾文（元）大寶”爲文。有水牛、驢、羊、犀、象之屬。亦有金銀、細絹、花布。多産杉木、羅木，長至十四五丈，徑四尺餘，土人解爲枋板，以巨艦搬運至吾泉貿易，泉人罕至其國。樂有中國、高麗二部。刀楯、弓矢，以鐵爲鏃，挽射矢不能遠，詰其故，以其國中不習戰鬥。有屋宇，父母、兄弟卧息異處，飲食用俎豆，嫁娶不持錢帛。死有棺無槨，封土爲塚。初喪哭泣，不食肉，已葬，舉家入水潔浴，以祓不祥。舉大事則灼骨，以占吉凶。不知正歲四時，但計秋收之時，以爲年紀。人多壽，率八九十歲。婦女不淫不妬。無爭訟，或罹于罪，重者族滅，輕者没其妻孥。以金銀爲貢賦，即其地之東粤（奥）州及別島所産也。其國自後漢嘗通中國，歷魏晋宋隋唐，並遣使修朝貢。國朝雍熙元年，國僧奝然與其徒五六人浮海至，以銅器十餘事獻，極精緻，太宗召見，館於太平興國寺，賜紫衣方袍，撫之甚厚。聞其王一姓傳繼，臣下皆世官，因歎息謂宰臣宋琪、李昉曰：“此島夷爾，乃世祚遐久，其臣亦繼襲不絶，此古之道也夫！”以一島夷而動太宗之歎息，豈泰伯用夏變夷之遺風猶有存者歟！

諸蕃志箋注卷下

志物

腦子

腦子出渤泥國，一作佛尼。又出賓窣國，世謂三佛齊亦有之，非也。但其國據諸蕃來往之要津，遂截斷諸國之物，聚於其國，以竢蕃舶貿易耳。腦之樹如杉，生於深山窮谷中，經千百年，支幹不曾損動，則膔有之，否則腦隨氣泄。土人入山採腦，須數十爲羣，以木皮爲衣，賚沙糊爲糧，分路而去。遇腦樹則以斧斫記，至十餘株，然後截段均分，各以所得，解作板段，隨其板傍橫裂而成縫。腦出於縫中，劈而取之，其成片者，謂之梅花腦，以狀似梅花也。次謂之金脚腦。其碎者謂之米腦。碎與木屑相雜者，謂之蒼腦。取腦已淨，其杉片謂之腦札。今人碎之與鋸屑相和，置瓷器中，以器覆之，封固其縫，煨以熱灰，氣蒸結而成塊，謂之聚腦，可作婦人花環等用。又有一種如油者，謂之腦油，其氣勁而烈，秖可浸香合油。

乳香

乳香一名薰陸香，出大食之麻囉拔、施曷、奴發三國深山窮谷中。其樹大槩類榕，以斧斫株，脂溢於外，結而成香，聚而爲塊。以象輦之，至於大食，大食以舟載易他貨于三佛齊，故香常聚于三佛齊。番商貿易至舶司，視香之多少爲殿最。而香之爲品十有三，其最上者爲揀香，圓大如指頭，俗所謂滴乳是也。次曰餅乳，其色亞於揀香。又次曰餅香，言收時貴重之，置於餅中。餅香之中，又有上中下三等之別。又次曰袋香，言收時止置袋中，其品亦有三，如瓶香焉。又次曰乳搨，葢香之雜於砂石者也。又次曰黑搨，葢香色之黑者也。又次曰水濕黑搨，葢香在舟中，爲水所浸漬，而氣變色敗者也。品雜而碎者曰斫削，簸揚爲塵者曰纏末。此乳香之別也。

没藥

没藥出大食麻囉抹國。其樹高大，如中國之松，皮厚一二寸，採時先掘樹下爲坎，用斧伐其皮，脂溢於坎中，旬餘方取之。

血碣

血碣亦出大食國。其樹略與没藥同，但葉差大耳，採取亦如之。有瑩如鏡面者，乃樹老脂自流溢，不犯斧鑿，此爲上品。其夾插柴屑香，乃降真香之脂，俗號假血碣。

金顔香

金顔香正出真臘，大食次之，所謂三佛齊有此香者，特自大食販運至三佛齊，而商人又自三佛齊轉販入中國耳。其香乃木之脂，有淡黄色者，有黑色者，拗開雪白爲佳，有砂石爲下。其氣勁，工於聚衆香，今之爲龍涎軟香佩帶者，多用之。蕃人亦以和香而塗其身。

篤耨香

篤耨香出真臘國，其香樹脂也。其樹狀如杉檜之類，而香藏於皮，樹老而自然流溢者，色白而瑩，故其香雖盛暑不融，名曰篤耨。至夏月以火環其株而炙之，令其脂液再溢，冬月因其凝而取之。故其香夏融而冬凝，名黑篤耨。土人盛之以瓢，舟人易之以瓷器，香之味清而長，黑者易融，滲漉於瓢，碎瓢而爇之，亦得其髣髴，今所謂篤耨瓢是也。

蘇合香油

蘇合香油出大食國。氣味大抵類篤耨，以濃而無滓者爲上。蕃人多用以塗身，閩人患大風者亦傚之。可合軟香及入醫用。

安息香

安息香出三佛齊國。其香迺樹之脂也，其形色類核桃瓢而不宜於燒，然能發衆香，故人取之以和香焉。通典叙西戎有安息國，後周天和、隋大業中曾朝貢，恐以此得名，而轉貨於三佛齊。

栀子花

栀子花出大食啞巴閑、囉施美二國。狀如中國之紅花,其色淺紫,其香清越而有醞藉。土人採花曬乾,藏之琉璃餅中。花赤希有,即佛書所謂薝蔔是也。

薔薇水

薔薇水,大食國花露也。五代時,蕃使蒲謌散以十五瓶效貢,厥後[罕]有至者。今多採花浸水,蒸取其液以代焉。其水多僞雜,以琉璃餅試之,翻搖數四,其泡周上下者爲真。其花與中國薔薇不同。

沈香

沈香所出非一,真臘爲上,占城次之,三佛齊、闍婆等爲下。俗分諸國爲上下岸,以真臘、占城爲上岸,大食、三佛齊、闍婆爲下岸。香之大槩,生結者爲上,熟脫者次之;堅黑者爲上,黃者次之。然諸沈之形多異,而名亦不一。有如犀角者,謂之犀角沈;如燕口者,謂燕口沈;如附子者,謂之附子沈;如梭者,謂之梭沈;文堅而理緻者,謂之橫隔沈。大抵以所產氣味爲高下,不以形體爲優劣。世謂渤泥亦產,非也。一説其香生結成,以刀修出者,爲生結沈;自然脫落者爲熟沈。產於下岸者,謂之番沈,氣哽味辣而烈能治冷氣,故亦謂之藥沈。海南亦產沈香,其氣清而長,謂之蓬萊沈。

箋香

箋香乃沈香之次者,氣味與沈香相類,然帶木而不甚堅實,故其品次於沈香而優於熟速。

速暫香

生速出於真臘、占城,而熟速所出非一,真臘爲上,占城次之,闍婆爲下。伐樹去木而取者，謂之生速；樹仆於地，木腐而香存者，謂之熟速。生速氣味長，熟速氣味易焦，故生者爲上，熟者次之。熟速之次者謂之暫香，其所產之高下與熟速同。但脫者謂之熟速，而木之半存者謂之暫香。半生熟，商人以刀剞其木而出其香，擇其上者雜於熟速而貨之，市者亦莫之辨。

黃熟香

黃熟香諸番皆出，而真臘爲上。其香黃而熟，故名。若皮堅而中腐者，其形如桶，謂之黃熟桶。其夾箋而通黑者，其氣尤勝，謂之夾箋黃熟。夾箋者，迺其香之上品。

生香

生香出占城、真臘，海南諸處皆有之。其直下於烏□（香），乃是斫倒香株之未老者，若香已生在木內，則謂之生香。結皮三分爲暫香，五分爲速香，七八分爲箋香，十分即爲沈香也。

檀香

檀香出闍婆之打綱、底勿二國，三佛齊亦有之。其樹如中國之荔支，其葉亦然。土人斫而陰乾，氣清勁而易泄，爇之能奪衆香。色黃者謂之黃檀，紫者謂之紫檀，輕而脆者謂之沙檀，氣味大率相類。樹之老者，其皮薄，其香滿，此上品也。次則有七八分香者。其下者謂之點星香，爲雨滴漏者謂之破漏香，其根謂之香頭。

丁香

丁香出大食、闍婆諸國。其狀似丁字，因以名之。能辟口氣，郎官咀以奏事。其大者謂之丁香母，丁香母即雞舌香也。或曰雞舌香，千年棗實也。

肉豆蔻

肉豆蔻出黃麻馹、牛崘等深番。樹如中國之柏，高至十丈，枝幹條枚，蕃衍敷廣，蔽四五十人。春季花開，採而曬乾，今豆蔻花是也。其實如榧子，去其殼，取其肉，以灰藏之，可以耐久。按本草，其性溫。

降真香

降真香出三佛齊、闍婆、蓬豐，廣東、西諸郡亦有之。氣勁而遠，能辟邪氣。泉人歲除，家無貧富，皆爇之如燔柴然。其直甚廉，以三佛齊者爲上，以其氣味清遠也。一名曰紫藤香。

麝香木

麝香木出占城、真臘。樹老仆，湮沒於土而腐，以熟脫者爲上，其氣依稀似麝，故謂之麝香。若伐生木取之，則氣勁而惡，是爲下品。泉人多以爲器用，如花梨木之類。

波羅蜜

波羅蜜大如東瓜，外膚磈砢如佛髻，生青熟黃，削其膚食之，味極甘。其樹如榕，其花叢生，花褪結子，惟一成實，餘各蘸死。出蘇吉丹，廣州南海廟亦有之。

檳榔

檳榔產諸番國及海南四州，交趾亦有之。木如棕櫚，結子葉間如柳條，顆顆叢綴其上，春取之爲軟檳榔，俗號檳榔，鮮極可口。夏秋採而乾之，爲米檳榔；漬之以鹽，爲鹽檳榔。小而尖者，爲雞心檳榔；大而區者，爲大腹子，食之可以下氣。三佛齊取其汁爲酒，商舶興販，泉、廣稅務歲收數萬緡。惟海南最多。鮮檳榔、鹽檳榔皆出海南，雞心、大腹子多出麻逸。

椰子

椰子木身，葉悉類棕櫚、檳榔之屬。子生葉間，一穗數枚，大如五升器，菓之大者惟此與波羅蜜耳。初採，皮甚青嫩，已而變黃，久則枯乾。皮中子殼可爲器，子中穰白如玉，味美如牛乳。穰中酒新者極清芳，久則渾濁不堪飲。南毗諸國取其樹花汁，用蜜糖和之爲酒。

没石子○商業博物志：没食子出小亞細亞，是一類沙尼巴斯蟲穿樹皮爲疣瘤所成。其瘤有粗糙多棱角者，有平滑者，所言與此不同，而與段成式酉陽雜俎所謂無食子蟲食成孔者、入藥者略相涉，今西人用爲揉革料。

没石子出大食勿廝離。其樹如樟，歲一開花結實，如中國之茅栗，名曰沙没律，亦名蒲蘆，可採食之。次年再生，名曰麻茶。麻茶，没石子也。明年又生沙没律，間歲方生没石子，所以貴售。一根而異産，亦可怪也。

烏樠子(木)

烏樠子(木)似棕櫚，青緑聳直，高十餘丈，蔭緑茂盛。其木堅實如鐵，可爲器用，光澤如漆，世以爲珍木。

蘇木

蘇木出真臘國，樹如松柏，葉如冬青，山谷郊野，在在有之，聽民採取。去皮曬乾，其色紅赤，可染緋紫，俗號曰宲木。

吉貝

吉貝樹類小桑，葺類芙蓉，絮長半寸許，宛如鵝毳，有子數十。南人取其茸絮，以鐵筯碾去其子，即以手握茸就紡，不煩緝績，以之爲布。最堅厚者，謂之兜羅綿，次曰番布，次曰木棉，又次曰吉布。或染以雜色，異紋炳然，幅有闊至五六尺者。

椰心簟

椰心簟出丹戎武囉，番商運至三佛齊、凌牙門及闍婆貿易。
又出三嶼、蒲嘿（哩）嚕。山産草，其狀似藤，長丈餘，紋縷端膩，無
節目，名曰椰心草。番之婦女採而絲破，織以爲簟，或用色染，紅
黑相間者曰花簟。冬温而夏凉，便於出入。以三佛齊者爲上，三
嶼者最爲下。

木香

木香出大食麻囉抹國，施曷、奴發亦有之。樹如中國絲瓜。
冬月取其根，剉長一二寸，曬乾，以狀如雞骨者爲上。

白荳蔻

白荳蔻出真臘、闍婆等番，惟真臘最多。樹如絲瓜，實如蒲
萄，蔓衍山谷，春花夏實，聽民從便採取。

胡椒

胡椒出闍婆之蘇吉丹、打板、白花園、麻東、戎牙路，以新梔者
爲上，打板者次之。胡椒生於郊野村落間，亦有界阓中國之蒲萄，
土人以竹木爲棚阓開花，四月結實。花如鳳尾，其色青紫，五月收
採，曬乾藏之倉廪，次歲方發出，以牛車運載博易。其實不禁日而
耐雨，旱則所入者寡，潦則所入倍常。或曰南毗無離撥國至多，番商
之販於闍婆，來自無離撥也。

蓽澄茄

蓽澄茄，樹藤蔓衍，春花夏實，類牽牛子，花白而實黑，曬乾入
包，出闍婆之蘇吉丹。

阿魏○商業博物志：阿魏爲有臭之樹脂類，以刀斫植物之根，從其截滴出之汁，初如乳液狀，日乾呈斑點，爲淡紅色。此植物爲波斯南部及阿富汗之土宜。

阿魏出大食木俱蘭國，其樹不甚高大，脂多流，土人以繩束其梢，去其尾，納以竹筒，脂滿其中。冬月破筒取脂，以皮袋收之。或曰其脂最毒，人不敢近。每採阿魏時，繫羊於樹下，自遠射之，脂之毒着於羊，羊斃，即以羊之腐爲阿魏。未知孰是，姑兩存之。

蘆薈

蘆薈出大食奴發國，草屬也。其狀如鱟尾，土人採而以玉器搗研之，熬而成膏，置諸皮袋中，名曰蘆薈。

珊瑚樹

珊瑚樹出大食毗喏耶國。樹生於海之至深處，初生色白，漸漸長苗拆甲，歷一歲許，色間變黃，支格交錯，高極三四尺，大者圍尺。土人以絲繩繫五爪鐵猫兒，用烏鉛爲墜，拋擲海中，發其根，以索繫於舟上絞車搭起。不能常有，鬻得一枝，肌理敷膩，見風則乾硬，變爲乾紅色。以最高者爲貴，若失時不舉，則致蠹敗。

琉璃

琉璃出大食諸國，燒煉之法與中國同。其法用鈆硝、石膏燒成，大食則添入南鵬砂，故滋潤不烈，最耐寒暑，宿水不壞，以此貴重於中國。

猫兒睛

猫兒睛狀如母指大，即小石也，瑩潔明透，如猫兒眼，故名。出南毗國，國有江，曰淡水江，諸流迤匯，深山碎石爲暴雨溯流，悉萃於此。官以小舸漉取，其圓瑩者即猫兒睛也。或曰有星照其地，秀氣鍾結而成。

　　真珠○<u>本草綱目</u>：<u>蘇頌</u>曰：“真珠生於珠牡，亦曰珠母，蚌類也。”

　　真珠出<u>大食國</u>之海島上，又出<u>西難</u>、<u>監篦</u>二國，<u>廣西</u>、<u>湖北</u>亦有之，但不若<u>大食</u>、<u>監篦</u>之明浄耳。每採珠，用船三四十隻，船數十人。其採珠人以麻繩繫身，以黄蠟塞耳鼻，入水約二三十餘丈，繩纏於船上，繩搖動則引而上。先煮毳納（衲）極熱，出水則急覆之，不然寒慄致死。或遇大魚、蛟黿、諸海怪，鬐鬣所觸，往往潰腹折支，人見血一縷浮水面，則知已葬魚腹。嘗有採珠者，繩動而引之不上，衆極力舉之，足已爲蛟黿所斷矣。所採者曰珠母，番官監視，隨其所採，籍其名，掘地爲坎，置諸坎中月餘，珠母殼腐，取珠淘浄，與採珠者均之。珠大率以圓潔明浄者爲上，圓者置諸盤中，終日不停。蕃商多置夾襦内及傘柄中，規免抽解。

　　硨磲

　　硨磲出<u>交趾國</u>，狀似大蚌，沿海人磨治其殼，因其形爲荷葉杯。膚理瑩潔如珂玉，其最大者，琢其根柢爲杯，有厚三寸者，脱落碎瑣，猶爲環珮諸玩物。按佛書以此爲至寶，今乃海錯爾，未審是古硨磲否？

　　象牙

　　象牙出<u>大食</u>諸國及<u>真臘</u>、<u>占城</u>二國，以<u>大食</u>者爲上，<u>真臘</u>、<u>占城</u>者爲下。<u>大食</u>諸國惟<u>麻囉抹</u>最多，象生於深山窮谷中，時出野外蹂踐，人莫敢近。獵者用神勁弓，以藥箭射之，象負箭而遁，未及一二里許，藥發即斃。獵者隨斃取其牙，理（埋）諸土中，積至十餘株，方搬至<u>大食</u>，以舟運載，與<u>三佛齊</u>、<u>日囉亭</u>交易。大者重五十斤至百斤，其株端直，其色潔白，其紋細籟者，<u>大食</u>出也。<u>真臘</u>、<u>占城</u>所産，株小色紅，重不過十數斤至二三十斤，又有牙尖，止可作小香疊用，或曰象媒誘致，恐此乃馴象也。

犀角

犀狀如黃牛，只有一角，皮黑毛稀，舌如栗殼，其性鷙悍，其走如飛，專食竹木等刺，人不敢近。獵人以硬箭自遠射之，遂取其角，謂之生角。或有自斃者，謂之倒山角。角之紋如泡，以白多黑少者爲上。

膃肭臍

膃肭臍，出大食伽力吉國。其形如猾，脚高如犬，其色或紅或黑，其走如飛。獵者張網於海濱捕之，取其腎而漬以油，名膃肭臍。番惟渤泥最多。

翠毛

翠毛，真臘最多。產於深山澤間，巢於水次。一壑之水，止一雌雄，外有一焉，必出而死鬪。人用其機，飼媒擎諸左手以行，巢中者見之，就手格鬪，不復知有人也，右手即以羅掩之，無能脱者。邕州右江亦產一種茸翠，其背毛悉是翠茸。窮侈者多以撚織，如毛段然。比年官雖厲禁，貴人家服用不廢，故番商冒法販鬻，多實布襦袴中。

鸚鵡

鸚鵡產占城，有五色，唐太宗時環王所獻是也。案傳謂能訴寒，有詔還之。環王國即占城也。欽州有白鸚鵡、紅鸚鵡，大如小娥（鵞），羽毛有粉，如蝴蜨翅，謂之白鸚鵡；其色正紅，尾如烏鳶之尾，謂之紅鸚鵡。

龍涎

龍涎，大食西海多龍，枕石一睡，涎沫浮水，積而能堅，鮫人採之,以爲至寶。新者色白,稍久則紫,甚久則黑,不薰不猶,似浮石而輕也。人云龍涎有異香,或云龍涎氣腥,能發衆香,皆非也。龍涎於香,本無損益,但能聚煙耳。和香而真用龍涎焚之,一縷翠煙浮空,結而不散,座客可用一剪分煙縷。此其所以然者,蜃氣樓臺之餘烈也。

瑇瑁

瑇瑁形似龜黿,背甲十三片,黑白斑紋間錯,邊襴缺齧如鋸,無足而有四鬣,前長後短,以鬣掉水而行。鬣與首斑文如甲,老者甲厚而黑白分明,少者甲薄而花字模糊,世傳鞭血成斑,妄也。漁者以秋間月夜採捕,肉亦可喫。出渤泥、三嶼、蒲嘿(哩)囉、闍婆諸國。

黄蠟

黄蠟出三嶼、麻逸、真臘、三佛齊等國。蜂生於深山窮谷中,或窠老樹,或窠芭蕉樹,或窠巖穴,較諸中國之蜜差大而黑。番民以皮鞍軀,先用惡草作煙,迫逐羣蜂飛散,随取其窠,擠去蜜,其滓即蠟也。鎔範成碫,或雜灰粉鹽石。以三佛齊者爲上,真臘次之,三嶼、麻逸、蒲嘿(哩)囉爲下。

海南

海南,漢朱崖、儋耳也。武帝平南粤,遣使自徐聞今雷州徐聞縣。渡海略地,置朱崖、儋耳二郡。昭帝省儋耳,併爲朱崖郡。元帝從賈捐之議,罷朱崖。至梁、隋,復置。唐貞觀元年,析爲崖、儋、振三州,隷嶺南道。五年,分崖之瓊山置郡,陞萬安縣爲州,今萬安軍是也。儋、振則今之吉陽、昌化軍是也。貞元五年,以瓊爲督府,今因之。徐聞有遞角場,與瓊對峙,相去約三百六十餘里,順風半日,可濟中流,號三合溜,涉此無風濤,則舟人舉手相賀。

至吉陽，迺海之極，亡復陸塗。外有洲，曰烏里，曰蘇吉浪，南對占城，西望真臘，東則千里長沙、萬里石床。渺茫無際，天水一色，舟舶来往，惟以指南針爲則，晝夜守視唯謹，毫釐之差，生死繫焉。四郡凡十一縣，悉隸廣南西路，環拱黎母山，黎獠蟠踞其中，有生黎、熟黎之別。地多荒田，所種秔稌，不足於食，乃以藷𦱿諸切芋、雜米作粥糜以取飽，故俗以貿香爲業。土産沉香、蓬萊香、鷓鴣斑香、箋香、生香、丁香、檳榔、椰子、吉貝、苧麻、楮皮、赤白藤、花縵、黎幕、青桂木、花梨木、海梅脂、瓊枝菜、海漆、蓽撥、高良薑、魚鰾、黃蠟、石蟹之屬，其貨多出於黎峒。省民以鹽鐵、魚米轉博與商賈貿易。泉舶以酒、米、麵粉、紗絹、漆器、瓷器等爲貨，歲杪或正月發舟，五六月間回舶。若載鮮檳榔攙先，則四月至。

　　瓊州在黎母山之東北，郡治即古崖州也。政和間，陞爲節鎮，以靖海軍爲額。瀕海少山，秋霖春旱，夏不極熱，冬不甚寒，多颶風，常以五六月發，有暈如虹者，謂之颶母。按隋志謂“人性輕悍，椎髻卉裳，刻木爲符，力穡朴野，父子別業。豪點共鑄銅爲大鼓，初成，懸於庭，鳴鼓以招同類，至者如雲，羣情趨服者，號爲‘都老人’”。着紬纏，以土爲釜，瓠匏爲器，無麴糵，以安石榴花醞釀爲酒。今之上衣無異中土，惟下裳男子用布縵，女子用裙。以紡貝爲生，土釜至今用之，瓠瓢間以鄭水，酒用薯糧以變色。雖無富民，而俗尚儉約，故無悍獨，凶年不見匄者。丁晋公嘗貶爲州司户，教民讀書著文。慶歷（曆）間，宋侯貫之創郡庠。嘉定庚午，趙侯汝厦新之，祠東坡蘇公、澹庵胡公於講堂之東西偏，扁其堂曰“明道”。海口有漢兩伏波廟，路博德、馬援祠也，過海者必禱於是，得环（杯）珓之吉而後敢濟。屬邑五：瓊山、澄邁、臨高、文昌、樂會，皆有市舶，於舶舟之中分三等，上等爲舶，中等爲包頭，下等名蜑船，至則津務申州，差官打量丈尺，有經册以格税錢，本州官吏兵卒仰此以贍。西二百三十六里，抵昌化軍治。

　　昌化在黎母山之西北，即古儋州也。子城高一丈四尺，周迴二百二十步，舊經以爲儋耳夫人驅鬼工，供畚鍤，一夕而就。或謂土人耳長至肩，故有“儋耳”之號。今昌化即無大耳兒，葢黎俗慕佛，以大鐶墜耳，俾下垂至肩故也。地無煙瘴水潦之患，氣候與中州異，羣花皆早發，至春時已盡，獨荷花自四五月開，至窮臘與梅菊相接。俗尚淳樸儉約，婦人不曳羅綺，不施粉黛，婚姻喪祭，皆循典禮，無饑寒之民。學在東南隅，後遷于西，紹興間復遷于城東，參政李公光爲之記。去州十五里，地名蜑場，忠簡趙公鼎謫吉陽，嘗過斯地。盛暑苦旱，井泉枯竭，鑿井不數尺得泉，至今不涸，號曰“相泉”。又有白馬井，泉味甘美，商舶回日，汲載以供日用。靈濟廟在鎮安門內，即儋耳夫人祠也，紹興間封顯應夫人。海外黎峒多竊發，惟儋獨全，夫人之力也。城西五十餘里，一石峯在海洲巨浸之間，形類獅子，俗呼獅子神，實貞利侯廟，商舶祈風于是。屬邑三，曰宜倫，曰昌化，曰感恩。南三百四十里抵吉陽軍界。

　　吉陽軍在黎母山之西南，郡治州吉陽縣基也。瓊管雖有陸路可通，然隔越生黎峒，必再涉海而後至，胡澹庵謂“再涉鯨波險”是也。郡治之南有海口驛，商人艤舟其下，前有小亭，爲迎送之所。地狹民稀，氣候不正，春常苦旱，涉夏方雨。耕種不糞不耘，樵牧、漁獵與黎獠錯雜，出入必持弓矢，婦人不事蠶桑，惟織吉貝、花被、縵布、黎幕。男子不喜營運，家無宿儲。俗尚鬼，不事醫藥，病則宰牲牷，動鼓樂以祀，謂之作福。禁人造門，喪祭亦皆用樂。地多崇崗峻嶺，峯巒秀拔，故郡之士人間有能自立者。學在郡城之東北，去城十三里，有石面平如掌，非磨琢之工所能爲，周圍數丈，可坐十客。林木茂密，澗水甘冽，周侯創結茅亭其上，扁曰“清賞”。熟黎峒落稀少，距城五七里許外即生黎所居，不啻數百峒，時有侵擾之害。周侯遣熟黎峒首諭之，約定寅酉二日爲虛市，率皆肩擔背負，或乘桴而來，與民貿易，黎人和悅，民獲安息。領吉陽、寧遠二縣，政和間併爲寧遠一縣。東一百二十里抵萬安軍界。

　　萬安軍在黎母山之東南。唐貞觀五年置萬安州，領縣三，曰萬安、富雲、博遼。天實（寶）初，更州爲郡。至德二載，更爲萬全。乾元初，復爲州。皇朝省富雲、博遼二縣，更萬安縣曰萬寧。熙寧六年，更爲軍，析萬寧爲陵水，今萬寧、陵水是也。民與黎蜑雜居，其俗質野而畏法，不喜爲盜，牛羊被野，無敢冒認。居多茅竹，瓦屋絕少。婦媼以織貝爲業，不事文繡，病不服藥，信尚巫鬼，殺牲而祭，以祈福佑。黃侯申首創藥局，人稍知服藥之利。城東有舶主都綱廟，人敬信，禱卜立應，舶舟往來，祭而後行。三郡士子，當歲大比，皆附試于瓊管。

黎，海南四郡島上蠻也。島有黎母山，因祥光夜見，旁照四郡。按晉書，分野屬婺女分，謂黎牛婺女星降現，故名曰“黎婺”，音訛爲“黎母”。諸蠻環處，其山峻極，常在霧靄中，黎人自鮮識之。秋朗氣清，時見翠尖浮插半空。山有水泉湧流，派而爲五，一入昌化，一入吉陽，一入萬安，一入瓊州。一流爲大溪，有灘三十六，至長寮村，屬澄邁縣；一流爲小溪，有灘二十四，至硃運村，屬樂會縣。二水合流爲三合水，屬瓊山縣。去省地遠者爲生黎，近者爲熟黎，各以所邇隸於四軍州。黎之峒落日以繁滋，不知其幾千百也，咸無統屬，峒自爲雄長，止於王、符、張、李數姓。同姓爲婚，省民之負罪者，多逋逃歸之。其人椎髻跣足，插銀銅錫釵，婦人加銅環，耳墜垂肩，女及笄即黥頰爲細花紋，謂之繡面。女既黥，集親客相賀慶，惟婢獲則不繡面。女工紡織，得中土綺綵，拆取色絲，加木棉，挑織爲單幕，又純織木棉、吉貝爲布。祭神以牛、犬、雞、彘，多至百牲。無鹽鐵、魚蝦，以沉香、緩布、木棉、麻皮等就省地博易，得錢無所用也。屋宇以竹爲棚，下居牧畜，人處其上。男子常帶長靶刀、長弰，刀弓跬步不離，喜讐殺，謂之捉拗。其親爲人所殺，後見仇家人及其峒中種類，即擒取而械之。械用荔枝木，長六尺許，其狀如碓，要牛、酒、銀鉼乃釋，謂之贖命。議婚姻折箭爲質，聚會椎皷舞歌。死必殺牛以祭。土產沈水、蓬萊諸香，爲香譜第一。漫山悉檳榔、椰子樹、小馬、翠羽、黃蠟之屬。

閩商值風飄蕩，貲貨陷没，多入黎地耕種之。歸官吏及省民經由村峒，必舍其家，恃以爲安。熟黎之外，海南四州軍鎮，其四隅地方千里，路如連環，欲歷其地，非一月不可遍。馬伏波之平海南也，命陶者作缶器，大者盛水數石，小者盛五斗至二三斗者，招到深峒歸降人，即以遺之，任意選擇，以測其巢穴之險夷。黎人止取二三斗之小者，詰之云：來時皆懸崖緣木而下，不取大者，恐將歸不得。以是知其峒穴深而險峻不可入。四郡之人多黎姓，蓋其裔族，而今黎人乃多姓王。淳熙元年，五指山生黎洞首王仲期，率其傍八十洞，丁口千八百二十歸化。仲期與諸洞首王仲文等八十一人詣瓊管公參，就顯應廟研石歃血，約誓改過，不復抄掠，犒賜遣歸。瓊守圖其形狀衣裘上經畧司，髻露者以絳帛約髻根，或以彩帛包髻，或戴小花笠，皆簪二銀篦，亦有着短織花裙者，惟王仲期青巾紅錦袍束帶，自云祖父宣和中嘗納土補官、賜錦袍云。

物貨

海南土産，諸蕃皆有之，顧有優劣耳。箋、沈等香，味清且長，復出諸番之右，雖占城、真臘亦居其次。黄蠟則迥不及三佛齊，較之三嶼，抑又劣焉。其餘物貨，多與諸番同，惟檳榔、吉貝獨盛，泉商興販，大率仰此。

宋趙汝适爲福建提舉市舶時，撰諸蕃志二卷，雜紀蕃國名物，疏釋最詳，與今世所見聞無小異。趙蓋從目睹之餘，得其名狀，不徒作紙上談也。予視學嶺海，嘗攜此卷，逐加勘訂，歎其歷歷不爽，此足見古人著作之精，而後之游目其間者，亦不無多識之助云。童山李調元雨村。

西遊録箋注

元耶律楚材撰
元盛如梓删節
清沈曾植箋注

序

古君子南逾大嶺，西出陽關，壯夫志士，不無銷黯。予奉詔西行數萬里，確乎不動心者，無他術焉，蓋汪洋法海，涵養之效也。故述辨邪論，○李釋湛然集四寄摶霄註曰：予作辨邪論，摶霄嘗讀之。又六卷過太原南陽鎮題紫微觀壁三首註：紫微觀，舊佛寺也。邨人改佛像爲道像，故有此句。以斥糠秕，少答佛恩。戊子，乘傳來京，里人問異域事，慮煩應對，遂著西遊録以見予志，其間頗涉三聖人教正邪之辨。有譏予之好辨者，予應之曰：魯語有曰：“必也正名乎！”又曰：“思無邪。”是正邪之辨不可廢也。夫楊朱、墨翟、田駢、許行之術，孔氏之邪也。西域九十六種，此方毗盧、糠、瓢、白經、香會之徒，釋氏之邪也。全真、大道、混元、太乙、三張左道，老氏之邪也。至於黃白、金丹、導引、服餌之屬，是方技之異端，亦非伯陽之正道。曩昔禁斷，明著典常，第以國家創業，崇尚寬仁，是致僞妄滋彰，未及辨正耳。古者嬴秦焚經坑儒，唐韓愈排斥釋老，辨之邪也。孟子黜楊、墨，予之黜糠、邱，辨之正也。予將刊行之，雖三聖人復生，必不易此説矣。己丑元日湛然居士漆水移剌楚材晋卿序。

○按王弇州書玄風慶會録後云：“湛然西征記頗稱長春之短。”不知即指此序中語否，抑記中別有言也？

　　耶律文獻公、子中書令湛然居士、孫丞相雙溪、曾孫宣慰柳溪，四世皆有文集共百卷，行於世。柳溪在揚日，委草丞相行狀，嘗觀劉後村草真西山行實，奏穆陵，謂耶律某建平南之策，於時已有此議。中書令國初時扈從西征，行五六萬里，留西域六七年，有西遊録述其事，人所罕見，因節畧於此。

公戊寅春三月，出雲中，抵天山，涉大磧，踰沙漠，達行在所。明年大舉西伐，道過金山。時方盛夏，雪凝冰積，斲冰爲道，松檜參天，花草彌谷。金山而西，水皆西流入海。

其南有回鶻城，名別石把，唐碑所謂瀚海軍。瀚海去城數百里，海中有嶼，其上皆禽鳥所落羽毛。城西二百里有輪臺縣，唐碑在焉。城之南五百里有和州，即唐之高昌，亦名伊州。高昌西三四千里有五端城，即唐之于闐國，河出烏白玉。

過瀚海千餘里有不剌城。不剌南有陰山，東西千里，南北二百里。山頂有池，周圍七八十里，池南地皆林檎，樹陰翁鬱，不露日色。出陰山有阿里馬城，西人目林檎曰“阿里馬”，附郭皆林檎園，故以名。附庸邑八九，多蒲萄、棃果，播種五穀，一如中原。

又西有大河曰亦列，其西有城曰虎司窩魯朶，即西遼之都。垺庸城數十。

又西數百里有塔剌思城。○漢西域圖考引西游録，塔剌斯平原可耕，西遼盛時，富庶甲他處。又西南數百餘里有苦盞城、八普城、可傘城、芭欖城。○芭欖城，蓋祕史之巴魯彎川。苦盞多石榴，其大如拱，甘而差酸。凡三五枚，絞汁盈盂，渴中之尤物也。芭欖城邊皆芭欖園，故以名。其花如杏而微淡，葉如桃而差小，冬季而花，夏盛而實。八普城西瓜大者五十斤，長耳僅負二枚。

苦盞西北五百里有訛打剌城，垺庸城十數。此城渠酋常殺命吏數人、商賈百數，盡掠其財貨。西伐之舉由此也。

訛打剌西千餘里，有大城曰尋思干。“尋思干”者，西人云肥也，以地土肥饒，故以名。甚富庶，用金銅錢，無孔郭。環城數十里皆園林，飛渠走泉，方池圓沼，花木連延，誠爲勝槩。瓜大者如馬首，馨○“馨”當作“穀”。李若農注本作“穀”。無黍糯、大豆，盛夏無雨。以蒲萄釀酒，有桑，不能蠶，皆服屈眴。以白衣爲吉，以青衣爲喪服，故皆衣白。

尋思干西六七百里有蒲華城，土產更饒，城邑稍多。尋思干乃謀速魯蠻種落梭里檀所都。○西游記有鋪速滿國王。中堂事記：回回譯史麥朮丁，以木筆挑書普速蠻字。蓋唐世拔悉密之遺民也。蒲華、苦盞、訛打剌城皆隸焉。

蒲華之西有大河，西入於海，其西有五里犍城，○五里犍，李芍農氏改“玉里犍”，亦以爲即“玉龍傑”之轉音。梭里檀母后所居，富庶又盛於蒲華。

又西瀕大河有班城，○“班”下脱“里”字，以長春西游記考之，班里城地理正合。又西有甄城。

自此而西，直抵黑色印度城。亦有文字，與佛國字體聲音不同，佛像甚多，不屠牛羊，但飲其乳。土人不識雪，歲二熟麥。盛夏置錫器於沙中，尋即鎔鑠，馬糞墮地沸溢，月光射人如夏日。其南有大河，冷如冰雪，湍流猛峻，注於南海。土多甘蔗，取其液釀酒熬餳。

印度西北有可弗叉國，數千里皆平川，無復邱垤。不立城邑，民多羊馬，以蜜爲釀。此國晝長夜促，羊膊熟，日已復出，正符唐史所載骨利幹國事。但國名不同，豈非歲月久遠，語音訛舛？○可弗叉不見於祕史，乞不察不見於西游記及此書，對音正同。炙羊膊之説又合。則可弗叉即乞不察，而欽察即唐書之突厥可薩部，蓋無疑也。尋思干去中原幾二萬里，印度去尋思干又等，可弗叉去印度又等。雖縈迂曲折，不爲不遠，不知幾萬里也。○盛如梓庶齋老學叢談上。

○李光廷漢西域圖考引耶律文正西游録云：“大軍發于闐，至可汗城，屠其城。雅爾堪城主來降。”又引西游録：“自回鶻五城渡黑水河，西北至庫克腦兒，譯言青海子，跨河築城，拄石爲梁。南城開張，形如腰鼓，與阿里馬南路相值，皆西遼巨鎮也。”

○“大軍發于闐而西，遂北渡黄河，至可汗城，[城]極雄壯。攻圍五日，西人堅守不下。我軍以礮攻之，火箭焚其東城鼓（敵）樓。既破，遂屠其城人。時天暑甚，上命築壘，暫休軍卒。使人招諭諸城。七月，雅爾堪城主來降，且迎軍，大軍遂陸續西進，至木蘭河。河甚寬廣，無船，軍中縫牛革爲囊，亂流而渡。河水迅急，半濟，風起浪洶湧，激革囊回南岸，溺斃數十人。

乃命元帥張榮伐林木,裝栰(筏)以濟師。八月下旬,軍渡河而西"云云。俞浩西域考古録卷十五引。

○雙溪醉隱集哭尊大人領省詩序云:"尊大人領省臥疾日,忽謂人曰:'天帝適新起寶輪,請吾爲記。記已成,吾爲汝輩誦之。'數過,左右無曉書者,遂忘之。又云:'天上寶刹亦成,鐘聲甚佳。'謂侍疾者曰:'汝聽此否乎?'後數日,有白雲突出帳中,如虹蜿然,上微霄漢,終日不絶。人皆哭曰:'公行矣!'尋薨。"

長春真人西遊記箋注

元李志常撰
清沈曾植箋注

序

長春真人蓋有道之士，中年以來，意此老人固已飛昇變化，侶雲將而友鴻濛者久矣，恨其不可得而見也。己卯之冬，流聞師在海上，被安車之徵。明年春，果次于燕，駐車玉虛觀，始得一識其面。尸居而柴立，雷動而風行，真異人也。與之言，又知博物洽聞，於書無所不讀。由是日益敬其風，而願執弟子禮者，不可勝計。自二三遺老且樂與之游，其餘可知也。居無何，有龍陽之行，及使者再至，始啓途而西。將別，道衆請還期，語以三載，時辛巳夾鍾之月也。迨甲申孟陬，師至自西域，果如其旨，識者歎異之。自是月七日，入居燕京大天長觀，從疏請也。噫！今人將事行役，出門彷徨，有離別可憐之色。師之是行也，崎嶇數萬里之遠，際版圖之所不載，雨露之所弗濡，雖其所以禮遇之者不爲不厚，然勞憊亦甚矣。所至輒徜徉容與，以樂山水之勝，賦詩談笑，視死生若寒暑，於其胸中曾不蔕芥。非有道者能如是乎？門人李志常，從行者也，掇其所歷而爲之記。凡山川道里之險易，水土風氣之差殊，與夫衣服、飲食、百果、草木、禽蟲之別，粲然靡不畢載，目之曰“西游”，而徵序於僕。夫以四海之大，萬物之廣，耳目未接，雖有大智，猶不能徧知而盡識也，況四海之外者乎！所可考者，傳記而已。僕謂是集之行，不特新好事者之聞見，又以知至人之出處，無可無不可，隨時之義云。戊子秋後二日西溪居士孫錫序。

長春真人西遊記箋注卷上

父師真人長春子，姓邱氏，名處機，字通密。登州棲霞人。未冠出家，師事重陽真人，而住磻溪龍門十有三年，真積力久，學道乃成。暮年還海上。戊寅歲之前，師在登州，河南屢欲遣使徵聘，事有齟齬，遂已。明年，住萊州昊天觀。夏四月，河南提控邊鄙使至，邀師同往，師不可，使者攜所書詩頌歸。繼而復有使自大梁來，道聞山東爲宋人所據，乃還。其年八月，江南大帥李公全、彭公義斌來請，不赴。爾後隨處往往邀請，萊之主者難其事，師乃言曰：“我之行止，天也，非若輩所及知。當有留不住時去也。”

居無何，成吉思皇帝遣侍臣劉仲祿，縣虎頭金牌，其文曰“如朕親行，便宜行事”，及蒙古人二十輩，傳旨敦請。師躊躇間，仲祿曰：“師名重四海，皇帝特詔仲祿，踰越山海，不限歲月，期必致之。”師曰：“兵革以來，此疆彼界，公冒險至此，可謂勞矣。”仲祿曰：“欽奉君命，敢不竭力？仲祿今年五月，在乃滿國兀里朵得旨。六月，至白登北威寧，得羽客常真諭。七月，至德興，以居庸路梗，燕京發士卒來迎。八月，抵京城。道衆皆曰：‘師之有無，未可必也。’過中山，歷真定，風聞師在東萊。又得益都府安撫司官吳燕、蔣元，始得其詳。欲以兵五千迎師，燕等曰：‘京東之人，聞兩朝議和，衆心稍安。今忽提兵以入，必皆據險自固，亦將乘桴海上矣。誠欲事濟，不必爾也！’從之。乃募自願者，得二十騎以行。將抵益都，使燕、元馳報其帥張林，林以甲士萬郊迎。仲祿笑曰：‘所以過此者，爲求訪長春真人，君何以甲士爲？’林於是散其卒，相與按轡以入，所歷皆以此語之，人無駭謀。林復給以驛騎。次濰州，得尹公。冬十有二月，同至東萊，傳皇帝所以宣召之旨。”師知不可辭，徐謂仲祿曰：“此中艱食，公等且往益都，俟我上元醮竟，當遣十五騎來，十八日即行。”於是宣使與衆西入益都，預選門弟子十有九人，以俟其來。

如期騎至，與之俱行。由濰陽至青社，宣使已行矣。聞之張林言：“正月七日，有騎四百，軍於臨淄，青民大駭。宣使逆而止之，今未聞所在。”師尋過長山及鄒平，二月初，居濟陽，士庶奉香火迎拜于其邑南。羽客長迎前，導飯於養素庵，會衆僉曰："先月十八日，有鶴十餘自西北來，飛鳴雲間，俱東南去。翌日辰巳間，又有數鶴來自西南，繼而千百焉。或頡或頏，獨一鶴拂庵盤桓乃去。今乃知鶴見之日，即師啓行之辰也。"皆以手加額，留數日。二月上旬，宣使遣騎來報，已駐軍將陵，艤舟以待，明日遂行。

十三日，宣使以軍來迓，師曰："來何暮？"對以"道路榛梗，特往燕京會兵，東備信安、西備常山。○信安張進，常山武仙。仲禄親提軍，取深州、下武邑以闢路，構橋於滹沱，括舟於將陵，是以遲"。師曰："此事非公不克辦。"次日，絕滹沱而北，二十二日，至盧溝，京官士庶、僧道郊迎。是日，由麗澤門入，道士具威儀，長吟其前，行省石抹公館師於玉虛觀。○石抹公，咸得不也。自爾求頌乞名者日盈門，凡士馬所至，奉道弟子以師與之名，往往脱欲兵之禍。師之道廕及人如此。宣撫王巨川楫上詩，師答云："旌旗獵獵馬蕭蕭，北望燕師渡石橋。萬里欲行沙漠外，三春遽別海山遙。良朋出塞同歸雁，破帽經霜更續貂。一自元元西去後，到今無似北庭招。"師聞行宮漸西，春秋已高，倦冒風霜，欲待駕回朝謁。又仲禄欲以選處女偕行。師難之曰："齊人獻女樂，孔子去魯，余雖山野，豈與處女同行哉！"仲孫（禄）乃令曷剌（剌）馳奏，師亦遣人奉表。

一日，有人求跋閻立本太上過關圖，題："蜀郡西遊日，函關東別時。羣胡皆稽首，大道復開基。"又以二偈示衆，其一云："雜亂朝還暮，輕狂古到今。空華空寂念，若有若無心。"其二云："觸情常決烈，非道莫參差。忍辱調猿馬，安閒度歲時。"

四月上旬，會衆請望日醮于天長，師以行辭，衆請益力。曰："今兹兵革未息，遺民有幸得一覿真人，蒙道廕者多矣。獨死者冥冥長夜，未沐薦拔，遺恨不無耳。"師許之。時方大旱，十有四日，既啓醮事，雨大降，衆且以行禮爲憂。師於午後赴壇將事，俄而開霽，衆喜而歎曰："一雨一晴，隨人所欲，非道高德厚者感應若是乎？"明日，師登寶元堂傳戒，時有數鶴自西北來，人皆仰之，焚簡之際，一簡飛空而滅，且有五鶴翔舞其上。士大夫咸謂師之至誠動天地。南溏（塘）老人張天度子真作賦美其事，諸公皆有詩。

醮竟，宣使劉公從師北行，道出居庸，夜遇羣盜於其北，皆稽顙以退，且曰"無驚父師"。五月，師至德興龍陽觀度夏，以詩寄燕京士大夫云："登真何在泛靈槎，南北東西自有嘉。碧落雲峰天景致，滄波海市雨生涯。神游八極空雖遠，道合三清路不差。弱水縱過三十萬，騰身頃刻到仙家。"時京城吾道孫周楚卿、楊彪仲文、師諳才才卿、李士謙子進、劉中用之、陳時可秀玉、吳章德明、趙中立正卿、王銳威卿、趙昉德輝、孫錫天錫，此數君子，師寓玉虛日所與唱和者也。王觀逢辰、王真哉清甫，亦與其遊。

觀居禪房山之陽，其山多洞府，常有學道修真之士棲焉。師因挈衆以遊，初入峽門，有詩云："入峽清遊分外嘉，羣峰列岫戟查牙。蓬萊未到神仙境，洞府先觀道士家。松塔倒縣秋雨露，石樓斜照晚雲霞。卻思舊日終南地，夢斷西山不見涯。"其地爽塏，勢傾東南，一望三百餘里。觀之東數里，平地有湧泉，清冷可愛，師往來其間，有詩云："午後迎風□［背］日行，遙山極目亂雲橫。萬家酷暑熏腸熱，一派寒泉入骨清。北地往來時有信，東皋遊戲俗無爭。耕夫牧豎，堤陰讓坐。溪邊浴罷林間坐，散髮披襟暢道情。"

中元日，本觀醮，午後傳符授戒，老幼露坐熱甚，悉苦之。須臾，有雲覆其上，狀如圓葢，移時不散，衆皆喜躍讚歎。又觀中井水可給百衆，至時踰千人。執事者謀他汲，前後三日，井水忽溢，用之不竭。是皆善緣天助之也。醮後題詩云："太上宏慈救萬靈，衆生薦福藉羣經。三田保護精神氣，萬象欽崇日月星。自揣肉身潛有漏，難逃科教入無形。且遵北斗齋儀法，南斗北斗，皆論齋醮。漸陟南宫火煉庭。"

八月初，應宣德州元帥移剌（剌）公請，遂居朝元觀。中秋夜，有賀聖朝二曲，其一云："斷雲歸岫，長空凝翠，寶鑑初圓。大光明宏照，亘流沙外，直過西天。人閒是處，夢魂沈醉，歌舞華筵。道

家門、別是一船清，暗開悟心田。"其二云："洞天深處，良朋高會，
逸興無邊。上丹霄飛至，廣寒宮悄，擲下金錢。靈虛晃耀，睡魔奔
送，玉兔嬋娟。坐忘機、觀透本來真，任法界周旋。"是後，天氣清
肅，靜夜安閒，復作二絕，云："長河耿耿夜深深，寂寞寒窗萬慮沈。
天下是非俱不到，安閒一片道人心。"其二云："清夜沈沈月向高，
山河大地絕纖毫。惟餘道德渾淪性，上下三天一萬遭。"

　　朝元觀據州之乾隅，功德主元帥移剌（刺）公因師欲北行，刱
構堂殿，奉安尊象，前後雲房洞室，皆一新之。十月間，方繪祖師
堂壁，畫史以其寒，將止之。師不許，曰："鄒律尚且回春，況聖賢
陰有所扶持邪？"是月，果天氣溫和如春，絕無風沙，由是畫史得畢
其功。有詩云："季春邊朔苦寒同，走石吹沙振大風。旅雁翅垂南
去急，行人心倦北征窮。我來十月霜猶薄，人訝千山水尚通。不
是小春和氣暖，天教成就畫堂功。"尋阿里鮮至自斡辰大王帳下，
使來請師。繼而宣撫王公巨川亦至，曰："承大王鈞旨，如師西行，
請過我。"師首肯之。

　　是月，北遊望山，曷剌（刺）進表回，有詔曰："成吉思皇帝敕真
人邱師。"又曰："惟師道踰三子，德重多端。"其終曰："雲軒既發于
蓬萊，鶴馭可遊於天竺。達磨東邁，元印法以傳心；老氏西行，或
化胡而成道。顧川途之雖濶，瞻几杖以非遙。爰答來章，可明朕
意。秋暑，師比平安好，指不多及。"其見重如此。又敕劉仲祿云：
"無使真人飢且勞，可扶持緩緩來。"師與宣使議曰："前去已寒，沙
路綿遠，道衆所需未備，可往龍陽，乘春起發。"宣使從之。十八
日，南往龍陽，道友送別，多泣下。師以詩示衆云："生前暫別猶然
可，死後長離更不堪。天下是非心不定，輪回生死苦難甘。"翌日，
到龍陽觀過冬。

　　十一月十有四日，赴龍巖寺齋，以詩題殿西廡云："杖藜欲訪
山中客，空水一作山。沉沉淡無色。夜來飛雪滿巖阿，今日山光映
天白。""天高日下松風清，神遊八極騰虛明。欲寫山家本來面，道

人活計無能名。”十二月，以詩寄燕京道友云：“此行真不易，此別話應長。北踏野狐嶺，西窮天馬鄉。陰山無海市，白草有沙場。自歎非元聖，何如歷大荒。”又云：“京都若有餞行詩，早寄龍陽出塞時。昔有上牀鞋履別，今無發軫夢魂思。”復寄燕京道友云：“十年兵火萬民愁，千萬中無一二留。去歲幸逢慈詔下，今春須合冒寒遊。不辭嶺北三千里，皇帝舊兀里多。仍念山東二百州。窮急漏誅殘喘在，早教身命得消憂。”

辛巳之上元，醮於宣德州朝元觀，以頌示衆云：“生下一團腥臭物，種成三界是非魔。連枝帶葉無窮勢，跨古騰今不奈何。”以二月八日啟行，時天氣晴霽，道友餞行於西郊，遮馬首以泣曰：“父師去萬里外，何時復獲瞻禮？”師曰：“但若輩道心堅固，會有日矣！”衆復泣請：“果何時邪？”師曰：“行止非人所能爲也，兼遠涉異域，其道合與不合，未可必也。”衆曰：“師豈不知？願預告弟子等。”度不獲已，乃重言曰：“三載歸，三載歸。”

十日，宿翠屏口。明日，北度野狐嶺，登高南望，俯視太行諸山，晴嵐可愛；北顧但寒沙衰草，中原之風，自此隔絕矣！道人之心，無適不可。宋德芳輩指戰場白骨曰：“我歸，當薦以金籙。此亦余北行中因緣一端耳。”北過撫州。十五日，東北過蓋里泊，盡邱垤鹹鹵地，始見人煙二十餘家。南有鹽一作鹹。池，迤邐東北去，自此無河，多鑿沙井以汲。南北數千里，亦無大山。馬行五日，出明昌界，以詩紀實云：“坡陀折疊路彎環，到處鹽場死水灣。盡日不逢人過往，經年時有馬回環。地無木植惟荒草，天產邱陵沒大山。五穀不成資乳酪，皮裘氊帳亦開顏。”

又行六七日，忽入大沙陀，其磧有矮榆，大者合抱。東北行千里外，無沙處，絕無樹木。三月朔，出沙陀，至魚兒濼，始有人煙聚落，多以耕釣爲業。時已清明，春色渺然，凝冰未泮。有詩云：“北陸祁寒自古稱，沙陀三月尚凝冰。更尋若士爲黃鵠，要識修鯤化大鵬。蘇武北遷愁欲死，李陵南望去無憑。我盡返學盧敖志，六合窮觀取上乘。”三月五日，起之東北，四旁遠有人煙，皆黑車白帳，隨水草放牧。盡原隰之地，無復寸木，四望惟黃云白草。行不改途，又二十餘日，方見一沙河，西北流入陸局河。○此沙河蓋今喀魯喀河，秘史之合兒合河。下文“積水成海”，即今呼爾池，元人所謂枯輪海子也。張石州釋以都勒泊，非真人所經之路，略與今烏珠穆沁達呼倫貝爾驛路相近。若張參議所經，則略與明北征錄、聖祖親征噶爾丹中路程站相近也。水濡馬腹，傍多叢柳。渡河北行三日，入小沙陀。

四月朔，至斡辰大王帳下，冰始泮，草微萌矣。時有婚嫁之會，五百里内，首領皆載馬湩助之。皂車氈帳，成列數千。七日，見大王，問以延生事，師謂須齋戒而後可聞。約以望日授受。至日，雪大作，遂已。大王復曰：“上遣使萬里，請師問道，我曷敢先焉。”且諭阿里鮮：“見畢東還，須奉師過此。”十七日，大王以牛馬百數、車十乘送行。馬首西北，二十二日，抵陸局河，積水成海，周數百里，風浪漂出大魚，蒙古人各得數尾，並河南岸西行，時有野蔬得食。

五月朔，亭午，日有食之。既，眾星乃見，須臾復明。時在河南岸，蝕自西南，生自東北。其地朝涼而暮熱，草多黃花，水流東北。兩岸多高柳，蒙古人取之以造廬帳。行十有六日，河勢繞西北山去，不得窮其源。西南[接魚兒]濼驛路，蒙古人喜曰：“前年已聞父師來，因獻黍米石有五斗。”師以斗棗酬之。渠喜，曰：“未嘗見此物”，因舞謝而去。

又行十日，夏至，量日影三尺六七寸。漸見大山峭拔，從此以西，漸有山阜，人煙頗眾，亦皆以黑車白帳爲家。其俗牧且獵，衣以韋毳，食以肉酪。男子結髮垂兩耳，婦人冠以樺皮，高二尺許，往往以皂褐籠之，富者以紅綃，其末如鵝鴨，名曰“故故”。大忌人觸，出入廬帳須低回。俗無文籍，或約之以言，或刻木爲契，遇食同享，難則爭赴，有命則不辭，有言則不易，有上古之遺風焉。以詩敘其實云：“極目山川無盡頭，風煙不斷水長流。如何造物開天地，到此令人放馬牛。飲血茹毛同上古，峨冠結髮異中州。聖賢不得垂文化，歷代縱横只自由。”

又四程，西北渡河，乃平野，其旁山川皆秀麗，水草且豐美。○此所渡河爲今鄂爾昆河，其平野即和林川左右地。張參議紀行言和林川地甚平曠，外皆有山，山之陰多松林，瀕水則青楊叢柳而已。與此所言山川秀麗、水草豐美語合。紀行由吾悮竭腦兒渡鄂爾坤，此不言“腦兒”，蓋渡處尚在今額歸泊北，東西有故城，其東城蓋即紀行所見泊西之契丹小故城。其西城或即今耶律鑄所稱和林西北七十里苾伽可汗之宫城遺址未可知。真人與參議所行並出和林川北，和林城路尚在其南。據紀行言，自吾悮竭澤泊之南而西，分道入和林城，而參議所行，逕出泊西知之。云“分道”者，明與所行不同道也。東西有故城，基趾若新，街衢巷陌可辨，制作類中州，歲月無碑刻可考，或云契丹所建。既而地中得古瓦，上有契丹字，蓋遼亡，士馬不降者西行所建城邑也。又言西南至尋思干城萬里外，回紇國冣佳處，契丹都焉。歷七帝。

六月十三日，至長松嶺後宿，松栝森森，干雲蔽日，多生山陰澗道閒，山陽極少。十四日，過山，○此塔米爾河河北之山，蓋過鄂爾坤河處，已在塔米爾北岸，故參議經塔米爾河，而此書無塔米爾文；參議見和林川，而真人不見也。度淺河，天極寒，雖壯者不可當。是夕宿平地。十五日，曉起，環帳皆薄冰。十七日，宿嶺西，時初伏矣，朝暮亦有冰，霜已三降，河水有澌，冷如嚴冬。土人云：常年五六月有雪，今歲幸晴暖。師易其名，曰“大寒嶺”。凡遇雨多雹，山路盤曲西北，且百餘里，既而復西北，始見平地。有石河，○此齊老圖河，“齊老”，譯言石也。長五十餘里，岸深十餘丈，其水清泠可愛，聲如鳴玉。峭壁之閒，有大葱高三四尺，澗上有松皆十餘丈。西山連延，○此查克河源之山。上有喬松鬱然。山行五六日，峯回路轉，○此沿山南行。林巒秀茂，下有溪水注焉。○此當是塔米爾北源南經者。平地皆松樺雜木，若有人煙狀。尋登高嶺，○此當是庫庫嶺也。勢若長虹，壁立千仞，俯視海子，淵深恐人。○自臚朐河曲至斡耳朵，行四十二日。

二十八日，泊窩里朵○窩里朵，即紀行唐古河西有峻嶺、嶺陽之帳殿也。之東，宣使往奏稟皇后，○此皇后蓋史表守第三斡耳朵之也速皇后，即祕史之也遂皇后也。知者以夏公主即察兒皇后，察兒皇后與也速皇后同守第三斡耳朵故。奉旨請師渡河。其水東北流，彌漫沒軸，絕流以濟。○庫庫嶺西，水皆流向西南，無東北流者。此所渡河爲今何水，蓋不可考。若紀行唐古河雖亦流向東北，然地在嶺東，不可與此河合爲一也。入營，駐車南岸，車帳千百，日以醍醐湩酪爲供，漢、夏公主皆送寒具等食。黍米斗白金十兩，滿五十兩可易麪八十斤。蓋麪出陰山之後二千餘里，西域賈胡以橐駝負至也。中伏，帳房無蠅。“窩里朵”，漢語行宮也，其車輿亭帳，望之儼然，古之大單于未有若此之盛也。

　　七月九日，同宣使西南行五六日，屢見山上有雪，山下往往有墳墓。及升高陵，又有祀神之跡。又三二日，歷一山，高峰如削，松杉鬱茂。而有海子南出大峽，則一水西流，雜木叢映，于水之陽，韭茂如芳草，夾道連數十里。北有故城，曰曷剌（剌）肖。西南過沙場二十里許，水草極少，始見回紇決渠灌麥。○按：長春所經之路，循塔米爾北岸，西徑（經）石河，即皇輿圖之齊老圖河。其又西，蓋經色棱格河源之西，以達今烏里雅蘇台城。記之曷剌肖城與烏里雅蘇地望、對音並皆相近，疑即一地也。輿圖於色棱格河源，不若近譯俄圖之詳。此記所經，自塔米爾源西諸地證以俄圖，則西山連延爲罕蓋嶺，於中圖近伊遜都蘭。下有溪水，爲棍哈瑪音廟前之小水，於中圖近齊老圖河南源。高嶺者，哈赤根達巴山口；海子者，帖爾黑音察罕淖爾，中圖之鄂勒哲衣圖泊也。窩里朵東之河，爲色棱格源之倭爾疊河，於中圖爲額爾第河。自塔米爾源以西，惟此水東北流。南出大峽，疑哈勒塔雷山口。一水西流，則布彥圖河下流爲札布噶河，故西南過沙場也。又五六日，踰嶺而南，至蒙古營，宿拂廬。旦行，迤邐南山，望之有雪，因以詩紀其行：“當時悉達悟空晴，發軔初來燕子城。撫州是也。北至大河三月數，即陸局河也，四月盡到，約二千餘里。西臨積雪半年程。即此地也。山常有雪，東至陸局河約五千里，七月盡到。不能隱地回風坐，道法有回風隱地、攀斗藏天之術。却使彌天逐日行。行到水窮山盡處，斜陽依舊向西傾。”

郵人告曰："此雪山北○此雪山當即太祖征河西時避暑所居之雪山,曷剌肖城與元史耶律留哥傳之阿里㳺城蓋一地,度其地望,城當在烏隴古河左右,由此可入河西也。是田鎮海八剌(刺)喝孫也。"○許有壬怯烈鎮海碑,丞相系出怯烈氏,或曰本姓田,至朔方始氏怯烈。或云寔怯烈氏時同名者三,因主屯田,故以田別之。承命闢兀里羊歡地爲田,且城之,因以公名名其地曰"鎮海",又曰"稱海",俾公守焉。所俘萬口居作,後以半不能寒者徙宏州,爲設提舉以司之,亦以公子孫世其職。"八剌(刺)喝孫",漢語爲城。中有倉廩,故又呼曰"倉頭"。

七月二十五日,有漢民工匠絡繹來迎,悉皆歡呼,歸禮以彩幡、華蓋、香花前導。又有章宗二妃曰徒單氏、曰夾谷氏,及漢公主母欽聖夫人袁氏號泣相迎。顧謂師曰:"昔日稔聞道德高風,恨不一見。不意此地有緣也。"翌日,阿不罕山北鎮海來謁,師與之語,曰:"吾壽已高,以皇帝二詔丁寧,不免遠行數千里,方臨治下。沙漠中多不以耕耘爲務,喜見此間秋稼已成,余欲於此過冬,以待鑾輿之回,何如?"宣使曰:"父師既有法旨,仲禄不敢可否,惟鎮海相公度之。"公曰:"近有敕諸處官員,如遇真人經過,無得稽其程,蓋欲速見之也。父師若需於此,則罪在鎮海矣,願親從行,凡師之所用敢不備?"師曰:"因緣如此,當十日行。"公曰:"前有大山高峻,廣澤沮陷,非車行地,宜減車從,輕騎以進。"用其言,留門弟子宋道安輩九人,選地爲觀。人不召而至,壯者效其力,匠者效其技,富者施其財。聖堂方丈、東廚西廡、左右雲房,無瓦,皆土木。不一月落成,榜曰"棲霞觀"。

時稷黍在地,八月初霜降,居人促收麥,霜故也。大風傍北山西來,黃沙蔽天,不相物色。師以詩自嘆云:"某也東西南北人,從來失道走風塵。不堪白髮垂垂老,又蹈黃沙遠遠巡。未死且令觀世界,殘生無分樂天真。四山五嶽多遊遍,八表飛騰後入神。"八日,攜門人虛静先生趙九古輩十人,從以二車,蒙古驛騎二十餘,傍大山西行。宣使劉公、鎮海相公又百騎。李家奴,鎮海從者也,因曰:"前此山下精截我腦後髮,我甚恐。"鎮海亦云:"乃滿國王亦曾在此爲山精所惑，食以佳饌。”師默而不答。

西南約行三日，復東南過大山、經大峽。中秋日，抵金山東北。○自窩里朵至金山，行二十七日。少駐，復南行。其山高大，深谷長坂，車不可行。三太子出軍，始闢其路，乃命百騎挽繩縣轅以上，縛輪以下，約行四程，連度五嶺。南出山前，臨河止泊。從官連幕爲營，因水草便，以待鋪牛驛騎，數日乃行。有詩三絕，云：“八月涼風爽氣清，那堪日暮碧天晴。欲吟勝概無才思，空對金山皓月明。”其二云：“金山南面大河流，○金山南面之大河，烏龍古河也。長春渡之而南，則直趨別失八里。劉郁經之而西，則云“南北相直”，二文正相應也。河曲盤桓賞素秋。秋水暮天山月上，清吟獨嘯夜光毬。”其三云：“金山雖大不孤高，四面長挏拽脚牢。橫截山天心腹樹，干雲蔽日競呼號。”

渡河而南，前經小山，石雜五色，其旁草木不生，首尾七十里，復有二紅山當路。又三十里，鹹鹵地中有一小沙井，因駐程挹水爲食。旁有青草，多爲羊馬踐履。宣使與鎮海議曰：“此地冣難行處，相公如何則可？”公曰：“此地我知之久矣。”同往諮師，公曰：“前至白骨甸，地皆黑石。○方輿紀要：靈山在吐魯番西百里，山穹隆綿亘，石皆黑紋如毛髮。又有白石堆，如聚骨然也。語詳今言彙編。約行二百餘里，達沙陀北邊，頗有水草。更涉大沙陀百餘里，東西廣袤，不知其幾千里，及回紇城方得水草。”師曰：“何謂白骨甸？”公曰：“古之戰場，凡疲兵至此，十無一還，死地也。頃者，乃滿大勢亦敗于是。遇天晴晝行，人馬往往困斃。惟暮起夜度，可過其半。明日向午，得水草矣。少憩，俟晡時即行，當度沙嶺百餘，若舟行巨浪然。又明日辰巳間，得達彼城矣。夜行良便，但恐天氣暗黑，魑魅魍魎爲祟，我輩當塗血馬首以厭之。”師乃笑曰：“邪精妖鬼，逢正人遠避，書傳所載，其孰不知。道人家何憂此事！”日暮遂行，牛乏，皆道棄之，馭以六馬。自爾不復用牛矣。

初在沙陀北，南望天際若銀霞，問之左右，皆未詳。師曰：“多是陰山。"翌日，過沙陀，遇樵者再問之，皆曰然。於是途中作詩云："高如運氣白如沙，遠望那只是眼花。漸見山頭堆玉屑，遠觀日脚射銀霞。橫空一字長千里，照地連城及萬家。從古至今常不壞，吟詩寫向直南誇。"

八月二十七日，抵陰山後，回紇郊迎。至小城北，酋長設葡萄酒及名果、大餅、渾蔥，裂波斯布，人一尺。乃言曰："此陰山前三百里，和州也，其地大熱，葡萄至夥。"翌日，沿州西行，歷二小城，皆有居人。時禾麥初熟，皆賴泉水澆灌得有秋，少雨故也。西即鼈思馬大城，王官士庶、僧道教數百，具威儀遠迎，僧皆赭衣，道士衣冠與中國特異。泊於城西蒲萄園之上閣，時回紇王部族勸蒲萄酒，供以異花、雜果、名香，且列侏儒伎樂，皆中州人。士庶日益敬，侍坐者有僧道儒，因問風俗，乃曰："此大唐時北庭端府，景龍三年，楊公何爲大都護，有德政，諸夷心服，惠及後人，於今賴之。有龍興、西寺二石刻在，功德焕然可觀。寺有佛書一藏。唐之邊城往往尚存，其東數百里，有府曰西凉；其西三百餘里，有縣曰輪臺。"師問曰："更幾程得至行在？"皆曰："西南更行萬餘里即是。"其夜風雨作，園外有大樹，復出一篇示衆，云："夜宿陰山下，陰山夜寂寥。長空雲黯黯，大樹葉蕭蕭。萬里途程遠，三冬氣候韶。全身都放下，一任斷蓬飄。"

九月二日，西行。四日，宿輪臺之東，迭屑頭目來迎。南望陰山三峰，突兀倚天，因述詩贈書生李伯祥，生相人。詩云："三峰並起插雲寒，四壁橫陳繞澗盤。雪嶺界天人不到，冰池耀日俗難觀。人云向此冰池之間觀看，則魂識昏昧。巖深可避刀兵害，其巖險固，逢亂世堅守，則得免其難。水重能滋稼穡乾。下有泉源，可以灌溉田禾，每歲秋成。名鎮北方爲第一，無人寫向畫圖看。"

又歷二城，重九日，至回紇昌八剌（剌）城，其王畏午兒與鎮海有舊，率衆部族及回紇僧皆遠迎。既入，齋于臺上，泊其夫人勸蒲萄酒，且獻西瓜，其重及秤。甘瓜如枕許，其香味蓋中國未有也。

園蔬同中區。有僧來侍坐，使譯者問看何經典，僧云：“剃度受戒，禮佛爲師。”蓋此以東昔屬唐，故西去無僧道，回紇但禮西方耳。翌日，並陰山而西。約十程，又度沙場，其沙細，遇風則流，狀如驚濤，乍聚乍散，寸草不萌，車陷馬滯，一晝夜方出，蓋白骨甸大沙分流也，○耶律鑄雙溪集戰城南詩注：白骨甸在唐燭龍軍地，有西僧智全者，該通漢字，云古老相傳，白骨甸從漢時有此名。南際陰山之麓。踰沙又五日，宿陰山北。詰朝南行，長坂七八十里，抵暮乃宿。天甚寒，且無水，晨起西南行約二十里，忽有大池，方圓幾二百里，雪峰環之，倒影池中。師名之曰“天池”。沿池正南下，左右峰巒峭拔，松樺陰森，高踰百尺，自巓及麓，何啻萬株。衆流入峽，奔騰洶湧，曲折彎環，可六七十里。二太子扈從西征，始鑿石理道，刊木爲四十八橋，橋可並車。薄暮宿峽中，翌日方出，入東西大川，水草盈秀，天氣似春，稍有桑棗。

　　次及一程。九月二十七日，至阿里馬城，鋪速滿國王暨蒙古塔剌（剌）忽只領諸部人來迎，宿于西果園，土人呼果爲“阿里馬”，蓋多果實，以是名其城。其地出帛，目曰“禿鹿麻”，蓋俗所謂種羊毛織成者。時得七束，爲禦寒衣，其毛類中國柳花，鮮潔細軟，可爲線爲繩、爲帛爲絲。農者亦決渠灌田，土人惟以瓶取水，戴而歸。及見中原汲器，喜曰：“桃花石諸事皆巧。”桃花石，謂漢人也。○至元譯語回回曰“撒里答歹”，女直曰“主十歹”，漢人曰“托忽歹”，蠻子曰“囊家歹”。然則桃花石當作“桃花歹”，桃花即“托忽”也。師自金山至此，以詩紀其行云：“金山東畔陰山西，千巖萬壑橫深溪。溪邊亂石當道臥，古今不許通輪蹄。前年軍興二太子，修道架橋徹溪水。三太子修金山，二太子修陰山。今年吾道欲西行，車馬喧闐復經此。銀山鐵壁千萬重，爭頭競角誇清雄。日出下觀滄海近，月明上與天河通。參天松如筆管直，森森動有百餘尺。萬株相倚鬱蒼蒼，一鳥不鳴空寂寂。羊腸孟門壓太行，比斯太略猶尋常。雙車上下苦敦擷，百騎前後多驚惶。天池海在山頭上，百里鏡空含萬象。

縣車束馬西下山，四十八橋低萬丈。河南海北山無窮，千變萬化規模同。未若茲山太奇絶，磊落峭拔如神功。我來時當八九月，半山已上皆爲雪。山前草木暖如春，山後衣裘冷如鐵。"連日所供勝前。

　　又西行四日，至荅剌速没輦，没輦，河也。水勢深潤，抵西北流，從東來，截斷陰山。河南復是雪山。十月二日，乘舟以濟，南下至一大山，北有一小城。又西行五日，宣使以師奉詔來，去行在漸近，先往馳奏，獨鎮海公從師。西行七日，度西南一山，逢東夏使回，禮師於帳前，因問來自何時。使者曰："自七月十二日辭朝，帝將兵追算端汗至印度。"明日遇大雪，至回紇小城。雪盈尺，日出即消。十有六日，西南過板橋渡河，晚至南山下，即大石林牙，大石學士，林牙小名。其國王遼後也。自金師破遼，大石林牙領衆數千走西北，移徙十餘年，方至此地。○此城疑即西遼之都，所謂"虎思窩爾多"者，烏古論(孫)仲端北使記之益離城。西遼故都蓋亦此地。益離即伊犂。然此城準其地望，已近特穆爾圖泊，當在雅布霍圖山西南，乃伊犂河下流，與今伊犂惠遠城東西相去幾四五百里，非一地也。其風土氣候與金山以北不同，平地頗多，以農桑爲務。釀蒲萄爲酒，果實與中國同，惟經夏秋無雨，皆疏河灌溉，百穀用成。東北西南，左山右川，延袤萬里，傳國幾百年。乃滿失國，依大石士馬復振，盜據其土。繼而算端西削其地。天兵至，乃滿尋滅，算端亦亡。又聞前路多阻，適壞一車，遂留之。

　　十有八日，沿山而西。七八日，山忽南去，一石城當途，石色盡赤，有駐軍古跡，西有大塚，若斗星相聯。又渡石橋，並西南山行五程，至塞藍城，有小塔，回紇王來迎入館。十一月初，連日雨大作。四日，土人以爲年，傍午相賀。是日，虛静先生趙九古語尹公曰："我隨師在宣德時，覺有長往之兆，頗倦行役。蒙師訓，道人不以生死動心，不以苦樂介懷，所適無不可。今歸期將至，公等善事父師。"數日，示疾而逝，蓋十一月五日也。師命門弟子葬九古于郭東原上，即行。西南復三日，至一城，其王亦回紇，年已耄矣，

備迎送禮，供以湯餅。明日，又歷一城。復行二日，有河，是爲霍
闡沒輦。由浮橋渡，泊于西岸。河橋官獻魚於田相公，巨口無鱗。
其河源出東南二大雪山間，色渾而流急，深數丈，勢傾西北，不知
其幾千里。河之西南絶無水草者二百餘里，即夜行，復南望大雪
山而西，山形與邪米思干之南山相首尾。復有詩云："造物崢嶸不
可名，東西羅列自天成。南橫玉嶠連峰峻，北壓金沙帶野平。下
枕泉源無極潤，上通宵漢有餘清。我行萬里慵開口，到此狂吟不
勝情。"又至一城，得接水草。復經一城，回紇頭目遠迎，飯於城
南。獻蒲萄酒，且使小兒爲緣竿舞刀之戲。再經二城，山行半日，
入南北平川，宿大桑樹下，其樹可陰百人。前至一城，臨道一井，
深踰百尺，有回紇曳驅一牛，挽轆轤汲水以飲渴者。初帝之西征
也，見而異之，命蠲其賦役。

　　仲冬十有八日，過大河，○薩馬爾罕城北之河，俄地圖名雜拉夫山
河。唐書：颯秣建國，在那密水南。那密水即雜拉夫山河也。至邪米思
干大城之北，太師移剌國公及蒙古、回紇帥首載酒郊迎，大設帷
幄，因駐車焉。宣師劉公以路梗留坐中，白師曰："頃知千里外有
大河，以舟梁渡，土寇壞之，況復已及深冬，父師似宜來春朝見。"
師從之。少焉，由東北門入，其城因溝岸爲之，秋夏常無雨，國人
疏二河入城，分繞巷陌，比屋得用。方算端氏之未敗也，城中常十
萬餘户，國破而來，存者四之一，其中大率多回紇人。田園不能自
主，須附漢人及契丹、河西等。其官長亦以諸色人爲之，漢人工匠
雜處城中。有岡高十餘丈，算端氏之新宮據焉。太師先居之，以
回紇艱食，盜賊多有，恐其變，出居於水北。師乃住宮，歎曰："道
人任運逍遥，以度歲月，百刃臨頭，猶不畏懼，況盜賊未至，復預憂
乎？且善惡兩途，必不相害。"從者安之。太師作齋，獻金段十，師
辭不受。遂月奉米麵、鹽油、果菜等物，日益尊敬。公見師飲少，
請以蒲萄百斤作新釀，師曰："何必酒邪！但如其數，得之待賓客
足矣。"其蒲萄經冬不壞。又見孔雀大象，皆東南數千里印度國

物,師因暇日出詩一篇云:"二月經行十月終,西臨回紇大城塢。塔高不見十三級,以甎刻鏤玲瓏,外無層級,内可通行。山厚已過千萬重。秋日在郊猶放象,夏云無雨不從龍。嘉蔬麥飯蒲萄酒,飽食安眠養素慵。"

師既住冬,宣使洎相公鎮海遣曷剌(刺)等同一行使臣,領甲兵數百,前路偵伺。漢人往往來歸依,時有算厤者在旁,師因問五月朔日食事,其人云:"此中辰時食,至六分止。"師曰:"前在陸局河時,午刻見其食既。又西南至金山,人言巳時食至七分。此三處所見各不同。按孔穎達春秋疏:月體映日則日食。以今料之,蓋當其下,即見其食既;在旁者則千里漸殊耳。正如以扇翳鐙,扇影所及,無復光明,其旁漸遠,則鐙光漸多矣。"師一日至故宮中,遂書鳳棲梧詞于壁,其一云:"一點靈明潛啓悟,天上人間,不見行藏處。四海八荒惟獨步,不空不有誰能覰。瞬目揚眉全體露,混混茫茫,法界超然去。萬劫輪回遭一遇,九元齊上三清路。"其二云:"日月循環無定止,春去秋來,多少枯榮事。五帝三皇千百禩,一興一廢長如此。死去生來生復死,[生死]輪回,變化何時已。不到無心休歇地,不能清静超於彼。"又詩二首,其一云:"東海西秦數十年,精思道德究重元。日中一食那求飽,夜半三更強不眠。實跡未諧霄漢舉,虛名空播朔方傳。直教大國垂明詔,萬里風沙走極邊。"其二云:"弱冠奉真傍海濤,中年遁跡隴山高。河南一別升黄鵠,塞北重宣釣巨鰲。無極山川行不盡,有爲心跡動成勞。也知六合三千界,不得神通未可逃。"

是年,閏十二月將終,偵騎回同宣使來白父師,言二太子發軍,復整舟梁,土寇已滅。○時察阿歹將右手攻玉龍傑赤城,未下。曷剌(刺)等諸營謁太子,言師欲朝帝所,復承命云:"上駐蹕大雪山之東南,今則雪積山門百餘里,深不可行,此正其路爾。爲我請師來此,聽候良便,來時當就彼城中遣蒙古軍護送。"師謂宣差曰:"聞河以南千里,絶無種養,吾食須米麪蔬菜,可回報太子帳下。"

○此河亦指阿母河言，但後所度是河之上游，此則言下游，近鹽海等處耳。阿母河西南大都是今吐爾其，曼地多沙漠，故云絕無種養也。

壬午之春正月，杷欖始華，類小桃，俟秋採其實，食之味如胡桃。二月二日春分，杏花已落，司天臺判李公輩請師遊郭西，宣使泊諸官載蒲萄酒以從。是日天氣晴霽，花木鮮明，隨處有臺池樓閣，間以蔬圃，憩則藉草，人皆樂之。談元論道，時復引觴。日昃方歸，作詩云："陰山西下五千里，大石東過二十程。雨霽雪山遙慘澹，春分河府近清明。邪米思干大城，大石有國時名爲河中府。園林寂寂鳥無語，花木雖茂，并無飛禽。風日遲遲花有情。同志暫來聞睥睨，高吟歸去待昇平。"望日乃一百五旦太上真元節也，時僚屬請師復游郭西園林，相接百餘里，雖中原莫能過，但寂無鳥聲耳。遂成二篇，以示同遊。其一云："二月中分百五期，元元下降日遲遲。正當月白風清夜，更好云收雨霽時。币地園林行不盡，照天花木坐觀奇。未能絕粒成嘉遁，且向無爲樂有爲。"其二云："深蕃古跡尚橫陳，大漠良朋欲徧尋。舊日亭臺隨處列，向年花卉逐時新。風光甚解流連客，夕照那堪斷送人。竊念世閒酬短景，何如天外飲長春。"

三月上旬，阿里鮮至自行宮，傳旨云："真人來自日出之地，跋涉山川，勤勞至矣。今朕已回，亟欲聞道，無倦迎我。"次諭宣使仲祿曰："爾持詔徵聘，能副朕心。他日當置汝善地。"復諭鎮海曰："汝護送真人來甚勤，余惟汝嘉，仍敕萬户播魯只，以甲士千人衛過鐵門。"師問阿里鮮以途程事，對曰："春正月十有三日，自此初發，馳三日，東南過鐵門，又五日過大河。二月初吉，東南過大雪山，積雪甚高，馬上舉鞭測之，猶未及其半，下所踏者，復五尺許。南行三日，至行宮矣。且師至次第奏訖，上悦，留數日方回。"

師遂留門人尹公志平輩三人於館，以侍行五六人同宣使輩三月十有五日啟行，四日過碣石城，預傳聖旨，令萬户播魯只領蒙古人、回紇軍一千護送過鐵門。東南度山，山勢高大，亂石縱橫，衆軍挽車，兩日方至前山。沿流南行，軍即北入大山破賊。五日至小河,亦船渡,兩岸林木茂盛。七日舟濟大河,即阿母没輦也,乃東南行,晚泊古渠上。渠邊蘆葦滿地,不類中原所有,其大者,經冬葉青而不凋,因取以爲杖,夜橫轅下,輾覆不折。其小者葉枯春換。少南,山中有大實心竹,士卒以爲戈戟。又見蜥蜴皆長三尺許,色青黑。時三月二十九日也,因作詩云:"志道既無成,天魔深有懼。東辭海上來,西望日邊去。雞犬不聞聲,馬牛更遞鋪。千山及萬水,不知是何處。"

　　又四日得達行在,上遣大臣喝剌(剌)播得來迎,時四月五日也。館舍定,即入見,上勞之曰:"他國徵聘皆不應,今遠踰萬里而來,朕甚喜焉。"對曰:"山野奉詔而赴者,天也。"上悦,賜坐。食次,問:"真人遠來,有何長生之藥以資朕乎?"師曰:"有衛生之道,而無長生之藥。"上嘉其誠實,設二帳於御幄之東以居焉。譯者問曰:"人呼師爲'騰吃利蒙古孔',譯語謂天人也。自謂之邪,人稱之邪?"師曰:"山野非自稱,人呼之耳。"譯者再至曰:"舊奚呼?"奏以"山野四人,事重陽師學道,三子羽化矣,惟山野處世,人呼以先生"。上問鎮海曰:"真人當何號?"鎮海奏曰:"有人尊之曰師父者、真人者、神仙者。"上曰:"自今以往,可呼神仙。"時適炎熱,從車駕廬於雪山避暑。上約四月十四日聞道,外使田鎮海、劉仲禄、阿里鮮記之,内使近侍三人記之。將及期,有報回紇山賊指斥者,上欲親征,因改卜十月吉。

　　師乞還舊館,上曰:"再來不亦勞乎?"師曰:"兩旬可矣。"上又曰:"無護送者。"師曰:"有宣差楊阿狗。"又三日,命阿狗督回紇酋長以千餘騎從行,由佗路回,遂歷大山。山有石門,望如削蠟,有巨石橫其上,若橋焉。其下流甚急,騎士策其驢以涉,驢遂溺死。水邊尚多橫屍,此地蓋關口,新爲兵所破。出峽,復有詩二篇,其一云:"水北鐵門猶自可,水南石峽太堪驚。兩崖絶壁攙天聳,一澗寒波滾地傾。夾道橫屍人掩鼻,溺溪長耳我傷情。十年萬里干戈動,早晚回軍復太平。"其二云:"雪嶺皚皚上倚天,晨光燦燦下臨川。仰觀峭壁人橫度，俯視危崖柏倒縣。五月巖風吹面冷，三焦熱病當時痊。我來演道空回首，更卜良辰待下元。”

始師來覲，三月竟，草木繁盛，羊馬皆肥。及奉詔而回，四月終矣，白草悉枯。又作詩云：“外國深蕃事莫窮，陰陽氣候特無從。才經四月陰魔盡，春冬霖雨，四月純陽絕無雨。却旱彌天旱魃凶，浸潤百川當九夏，以水漑田。摧殘萬草若三冬。我行往復三千里，三月去，五月回。不見行人帶雨容。”路逢征西人回，多獲珊瑚，有從官以白金二鎰易之，近五十株，高者尺餘，以其得之馬上，不能完也。繼日，乘涼宵征，五六日達邪米思干，大石名河中府。諸官迎師入館，即重午日也。

長春真人西遊記箋注卷下

宣差李公東邁，以詩寄東方道衆云：“當時發軔海邊城，海上干戈尚未平。道德欲興千里外，風塵不憚九夷行。初從西北登高嶺，即野狐嶺。漸轉東南指上京。陸局河東畔，東南望上京也。迤邐直西南下去，西南四千里到兀里朵，又西南二千里到陰山。陰山之外不知名。陰山西南，一重大山，一重小水，數千里到邪米思干大城。師館于故宮。”師既還館，館據北崖，俯清溪十餘丈，溪水自雪山來，甚寒。仲夏炎熱，就北軒風臥，夜則寢屋顛之臺。六月極暑，浴池中。師之在絕域自適如此。河中壤地宜百穀，惟無蕎麥、大豆，四月中麥熟，土俗收之，亂堆於地，遇用即碾，六月始畢。太師府提控李公獻瓜田五畝，味極甘香，中國所無，聞有大如斗者。

六月間，二太子回，劉仲祿乞瓜獻之，十枚可重一擔。果菜甚贍，所欠者芋、栗耳。茄實若麤指，而色紫黑。男女皆編髮，男冠則或如遠山帽，飾以雜綵，刺（剌）以雲物，絡之以纓，自酋長以下，在位者冠之，庶人則以白麼斯布屬。六尺許盤於其首。酋豪之婦，纏頭以羅，或皁或紫，或繡花卉、織物象，長可六七尺。髮皆垂，有袋之以縣者，或素或雜色，或以布帛爲之者。不梳髻，以布帛蒙之，若比邱尼狀，庶人婦女之首飾也。衣則或用白氈，縫如注袋，窄上寬下，綴以袖，謂之襯衣，男女通用。車舟農器，制度頗異中原。國人皆以鍮石、銅爲器皿，閒以磁，有若中原定磁者。酒器則純用琉璃，兵器則以鑌。市用金錢，無輪孔，兩面鑿回紇字。其人物多魁梧有膂力，能負載重物，不以擔。婦人出嫁，夫貧則再嫁，遠行逾三月，亦聽他適。異者或有鬍髯，國中有稱"大石馬"者，識其國字，專掌薄籍。○史本紀：世祖四年，敕也里可溫、荅失蠻、僧道，種田入租，貿易輸稅。至元元年，命儒釋道、也里可溫、荅失蠻等戶，舊免租稅，今悉徵之。○綴白裘所載慈悲願，元人雜劇也。净爲回回人，其自唱太平令云："這摩尼師父恁事畢，休欺俺是個大獅蠻的回回。"又云："離了中華到這佛國，恁便來到俺大獅蠻的田地。"遇季冬設齋一月，比暮，其長自刲羊爲食，與席者同享，自夜及旦，餘月則設六齋。又于危舍上跳出大木如飛簷，長澗丈餘，上搆虛亭，四垂纓絡，每朝夕，其長登之禮西方，謂之告天。不奉佛、不奉道，大呼吟于其上。丁男女聞之，皆趨拜其下，舉國皆然，不爾則棄市。衣與國人同，其首則盤以細麼斯，長三丈二尺，骨以竹。師異其俗，作詩以紀其實云："回紇邱墟萬里疆，河中城大冣爲強。滿城銅器如金器，一市戎裝似道裝。蒭簇黃金爲貨賂，裁縫白氈作衣裳。靈瓜素椹非凡物，赤縣何人搆得嘗。"當暑雪山甚寒，煙雲慘澹，師乃作絕句云："東山日夜氣濛鴻，晚一作曉。色彌天萬丈紅。明月夜來飛出海，金光射透碧霄空。"師在館賓客甚少，以經書遊戲。復有絕句云："北出陰山萬里餘，西過大石半年居。遐荒鄙俗難論道，靜室幽巖且看書。"

　　七月哉生魄，遣阿里鮮奉表詣行宮，稟論道日期。八月七日，得上所批答，八日即行。太師相送數十里。師乃曰："回紇城東，新叛者二千戶，夜夜火光照城，人心不安。太師可回安撫。"太師曰："在路萬一有不虞，奈何？"師曰："豈關太師事！"乃回。十有二日，過碣石城，十有三日，得護送步卒千人、甲騎三百，入大山中行，即鐵門外別路也。涉紅水澗，有峻峯高數里。谷東南行，山根有鹽泉流出，見日即爲白鹽，因收二斗，隨行日用。又東南上分水嶺，〇此分水嶺是蔥嶺之脊，約其地望，當與伊西洱庫爾相近。西望高澗若冰，乃鹽耳。山上有紅鹽如石，親嘗見之。東方惟下地生鹽，此方山閒亦出鹽。回紇多餅食，且嗜鹽，渴則飲水，冬寒，貧者尚負餅售之。十有四日，至鐵門西南之麓，將出山。其山門嶮峻，左崖崩下，澗水伏流一里許。中秋，抵河上，〇此阿母河北源，内府圖之阿克蘇河，西圖之洼哈什河。其勢若黃河流西北，乘舟以濟，宿其南岸。西有山寨，名團八剌（刺），山勢險固。三太子之醫官鄭公途中相見，以詩贈云：“自古中秋月冣明，涼風屆後一作候。夜彌清。一天氣象沈銀漢，四海魚龍耀水精。吳越樓臺歌吹滿，燕秦部曲酒肴盈。我之帝所臨河上，欲罷干戈致太平。”

　　沂河東南行三十里，乃無水，即夜行。過班里城，〇班里城即本紀、親征錄之班勒紇城，大典圖、西北地坿錄之巴里黑，西圖之巴爾哈，内府圖之巴拉哈城也。所湖之河爲阿母河之南源，巴拉哈城正在其南，内府圖與西圖同。辛巳秋，太祖親攻班勒紇，下之。又圍守塔里寒寨，至壬午春克之，其夏即在寨避暑。真人謁見之行宮，當即在是矣。甚大，其衆新叛去，尚聞犬吠。黎明飯畢，東行數十里，有水北流，馬僅能渡，東岸憩宿。二十二日，田鎮海來迎，及行宮，上復遣鎮海問曰：“便欲見邪，且少憩邪？”師曰：“入見是望。”且道人從來見帝無跪拜禮，入帳折身叉手而已。既見，賜湩酪竟，乃辭。上因問：“所居城内支供足乎？”師對：“從來蒙古、回紇，太師支給，邇者食用稍難，太師獨辦。”翌日，又遣近侍官合住傳旨曰：“真人每日來就食，可乎？”師曰：“山野修道之人，爲好靜處。”上令從便。

　　二十七日，車駕北回，在路屢賜蒲萄酒、瓜、茶食。九月朔，渡河一作航。橋而北。師奏：“話期將至，可召太師阿海。”其月望，上設幄齋莊，退侍女左右，鐙燭煒煌。惟闍利必鎮海、宣差仲禄侍於外。師與太師阿海、阿里鮮入帳坐，奏曰：“仲禄萬里周旋，鎮海數千里遠送，亦可入帳，與聞道話。”於是召二人入。師有所説，即令太師阿海以蒙古語譯奏，頗愜聖懷。十有九日清夜，再召師論道，上大悦。二十有三日，又宣師入幄，禮如初。上溫顏以聽，令左右錄之，乃敕志以漢字，意示不忘。謂左右曰："神仙三説養生之道，我甚入心，使勿泄于外。"自爾扈從而東，時敷奏道化。

　　又數日，至邪米思干大城西南三十里。十月朔，奏告先還舊居，從之。上駐蹕于城之東二十里，是月六日，暨太師阿海入見。上曰："左右不去如何？"師曰："不妨。"遂令太師阿海奏曰："山野學道有年矣，常樂静處行坐，御帳前車馬雜遝，精神不爽。自此或在先，或在後，任意而行，山野受賜多矣？"上從之。既出，帝使人追問，曰："要禿鹿馬否？"師曰："無用。"

　　于時微雨始作，青草復生，仲冬過半，則雨雪漸多，地脈方透。自師之至斯城也，有餘糧則惠飢民，又時時設粥，活者甚衆。二十有六日，即行。十二月二十三日，雪寒，在路牛馬多凍死者。又三日，東過霍闡没輦，大河也。至行在，聞其航橋中夜斷散，蓋二十八日也。帝問以震雷事，對曰："山野聞國人夏不浴於河、不浣衣、不造氊，野有菌則禁其採，畏天威也。此非奉天之道也。嘗聞三千之罪，莫大於不孝者，天故以是警之。今聞國俗多不孝父母，帝乘威德，可戒其衆。"上悦，曰："神仙是言，正合朕心。"敕左右記以回紇字。師請徧諭國人，上從之。又集太子諸王大臣，曰："漢人尊重神仙，猶汝等敬天，我今愈信，真天人也。"乃以師前後奏對語諭之，且云："天俾神仙，爲朕言此，汝輩各銘諸心。"

　　師辭退，逮正旦，將帥醫卜等官賀師。十有一日，馬首遂東，西望邪米思干千餘里，駐大果園中。十有九日，父師誕日，衆官炷香爲壽。二十八日，太師府提控李公別去，師謂曰："再相見也無？"李公曰："三月相見。"師曰："汝不知天理，二三月決東歸矣！"二十一日，東遷一程，至一大川，東北去賽藍約三程，水草豐茂，可飽牛馬，因盤桓焉。

　　二月上七日，師入見，奏曰："山野離海上，約三年回，今兹三年,復得歸山,固所願也。"上曰:"朕已東矣,同途可乎?"對曰:"得先行便,來時漢人問山野以還期,嘗答云三歲。今上所諮訪、敷奏訖,因復固辭。"上曰:"少俟三五日,太子來,前來道話所有未解者,朕悟即行。"

八日,上獵東山下,射一大豕,馬踦失馭,豕傍立不敢前。左右進馬,遂罷獵,還行宮。師聞之,入諫曰:"天道好生,今聖壽已高,宜少出獵。墜馬,天戒也。豕不敢前,天護之也。"上曰:"朕已深省,神仙勸我良是。我蒙古人,騎射少所習,未能遽已。雖然,神仙之言在衷焉。"上顧謂吉息利荅剌(剌)汗曰:"但神仙勸我語,以後都依也。"自後兩月不出獵。

二十有四日,再辭朝,上曰:"神仙將去,當與何物? 朕將思之,更少待幾日。"師知不可遽辭,徊翔以待。三月七日,又辭,上賜牛馬等物,師皆不受,曰:"祇得驛騎足矣!"上問通事阿里鮮曰:"漢地神仙弟子多少?"對曰:"甚衆。神仙來時,德興府龍陽觀中,嘗見官司催督差發。"上謂曰:"應于門下人悉令蠲免。"仍賜聖旨文字一通,且用御寶。因命阿里鮮河西人也。爲宣差,以蒙古帶、喝剌(剌)八海副之,護師東還。

十日,辭朝行。自荅剌(剌)汗以下,皆攜蒲萄酒、珍果,相送數十里。臨別,衆皆揮涕。三日至賽藍大城之東南,山有蛇,兩頭,長二尺許,土人往往見之。望日,門人出郊,致奠於虛靜先生趙公之墓。衆議欲負其骨歸,師曰:"四大假軀,終爲朽物,一靈真性,自在無拘。"衆議乃息。師明日遂行,二十有三日,宣差阿狗追餞師於吹沒輦之南岸。又十日,至阿里馬城西百餘里,濟大河。四月五日,至阿里馬城之東園。二太子之大匠張公固請,曰:"弟子所居營三壇四百餘人,晨參暮禮,未嘗懈怠,且預接數日,伏願仙慈渡河,俾壇衆得以請教,幸甚。"師辭曰:"南方因緣已近,不能遷路以行。"復堅請,師曰:"若無佗事,即當往焉。"翌日,師所乘馬突東北去,從者不能挽。於是張公等悲泣而言曰:"我輩無緣,天不許,其行矣!"

　　晚抵陰山前宿,又明日,復度四十八橋,緣溪上五十里,至天池海,東北過陰山後,行二日,方接元歷金山南大河驛路,復經金山東,南北並山行。四月二十八日,大雨雪。翌日,滿山皆白。又東北並山行,三日至阿不罕山前。門人宋道安輩九人同長春、玉華會眾,宣差郭德全輩,遠迎入棲霞觀,歸依者日眾。師下車時,雨再降,人相賀曰:"從來此地經夏少雨,縱有雷雨,多于南北兩山之間。今日霑足者,皆我師道廕所致也。"

　　居人常歲疏河灌田圃,至八日(月)床麥始熟,終不及天雨。秋成則地鼠爲害,鼠多白者。此地寒多,物晚結實。五月,河岸土深尺餘,其下堅冰亦尺許。齋後日,使人取之。南望高嶺積雪,盛暑不消,多有異事。少西海子傍有風冢(塚),其上土白堊,多粉裂其上。二三月中,即風起南山,巖穴先鳴,蓋先驅也。風自冢(塚)間出,初旋動如羊角者百千數,少焉,合爲一風,飛沙走石,發屋拔木,勢震百川,息于巽隅。又東南澗後有水磨三四,至平地則水漸微而絕。山出石炭。又東有二泉,三冬瀑漲如江湖,復潛行地中,俄而突出,魚蝦隨之,或漂没居民。仲春漸消,地乃陷。西北千餘里儉儉州出良鐵,多青鼠,亦收床麥,漢匠千百人居之,織綾羅錦綺。道院西南望金山,其山多雨電,五六月閒,或有大雪,深丈餘。北一作此。地聞有沙陀,出肉蓰蓉,國人呼曰"唆眼",水曰"兀速",草曰"愛不速"。深入陰山,松皆十丈許。會眾白師曰:"此地深蕃,太古以來,不聞正教,惟山精鬼魅惑人。自師立觀,疊設醮筵,旦望作會,人多以殺生爲戒。若非道化,何以得然?"先是壬午年,道眾爲不善人妒害,眾不安。宋公道安晝寢方丈,忽於天窗中見虛靜先生趙公曰:"有書至。"道安問從何來,曰:"天上來。"受而觀之,止見"太清"二字,忽隱去。翌日,師有書至,魔事漸消。又醫者羅生,橫生非毀,一日墜馬觀前,折其脛。即日悔曰:"我之過也。"對道眾服罪。師東行,書教語一篇示眾,云:"萬里乘官馬,三年別故人。干戈猶未息，道德偶然陳。論氣當秋夜，對上論養生事，故云。還鄉及暮春。思歸無限衆，不得下情伸。"

阿里鮮等白師曰："南路饒沙石，鮮水草，使客甚繁，馬甚苦，恐留滯。"師曰："分三班以進，吾徒無患矣。"五月七日，令宋道安、夏志誠、宋德方、孟志温、何志堅、潘德沖六人先行。十有四日，師挈尹志平、王志明、于志可、鞠志圓、楊志静、綦志清六人次之，餞行者夾谷妃、郭宣差、李萬户等數十人，送二十里，皆下馬再拜泣別。師策馬亟進。十有八日，張志素、孫志堅、鄭志修、張志遠、李志常五人又次之。師東行，十六日過大山，山上有雪，甚寒，易騎于拂廬。十七日，師不食，但時時飲湯。東南過大沙場，有草木，其閒多蚊虻，夜宿河東。又數日，師或乘車，尹志平輩諗師曰："奚疾？"師曰："余疾非醫可測，聖賢琢磨故也，卒未能愈。汝輩勿慮。"衆愀然不釋。是夕，尹志平夢神人曰："師之疾，公輩勿憂，至漢地當自愈。"

行又經沙路三百餘里，水草絶少，馬夜進不息，再宿乃出，地臨夏人之北陲，廬帳漸廣，馬易得，後行者乃及師。六月二十一日，宿漁陽關，師尚未食。明日，度關而東五十餘里，豐州元帥以下來迎，宣差俞公請泊其家，奉以湯餅。是日，輒飽食，繼而設齋，飲食乃如故。道衆相謂曰："清和前日之夢，驗不虛矣！"時已季夏，北軒涼風入坐，俞公以璽紙求書，師書之曰："身閒無俗念，鳥宿至雞鳴。一眼不能睡，寸心何所縈。雲收溪月白，炁爽谷神清。不是朝昏坐，行功扭捏成。"

七月朔，復起，三日，至下水。元帥夾谷公出郭來迎，館於所居。來瞻禮者，無慮千人。元帥日益敬。有雞雁三，七夕日，師遊郭外，放之海子中，少焉，翔戲於風濤之閒，容與自得。師賦詩曰："養爾存心欲薦庖，逢吾善念不爲肴。扁舟送在鯨波裏，會待三秋長六稍。"又云："兩兩三三好弟兄，秋來羽翼未能成。放歸碧海深沈處，浩蕩波瀾快野情。"翌日乃行。是月九日，至雲中，宣差總管阿不合與道衆出郭，以步輦迎歸於第，樓居二十餘日。總管以下，晨參暮禮，雲中士大夫日來請教，以詩贈之云："得旨還鄉早，乘春造物多。三陽初變化，一氣自沖和。驛馬程程送，云山處處羅。京城一萬里，重到即如何？"

十有三日，宣差阿里鮮欲往山東招諭，懇求與門弟子尹志平行。師曰："天意未許，雖往何益？"阿里鮮再拜曰："若國主臨以大軍，生靈遭殺戮，願父師一言垂慈。"師良久曰："雖救之不得，猶愈於坐視其死也。"乃令清和同往，即付招諭書二副。又聞宣德以南，諸方道衆來參者多，恐隨庵困於接待，令尹公約束，付親筆云："長行萬里，一去三年，多少道人縱橫無賴者。尹公到日，一面施行，勿使教門有妨道化。衆生福薄，容易轉流，上山即難，下坡省力耳。"宣德元帥移剌（剌）公遣尚使持書至雲中，以所乘馬奉師。

八月初，東邁楊河，歷白登、天城、懷安，渡渾河，凡十有二日，至宣德。元帥具威儀，出郭西遠迎。師入居州之朝元觀，道友敬奉，遂書四十字云："萬里遊生界，三年別故鄉。回頭身已老，過眼夢何長。浩浩天空濶，紛紛事沓茫。江南及塞北，從古至今常。"道衆且云：去冬，有見虛静先生趙公牽馬自門入者，衆爲之出迎，忽而不見。又德興、安定亦有人見之。河朔州府王官將帥，及一切士庶，爭以書疏來請，若輻輳然。止回答數字而已。有云："王室未寧，道門先暘。開度有緣，恢宏無量。羣方帥首，志心歸向。恨不化身，分酬衆望。"

十月朔，作醮於龍門川；望日，醮於本州朝元觀。十一月望，宋德方等以向日過野狐嶺見白骨所發願心，乃同太君尹千億醮德興之龍陽觀，濟度孤魂。前數日稍寒，及設醮，二夜三日有如春。醮畢，元帥賈昌至自行在傳旨："神仙自春及夏，道途匪易，所得食物、驛騎好否？到宣德等處，有司在意館穀否？招諭在下人戶得來否？朕常念神仙，神仙無忘朕。"十二月既望，醮于蔚州三館。師于龍陽住冬，旦夕常往龍岡閒步，下視德興，以兵革之後，邨落蕭條，作詩以寫其意云："昔年林木參天合,今日邨坊徧地開。無限蒼生臨白刃,幾多華屋變青灰。”
又云:“豪傑痛吟千萬首,古今能有幾多人。研窮物外閑中趣,得脫輪
回泉下塵。”甲申之春,二月朔,醮於縉山之秋陽觀,觀在大翩山之陽,
山水明秀,松蘿煙月,道家之地也。以詩題其概云:“秋陽觀後碧巖
深,萬頃煙霞插翠岑。一徑桃花春水急,彎環流水洞天心。”又云:“羣
山一帶碧嵯峨,上有羣仙日夜過。洞府深沈人不到,時聞巖壁洞
仙歌。”

燕京行省金紫石抹公、宣差便宜劉公以下諸官,遣使者持疏,
懇請師往大天長觀,許之。既而以驛召,乃度居庸而南。燕京道
友來迎于南口神遊觀。明旦,四遠父老士女,以香花導師入京,瞻
禮者塞路。初,師之西行也,衆請還期,師曰:“三載歸,三載歸。”
至是,果如其言。以上七日入天長觀,齋者日千人。望日,會衆請
赴玉虛觀。是月二十五日,喝剌(剌)至自行宮傳旨:“神仙至漢
地,以清淨道化人。每日與朕頌經祝壽,甚好。教神仙好田地内
愛住處住。”道與阿里鮮:“神仙壽高,善爲護持。神仙無忘朕
舊言。”

仲夏,行省金紫石抹公、便宜劉公再三持疏,請師住持大天長
觀,是月二十有二日,赴其請。空中有數鶴前導,傃西北而去,自
師寓玉虛,或就人家齋,常有三五鶴飛鳴其上,北方從來奉道者
鮮,至是,聖賢欲使人歸向,以此顯化耳。八會之衆,皆稽首拜跪,
作道家禮,時俗一變。玉虛井水舊鹹苦,甲申、乙酉年,西來道衆
甚多,水味變甘,亦善緣所致也。

季夏望日,宣差相公劄八傳旨:“自神仙去,朕未嘗一日忘神
仙,神仙無忘朕。朕所有之地愛願處即住,門人恒爲朕頌經祝壽
則嘉。”自師之復來,諸方道侶雲集,邪説日寢,京人翕然歸慕,若
户曉家諭,教門四闢,百倍往昔。乃建八會于天長,曰“平等”、曰
“長春”、曰“靈寶”、曰“長生”、曰“明真”、曰“平安”、曰“消災”、曰
“萬蓮”。師既歸天長,遠方道人繼來求法名者日益衆,嘗以四頌

示之,其一云:"世情無斷滅,法界有消磨。好惡縈心曲,漂淪奈爾何。"其二云:"有物先天貴,無名不自生。人心常隱伏,法界任縱橫。"其三云:"徇物雙眸眩,勞生四大窮。世閒渾是假,心上不知空。"其四云:"昨日念無蹤,今朝事亦同。不如齊放下,度日且空空。"

每齋畢,出遊故苑瓊華之上,從者六七人,宴坐松陰,或自賦詩,相次屬和。閒因茶罷,令從者歌遊仙曲數闋。夕陽在山,澹然忘歸。由是,行省及宣差劄八相公北宮園池并其近地數十頃爲獻,且請爲道院。師辭不受,請至于再,始受之。既而又爲頒文榜以禁樵採者,遂安置道侶,日益修葺。後具表以聞,上可其奏。自爾佳時勝日,師未嘗不往來乎其閒,寒食日,作春遊詩二首,其一云:"十頃方池閒御園,森森松柏罩青煙。亭臺萬事都歸夢,花柳三春却屬仙。島外更無清絕地,人閒惟有廣寒天。深知造物安排定,乞與官民種福田。"其二云:"清明時節杏花開,萬户千門日往來。島外茫茫春水潤,松間獵獵暖一作曉。風回。遊人共歎斜陽逼,達士猶嗟短景催。安得大丹冥換骨,化身飛上鬱羅臺。"

乙酉四月,宣撫王公巨川請師致齋於其第。公關右人也,因話咸陽、終南竹木之盛,請師看庭竹。師曰:"此竹殊秀,兵火而後,蓋不可多得也。我昔居于磻溪,茂林修竹,真天下之奇觀,思之如夢。今老矣,歸期將至,當分我數十竿,植寶元之北軒,聊以遮眼。"宣撫曰:"天下兵戈未息,民甚倒懸,主上方尊師重道,賴師真道力,保護生靈,何遽出此言邪? 願垂大慈,以救世爲念。"師以杖叩地,笑而言曰:"天命已定,由人乎哉?"衆莫測其意。

夏五月終,師登壽樂山顛,四顧園林,若張翠幄,行者休息其下,不知暑氣之甚也。因賦五言律詩云:"地土臨邊塞,城池壓古今。雖多壞宮闕,尚有好園林。綠樹攢攢密,清風陣陣深。日遊仙島上,高觀八紘吟。"一日,師自瓊島回,陳公秀玉來見,師出示七言詩云:"蒼山突兀倚天孤,翠柏陰森繞殿扶。萬頃煙霞常自有，一川風月等閒無。喬松挺拔來深潤，一石嵌空出太湖。儘是長生閒活計，修真薦福邁京都。”

九月初吉，宣撫王公以熒惑犯尾宿，主燕境災。將請師作醮，問所費幾何？師曰：“一物失所，猶懷不忍，況闔境乎！比年以來，民苦徵役，公私交罄，我當以觀中常住物給之。但令京官齋戒以待行禮足矣，餘無所用也。”於是約作醮兩晝夜，師不憚其老，親禱于元壇。醮竟之夕，宣撫喜而賀之，曰：“熒惑已退數舍，我輩無復憂矣。師之德感，一何速哉！”師曰：“余有何德？祈禱之事，自古有之，但恐不誠耳。古人曰至誠動天，此之謂也。”

重九日，遠方道衆咸集，或以菊爲獻，師作詞一闋，寓聲恨歡遲云：“一種靈苗體性殊，待秋風、冷透根株。散花開百億，黃金嫩、照天地清虛。九日持來滿座隅。座中觀、眼界如如。類長生久視，無凋謝、稱作伴閒居。”繼而有奉道者，持繭紙大軸來求親筆，以鳳棲梧詞書之，云：“得好休來休便是。贏取逍遙，免把身心使。多少聰明英烈士，忙忙虛負平生志。造物推移無定止。昨日歡歌，今日愁煩至。今日不知明日事，區區著甚勞神思。”一日，或有質是非于其前者，師但漠然不應，以道義釋之。復示之以頌曰：“拂、拂、拂，拂盡心頭無一物。無物心頭是好人，好人便是神仙佛。”其人聞之，自媿而退。

丙戌正月，盤山請師黃籙醮三晝夜。是日，天氣晴霽，人心悅懌，寒谷生春。將事之夕，以詩示衆云：“詰曲亂山深，山高快客心。羣峯爭挺拔，巨壑太蕭森。似有飛仙過，殊無宿鳥吟。黃冠三日醮，素服萬家臨。”

五月，京師大旱，農不下種，人以爲憂。有司移市立壇懇禱，前後數旬無應。行省差官齋疏，請師爲祈雨醮三日兩夜。當設醮請聖之夕，雲氣四合，斯須雨降，自夜半及食時未止。行省委官奉香火來謝曰：“京師久旱，四野欲然，五穀未種，民不聊生。賴我師道力，感通上真，以降甘澍。百姓僉曰神仙雨也。”師答曰：“相公至誠所感，上聖垂慈，以活生靈，吾何與焉。"使者出，復遣使來告曰："雨則既降，奈久旱未霑足何！更得滂沱大作，此旱可解。願我師慈悲。"師曰："無慮，人以至誠感上真，上真必以誠報人。大雨必至。"齋未竟，雨勢海立。

是歲有秋，名公碩儒，皆以詩來賀。一日，有吳大卿德明者，以四絕句來上師，復次韻答之。其一云："燕國蟾宮即此州，超凡入聖洞賓儔。一時鶴駕歸蓬島，萬劫仙鄉出土邱。"其二："我本深山獨自居，誰能天下衆人譽。軒轅道士來相訪，不解言談世俗書。"其三："莫把閒人作等閒，閒人無欲近仙班。不于此日開心地，更待何時到寶山。"其四："混沌開基得自然，靈明翻小大椿年。出生入死常無我，跨古騰今自在仙。"又題支仲元畫得一、元保、元素三仙圖云："得道真仙世莫窮，三師何代顯靈蹤。直教御府相傳授，閱向人間類赤松。"又奉道者求頌，以七言絕句示之，云："朝昏忽忽急相催，暗換浮生兩鬢絲。造物戲人俱是夢，是非嚮日又何爲。"

師自受行省衆官疏以來，憫天長之聖位殿閣，常住堂宇，皆上頹下圮，至於窗戶階砌，毀撤殆盡，乃命其徒日益修葺，罅漏者補之，傾斜者正之，斷手於丙戌，皆一新之。又創修寮舍四十餘間，不假外緣，皆常住自給也。凡遇夏月，令諸齋舍不張鐙，至季秋稍親之，所以豫火備也。

十月，下寶元，居方壺。每夕，召衆師德以次坐，高談清論，或通宵不寐。仲冬十有三日，夜半振衣而起，步於中庭，既還坐，以五言律詩示衆云："萬象彌天濶，三更坐地勞。參橫西嶺下，斗轉北辰高。大勢無由遏，長空不可韜。循環誰主宰，億劫自堅牢。"

丁亥，自春及夏，又旱。有司祈禱屢矣，少不獲應。京師奉道會衆，一日謁師爲祈雨醮，既而消災等會亦請作醮。師徐謂曰："吾方留意醮事，公等亦建此議，所謂好事不約而同也。公等兩家，但當殷勤。"遂約以五月一日爲祈雨醮，初三日爲賀雨醮，三日中有雨，是名瑞應雨。過三日雖得，非醮家雨也。或曰："天意未易度，師對衆出是語，萬一失期，能無招小人之訾邪？"師曰："非爾所知也。"及醮竟日，雨乃作。翌日，盈尺。越三日，四天廓清以終，謝雨，醮事果如其言。

　　時暑氣煩燠，元帥張資允者請師遊西山，再四過觀，師赴之。翼日齋罷，雨後遊東山庵，師與客坐于林間，日夕將還，以絕句示衆云："西山爽氣清，過雨白雲輕。有客林中坐，無心道自成。"既還元帥第，樓居數日，來聽道話者竟夕不寐。又應大谷庵請，次日清夢庵請。其夕，大雨自北來，雷電怒合，東西震耀。師曰："此道之用也，得道之人，威光烜赫，無乎不在。雷電莫能匹也。"夜深客散，師偃息草堂，須臾風雨驟至，怒霆一震，窗户幾裂，少焉收聲。人皆異之，或曰："霹靂當洊至，何一舉而息邪？"有應者曰："無乃至人在兹，雷師爲之霽威乎？"既還，五月二十有五日，道人王志明至自秦州，傳旨改北宮仙島爲萬安宮，天長觀爲長春宮。詔天下出家善人皆隸焉。且賜以金虎牌，道家事一仰神仙處置。小暑後，大雨屢至，暑氣愈熾。以七言詩示衆："溽暑熏天萬里遥，洪波拍海大川潮。嘉禾已見三秋熟，旱魃仍聞五月消。百姓共忻生有望，三軍不待令方調。實由道化行無外，暗賜豐年助聖朝。"

　　自瓊島爲道院，樵薪捕魚者絕跡數年，園池中禽魚蕃育，歲時遊人，往來不絕。齋餘，師乘馬日凡一往。六月二十有一日，因疾不出，浴于宮之東溪。二十有三日，人報巳午間雷雨大作，太液池之南岸崩裂，水入東湖，聲聞數十里。黿鼉魚鱉盡去，池遂枯涸。北口山亦摧。師聞之，初無言，良久笑曰："山摧池枯，吾將與之俱乎？"七月四日，師謂門人曰："昔丹陽嘗授記于余云：'吾殁之後，教門當大興，四方往往化爲道鄉，公正當其時也。道院皆賜勅名額，又當住持大宮觀，仍有使者佩符乘傳，勾當教門事。此時乃公功成名遂，歸休之時也。'丹陽之言，一一皆驗，若合符契。況教門中勾當人內外悉具，吾歸無遺恨矣。"

　　師既示疾于寶元，一日數如匼中，門弟子止之。師曰："吾不欲勞人，汝等猶有分別在，且匼寢奚異哉？"七月七日，門人復請曰："每日齋會，善人甚衆，願垂大慈還堂上，以慰瞻禮。"師曰："我九日上堂去也。"是日午後，留頌云："生死朝昏事一般，幻泡出没水長閒。微光見處跳烏兔，立量開時納海山。揮斥八紘如咫尺，吹噓萬有似機關。狂辭落筆成塵垢，寄在時人妄聽閒。"遂登葆元堂歸真焉，異香滿室。門人捻香拜別，衆欲哭臨，侍者張志素、武志攄等遽止衆，曰："真人適有遺語，令門人宋道安提舉教門事，尹志平副之，張志松又其次。王志明依舊勾當，宋德方、李志常等同議教門事。"遂復舉似遺世頌畢，提舉宋道安等再拜而受。黎明，具麻服行喪禮，奔走赴喪者萬計。宣差劉仲禄聞之，愕然嘆曰："真人朝見以來，君臣道合，離闕之後，上意眷慕，未嘗少忘。今師既昇去，速當奏聞。"首七之後，四方道俗，遠來赴喪，哀慟如喪考妣。於是，求訓法名者日益多。

　　一日，提舉宋公謂志常曰："今月上七日，公暨我同受師旨、法名等事，爾其代書，止用吾手字印。此事已行，姑沿襲之。"繼而清和大師尹公至自德興行祀事。既終七，提舉宋公謂清和曰："吾老矣，不能維持教門，君可代吾領之也。"讓至于再，清和受其託，遠邇奉道，會中善衆，不減往者。

　　戊子春三月朔，清和建議爲師搆堂于白雲觀。或曰：工力浩大，糧儲鮮少，恐難成功。清和曰："凡事要人前思。夫衆可與樂成，不可與慮始。但事不私己，教門竭力，何爲而不辦？況先師遺德在人，四方孰不瞻仰，可不勞行化，自有人贊助此緣。公等勿疑。更或不然，常住之物，費用净盡，各操一瓢，乃所願也。"宣差便宜劉公聞而喜之，力贊其事。遂舉鞠志圓等董其役，自四月上丁，除地建址，歷戊、己、庚，俄有平陽、太原、堅、代、蔚、應等羣道人二百餘，齎糧助力，胥搆是堂，四旬告成。其閒同結兹緣者，不能備紀。議者以爲締搆之勤，雖由人力，亦聖賢陰有以扶持也。

　　期以七月九日大葬仙師。六月間，霖雨不止，皆慮有妨葬事。既七月初吉，遽報晴霽，人心翕然和悦。前一日將事之初，乃炷香設席，以嚴其祀。及啟柩，師容色儼然如生，遠近王官、士庶、僧尼、善衆，觀者凡三日，日萬人，皆以手加額，嘆其神異焉。繼而喧播四方，傾心歸向，來奉香火者，不可勝計。本宫建奉安道場三晝夜，豫告齋旬日。八日辰時，元鶴自西南來，尋有白鶴繼至，人皆仰而異之。九日子時後，設靈寶清醮三百六十分位。醮禮終，藏仙蛻于堂，異香芬馥，移時不散。臨午致齋，黃冠羽服，與坐者數千人，奉道之衆，又復萬餘。既寧神，翼日大雨復降，人皆嘆曰：“天道人事，上下和應，了此一大事。非我師道德純備，通于天地，達於神明，疇克如是乎？諒非人力所能致也。”權省宣撫王公巨川，咸陽巨族也，素慕元風，近歲又與父師相會于燕，雅懷昭映，道同氣合，尊仰之誠，更甚疇昔。故會茲葬事，自爲主盟，京城内外，屯以甲兵，備其不虞。罷散之日，略無驚擾。於是親榜其堂曰“處順”、其觀曰“白雲”焉。

　　師爲文未始起稾，臨紙肆筆而成，後復有求者，或輒自增損，故兩存之。嘗夜話，謂門弟子曰：“古之得道人，見於書傳者，略而不傳，失其傳者，可勝言哉！余屢對汝輩舉近世得道之士，皆耳目所親接者，其行事甚詳，其談道甚明，暇日當集全真大傳，以貽後人。”師既没，雖嘗口傳其概，而後之學者尚未見其成書，惜哉！

附録

詔書

成吉思皇帝勑真人邱師：省所奏應詔而來者，備悉。惟師道踰三子，德重多端。一作方。命臣奉厥元纁，馳傳訪諸滄海。時與願適，天不人違。兩朝屢詔而弗行，單使一邀而肯起。謂朕天啟，所以身歸。不辭暴露于風霜，自願跋涉于沙磧。書章來上，喜慰何言。軍國之事，非朕所期；道德之心，誠云可尚。朕以彼酋不遜，我伐用張。軍旅試臨，邊陲底定。來從去背，實力率之故然；久逸暫勞，冀心服而後已。是用載揚威德，略駐車徒。重念云軒既發于<u>蓬萊</u>，一作島。鶴馭可游于<u>天竺</u>。<u>達磨</u>東邁，元印法以傳心；<u>老氏</u>西行，或化胡而成道。顧川途之雖濶，瞻几杖以非遥。爰答來章，可明朕意。秋暑，師比平安好，指不多及。

聖旨

<u>成吉思皇帝</u>聖旨：道與諸處官員每，<u>邱神仙</u>應有底修行底院舍等，係逐日念頌經文，告天底人每與皇帝祝壽萬萬歲者。所據大小差發、賦稅，都休教著者。據<u>邱神仙</u>底應係出家門人等隨處院舍，都教免了差發、稅賦者。其外詐推出家，影占差發底人每，告到官司，治罪斷案主者。奉到如此，不得違錯，須至給照用者。右付神仙門下收執。

照使所據。神仙應係出家門人，精嚴住持院子底人等，並免差發、稅賦。准此。癸未羊兒年三月御寶日。

宣差<u>阿里鮮</u>面奉<u>成吉思皇帝</u>聖旨：<u>邱神仙</u>奏知來底公事，是也曉好。我前時已有聖旨文字與你來，教你天下應有底出家善人都管著者，好的歹的，<u>邱神仙</u>你就便理合（會），只你識者，奉到如此。癸未年九月二十四日。

宣差都元帥<u>賈昌</u>傳奉<u>成吉思皇帝</u>聖旨：<u>邱神仙</u>你春月行程，別來至夏日，路上炎熱艱難來。沿路好底鋪馬得騎來麼？路裏飲食廣多不少來麼？你到<u>宣德州</u>等處，官員好覷你來麼？下頭百姓得來麼？我這裏常思量著神仙你，我不曾忘了你，你休忘了我者。癸未年十一月十五日。

請疏三

<u>燕京</u>行尚書省<u>石抹公</u>謹請真人<u>長春公</u>住持<u>天長觀</u>者。竊以

必有至人，而後可以啟箇中機；必有仙闕，而後可以待方外士。天長觀者，人間紫府，天一作主。上福田。若非真神仙人，誰稱此道場地。仰惟長春上人識超羣品，道悟長生。舌根有花木香，胸襟無塵土氣。實人天之眼目，乃世俗至津梁。向也乘青牛而西邁，不憚朝天；今焉奉紫詔而南回，正當傳道。幸無多讓，早賜光臨。謹疏。癸未年八月　日。

　　宣撫使御史大夫王敦請真人師父住持燕京十方大天長觀者。竊以應變神龍，非蹄涔所能止；無心野鶴，亦何天不可飛。故蒙莊出遊，漆園增價；陳摶歸隱，雲臺生光。不到若輩人，難了如此事。伏惟真人師父氣清而粹，道大而高。已書絳闕之名，暫被玉壺之謫。以千載爲旦暮，以八極爲門庭。振柱史之宗風，提全真之法印。昔也三朝之教主，今茲萬衆之國師。幾年應詔北行，本擬措安于海內；一旦回轅南邁，可能獨善于山東。維太極之故宮，實大燕之宏構。國家元辰之所在，遠近取則之所先。必欲立接人之基，莫如宅首善之地。敢輒伸于管見，冀少駐於霓旌。萬里雲披，式副人天之望；四方風動，舉聞道德之香。謹疏。癸未年八月　日。

　　燕京尚書省石抹公謹請邱神仙久住天長觀者。竊以時止時行，雖聖人不凝滯于物；爰居爰處，而君子有恆久之心。於此兩端，存乎大致。長春真人，重陽高弟，四海重名。爲帝者之尊師，亦天下之教父。昔年應聘，還自萬里尋思干；今日接人，久住十方天長觀。上以祝皇王之聖壽，下以薦生靈之福田。頃因譏察於細人，非敢動搖於仙仗。不圖大老，遂有遐心。況京師者諸夏之本根，而遠近取此乎法則。如謂舍此而就彼，是謂下喬而入幽。輒敢堅留，幸不易動。休休莫莫，無爲深山窮谷之行；永永長長，而作大極瓊華之主。謹疏。丙戌年八月　日。

侍行門人：

虛靜先生趙道堅　　　沖虛大師宋道安

清和大師尹志平	虛寂大師孫志堅
清貞真人夏志誠	清虛大師宋德方
葆光大師王志明	沖虛大師于志可
崇道大師張志素	通真大師鞠志圓
通元大師李志常	頤真大師鄭志修
元真大師張志遠	悟真大師孟志穩
清真大師綦志清	保真大師何志清
通元大師楊志静	沖和大師潘德沖

特旨蒙古四人從師護持:

蒙古打　　喝剌八海

宣差阿里鮮

宣差便宜使劉仲禄

　　長春真人西遊記二卷,其弟子李志常所編,於西域道里風俗多可資考證者,而世鮮傳本,予始從道藏鈔得之。邨俗小説演唐元奘故事,亦稱西遊記,乃明人所作,蕭山毛大可據輟耕録,以爲出處機之手,真郢書燕説矣。記云:辛巳歲十月至塞藍城,回紇王來迎入館。十一月四日,土人以爲年,旁午相賀。考回回術有太陽年,彼中謂之宮分。有太陰年,彼中謂之月分。而其齋期則以太陰年爲准,又不在第一月,而在第九月。滿齋一月,至第十月一日,則相賀如正旦焉。其所謂月一日者,又不在朔,而以見新月爲准。其命日又起午正,而不起子正,故有十一月四日土人旁午相賀之語。然回回術有閏日,無閏月,與中國不同。每年相賀之期,無一定也。其云斡辰大王者,皇弟斡赤斤也。太師移剌國公者,阿海也。燕京行省石抹公者,明安之子咸得不也。吉思(息)利苔剌罕者,哈剌哈孫之曾大父啟昔禮也。乙卯閏二月辛亥晦,竹汀居士錢大昕書。

　　邱長春以丁亥七月卒,而元太祖之殂亦即在是月。此事之可異者，當拈出之。竹汀居士記。

　　　憶昔與竹汀游元妙觀，閱道藏，竹汀借此鈔訖而爲之跋。今轉瞬已十年，竹汀於今歲十月二十歸道山矣。甲子十一月十八日，硯北居士段玉裁識。

　　　長春真人之經西域也，取道於金山，爲科布多之阿里泰山。記云金山南面有大河，渡河而南，是今額爾齊斯河。金山東北與烏魯木齊屬之古城，南北相直，今自科布多赴新疆，驛路直南抵古城。近古城之鄂倫布拉克台、蘇吉台、噶順台皆沙磧，是即白骨甸也。博克達山三峰高峙，去古城北數日程即見之，故記云涉大沙陀南望陰山，陀若天際銀霞，詩云“三峰並起插雲寒”也。云“陰山前三百里和州”者，謂博克達山南吐魯番，爲古火州地，訛“火”爲“和”耳。唐北庭大都護府治在今濟木薩之北，府建於長安二年，記言楊何爲大都護，足補新唐書方鎮表之闕。端府者，“端”即“都護”字之合音。輪臺縣亦長安二年置，縣治約在今阜康縣西五六十里。據新唐書地理志，自庭州西延城西至輪臺縣二百二十里。塞外沙磧，難以記程。記云三百餘里，蓋約言之。元和郡縣志以爲輪臺在州西四十二里者，誤。輪臺東爲阜康縣，縣治在博克達山陰，故南望陰山。九月十日“並陰山而西，約十程，度沙場”，又六日至天池海。沙場者，晶河城東至托多克，積沙成山，浮澀難行，東距阜康縣一千一百里，故云十餘程。其間亂流而過，當有洛克倫河、呼圖璧河、瑪納斯河、烏蘭烏蘇河，記不顯言。塞外之水，山雪所融，夏日盛漲，過時則涸。九月，正水竭之時，蓋不知有河也。自托多克過晶河，山行五百五十里，至賽喇木淖爾東岸。淖爾正圓周百餘里，雪山環之，所謂天池海。並淖爾南行五十里，入塔勒奇山峽，諺曰果子溝。溝水南流，勢甚湍急，架木橋以度車馬。峽長六十里，今爲四十二橋，即四十八橋遺址。記云出峽入東西大川，次及一程至阿里馬城。今出塔勒奇山口南行一百七十里,至惠遠城。阿里馬城者,即今西阿里瑪圖河,在拱宸城東北。出塔勒奇山口西南至阿里瑪圖河僅百里。記云:"又西行四日,至苔剌速没輦,水勢深濶,抵西北流,乘舟以濟。"原注云:"没輦,河也。"苔剌速没輦是今伊犂河,以西行四日,計之當在今察林渡之西。渡河南下,至一大山,疑今鉛廠諸山。又西行十二日,度西南一山,當是善塔斯嶺。又沿山而西,有駐軍古跡,大冢(塚)若斗星相聯,是今特默爾圖淖爾南岸,地多古翁仲。記云又西南行六日,有霍闡没輦,"由浮橋渡,色渾流急,深數丈,勢傾西北。"霍闡没輦者,今之那林河。自渡伊黎河以南所經之程,即今伊犂戍喀什噶爾兵往來之路。出鄂爾果珠勒卡倫,傍特默爾圖淖爾東南,經布魯特遊牧,以至回疆,此長春真人赴行在時所經也。其歸程則渡那林河而直北,由特默爾圖淖爾之西以達吹河之南,乃轉而東北渡伊犂河。其渡處在察林渡之東,故百餘里即至阿里馬城。自阿里馬城出塔勒奇山口,經賽喇木淖爾,與往時程同。過賽喇木淖爾,不復東折而東北行,其分路處在干珠罕卡倫地,東北山行由沁達蘭至阿魯沁達蘭,入塔爾巴哈台界以至原歷之金山大河驛,其途徑較直,然計自阿里馬城至金山,亦不下二千里。而記言"至天池海過陰山後,行二日,方接元歷金山南大河驛。"山路崎嶇,必不能速進如此。且"方接"云者,久詞也。蓋"二"字下脱"十"字。真人以四月初六日自阿里馬城行,凡二十日至金山,爲是月二十五日。下文云"並山行",四月二十八日大雨雪,二十八日尚未出金山,則謂二十五日至金山無疑矣。適從龔定盦假讀此記,西域余所素經,識其相合者如此。道光二年四月,大興徐松跋。距長春真人歸抵金山之歲,凡十一壬午矣。

　　長春西遊記二卷,爲元邱長春弟子真常子李志常所述。憲宗紀元年,以道士李真常掌道教事,即其人也。前有孫錫序,作於戊子二月,蓋睿宗監國之歲也。長春以太祖辛巳二月八日發軔宣德州,赴太祖西域之召,至癸未七月回至云中,往返二年餘。真常實從,山川道里,皆其親歷,且係元初之書,譯文得其本音,非如世祖以後文人著述,則往往窒閡不能通者有之。此册爲葉雲素給諫所贈,龔定庵嘗借鈔。既而徐星伯復就鈔於定庵而爲之跋,他日以示余。星伯居伊犁者數年,於時松湘浦先生帥新疆南北兩路,屬星伯周咨彼中輿地,馳驅幾遍。今跋中疏證處,皆其得之目驗。其中尤有得於余心者,謂天池海即今賽喇木淖爾,證以自晶河山行至賽喇木淖爾東岸,淖爾正圓周百餘里,並淖爾南行五十里,入塔勒奇山峽,水勢南流湍急,架木橋以度車馬,峽長六十里,今爲四十二橋即四十八橋遺址也。今昔情形,如合符節。此爲其他書籍之所不載,非星伯身至其所,烏能得之?又謂長春回時,自天池海東行至原歷金山南大河前驛路,於"二"字之下脱去"十"字,此有里程可稽,其爲傳寫遺誤無疑。至白骨甸即今古城北之沙磧,陰山三峰即今博克達山,端府之"端"爲"都護"之合音,霍闡没輦即今那林河,皆確不可易。余亟録存記尾。星伯謂余,凡記中所述,在今新疆者既麤具矣,其金山以東、那林河以西,則俟余補足之。噫!星伯所疏證精核乃爾,余何能爲役?顧余於記中地理,皆嘗一一考之,惟足跡所未至,不過穿穴於故紙堆中,旁參互證,以爲庶幾得之耳。今具列於左,不獨以塞星伯之諸責,亦將求是正於星伯也。

　　長春之行也,二月十一日度野狐嶺,即太祖紀敗金將定薛於野狐嶺者也,在今張家口外。十五日東北過蓋里泊,金史撫州之豐利縣有蓋里泊,今在張家口北百里。三月朔出沙陀至魚兒濼,魚兒濼元時又曰荅兒腦,太祖甲戌年賜宏吉剌按陳作分地。張德輝紀行云昌州以北入沙陀,凡六驛而出沙陀,又一驛通魚兒泊,與此正同。今爲達兒海子,在克什克騰部落北。沙河西北流入陸局河。四月朔,至斡辰大王帳下。陸局河者,元時怯魯連河,亦曰臚朐河。"陸局","臚朐"之轉也,爲喀魯倫河。斡辰大王,太祖第四弟鐵木哥斡赤斤，所謂國王斡嗔那顏者也，時太祖西征，斡嗔居守。五月十六日，河勢繞西北山去，不得窮其源。喀魯倫河發源肯特山，南流及平地，始轉東流。長春由河南岸泝河西行，故不見其北來之源也。自此以下，至窩里朵數千里中，俱無地名，惟長松嶺又係漢名，不知蒙古呼爲何山？然以長春行程考之，自陸局河西南濼驛路至六月二十八日泊窩里朵之東，計行四十二日。“窩里朵”者，帳殿也。地理志：太祖於十五年遷都和林。於時皇后窩里朵當在和林，蓋必先審和林之所在，然後可以稽其驛程之所經。和林自太祖作都，至憲宗四朝，皆都於此。然和林志前明已無其書，元一統志近亦求之不得。明一統志於和寧城惟言西有哈喇和林河而已，而於哈喇和林河所在，則又不詳。明廣輿圖據元朱思本圖爲藍本，而於北方地理疎漏殊甚，以昔令哥爲流入斡難河，則其他不足問矣！齊次風先生水道提綱，於和林河亦兩岐其説。蓋提綱專據康熙中皇輿圖，皇輿圖於色勒格河之北有小河，南流入色勒格河者曰喀喇烏倫河，其音與“哈喇和林”相近，不能不疑當日都城或在此河之東，實則不然。歐陽圭齋高昌偰氏家傳：“和林有三水焉，一並城南山東北流，曰斡耳汗；一經城西北流，曰和林河；一發西北東流，曰忽爾班達彌爾。三水距城北三十里，合流曰偰輦傑河。”元人指述和林，未有如圭齋之明晰者。斡耳汗，今鄂爾渾河也。忽爾班達彌爾，今泰米爾河也。偰輦傑，今色勒格河也。然則和林在色勒格河以南明矣。其經和林城西而北流者，正今之哈瑞河也。當爲元時和林河、哈瑞河入色勒格河，其合流處，當在和林北三十里，非三水俱合流也。若鄂爾渾合於色勒格，蓋在和林東北千餘里矣。記云“泊窩里朵之東，宣使往奏稟皇后，奉旨請師渡河。其水東北流，彌漫没軸，絶流以濟”，此水乃今呼納伊河及哈瑞之支流也。其所謂長松嶺盛夏有冰雪，逾嶺百餘里有石河，長五十里者，即今鄂爾渾河東流將會喀拉河處。河經山峽，故曰石河。雍正中，西北距準噶爾，其時黑龍江至鄂爾坤軍營者，過汗山即西北渡土拉河，西北行踰喀里呀拉山，乃濟鄂爾渾河。以長春行程推之，當亦經此。長松嶺或即喀里呀拉山，已在北極出地四十九度處，是以寒甚歟？然則先自西南灤驛路四程西北渡河者，土拉河也。六月十四日過山渡淺河者，博羅河也。其曰“西山連延”者，乃鄂爾渾河以西之山，故曰“西山”。長春於此渡河可見。

“山行五六日，峰回路轉，嶺勢若長虹，壁立千仞，俯視海子，淵深恐人”，則已在厄勒墨河之側矣。阿不罕山在金山東北，今阿集爾罕山也。鎮海傳太祖命，屯田於阿魯歡，立鎮海城。阿魯歡者，亦即阿集爾罕山也。八月八日自阿不罕山前“傍大山西行，又西南約行三日，復東南過大山，經大峽，中秋日抵金山東北，少駐，復南行。其山高大，深谷長阪，車不可行，乃命百騎，挽繩懸轅以上，縛輪以下，約行四程，連度五嶺，南出山前，臨河止泊”。長春由阿集爾罕山前西行傍大山者，即傍阿爾泰山之東大榦，今烏蘭古木中，過青吉斯海子之北，乃向西南行，當取道於今科布多，再西南，乃科布多河、額爾齊斯河發源處，爲阿勒泰冣高之脊。所謂“東南過大山，經大峽，中秋日抵金山”者，當謂此。

又“行四程，連度五嶺，南出山，臨大河”，以地約之，則大河應爲烏隴古河，劉郁西使記所謂龍骨河，與別失八里南北相直近五百里者也。渡河行沙磧中，經北庭而西，星伯跋中詳之。陰山後鼇思爲大城，“問侍坐者，乃曰此唐時北庭”，案鼇思即別失，歐陽圭齋曰：“北庭，今別失八里也。”則元時別失八里，正在於此。“重九日，至回紇昌八剌城”，地理志西北地附錄有彰八里，當即此。耶律希亮傳：“中統元年，阿里不哥反，希亮踰天山至北庭都護府。二年，至昌八里城，夏，踰馬納思河。”則昌八里在今瑪納斯河之東也。自鼇思以西，惟昌八剌、阿里馬爲大城。星伯謂阿里馬在今拱宸城北阿里瑪圖河。余案：元初譯作阿里馬者，惟此記及湛然集有從容庵録序末題曰：“移剌楚才晋卿序於西域阿里馬城。”其他見於元史者，或作阿力麻里，或作葉密立，或作葉密里，皆即此城。竊謂阿里馬本回紇所稱，自蒙古人稱之，則音異矣。再以漢文譯之，則又異矣。明時哈密以西，付之茫昧，阿里馬先爲別失八里國所有，後爲瓦剌所有。我朝乾隆十九年以前爲準噶爾大酋之庭，稱曰伊犁，亦稱其河爲伊犁河。“伊犁”恐即“葉密立”之轉。唐時雖有伊列河之名，有元一代，絶無稱述，蓋已無知之者。準人不解載籍，鱺有托忕文字，但能記籍帳耳，何從遠稽突厥名稱邪？瓦剌即額魯特，逐水艸遷徙，無城郭，所謂阿里馬城者，久已平毀。至乾隆二十九年，乃即伊犁河北建惠遠城，今曰伊犁城，非依故趾，則阿里馬所在，固無以知之，或即在阿里馬圖河側邪？答剌速没輦與塔剌斯音近，然距阿里馬四日程，以遠近約之，則星伯謂即伊犁河者爲近。或伊犁河在元時有是稱，若今塔剌斯河遠在吹河之西，未必四程能達也。

　　大石林牙，遼宗姓，於遼亡後率衆西行，間關萬里，建國西土，是爲西遼太祖。滅乃蠻、殺太陽罕，其子屈出律奔契丹，既而襲執其罕，尊爲太上皇，據其位有之，仍契丹之號，亦稱乃蠻，事在戊辰、己巳之間。閱十餘年，太祖征西域，滅之。劉仲禄持敕召長春，云在乃蠻奉詔者，此也。賽蘭城，據西使記在塔剌寺西四日程，塔剌寺者，今塔剌斯河也。明史外國傳有賽蘭，在塔失干之東，塔失干，今塔失干城也，在錫林河之北，南距那林河猶遠。元時往西域之道，必由賽蘭，蓋從塔剌斯西行過賽蘭，乃西南行，渡霍闡河。長春自十一月五日發賽蘭，閱六日渡霍闡河，又閱十一日過大河，至邪米思干。此大河應指城東之河，北流入那林河者。邪米思干亦曰尋思干，“尋”即“邪米”之合音。耶律晋卿又謂之“尋罳虔”，譯曰“尋罳”，肥也；“虔”，城也。今謂之賽瑪爾罕。蓋自北庭至此，大率西行，過此則大率南行，取爲西征扼要之地。故於此宿兵，而以耶律楚材駐焉。

　　碣石，地理志作柯傷，明史外國傳作渴石。云南有大山屹立，出峽口有石門，色似鐵，即記所謂鐵門也。新唐書：吐火羅有鐵門山。其來舊矣。大唐西域記曰：出鐵門至覩貨邏國，其地東厄蔥嶺，西接波剌斯，南抵大雪山，北據鐵門。過雪山，爲濫波國，即在北印度境。於時追若弗乂（又）算端，南踰雪山，故謂之印度。太祖旋師後，復遣將追至忻都，窮及申河，算端死乃返，則在印度國中矣。阿里鮮所言，正月十三日自邪米思干初發，三日東南過鐵門，又五日過大河，二月初吉，東南過大雪山，南行三日至行宮。蓋阿里鮮先赴行在，正太祖追算端至印度時，故逾雪山後，又三日乃達。長春於四月五日達行在，則已回至雪山避暑。故長春過鐵門後，行十二日抵雪山而止。所渡之阿母河，元史見他處者，亦作暗木河，亦作阿木河。元秘史作阿梅河，即佛書之縛芻河也，其水今西北流入騰吉斯海。大雪山今爲和羅三托山，自東而西，緜亘千里。長春之再見也，其行由“鐵門外別路，山根有鹽泉流出，見日即爲白鹽，東南上分水嶺，西望高澗若冰，乃鹽耳。”蓋在鐵門山之西，其西北即大鹽池，郭寶玉傳太祖封大鹽池爲惠濟王者也。西使記“二十六日過納商城，二十九日山皆鹽，如水晶狀”，“納商”乃“渴石”之轉。長春亦於十二日過碣石城，十四至鐵門西南之麓，正同。“出山，抵河上，其勢若黃河西北流”者，其水即流入大鹽池者也。蔥嶺西流之水皆會於此，故其勢洶湧。“九月朔，渡河橋而北”者，即此河，蓋長春既見帝，遂扈從北行矣。余讀元史，嘗疑太祖紀十九年甲申“帝至東印度國，角端見，班師”，耶律楚材傳亦云“甲申，帝至東印度，駐鐵門關，有一角獸作人言，謂侍衛曰：‘汝主宜早還。’帝以問楚材，對曰：‘此名角端，能言四方語，好生惡殺，天降符以告陛下。’帝即日班師”，蓋本於宋子貞所作神道碑，極以歸美文正，然非實錄也。唐書東天竺際海，與扶南、林邑接。太祖西征，無由至彼，角端能言，書契所無，晉卿何自知之？讀湛然集，晉卿在西域十年，惟及尋思干止耳，未嘗出鐵門也。今讀此記，則太祖追算端，惟過大雪山數程，其地應爲北印度。晉卿實未從征,無由備顧問,且頒師爲壬午之春,非甲申也。元史蕉漏特甚,有元載籍,有關史學者亦少矣,此記豈可因其爲道家言而略之? 道光壬午秋七月,桐鄉程同文。

　　徐星伯先生出示長春真人西遊記,且詢記中日食事。案元太祖辛巳,當宋嘉定之十四年,金興定之五年。前一年庚辰,耶律楚材進西征庚午元術,以本術推之,辛巳年天正朔丙戌,以里差進一日,得丁亥。至五月朔得甲申,與宋、金二史天文志所書合。日食之異在里差,記言見食在陸局河南岸,陸局即臚朐,張德輝記謂之翁陸連,今曰克魯倫河。自發源南流,折而東北行,其曲處偏于京師西五度許。記以四月二十二日抵河南岸,行十六日,河勢遶西北山去,則見食之地距河曲六七程,偏西約二度,北極出地約四十七度。金山當今科布多之阿爾泰山,極高約四十八度,偏西約二十九度。邪米思干城即撒馬兒罕,其地極高四十三度,偏西五十度。以今時憲書步交食術約畧上推,是時月在正交,日躔小滿後八度奇,值畢十度,與宋志所書日在畢合。陸局河南見食在正午,其食甚實緯在北二十五分奇,日晷高六十四度餘,南北差約二十五六分,則月心正當日心。且其時日近冣高,月近冣卑。日徑三十一分奇,月徑三十二分奇,日小月大,故見食既。金山偏于陸局河西約二十七度,子時當蚤七刻奇,日晷當高五十三度餘,南北差約三十五六分。月心當日心南日(約)十分,以減併徑三十二分與日徑三十一分相比,約得七分,故金山於巳刻見食七分也。邪米思干城偏于陸局河西約四十八度,于時當早十三刻,日晷當高四十三度餘,南北差約四十分。月心當日心南約十五六分,以減併徑與日徑相比,得五分強六分弱,故邪米思干於辰刻見食六分也。雖視行隨地不同,則食甚時刻及食分亦異,然所差不遠,已足見其大畧。里差之說,素問、周髀已言之,元代疆域愈遠,故其理愈顯。歐邏巴人詡爲獨得,陋矣! 記又言自陸局河西南行,夏至日影三尺六七寸。古人揆日，皆以八尺表，是地夏至日晷約高六十六度，北極出地約四十六七度，蓋當土拉河之南、喀魯哈河之東，近今喀爾喀土謝圖汗中右旗地。記又言辛巳十一月四日，塞藍城土人以爲年，傍午相賀。錢詹事潛研堂集云：回回齋期以太陰年爲準，第九月滿齋一月，至第十月則相慶賀如正旦。其所謂月一日者，以見新月爲準，其命日又起午正，故每年相賀之期無一定。詹事之説本宣城梅氏，今校回回術，太陽宮分年，百二十八年閏三十一日；太陰月分年，三十年閏十一日。開皇己未春正前日，入太陰年三百三十一日，以此推開皇己未至元太祖辛巳，太陽年積六百二十二，太陰年積六百四十一。辛巳白羊宮入太陰年之第一月，而中土之十一月爲彼中之第十月，貝琳七政推步例謂之“荅亦月”，正回俗所言大節。其俗既以見新月之明日爲月之一日，又以午初四刻屬前日，則是年十一月四日傍午，適當彼中之正旦。詹事之説信矣。并書卷末，以質之先生。道光二年六月十三日，陽湖董祐誠跋。

　　案此書跋尾上有烏程沈君子敦金山以東釋一篇，至爲精密。以所箸落颿樓文稿併刻入叢書，故不複出。道光二十七年四月十五日，平定張穆記。

蒙韃備録箋注

宋孟（趙）珙撰

清沈曾植箋注

立國

韃靼始起，地處契丹之西北，族出於沙陀別種，故於歷代無聞焉。其種有三，曰黑、曰白、曰生。所謂白韃靼者，顏貌稍細，爲人恭謹而孝，遇父母之喪，則剺（劙）其面而哭。嘗與之聯轡，每見貌不醜惡、其腮有刀痕者，問曰："白韃靼否？"曰："然。"凡掠中國子女，教成，却使之與人交，言有情，今彼部族之後。其國乃韃主成吉思之公主必姬權管國事。近者入聘於我宋副使速不罕者，○速不罕，元史本紀作搠不罕，元祕史作主不罕。乃白韃靼也。每聯轡間，速不罕未嘗不以好語相陪奉慰勞，且曰："辛苦無管待，千萬勿怪。"所謂生韃靼者，甚貧且拙，且無能爲，但知乘馬隨衆而已。今成吉思皇帝及將相大臣，皆黑韃靼也。大抵韃人身不甚長，最長者不過五尺二三，亦無肥厚者。其面横闊而上下有顴骨，眼無上紋，髮鬚絶少，形狀頗醜。惟今韃主忒没真者，其身魁偉而廣顙長髯，人物雄壯，所以異也。成吉思，乃舊牌子頭結婁之子。牌子頭者，乃彼國十人之長也，今爲創國之主，譯曰"成吉思皇帝"。東征西討，其國強大。

韃主始起

今成吉思皇帝者，甲戌生。彼俗初無庚甲[一]，今考據其言而書之，易於見彼齒歲也。其俗每以青草爲一歲，人有問其歲，則曰"幾草矣"。亦嘗問彼月日，笑而答曰："初不知之，亦不能記其春與秋也。每見月圓爲一月，見草青遲遲，方知是年有閏月也。"成吉思少被金人虜爲奴婢者，十餘年方逃歸，所以盡知金國事宜。其人英雄果決，有度量，能容衆，敬天地，重信義。所傳忒没真者，乃小名爾,初無姓氏,亦無名諱也。近年以來,有女真叛亡之臣爲用。所以譯曰"成吉思皇帝",或曰"成吉思"者,乃譯語"天賜"兩字也。

國號年號

韃國所鄰,前有紅族,左右乃沙陀等諸部。舊有蒙古斯國,在金人僞天會間,亦嘗擾金虜爲患。金虜嘗與之戰,後乃多與金帛和之。按李諒征蒙記曰:"蒙人常改元天興〔二〕,自稱太祖元明皇帝。"○祕史叙元之先世,惟合不勒有皇帝之稱,所謂"太祖元明皇帝"者是歟? 今韃人甚朴野,略無制度。珙常討究於彼,聞蒙已殘滅久矣。○泰亦赤烏爲俺巴孩嫡系,所謂"蒙已殘滅"也。蓋北方之國,或方千里,或方百里,興衰起滅無常〔三〕。

今韃之始起,並無文書,凡發命令、遣使往來,止是刻指以記之〔四〕,爲使者雖一字不敢增損,彼國俗也。其俗既朴,則有回鶻爲鄰,每於兩河博易販賣於其國〔五〕,迄今文書中自用於他國者,皆用回鶻字,如中國笛譜字也。今二年以來,因金國叛亡降附之臣無地容身,願爲彼用,始教之以文書。於金國往來,却用漢字。

去年春,珙每見其所行文字,猶曰"大朝",又稱年號曰"兔兒年"、"龍兒年"。自去年方改曰"庚辰年",今曰"辛巳年",是也。○辛巳爲元太祖之十六年,宋嘉定十四年,金興定五年。又慕蒙爲雄國,故以國號曰"大蒙古國",亦女真亡臣教之也。珙親見其權皇帝摩睺國王,每自稱曰"我韃靼人",凡彼大臣元帥,皆自稱曰"我[韃靼人]",彼亦不知其爲蒙是何等名字,何爲國號,何爲年號。今所行文書,皆亡臣識字者強解事以教之耳。南遷録載韃有詔與金國,稱"龍虎九年",非也。以愚觀之,更遲年歲,則金虜叛亡之臣必教之撰其誕日以爲節,又必教之改年立號也已。

太子諸王

成吉思皇帝兄弟凡四人,成吉思居長。大皇弟久已陣亡,二皇弟便古得那見在國中，三皇弟名忒没葛真，所統多係自己人馬，善戰有功。

成吉思有子甚多，長子比因破金國，攻打西京云中時陣亡。今第二子却爲大太子，名約直。三太子名阿戴，四太子名天婁，五太子名龍孫。皆正后所生。其下又有十數人，乃庶生也。

女七人，長公主曰阿其鷩拽，今嫁豹突駙馬。二公主曰阿里黑百因[六]，俗曰必姬夫人，曾嫁金國亡臣白四部，死，寡居。今領白韃靼國事，日逐看經，有婦士數千人事之。凡征伐斬殺，皆自己出。三公主曰阿五，嫁尚書令國舅之子。餘未知名。孫男甚衆。○黑韃事略：軍馬將帥，舊有十七頭。其白厮馬，一名白厮卜，即白韃靼僞太子忒木真之壻，僞公主阿剌罕之前夫。○弘吉剌氏幹羅陳兄弟三人，前後尚囊加真公主。錢氏考異辨正甚詳。○史本紀至正十五年："儒學教授鄭阩建言：'蒙古乃國家本俗（族），宜教之以禮，而猶循本俗，不行三年之喪，又收繼庶母、叔嬸、兄嫂，恐貽笑後世，[必]宜改革，繩以禮法。'不報。"是終元之世，夷俗不變也。○按蒙古之俗與契丹、女真不同，納嫂、收庶母，猶有匈奴、突厥之風。文宗至順元年，勅諸人非其本俗，敢有弟收其嫂、子收庶母者坐罪云。非"本俗"，則本俗如此，必無罪矣。又文宗即位之始，詔諭廷臣曰："皇姑魯國大長公主，早寡守節，不從諸叔繼尚，鞠育遺孤，其子襲王爵，女配予一人。朕思庶民若是者猶當旌表，況在懿親乎！趙世延、虞集可議封號以聞。"以此詔所言推之，則夫死而諸叔繼尚，蓋通行常俗矣。阿剌罕蓋始適白厮波，繼字要合。字要合從太祖西征，既歸，而後尚主。此書作於太祖西征之日，故阿剌罕寡居。事略在太宗時，字要合繼尚久矣，故白厮馬爲公主前夫也。○山居新話（語）有闊歹平章之次妻高麗寡居，其子欲收之，高麗不從，伯顏太師奏治其抗違聖旨罪事。是則蒙古本俗不特不禁其收，且有令收之者矣。○出塞紀略：蒙古俗，夫死妻後母，兄弟死各妻其妻，子死亦妻其婦，如中行説所云。惟犯奸者有禁，較重於中國法。

諸將功臣

元勳乃彼太師國王没黑肋（肋）者[七]，小名也，中國人呼曰摩睺羅，彼詔誥則曰謀合里，南北之音輕重所訛也。見封天下兵馬大元帥、行省、太師、國王，乃黑韃靼人。十年以來，東征西討，威震華夏。征伐大事，皆決於己，故曰“權皇帝”，衣服制度，全用天子禮。有兄曰計里歌那，自有千騎，不任事。弟二人，長曰抹歌，見在成吉思處爲護衛。次曰帶孫郡王〔八〕，每隨侍焉。國王每戒所部將士如己兄弟，只以小名稱之，不許呼他國王。只有一子，名袍阿，美容儀，不肯剃婆焦，只裹巾帽，著窄服，能諸國語。

其次曰兔花兒太傅國公，聲名亞於摩睺羅。又有鷀博者，官亦穹（高）〔九〕，見隨成吉思掌重兵。

又其次曰按赤那邪，見封尚書令，乃成吉思正后之弟。部下亦有騎軍十餘萬，所統之人頗循法。韃人自言隨國王者皆惡，隨尚書令者皆善也。

其次曰劉伯林者，乃燕地雲内州人，先爲金人統兵頭目，奔降韃主。有子甚勇，而韃主忒没真者子戰死，遂將長子之妃嫁伯林之子，同韃人破燕京等處甚有功。伯林昨已封王，今退閒於家。其子見爲西京留守。

又其次曰大葛相公，乃紀（糺）家人，見留守燕京。

次曰劄八者，乃回鶻人，已老，亦在燕京同任事。

燕京等處有紙蟬兒無帥〔一〇〕、○“紙蟬兒無帥”，訛舛不可讀。○植案：“紙”者，“札”字之誤；“蟬”者，“蠟”字之誤；“無”者，“元”字之誤，蓋“元”誤“无”，傳寫又訛爲“無”。札蠟兒元帥，即元史石抹也先傳也先之子查剌、耶律禿花傳之札剌兒也。禿花傳稱“統萬户札剌兒”。史元帥、劉元帥○劉黑馬、史天澤伐金，王惲史忠武公家傳：朝議選三大帥分統漢地兵，詔公及劉黑馬、蕭札剌居右，爲萬户。其居左者，悉爲千户長。此史元帥即天澤，劉元帥即黑馬，正所謂“漢地三萬户”也。等甚衆，各有軍馬，皆聽摩睺國王命令。

任相

首相脱合太師者，乃兔花太傅之兄，原女真人，極狡獪。兄弟皆歸韃主，爲將相。

其次韃人宰相，乃卒埒奪合〔一一〕。○九十五功臣中有失吉忽都忽，又有失剌忽勒，對音均與卒埒奪合近。失吉忽都忽在太祖前有第六弟名分，在護衛裏斷事，又得燕都不受降臣金帛，太祖稱爲耳目。韃人宰相，蓋此人也。

又有女真七金宰相，餘者未知名，率皆女真亡臣。向所傳有白儉、李藻者爲相，今止見一處有所題曰："白倫提兵至此。"今亦未知存亡。

燕京見有移剌晉卿者，契丹人，登第，見爲內翰掌文書。又有楊彪者爲吏部尚書，楊藻者爲彼北京留守。

珙所見國王之前有左右司二郎中，使人到，則二人通譯其言語，乃金人舊太守，女真人也。○據此條稱"珙所見"，則此書實紀所親見，意珙嘗隨使節，傳脫漏也。

軍政

韃人生長鞍馬間，人自習戰，自春徂冬，旦旦逐獵，乃其生涯，故無步卒，悉是騎軍。起兵數十萬，略無文書。自元帥至千户百户牌子頭，○牌子頭，不知於蒙語何當？疑即指千百户長。秘史七云"立千百户牌子頭"，蒙文但言"敏合訥那顏"（千的官人）、"札兀訥那顏"（百的官人）、"合兒巴訥那顏"（十的官人）而已。傳令而行。

凡攻大城，先擊小郡，掠其人民，以供驅使。乃下令曰："每一騎兵必欲掠十人。"人足備，則每名取草或柴薪或土石若干，晝夜迫逐，緩者殺之。迫逐填塞，濠塹立平。或供鵝洞砲座等用，不惜數萬人，以此攻城壁，無不破者。城破，不問老幼妍醜、貧富逆順，皆誅之，略不少恕。

凡諸臨敵不用命者，雖貴必誅。

凡城破守有所得，則以分數均之，自上及下，雖多寡，每留一分爲成吉思皇帝獻。餘物則敷俵有差。宰相等在於沙漠不臨戎者，亦有其數焉。

凡征伐謀議，先定於三四月間，行於諸國。又於重五宴會，共擬今秋所向，各歸其國，避暑牧養。至八月咸集於<u>燕都</u>，而後啓行。

馬政

<u>韃國</u>地豐水草，宜羊馬。其馬初生一二年，即於草地占騎而教之，却養三年而後再乘騎。故教其初，是以不蹄嚙也。千馬爲群，寂無嘶鳴，下馬不用控縶，亦不走逸。性甚良善，日間未嘗芻秣。惟至夜方始牧放之，隨其草之青枯野牧之。至曉，搭鞍乘騎，並未始與豆粟之類。凡出師，人有數馬，日輪一騎乘之，故馬不困弊。

，　糧食

<u>韃</u>人地饒水草，宜羊馬。其爲生涯，止是飲馬乳以塞飢渴。凡一牝馬之乳，可飽三人。出入止飲馬乳，或宰羊爲糧。故彼國中有一馬者，必有六七羊，謂如有百馬者，必有六七百羊群也。如出征於<u>中國</u>，食羊盡，則射兔鹿野豕爲食。故屯數十萬之師，不舉煙火。近年以來，掠<u>中國</u>之人爲奴婢，必米食而後飽，故乃掠米麥，而於劄寨處亦煮粥而食。彼國亦有一二處出黑黍米，彼亦解煮爲粥〔一二〕。

征伐

<u>韃</u>人在本國時，<u>金虜</u>大定間，燕京及契丹地有謠言云："<u>韃靼</u>去〔一三〕，趕得官家没去處〔一四〕。"<u>葛酋</u>雍宛轉聞之，驚曰："必是<u>韃</u>人，爲我國患！"乃下令極於窮荒，出兵勦之。每三歲遣兵向北勦殺，謂之減丁。迄今中原人盡能記之，曰："二十年前，<u>山東</u>、<u>河北</u>誰家不買<u>韃</u>人爲小奴婢，皆諸軍掠來者。"今<u>韃</u>人大臣當時多有虜掠住於<u>金國</u>者，且其國每歲朝貢，則於塞外受其禮幣而遣之，亦不令入境。<u>韃</u>人逃遁沙漠，怨入骨髓。

至僞章宗立,明昌年間,不令殺戮,以是韃人稍稍還本國,添丁長育。章宗又以爲患,乃築新長城在静州之北,以唐古紀人戍之。酋首○"酋首"二字當在"叛"字下。因唐古紀叛,結耶剌都紀、木典紀、眸紀、移典紀等俱叛,金人發兵平之,紀人散走,投於韃人。且回鶻有田姓者,○此人蓋即鎮海。饒於財,商販鉅萬,往來於山東、河北間,言民物繁庶與紀同,説韃人治兵入寇。忒没真忿其欺凌,以此犯邊,邊州悉敗死。燕虜謂韃人曰:"我國如海,汝國如一掬沙,豈能動揺!"韃人至今老幼皆能記此語。

虜君臣因其陷西京,始大驚恐,乃竭國中精鋭,以忽殺虎元帥統馬步五十萬迎擊之,虜大敗。又再刷山東、河北等處,及隨駕護衛等人馬三十萬,令高琪爲大元帥,再敗。是以韃人迫於燕京城下。是戰也,罄金虜百年兵力,銷折潰散殆盡,其國遂衰。後來凡圍河北、山東、燕北諸州等處,虜皆不敢嬰其鋒。

官制

韃人襲金虜之俗,亦置領録尚書令〔一五〕、左右相、左右平章等官,亦置太師、元帥等。所佩金牌,第一等貴臣,帶兩虎相向曰虎鬬金牌,用漢字曰"天賜成吉思皇帝聖旨,當便宜行事"。其次素金牌,曰"天賜成吉思皇帝聖旨,疾"。又其次乃銀牌,文與前同。如成吉思亦行詔勅等書,皆金虜叛臣教之。遣發臨民者(四)曰宣差,逐州守臣皆曰節使,今在於左右帶弓矢執侍御勇者曰護衛。

風俗

韃人賤老而喜壯,其俗無私鬬争。正月一日必拜天,●重午亦然,此乃久住燕地,襲金人遺制,飲宴爲樂也。摩睺國王每征伐來歸,諸夫人連日各爲主禮,具酒饌飲燕。在下者亦然。

其俗多不洗手而拏攫魚肉。手有脂膩,則拭於衣袍上,其衣至損,不解浣濯。婦女往往以黄粉塗額,亦漢舊裝,傳襲迄今不改也。

上至成吉思，下及國人，皆剃婆焦，如中國小兒留三搭頭在顖門者。稍長則剪之，在兩下者，總小角垂於肩上。○繆柚岑於俄國巴枯城所見韃靼里人薙髮，自額至頂留兩鬖。○植案：金、元國俗並開剃，而開剃之制與其首服不同。永樂大典有元人剔（淨）髮須知書，條目甚多，文芸閣編脩嘗見之。植疑其中當有南北漢人、色目之别，惜未目驗其書也。李芍農閣學言，見古畫金人垂編髮三道，此與金國志言"金俗櫟髮垂肩與契丹異，垂金鎖留顱後，髮繫以色絲"者語合。若此所云，三搭頭及在兩下總小角垂於肩上者，頗亦與金制相近，然不言顱後髮，不知其别若何？金國志云："令金主拜詔稱臣，去冠冕，髡别髮，爲西京留守。"金史徒單益都傳：益都不肯改易鬢髮，以至於死。歸潛志："崔立令在城〔士庶〕皆斷髮，爲大朝民。"金俗固髡髮，宋史忠義郭元邁傳："不肯髡髮換官，亦卒於金焉。"而蒙古又令其别髮斷髮，改易鬢髮。然則同一開剃，其制蓋當有絶異者。又孟所言與今蒙古形狀乃不同，亦當有故，皆不可考矣。東國史略："順孝王典十五年，世子諶嗣王位歸自元，與公主胡服同輦入國，從行宗宰不開剃，王責之。"注云："開剃者，胡俗剃頂至額，方其形留髮謂之怯仇兒。忠烈王諶四年，令境内變元服，自宰相以至下僚，無不開剃。"至元譯語頭曰"忒妻〔温〕"、"孛擎"曰"怯昆"。"怯昆"即"怯仇兒"。黑韃事略："其冠被髮而椎髻，冬帽而夏笠。""被髮"當作"剃髮"。然北狄之剃頭垂髮，由來已久，非始於金、元。太平御覽謂肅慎俗皆編髮。寰宇記："烏桓、鮮卑皆髡頭。宇文氏人翦髮而留其頂，上爲飾，長數寸則截之。室韋盤髮，烏落侯繩髮，黠戞斯露首鬌髮。"魏志："州胡在馬韓西海島上，髡頭如鮮卑。"契丹國志："額後垂金花織成夾帶，中貯髮一總。嫗厥律，其人長大髡頭，耆長髮盛以紫囊。轕劫子，髡首披布爲衣。"此類不勝枚舉，金、元沿襲舊俗，大同小異耳。

軍裝器械

成吉思之儀衛，建大純白旗，以爲識認。外此並無他旌幢。惟傘亦用紅黃爲之。所坐乃金裹龍頭胡床，國王者間有用銀處，以此爲别。其鞍馬帶上亦以黃金盤龍爲飾，國王亦然。

今國王止建一白旗，九尾，中有黑月，○土耳其以初月爲國旗，蒙古與突厥同原之一證。出師則張云(之)。其下必元帥方有一旗,國王止有一鼓,臨陣則用之。鞍轎以木爲之,極輕巧。弓必一石以上,箭用沙柳爲笴,手刀甚輕,薄而彎。○雙溪集御床詩閱大行皇帝所御玉床時阿王僣儀已著竊有感爲賦:“萬國趨觀上國光,先皇臨御是明堂。鼎湖龍去無回日,更好教人惜此床。”

奉使

彼奉使曰宣差,自皇帝或國王處來者。所過州縣及管兵頭目處,悉來尊敬,不問官之高卑,皆分庭抗禮。穿戟門,坐於州郡設廳之上,太守親跪以効勤[一六],宿於黃堂廳事之内。鼓吹、旗幟、妓樂,郊外送迎之。凡見馬則換易,並一行人從,悉可換馬,謂之乘鋪馬,亦古乘傳之意。近使臣到彼國王處,凡相見,禮文甚簡,辭甚直,且曰“你大宋好皇帝、好宰相”。大抵其性淳朴,有太古風。可恨金虜叛亡之臣教之,今乃鑿混沌破彼天真,教以姦計,爲可惡也。

祭祀

凡占卜吉凶,進退殺伐,每用羊骨扇以鐵椎火椎之,看其兆拆(坼),以決大事,類龜卜也。

凡飲酒,先酹之。

其俗最敬天地,每事必稱天,聞雷聲則恐懼,不敢行師,曰“天叫也”。

婦女

其俗出師不以貴賤,多帶妻孥而行,自云用以管行李、衣服、錢物之類。其婦女專管張立氊帳,收卸鞍馬、輜重、車駄等物事,極能走馬。

所衣如中國道服之類。凡諸酋之妻,則有顧姑冠,用鐵絲結成,形如竹夫人,長三尺許,用紅青錦繡或珠金飾之。其上又有杖一枝，用紅青絨飾[之]。又有文（大）袖衣，如中國鶴氅，寬長曳地，行則兩女奴拽之。

男女雜坐，更相醻勸不禁。北使人於彼，國王者相見了，即命之以酒，同彼妻賴蠻公主〇賴蠻即乃蠻，此當是太陽汗之女。及諸侍姬稱夫人者八人〇史天澤長女爲太師國王夫人，見史氏慶源碑。皆共坐，凡諸飲宴，無不同席。所謂諸姬皆燦白美色，四人乃金虜貴嬪之類，餘四人乃韃人。內四夫人者甚姝麗，最有寵，皆胡服胡帽而已。

燕聚舞樂

國王出師，亦以女樂隨行。率十七八美女，極慧黠，多以十四絃等彈大官樂等四（曲），拍手爲節甚低，其舞甚異。

韃人之俗，主人執盤盞以勸客，客飲若少留涓滴，則主人者更不接盞，見人飲盡乃喜。如彼擊鞠，止是二十來騎，不多用馬者爾，惡其闐鬧也。擊罷，遣人來請我使人至彼，乃曰：“今日打毬，如何不來？”答曰：“不聞鈞旨相請，故不敢來。”國王乃曰：“你來我國中，便是一家人，凡有宴聚打毬，或打圍出獵，你便來同戲[一七]，如何又要人來請喚[一八]？”因大笑而罰六盃。終日必大醉而罷，且每飲酒，其俗鄰座更相嘗換，若以一手執盃，是令我嘗一口，彼方敢飲。若以兩手執盃，乃彼與我換盃，我當盡飲彼酒，却酌酒以酬之，以此易醉。凡見外客醉中喧鬨失禮，或吐或臥，則大喜，曰：“客醉，與我一心無異也。”我使人相辭之日，國王戒伴使曰：“凡好城子多住幾日，有好酒與喫，好茶飯與喫，好笛兒鼓兒吹著打著。”所說“好城子”乃好州縣也。

〇此書作於嘉定辛巳，黑韃事略作於紹定癸巳，相去十二年。徐霆身至龍庭，故所記較詳於此。同時苟夢玉北使，見太祖於鐵門關，有使北録二冊，亦辛巳年事，所記當更詳，惜其書亡佚無傳也。

【校記】

說海本：古今說海收說郛本

宛本：宛委山房刊說郛本

涵本：涵芬樓刊說郛本

汪本：歙縣汪氏鈔說郛本

傅本：江安傅氏鈔說郛本

小史本：歷代小史本

〔一〕彼俗初無庚甲，“俗”說海本、宛本同，涵本、傅本作“國”。

〔二〕蒙人常改元天興，“常”宛本同，說海本、涵本作“嘗”。

〔三〕興衰起滅無常，“無常”說海本、宛本同，涵本作“不長”，
　　　汪本作“不常”。

〔四〕止是刻指以記之，“指”說海本、宛本、涵本同，傅本作
　　　“止”。

〔五〕每於兩河博易販賣於其國，“兩”說海本、宛本同，涵本、
　　　傅本作“西”。

〔六〕二公主曰阿里黑百因，“因”說海本、宛本、涵本同，汪本
　　　作“目”。

〔七〕元勳乃彼太師國王沒黑助者，“助”宛本、涵本、小史本
　　　同，說海本作“肋”，是。

〔八〕次曰帶孫郡王，“郡”說海本、宛本、涵本、傅本、小史本皆
　　　作“歸”。

〔九〕又有鷓博者官亦穹，“穹”說海本、宛本、涵本同，汪本作
　　　“高”。

〔一〇〕燕京等處有紙蟬兒無帥，“無”宛本同，說海本、涵本作
　　　“元”，是。

〔一一〕其次韃人宰相乃卒埒奪合，“奪”宛本同，說海本、涵本
　　　作“脫”。

〔一二〕彼國亦有一二處出黑黍米彼亦解煮爲粥，“解煮爲粥”
　　　說海本、宛本作“煮爲解粥”，不詞。涵本“處”下無

“出”字，“煮”下無“爲”字。汪本“粥”字作“糜”。

〔一三〕轆轤去，宛本同，説海本、涵本、汪本前皆有“轆轤來”
三字。

〔一四〕趕得官家没去處，“趕”説海本、宛本、汪本同，涵本作
“起”。

〔一五〕亦置領録尚書令，“録”説海本、宛本、涵本同，汪本作
“省”。

〔一六〕太守親跪以効勤，“効勤”宛本、涵本同，説海本、汪本
作“郊勞”，蓋“効勞”之訛。

〔一七〕你便來同戲，“你”説海本、宛本同，涵本、汪本作“爾”。

〔一八〕如何又要人來請唤，“又”説海本、宛本、涵本同，汪本
作“不”。

黑韃事略箋注

宋彭大雅撰
宋徐霆疏證
清沈曾植箋注

黑韃之國即北单于。號大蒙古。沙漠之地有蒙古山，韃語謂銀曰"蒙古"。女真名其國曰"大金"，故韃名其國曰"大銀"。

其主初僭皇帝號者，小名曰忒没真，僭號曰成吉思皇帝。今者小名曰兀窟觮，其稱僭號者八人。

其子曰闊端、曰闊除、曰河西觮，立爲僞太子，讀漢文書，其師馬錄事。曰合剌直。○史表，太宗七子，次二闊端，次［三］闊出，即此闊除也。次四哈喇察兒，即此哈剌直也。○史阿剌罕傳，父也柳干，太宗時爲皇子岳里吉衛士。岳里吉即合剌直，亦即月良也。秘史稱西夏主爲合申主，或疑此河西觮即史合失太子也。○陳桱通鑑續編云："太宗七子，長曰合西歹，二皇后孛灰所生，蚤卒，有子曰海都。次貴由，次曰闊端，曰屈出，曰合剌察兒，六皇后所生也。曰合丹，曰滅立，七皇后所生也。"陳桱所稱之合西歹即此河西觮，據有子海都證之，則考異以爲合失，礭然無疑。

其相四人，曰按只觮、黑韃人，有謀而能斷。曰移剌楚材、字晉卿，契丹人，或稱中書侍郎。曰粘合重山，女真人，或稱將軍。共理漢事；曰鎮海，回回人。專理回回國事。

霆至草地時，按只觮已不爲矣。粘合重山隨屈尤僞太子南侵。次年，屈尤死，○太宗紀："乙未，皇子曲出及胡土虎伐宋。""丙申冬，皇子曲出薨。"即此屈尤也。粘合重山從伐宋，本傳不見。按只觮代之，粘合重山復爲之助，移剌及鎮海自號爲中書相公，總理國事，鎮海不止理回回也。韃人無相之稱，只稱之曰"必徹徹"。必徹徹者，漢語令史也，使之主行文書爾。

其地出居庸燕之西北百餘里。則漸高漸闊，出沙井天山縣八十里。則四望平曠，荒蕪際天，間有遠山，初若崇峻，近前則坡阜而已，大率皆沙石。

　　霆所見沙石亦無甚大者，只是碎小沙石而已。

其氣候寒冽，無四時八節。如驚蟄無雷。四月、八月常雪，風色微變。近而居庸關北，如官山、金蓮川等處，雖六月亦雪。

　　霆自草地回程，宿野狐嶺下，正是七月初五日，早起極冷，手足俱凍。

其產野草。四月始青，六月始茂，八月又枯，草之外咸無焉。

其畜牛、馬、犬、羊、橐駞，胡羊則毛氄而扇尾，漢羊則曰“骨律”，橐駞有雙峰者、有孤峰者、無有峰。

　　霆見草地之牛純是黃牛，其大與江南水牛等，最能走，既不耕犁，只是拽車，多不穿鼻。

其居穹廬，即氈帳。無城壁棟宇，遷就水草無常。韃王日徙帳以從校獵，凡僞官屬從行，曰起營。牛、馬、橐駞以挽其車，車上室可坐、可臥，謂之帳輿。輿之四角，或植以杖，或交以板，用表敬天，謂之飲食車。派而五之，如蟻陣縈行，○縈行，李本作“縈紆”。延袤十五里，左右橫距及其直之半。得水則止，謂之定營。主帳南向獨居前列，妾婦次之，僞扈衛及僞官屬又次之。凡韃主獵帳所主，○所主，李本作“所在”。皆曰“窩裏陀”，其金帳，柱以金製，故名。凡僞嬪妃與聚落羣起，獨曰“大窩裏陀”者。○湛然居士集云，每新君立，另設一帳房，極金碧之盛，名“斡耳朵”。後君立，復自作之。其地卷阿負坡阜以殺風勢，猶漢移蹕之所，亦無定止，或一月，或一季遷耳。

　　霆至草地時立金帳，想是以本朝皇帝親遣使臣來，故立之以示壯觀。前綱鄒奉使至不曾立，後綱程大使、更後綱周奉使至皆不立。其製即是艸地中大氈帳，上下用氈爲衣，中間用柳編爲窗眼透明，用千餘條索拽住闌與柱，皆以金裹，故名。中可容數百人，韃主帳中所坐胡床，如禪寺講座，亦飾以金。后妃等第○李本於"後妃等"下原有朱筆校增"次"字。而坐，如構欄然。穹廬有二樣。燕京之制，用柳木为骨，正如南方罣罳，○罣罳，李本作"罘罳"。可以卷舒，面前开門，上如傘骨，頂開一竅，謂之"天窗"，皆以氈爲衣，馬上可載。草地之制，用柳木織成硬圈，徑用氈韅定，○韅定，李本作"鞔定"。不可卷舒，車上載行，水草盡則移，初無定日。

其食，肉而不粒，獵而得者，曰兔、曰鹿、曰野彘、曰黃鼠、曰頑羊、其脊骨可杓。曰黃羊、其背黃，尾○李本原校增。如扇大。曰野馬、如驢之狀。曰河源之魚。地冷可致。牧而庖者，以羊爲常，牛次之，非大燕會不刑馬。○元制，馬爲大牲，惟祀天及宗廟用之。刑法志禁令篇："諸宴會，雖達官，殺馬爲禮者，禁之。"火燎者十九，鼎烹者十二三，饗而先食，然後食人。○明刻增新事林廣記有筵會上燒肉事件，凡羊羔、黃鼠、塔剌不花等二十五件，皆泰定重刻宋事林廣記所無。此蒙古火燎之證。

霆住草地一月餘，不曾見韃人殺牛以食。

其飲，馬乳與牛羊酪。凡初酌，甲必自飲，然後飲乙。乙將飲，則先與甲、丙、丁呷，謂之口利。○李本作"到"。甲○李本原校增。不飲，則轉以飲丙。丙飲訖，勺而酬乙，乙又未飲，而飲丁，如丙禮。乙纔飲訖，勺○李本作"酌"。而酬甲，甲又序勺○李本作"酌"。以飲丙丁，謂之換醆。本以防毒，後習以爲常。

其味，鹽一而已。

霆出居庸關，過野狐嶺，更千餘里，入草地曰界里濼，○界里泊，即張參議紀行之蓋里泊。其水暮沃而夜成鹽，客人以米來易，歲至數千石。更深入，見韃人所食之鹽，曰斗鹽，其色白於雪，其狀大於牙，其底平於斗，故名斗鹽，蓋鹽之精英者。

愈北其地多鹻，其草宜馬。

其爨，草炭。牛馬糞。

其燈，草炭以爲心，羊脂以爲油。

其俗射獵，凡其主打圍，必大會衆，挑土以爲坑，插木以爲表，維以毳索，繫以罽羽，猶漢兔罝之智，綿亘一二百里間。風颺羽飛，則獸皆驚駭，而不敢奔逸，然後麕圍攫繋○李本作"撃"。焉。○雙溪醉隱集大獵詩："營表交馳突騎過，射聲雲布已星羅。詔官檢點貔貅數，奏比年[來]百萬多。""網絡周陉萬里疆，幅員都是禁圍場。傳言羽獵將來到，有詔惟教静虎狼。"注：禁地圍場，自和林南越沙地，皆浚以壍，上羅以繩，名曰"扎什"，古之虎落也。比歲大獵，特詔先殄除虎狼。

　霆見其行下韃戶，取毛索及罽，亦頗以爲苦。霆沿路所乘鋪馬，大半剪去其騣。扣之，則曰以之爲索，納○李本作"綱"。之○李本原校增。○按"納"字不誤，"用"字不必增。窩裏陀，爲打獵用。圍場自九月起，至二月止。凡打獵時，常食所獵之物，則少殺羊。

其冠，被髮而椎髻，冬帽而夏笠，婦人頂故姑。

　霆見故姑之製，○至元譯語：故故曰搏庫脱。然則故故非蒙語也。○事林廣記：固姑，韃人、回回婦女戴之，以皮或糊紙爲之，朱漆剔金爲飾。用畫木爲骨，包以紅絹金帛，頂之上用四○李本作"五"。直尺長柳杖○李本作"枝"。或鐵打成杖，○李本作"枝"。包以青氊，其向上人則用我朝翠花或五采帛飾之，令其飛動，以下人則用野雞毛，婦女真○李本原校作"美"。色，用狼糞塗面。

其服，右袵而方領，舊以氊毳革，新以紵絲金線，色以紅紫、紺綠，紋以日月龍鳳，無貴賤等差。

　霆嘗考之，正如古深衣之製，本只是下領，一如我朝道服領，所以謂之方領。若四方上領，則亦是漢人爲之，韃主及中書向上等人不曾著。腰間密密打作細摺，不計其數。若深衣，止十二幅，韃人摺多爾。又用紅紫帛撚成線，橫在腰上，謂之腰線。蓋欲馬上腰圍，繫乘○李本作緊束。突出，采豔好看。

其言語，有音而無字，多從假○李本無"假"字。借而聲稱，譯而通之，謂之通事。

其稱謂，有小名而無姓，心有所疑，則改之。

　　霆見其自上至下只稱小名，即（既）不曾有姓，亦無官稱。如管文書則曰"必徹徹"，管民則曰"達魯花赤"，環衛則曰"火魯赤"。若宰相，即是楚材輩，自稱爲"中書相公"；若王檝，則自稱曰"銀青光禄大夫"、"御史大夫"、"宣撫使"、"入國使"爾，初非韃主除授也。

其禮，交抱以揖，左跪以爲拜。

　　霆見其交抱，即是厮捜。

其位置以中爲尊，右次之，左爲下。

其正朔，昔用十二支辰之象，如子曰鼠兒年之類。今用六甲輪流，大曰甲子年正月一日或三十日。皆漢人、契丹、女真教之。若韃之本俗，初不理會得，但是草青則爲一年，新月初生則爲一月。人問其庚甲若干，則倒指而數幾青草。

　　霆在燕京宣德州，見有歷（曆）書，亦印成册，問之，乃是移剌楚材自算、自印造、自頒行，韃主亦不知之也。楚材能天文，能詩，能琴，能參禪，頗多能，其髭髯極黑，垂至膝，常綰作角子，人物極魁梧。

其擇日行事，則視月盈虧以爲進止，朏之前、下弦之後，皆其所忌。見新月必拜。

其事書之以木杖，○李本原校改"板"。○中堂事紀（記）："回回譯史參朮丁，其所譯簿籍，搗治方厚，尺紙爲葉，以木筆挑書普速蠻字。”然則回回書以木筆書於紙上，作“杖”是也。驚蛇屈蚓，如天書符篆，如曲譜五凡工尺，回回字殆兄弟也。

　　霆嘗考之，韃人本無字書，然今之所用，則有三種行於韃人。本國者則只用小木，長三四寸，刻之四角，且如差十馬，則刻十刻，大率只刻其數也。其俗湻而心專，故言語不差。其法說謊者死，故莫詐僞。雖無字書，自可立國。此小木即古木契也。行於回回者，則用回回字，鎮海主之。回回字只有二十一箇字母，其餘只就偏傍上湊成。行於漢人、契丹、女真諸亡國者，只用漢字，移剌楚材主之；却又於後面年月之前鎮海親寫回回字，云付與某人，此蓋專防楚材，故必以回回字爲驗，無此則不成文書，殆欲使之經由鎮海，亦可互相檢柅○李云“柅”當“攝”字之誤。也。燕京市學，多教回回字及韃人譯語，纔會譯語，便做通事，便隨韃人行打，恣作威福，討得撒花，討得物事喫。契丹、女真元自有字，皆不用。

　　其印曰“宣命之寶”，字文疊篆而方徑三寸有奇，鎮海掌之，無封押以爲之防。事無巨細，須僞酉自決。楚材、重山、鎮海同握韃柄；凡四方之事，或未有韃主之命，而生殺予奪之權已移於弄印者之手。○中堂事記：“古者天子有八寶，今朝廷所用止一印而已。”蓋即謂“宣命之寶”。

　　霆嘗考之，只是見之文書者，則楚材、鎮海得以行其私意，蓋韃主不識字也。若行軍用師等大事，只韃主自斷，又却與其親骨肉謀之，漢兒及他人不與也。每呼韃人爲自家骨頭，雖至細交訟事，亦用撒花，直造韃主之前，然終無予決而去。

　　其占筮，則灼羊之枚○李本作“枚”。子骨，驗其文理之逆順，而辨其吉凶。天棄天○李本作“人”。予，一決於此，信之甚篤，謂之“燒琵琶”。事無纖粟不占，占不再四不已。

　　霆隨一行使命至草地，韃主數次燒琵琶，以卜使命去留。想是琵琶中當歸，故得遣歸。燒琵琶即鑽龜也。

　　其常談，必曰“托著長生天底氣力、皇帝底福蔭”。○野獲編云，太祖“奉天”二字，千古獨見，鏤之大圭，以至臣下誥勑必首曰“奉天承運皇帝”。按明之“奉天承運”，即襲元詔令之首，必稱“長生天”也。用夷變夏，而詡爲千古所無，不考古之蔽如此。彼所爲之事，則曰“天教恁地”。人所已爲之事，則曰“天識著”。無一事不歸之天，自韃主至於民無不然。

　　其賦斂謂之差發，類○李本原校作“數”。馬而乳，剌○李本作“犀”。羊而食，皆視民户畜牧之多寡而征之，猶漢法之上供也。置蘸之法，○置蘸，即置站也。蘸字獨見於此。則聽諸酋頭項自定差使之久近。漢民除工匠外，不以男女，歲課城市丁絲二十五兩，牛羊絲五十兩；謂借過回回銀，買給往來使臣食過之數。鄉農身絲百兩。米則不以耕稼廣狹，歲户四石。漕運銀綱合諸道歲二萬鋌。旁蹊曲徑，而科斂者不可勝言。

　　霆所過沙漠，其地自韃主、偏后、太子、公主、親族而下，各有疆界。其民户皆出牛馬、車仗、人夫、羊肉、馬妳爲差發，蓋韃人分管草地，各出差發，貴賤無有一人得免者。又有一項各出差發，爲各地分蘸中之需，上下亦一體，此乃草地差發也。至若漢地差發，每户每下（丁）以銀折絲綿之外，每使臣經從調遣軍馬、糧食、器械及一切公上之用，又逐時計其合用之數，科率民户。諸亡國之人甚以爲苦，怒○李本作“怨”。憤徹天，然終無如之何也。韃主不時自草地差官，出漢地定差發。霆在燕京見差胡丞相來鬻貨更可畏，下至教學行及乞兒行，亦出銀作差發。燕京教學行有詩云：“教學行中要納銀，生徒寥落太清貧。金馬玉堂盧景善，明月清風范子仁。李舍纔容講德子，張齋恰受舞雩人。相將共告胡丞相，免了之時捺殺因。”此可見其賦斂之法。

其貿易，以羊馬、金銀、縑帛。

其賈販，則自韃主以至僞諸王、僞太子、僞公主等，皆付回回以銀，或貸之民而衍其息。一鋌之本，展轉十年後，其息一千二十四鋌。或市百貨而懋遷，或託夜偷而責償於民。

　　霆見韃人只是撒花，無一人理會得賈販。自韃主以下，只是以銀與回回，令其自去賈販以納息。回回或自轉貸與人，或自多方賈販，或詐稱被劫而責償於州縣民户。○自韃主以下，皆以銀貸回回，令貿易以納息。此即元世所謂斡脱錢也。史本紀：世祖至元元年定諸王“不許擅招民户，不得以銀與非投下人爲斡脱”；又至元二十九年“蠲阿里父布伯所負斡脱鈔三千錠”。元典章新集兵部驛站使臣冒起鋪馬［罪］例云：“延祐六年，宣政院官人每差往西番地面拘收牌面，追徵斡脱等錢，多用鋪馬，斷一百七，除名不敍。”蓋終元世有此風，而元初尤甚。羊羔兒息，殆亦緣此虐用之。元史類編中統建元頒新政詔見元典章。其第五“止貢獻”曰：“開國以來，庶事草刱，旣無俸禄以養廉，故縱貨賄而爲蠹，凡事撒花等物，無非取給於民。名曰己財，寔皆官物，取百散一，長盜滋奸，若不盡更，爲害匪淺。始自朕躬，斷絶茲弊，除外用進奉、軍前克敵之物，并斡脱等拜見撒花等物，並行禁止。内外官吏，視此爲例。”○至元譯語：買賣人曰“或旦督赤”。或旦督，即斡脱也。大率韃人止欲紵絲、鐵鼎、色木，動使不過衣食之需，漢兒及回回等人販入草地，韃人以羊馬博易之。韃俗真是道不拾遺，然不免有盜，只諸亡國之人爲之。回回又以物置無人之地，却遠遠卓望，纔有人築著，急來昏賴。回回之狡心最可畏，且多伎巧，多會諸國言語，直是了得。

其官稱，或僭國王，或權皇帝，或郡王，或宣差。諸國亡俘，或曰中書丞相，或將軍、或侍郎、或宣撫運使，隨所自欲而盜其名，初無宣麻制誥之事。

霆嘗考之，韃人初未嘗有除授及請俸，韃主亦不曉官稱之義爲何也。韃人止有虎頭金牌、平金牌、平銀牌，或有勞，自出金銀，請於韃主，許其自打牌，上鐫回回字，亦不出於"長生天底氣力"等語爾。外有亡金之大夫，混於雜役，墮於屠沽，去爲黃冠，皆尚稱舊官。王宣撫家有催○李本作"推"。車數人，呼"運使"，呼"侍郎"。長春宮多有亡金朝士，既免跋焦，○李學士云，"跋焦"即蒙韃備録之"婆焦"，疑即今辮頂也。免賤役，又得衣食，最令人慘傷也。

其民户體統，十人謂之排子頭，自十而百，百而千，千而萬，各有長。

其國禁，草生而刱地者，遺火而蓺草者，誅其家。拾遺者、履閾者、筮馬之面目者、相與淫奔者，誅其身。食而噎者、口鼻之衄者，罪其心之不潔。○李本作"吉"。軸毳簾而外者，責其係韃主之頸。騎而相向者，其○"其"字上疑脱"自"字，前云左爲下，故騎相向而左避爲相順，接肉以左手爲相逆也。左而過，則謂之相順；食人以肉，而接以左手，則謂之相逆。酌乳酪而傾器者，謂之斷後。遭雷與火者，盡棄其資畜而逃，必期年而後返。

霆見韃人每聞雷霆，必掩耳屈身至地，若嬰避狀。

其賞罰，則俗以任事爲當然，而不敢以爲功。其相與以告戒，每曰其主遣我火裏去、或水裏去，則與之去，言及飢寒艱苦者，謂之"觩"。觩者，不好之謂。故其國平時無賞，惟用兵戰勝，則賞以馬或金銀牌，或紵絲緞。陷城則縱其擄掠子女、玉帛，擄掠之前後，視其功之等差，前者插箭於門，則後者不敢入。有過則殺之，謂之"按打奚"。不殺則罰充八都魯軍，猶漢之死士。或三次、四次，然後免其罪之至輕者，没其資之半。

霆見其一法最好，説謊者死。

其犯寇者殺之，没其妻子、畜産，以入受寇之家。或甲之奴盜

乙之物或盜乙之奴物，皆没甲與奴之妻子、畜産而殺其奴及甲，謂
之斷案主。其見物則欲，謂之“撒花”。予之，則曰“捺殺因”，韃
語好也。不予，則曰“冒烏”，韃語不好也。撒花者，漢語覓也。〇
楊瑀山居新話（語）：“都城豪民，每遇假日，必以酒食招致省憲僚吏翹傑出
羣者款之，名曰‘撒和’。凡人有遠行者，至巳午時，以草料飼驢馬，謂之‘撒
和’，欲其致遠不乏也。”又云：“取覓者，謂之‘撒和穿鼻子’。”按彼“撒和”即
此“撒花”。

　　其騎射，則孩時繩束以板，絡之馬上，隨母出入；三歲索維之
鞍，俾手有所執，從衆馳騁；四五歲挾小弓、短矢；及其長也，四時
業田獵。凡其奔驟也，跂立而不坐，故力在跗者八九，而在髀者一
二。疾如飆至，勁如山壓，左旋右折如飛翼，故能左顧而射右，不
特抹鞦而已。

　　其步射，則八字立脚，步闊而腰蹲，故能〇李本原校加“有”。力
而穿札。

　　　　霆見韃靼耆婆在野地生子，纔畢，用羊毛揩抹，便用羊皮
　　包裹，束在小車内，長四直尺，闊一尺，耆婆逕扶之馬上而行。

　　其馬野牧，無芻粟。六月曆青草始肥。牡者四齒則扇，故闊
壯而有力，柔順而無性，能風寒而久歲月。不扇則反是耳，易嘶
駭，不可設伏。蹄鍥薄而怯石者，葉以鐵或以板，謂之脚澀。凡馳
驟勿飽，凡解鞍，必索之而仰其首，待其氣調息平，四蹄冰冷，然後
縱其水草。牧者謂之“兀刺赤”，回回居其三，漢人居其七。

　　　　霆嘗考韃人養馬之法。自春初罷兵後，凡出戰好馬，並
　　恣其水草，不令騎動。直至西風將生，則取而控之，繫于帳房
　　左右，啖以些少水草。經月後，膘落而實，騎之數百里，自然
　　無汗，故可以耐遠而出戰。尋常正行路時，並不許其喫水草，
　　蓋辛苦中喫水草，不成膘而生病，此養馬之良法。南人反是，
　　所以馬多病也。其牡馬，留十分壯好者作移剌馬種外，餘者
　　多扇了，所以無不強壯也。移剌者，公馬也，不曾扇，專管驟

○李本作"騍"。馬羣，不入扇馬隊。扇馬、騍馬，各自爲羣隊也。凡馬多是四五百足爲羣隊，只兩兀剌赤管，手執雞心鐵撾以當鞭筮，馬望之而畏。每遇早晚，兀剌赤各領其所管之馬，環立於主人之帳房前，少頃各散去。每飲馬時，其井窟止可飲四五馬，各以資次先後，于于自來，飲足而去，次者復至。若有越次者，兀剌赤遠揮鐵撾，俯首駐足，無或敢亂，最爲整齊。其騍馬羣，每移剌馬一匹，管騍馬五六十匹，騍馬出羣，移剌馬必咬踢之使歸，或他羣移剌馬逾越而來，此羣移剌馬必咬踢之使去，摯而有別，尤爲可觀。

其鞍轡輕簡，以便馳騁，重不盈七八斤。鞍之雁翅，前豎而後平，故折旋而膊不傷。鐙圓，故足中立而不偏。底闊，故靴易入。綴革登之革，手揉而不硝，灌以羊脂，故不受雨而不斷爛，闊不踰一寸，長不逮四摁，故立馬轉身之順。

其軍，即民之年十五以上者，有騎士而無步卒，人人○李本作"二"。三騎或六七騎，五十騎謂之一糾。都由切，即一隊之謂。武酉健奴，自鳩爲伍，專在主將之左右，謂之八都魯軍，曩攻河西、女真諸國，驅其人而攻其城。

震往來草地，未嘗見有一人步行者，其出軍頭目，人騎一馬，又有五六足或三四足馬自隨，常以準備緩急，無者亦須一二足。

其軍器有柳葉甲、有羅圈甲。革六重。有頑羊角弓。角面連靶，通長三尺。有響箭、即鳴鏑也。有馳骨箭、有梅○李本作"批"。鍼箭，○至元譯語有鈚子箭，三尖。"鈚子箭"，武備志譯語作"鎗子箭"。李本"批鍼"，當即"鈚子"也。剡木以爲栝，落鵰以爲翎。有環刀，效回回樣，輕停而犀利，靶小而褊，故運掉也易。○武備志譯語：腰刀曰"允都"。回回腰刀曰"撒兒陶允都"。有長、短槍，刀板如鑿，故著物不滑，可穿重札。有旁牌，以革編蒢，否則以柳，闊三○李本加"十"。

寸,而長則倍於闊之半。有團牌,特前鋒臂之,下馬而躬,○李本作
"射"。專爲破敵之用。有鐵團牌,以代兜鍪,取其入陣轉旋之便。
有拐子木牌,爲攻城避砲之具。每大酋頭項各有一旗,只一面而
已,以次人不許置。常捲常偃,凡遇督戰,纔舒即卷。攻城則有砲,
砲有棚,棚有網索,以爲挽索者之蔽。向打鳳翔,專力打城之一
角,嘗立四百座。其餘器具,不一而足。其長技,弓矢爲第一,環
刀次之。

　　霆嘗考之,韃人始初草創,百工之事,無一而有。其國除
孳畜外,更何所産? 其人椎朴,安有所能? 止用白木爲鞍喬,
鞁以羊皮,韂亦剜木爲之,箭鏃則以骨,無從得鐵。後來滅回
回,始有物産,始有工匠,始有器械。蓋回回百工技藝極精,
攻城之具尤精。後滅金虜,百工之事,於是大備。

其軍糧,羊與沛馬。手捻其乳曰沛。馬之初乳,日則聽其駒之
食,夜則聚之以沛,貯以革器、頒洞數宿,味微酸始可飲,謂之馬妳
子。纔犯他境,必務抄掠,孫武子曰"因糧於敵"是也。

　　霆常見其日中沛馬妳矣,亦嘗問之,初無拘於日與夜。
沛之之法,先令駒子啜,教乳路來,却趕了駒子,人自用手沛,
下皮桶中,却又傾入皮袋撞之,尋常人只數宿便飲。初到金
帳,韃主飲以馬妳,色清而味甜,與尋常色白而濁、味酸而羶
者大不同,名曰黑馬奶。蓋滑○李本作"清"。則似黑,問之,
則云此實撞之七八日,撞多則愈清,清則氣不羶。○耶律鑄廬
沆詩注:"廬沆,馬酮也。漢有挏馬官,注曰:'以韋革爲夾兜,盛馬乳
挏治之,味酢可飲。'又禮樂志'大官挏馬酒',注曰:'以馬乳爲酒。'言
挏之味酢則不然,愈挏治則味愈甘,逾萬杵,香味醇釀甘美,謂之廬
沆。廬沆,奄蔡語也。李詹事曰:"雙溪蓋以'奄蔡'二字爲'欽察'本字。"國
朝因之。自注:蔡,千萬切。今有其種,率皆以從事挏馬。"○廬音助,見
廣韻。白湛淵續演雅十詩發揮云:"迤北八珍,謂醍醐、廬沆、野駝蹄、
鹿脣、駝乳麋、天鵝炙、紫玉漿、玄玉漿也。"玄玉漿即馬妳子。按此則

馬妳子非一種，徐君所見黑馬妳，即白氏所謂玄玉漿而至清者。又別為盧沇，則欽察人所制，雙溪謂"愈桐治則愈甘"，徐君謂愈撞愈清，理則一也。只此一次得飲，他處更不曾見玉食之奉如此。又兩次金帳中送葡萄酒，盛以玻璃瓶，一瓶可得十餘小盞，其色如南方柿漆，○李本作"汁"。味甚甜，聞多飲亦醉，但無緣得多耳，回回國貢來。

其行軍常恐衝伏。雖偏師亦必先發精騎，四散而出，登高眺遠，深哨一二百里間，掩捕居者、行者以審左右前後之虛實，如某道可進、某城可攻、某地可戰、某處可營、某方有敵兵、某所有糧草，皆責辨哨馬回報。如大勢軍馬併力蝟奮，則先燒琵琶，決擇一人以統諸部。

　　霆見韃人未嘗屯重兵於城內，所過南北郡縣，城內並無一兵，只城外村落有哨馬，星散攏○擺。市（布），忽遇風塵之警，哨馬響應，四向探剌，如得其實，急報頭目及大勢軍馬也。

其營必擇高阜，主將駐帳必向東南，前置邏騎，韃語"托落赤"，分番驚○警。地。惟前面無軍營。帳之左右與帳後諸部軍馬，各歸頭項，以序而營。營又貴分，務令疏曠，以便芻秣。營留二馬，夜不解鞍，以防不測；營主之名，即是夜號，一營有警，則旁營備馬，以待追襲，餘營則整整不動也。惟哨馬之營則異於是，主者中據，環兵四表，傳木刻以代夜邏。即漢軍傳箭法。秣馬營裏，使無奔逸，未暮而營其○李本作"具"。火謂之火鋪。及夜則遷於人所不見之地，以防夜劫，而火鋪則仍在於初營之所，達曉不動也。

　　霆見其多用狗鋪，其下營，直是日早，要審觀左右形勢。

其陣利野戰，不見利不進。動靜之間，知敵强弱。百騎環繞，可裹萬衆；千騎分張，可盈百里。摧堅陷陣，全藉前鋒衽革當先，例十之三。凡遇敵陣，則三三五五，斷不簇聚，為敵所包。大率步宜整而騎宜分，敵分亦分，敵合亦合。故其騎突也，或遠或近，或多或少，或聚或散，或出或没，來如天墜，去如電逝，謂之"鴉兵撒星陣"。其合而分，視馬箠之所向；其分而合，聽姑詭之聲以爲號。自邇而遠，俄頃千里。其夜聚，則望燎煙而知其所戰宜。極寒無雪，則磨石而禱天。

　　霆見韃人行軍，只是一箇不覩是○"覩是"疑當作"怕死"。蠻逼而已。彼亦是人，如何不怕死，但自用師南侵日，少曾喫虧，所以膽愈壯而敢無狀也。韃人糧食固只是羊馬隨行，不用運餉，然一軍中，甯有多少韃人，其餘盡是亡國之人，韃人隨行羊馬，自食尚不足，諸亡國之人亦須用糧米喫，以是知不可但誇韃人之强，而不思在我自强之道也。

其破敵，則登高眺遠，先相地勢，察敵情僞，專務乘亂。故交鋒之始，每以騎隊徑突敵陣，一衝纔動，則不論衆寡，長驅直入。敵雖十萬，亦不能支。不動則前隊橫過，次隊再撞。再不能入，則後隊如之。方其衝敵之時，乃遷延時刻，爲布兵左右與後之計。兵既四合，則最後至者一聲姑詭，四方八面響應齊力，一時俱撞。此計之外，或臂團牌，下馬步射。一射中鏑，則兩旁必潰，潰則必亂，從亂疾入敵。或見便以騎躡步，則步後駐隊馳敵迎擊。敵或堅壁，百計不中，則必驅牛畜，或鞭生馬，以生攪敵陣，鮮有不敗。敵或森戟外列拒馬，挽○李本作"絕"。其奔突，則環騎疏哨，時發一矢，使敵勞動。相持稍久，敵必絕食，或乏薪水，不容不動，則進兵相逼。或敵陣已動，故不遽擊，待其疲困，然後衝入。或其兵寡，則先以土撒，後以木拖木，○李本無此"木"字。使塵衝天，敵疑兵衆，每每自潰；不潰則衝，其破可必。或驅降俘，聽其戰敗，乘敵力竭，擊以精銳；或纔交刃，佯北而走，詭棄輜重，故擲黃白，敵或謂是誠敗，逐北不止，衝其伏騎，往往全没。或因真敗而巧計取勝，只在乎彼縱此橫之間，有古法之所未言者。其勝則尾敵襲殺，不容逬逸。其敗則四散迸走，追之不及。

其軍馬將帥，舊謂之十七頭項。忒没真。即成吉思，死後其軍馬兀窟（窟）觮之母今自領之。僞大太子拙職，已殺死了。僞二太子茶合觮，見出戍回回國。僞三太子兀窟觮，即今韃主。僞四太子馳嬰。自河南歸病死。以上四人並忒没真子。忒没哥窩真、或呼爲窩陳，又呼爲曩聖，乃忒没真弟。按只觮、忒没真之姪，兀窟觮之弟。撥都馬、忒没真之壻。白厮马、一名白厮卜，即白韃僞太子忒没真壻、僞公主阿剌罕之前夫。魯〇李本作“暮”。花里國王、黑韃人，刀博〇李本作“傅”。窩之父，察剌温之祖也。〇刀博窩，“刀”蓋“即”字之誤，博窩即備録之祔阿。察剌温即塔思也。博窩爲察剌温父，然則是字魯也。絃忒郡王、黑韃人。蕭夫人、契丹人，專官（管）投拜户死事。〇“死事”，李本作“砲車”。〇植案，元初以婦人而統部曲，惟耶律留哥之妻姚里氏。此蕭夫人，當即是姚里氏也。遼以后族爲蕭，概不論其本氏。留哥嘗僭號，故其妻沿遼時后制，不稱姚里而稱蕭。阿海、契丹人。元在德興府。禿花、即阿海之弟，元在宣德府。明安、契丹人，今燕京大哥行省憨塔卜，其子也。〇李本作“今行者憨塔，燕京大哥卜是其子也”。劉伯林，漢人中第一萬户。兵數多寡，不得而知。但一夫而數妻，或一妻而數子，昔稀今稠，則有增而無減。今之頭項，又不知其幾，老酉宿將，死者過半。曩與金虜交兵，關河之間，如速不觮、忒没觮、塔察兒、今名傅〇李本作“俜”。蓋。按察兒却尚無恙，然戰争不休，則續能兵者，又似不乏。

　　霆見其俗，一夫有數十妻，或百餘妻，一妻之畜産至富。成吉思立法，只要其種類子孫蕃衍，不許有妬忌者。〇本紀太宗六年，大會諸王百官於達蘭達葩之地，所頒條令有婦人“妬者，乘以騸馬（牛）徇部中，論罪，即聚財爲更娶”一條。嘗疑此細事，何汲汲於大札撒中言之，讀此乃知其故也。今韃主兀窟觮，丙午生，胡而黑，韃人少髯，故胡多必貴也。霆在金帳前，忽見韃主同一二人出帳外躬〇李本作“射”。弓，只韃主自射四五箭，有二百步之遠，射畢即入金帳。

　　其頭項分戍，則窩真之兵在遼東，茶合觮之兵在回回，撥都駙馬之兵在河西，各有後顧之憂。黑韃萬户八人，人不滿萬，但伯叔、兄弟、子姪、親戚之兵不隸萬戶之數。漢地萬戶四人，如嚴寔之在鄆州，今東平府是也。則有山東之兵。史天倪○李本作“翼”。即史三。之在真定，則有河東、河北之兵。張柔之在蒲○滿。城，保州屬縣。則有燕南之兵。劉黑馬伯来○林。之子。之在天城，西京屬縣。則有燕薊山後之兵。他雖有領衆者，俱不若此四人兵數之多，事力之強也。如遼東、河西、回回諸國之兵，又在漢萬戶之外。

　　霆在草地，見其頭目、民戶，車載輜重及老小畜産，盡室而行，數日不絕。亦多有十三四歲者，問之，則云：“此皆韃人調往征回回國，三年在道，今之年十三四歲者，到彼則十七八歲，皆已勝兵。回回諸種盡已臣服，獨此一種回回，正在西川後門相對，其國之城三百里，出産甚富，地煖，産五穀果木，瓜之大合抱，至今不肯臣服，茶合觶征之數年矣，故此更增兵也。”

其殘虐諸國，已破而無爭者，東南白韃、金虜。女真。西北曰奈蠻，或曰乃満。曰烏鶻，○李本作“鵒”。曰速里，○“速”當作“遺”，遺里諸回紇部名，見烏古孫仲端北使記。○速里者，撒里畏吾兒也。其後爲明之阿端四衛。烏鶻者，畏吾兒也。曰回回者，二字皆開口音；曰畏吾者，上開下合；曰烏鶻者，二字皆合口也。曰撒里達，○撒里達即回回也。秘史蒙文凡回回皆作撒兒塔兀惕，元史本紀西域諸國木乃奚、素丹來朝，素丹者，撒兒塔兀惕之簡言撒里達也。○撒里達，即秘史蒙文之撒兒塔兀惕，即回回之在西域者，西遊記所謂算端，史憲宗紀來朝之素丹國，蒙古源流之薩爾塔[郭]勒、之札里雅特蘇勒德汗也。曰抗里。回回國名。○抗里即康里，北使記作航里。正北曰達塔，即兀專○魯。速之種。○達塔即秘史塔塔兒。曰蔑里乞。正南曰西夏。已爭而未竟者，東曰高麗；曰遼東萬奴，即女真大真國。厥相王賢佐，年餘九十，有知來之明。○影元本中州樂府王元佐小傳：賢佐，一名(字)元佐，名澮，咸平人。爲人沈默寡欲，邃于易學，若有神授之。又通星曆讖緯之學。明昌初，[以]德行才能召至京師，命以官，不拜。朝廷重其人，授信州教授。未幾，自免去。至授博州教授，郡守以下皆師尊之。一日，守客澮，適中使至，中使漠然少年，重賢佐名，強之酒，守從旁救之，曰："王先生不茹葷酒，勿苦之也。"中使乃止。是夕，賢佐棄官，遁歸鄉里。宣宗即位，聞其名，議驛召之，以道梗不果。車駕南渡，人有自成平來者，説賢佐年六十餘，起居如少壯人。宣宗重其人，常以字呼遺王曼卿。授遼東宣撫使，不拜。又詔宰相以書招之，有"道尊德重，名動天朝，推其緒餘，足利天下"、"聖上明發不寐，軫念元元，屈己下賢，尊師重道"、"豈先生建策于明昌之初，獨無一言於貞祐之日乎？想惠然而來，審定大計"之語。書達，竟不至。遼東破，時年餘九十矣。按〔金〕史宣宗本紀：貞祐二年正月乙酉，徵處士王澮，不至。四年三月己卯，處士王澮以右諫議大夫復遷中奉大夫、翰林學士，仍賜詔褒諭。東北曰妮叔，曰那海益律子。即狗國也。男子面目拳塊而乳有毛，走可及奔馬，女子姝麗，鞋攻之而不能勝。○元秘史蒙語：那孩，狗也。至元譯語：狗曰訥合。○史本紀五：至元元年，吉里迷來言，其國東有骨鬼、亦里干兩部，歲來侵，故征之。亦里干即益律子，亦里、益律與今言烏拉、鄂倫同，日本所謂愛農，寔皆古挹婁音轉也。（西南）曰斛速○"斛速"，今書作"烏蘇"。益律子，水鞋靼也。〔西南〕曰木波。西蕃部領，不立君。西北曰克鼻稍，回回國，即回紇之種。○克鼻稍即乞卜察。初順鞋，後叛去，阻水相抗。怴没真生前常曰："非十年工夫，不可了手，若待了手，則殘金種類又繁盛矣。不如留茶合鼾鎮守，且把殘金絶了，然後理會。"癸巳年，茶合鼾嘗爲太子所劫。曰脛篤。黑回回，其地不雨，賣水以爲國。○脛篤者，印度也。正北曰呷○李本作"吸"。辣吸綹。黑契丹，一名契丹，一名大丹，即大石林牙國。○"綹"，李本作"給"。或削其國，或俘其衆，如高麗、萬奴、狗國、水鞋靼、木波皆可置而不問，惟克鼻稍一國稍武，餘燼不撲，則有燎原之憂，此鞋人所必爭者。

　　霆見王檝云："某向隨成吉思攻西夏，西夏國俗，自其主以下皆敬事國師，凡有女子，必先以薦國師，而後敢適人。成吉思既滅其國，先臠國師。國師者，比邱僧也。某後隨成吉思攻金國鳳翔府，城破而成吉思死，嗣主兀窟鼾含寰，○李本作"含哀"。"含裹"二字蓋"令衆"之誤。云：'金國牢守潼關、黄河，卒未可破，我思量鳳翔通西川，西川投南，必有路可通黄河。'後來遂自西川迤邐入金房，出浮光，徑造黄河之裏，竟滅金國。"蓋韃人專求馬蹄寔路，又使命臨發草地，楚材説與大使："你鰾只恃著大江，我朝馬蹄所至，天上天上去，海裏海裏去。"

其從軍而死也，馳其屍以歸，否則罄其資槖而瘞之。

　　霆見其死於軍中者，若奴婢，能自馳其主屍首以歸，則止給以畜産；他人致之，則全有其妻奴畜産。

其墓無塚，以馬踐蹂，使如平地。若忒没真之墓，則插矢以爲垣，闌繑〇李本作"闌踰"。三十里。邏騎以爲衛。

　　霆見忒没真墓在瀘渚〇李本作"溝"。河〇瀘渚河，即臚朐河也。起輦谷所在，惟此書著之。之側，山水環繞。相傳云，忒没真生於此，故死葬於此，未知果否。

　　霆初歸自草地，嘗編敘其土風習俗。及至鄂渚，與前綱書狀官彭大雅解后，各出所編，以相參考，亦無大遼絶，遂用彭所編者爲定本。間有不同，則霆復疏於下方，然此亦只述大略，其詳則見之北征日記云。嘉熙丁酉孟夏朔，永嘉徐霆長孺書。

　　是編爲故太史王懋中氏家藏，余近於其弟上舍君處借録，秋日苦短，繼之焚膏始訖，同志者當諒余衷云。嘉靖丁巳秋九月望夜，勾吴茶夢道人姚咨識於華秋館之寒緑軒。
　　〇此本借抄於繆小山編脩，編脩歸自江南，新得書也。李詹事春間從廠肆得一舊抄本，復借之校一過。繆本勝李本，然所出之源不同。繆本誤脱而李本是者，亦若干條，此書大略可讀矣。乙盦識。

塞北紀程箋注○舊稱張德輝紀行，明人稱邊堠紀行，當有所本。新題李學士改。

元張德輝撰

清沈曾植箋注

歲丁未夏六月初吉，召趣〔一〕北上。登（發）自〔二〕鎮陽，信宿過中山。時積陰不雨，有頃開霽，西望恆山之絶頂，所謂神峯者。竦披（拔）〔三〕者若青蓋，其餘諸峯，歷歷可數。回顧同侶曰：“吾輩此行，其速返乎？此退之衡山之祥也。”翌日出僅（保）砦〔四〕，過徐河橋，西望琅山，森若劍戟，蒽翠〔五〕可挹。已而由良門、定興抵涿郡，東望樓桑蜀先主廟。經良鄉，渡蘆溝橋，以達於燕。

居旬日而行，北過雙塔堡、新店驛，入南口，○王惲中堂事記：三月五日發燕京，次日宿南口新店。渡居庸關，出關，之北口，則西行經榆林驛、○方輿紀要：榆林驛在延慶右衛東南三十里，元置驛。至（致）和元年，上都兵討燕帖木兒次於榆林。明初亦置驛，東至岔道口三十五里，至居庸關五十八里。○王惲中堂事記：驛蓋古媯州地也。雷家店，及於懷來縣。〔縣〕之東有橋〔六〕，中橫木而上下皆石。橋之西有居人聚落，而縣郭蕪没。西過雞鳴山之陽，○方輿紀要：雞鳴驛堡在萬全都指揮使司東南六十里。有邸店○中堂事記：泊統墓店，西望雞鳴山，東南距懷來縣七十里。曰平興，其巔建僧舍焉。循山之西而北，沿桑乾河以上。河有石橋，由橋而西，乃德興府道也。○德興府，今保安州。北過一邸曰定防。水經石梯子，至宣德州。○沈子敦曰：宣德州，今宣化縣。復西北行，過沙嶺子口，及宣平縣○金史地理志，宣平縣屬宣德州。驛。出得勝口，抵扼胡改厄河。嶺。○紀要：在開平故衛北。元順帝至元初幸上都，至扼狐嶺。下有驛曰孛落。自是以北，諸驛皆蒙古部族所分主也，每驛各以主者之名名之。

由嶺而上，則東北行，始見毳幕氈車，逐水草畜牧而已，無復

中原之風土也。尋過撫州，○元史地理志：中書省爲路二十九。興和
路，唐屬新州，金置柔遠鎮，後升爲縣，又升撫州，屬西京。元中統三年，以
郡爲內輔，升隆興路總管府。高原，倚郭。惟荒城在焉。北入昌州，○
紀要：“昌州，在興和西北，又曰威寧(寧)厰。縣北有昌州城”云云。威寧
(寧)，金屬撫州。李氏謂：“田案，金史地理志：昌州，天輔七年降爲建昌縣，
隸恆州。明昌七年，以狗濼復置，隸撫州，後來屬。治寶山。”居民僅百
家，中有廨舍，乃國王所建也。亦有倉廩，爲州之鹽司。州之東有
鹽池，周廣可百里，土人謂之狗泊，以其形似故也。州之北行百餘
里，有故壘隱然，連亙山谷。壘南有小廢城，問之居者，云此前朝
所築堡障也。城有戍者之所居。自堡障行四驛，入沙陀[七]。際
陀所及，無塊石寸壤，遠而望之，若岡陵邱阜然。至則皆積沙
也[八]。所宜之木，榆柳而已，又皆樠散而叢生。其水盡鹽鹵
也[九]。凡經六驛而出陀。

　　復西北行一驛，過魚兒泊。泊有二焉，周廣百餘里，中有陸
道，達於南北岸[一〇]。泊之東涯有公主離宮，○此蓋按陳駙馬所尚
魯國大長公主之離宮。宮之外垣高丈餘，方廣二里許，中建寢殿，夾
以二室，背以○有。龜軒，旁列兩廡，前峙高樓，登之頗快目力。
宮之東有民匠雜居，稍成聚落。中有一樓，榜曰“迎暉”。自泊之
西北行四驛，有長城頹址，望之綿延不盡，亦前朝所築之外堡也。

　　自外堡行一十五驛，抵一河，深廣約十潒沱之三，北語云翕陸
連，譯改音魯爾。漢言驢駒河也。夾岸多叢柳，其水東注，甚湍猛。
居人云：“中有魚，長可三四尺，春夏及秋捕之，皆不能得，至冬可
鑿冰而捕也。”濱河之民，漢雜以蕃[一一]，稍有居室，皆以土冒之，
亦頗有種藝，蔴麥而已[一二]。河之北有大山，曰窟速吾，譯改喀剌
傲拉。漢言黑山也。自一舍之外望之，黯然若有茂林者，迫而視
之，皆蒼石也。蓋常有陰靄之氣覆其上焉。

　　自黑山之陽西南行九驛，復臨一河，深廣皆一作“如”[一三]。翕陸
連之比。一作“三之一”[一四]。其魚之大[一五]，若水之□，捕法亦如之。
其水始西流，深急不可涉。北語云渾獨剌，漢言“兔兒”也[一六]。

遵河而西行一驛，有契丹所築故城，可方三里，背山面水，自是水北流矣。自故城西北行三驛[一七]，過畢兒紇都，譯改伯勒赫圖。乃弓匠積養之地。又經一驛，過大澤泊，周迴六七十里，水極澄澈，北語謂吾悮竭腦兒。譯改烏蘇徹諾爾。○洪譯俄圖額歸泊曰烏格淖爾湖。○吾悮竭腦兒當是今額歸泊。元史憲宗紀："駐蹕軍腦兒，釃馬乳祭天下。"軍腦兒疑亦是額歸泊。○三史語解：蒙古語謂"深"爲"袞"，亦與清澈意相近。"軍腦兒"即是"袞腦兒"矣。自泊之南而西，分道入和林城，相去約百餘里。泊之正西有小故城，亦契丹所築也。由城四望，地勢平曠，可百里，外皆有山。○山即西遊記之長松嶺。山之陰多松林，瀕水則青楊叢柳而已。中即和林川也。居人多事耕稼，悉引水灌溉之，間亦有蔬圃。時孟秋下旬，糜麥皆槁，問之田者，云已三霜矣。

由川之西北行一驛，過馬頭山。○至元譯語：野馬曰"胡闌[木里]"，耳曰"赤斤"。祕史：蒙文野馬曰"忽剌惕"。○太宗紀九年"獵於野馬川"，疑即此地。居人云："上有大馬首，故名之。"自馬頭山之陰轉而復西南行，過忽蘭赤斤，譯改呼蘭齊勤。乃奉部曲民匠種藝之所。有水曰塌米譯改塔米爾。河注之。

東北又經一驛，過石墤。○雙溪集軍容詩注"鐵墤在金山下"，當即此。石墤在驛道傍，高五尺許，下周四十餘步，正方而隅，巍然特立於平地。形甚奇峻，遙望之若大墤，然由是名焉。自墤之西南行三驛，過一河曰唐古，○自塔迷爾源西南踰山二三百里，所得之河，則推河也。推河，水道提綱云："一名拖音河，或曰圖兒郭勒。"對音即唐兀也。○唐古河，約其地望，當爲塔迷爾北源。源出西夏，蓋緣其名而附會之。李先生說甚礦。李氏曰："田案，此必金史'祥穩九處'之唐古紇人徙處也。孟珙蒙韃備錄曰：'金明昌中，築長城靜州以北，以唐古紇人戍之。韃酋因唐古紇叛，結耶剌都紇等俱叛，令(金)人發兵討之，紇人散走，投於韃人'云云。此地住唐古紇人，故河名唐古矣。"○遼史大石西行所經諸國有唐古部，則漠北有唐古久矣。以其源出於西夏故也。其水亦東北流，水之西有峻嶺，○此西遊記所謂"西山連延"者。惟長春經其北，所見當爲庫庫嶺之北支；德輝出其南，所見乃庫庫嶺、烏克嶺也。嶺之石皆鐵如也。○推河之西爲哈剌科圖山，"哈剌"之言"黑"，於"石皆鐵如"語亦相合。嶺陰多松林，其陽帳殿在焉，○帳殿與西遊記所泊窩耳朵合。乃避夏之所也。

迨中秋後啓行，東由驛道過石堠子，至忽蘭赤斤山名，以其形似紅耳也。東北，迤邐入陀山。自是且行且止，行不過一舍，止不過信宿。所過無名山大川，不可殫述〔一八〕。

至重九日，王師○"师"字当作"帅"。麾下會於大牙帳〔一九〕，灑白馬潼、修時祀也。其什器皆用禾樺，不以金銀爲飾，尚質也。十月中旬，方至一山崦間避冬，林木甚盛，水皆堅凝，人競積薪儲水，以爲禦寒之計。

其服非毳革則不可，食則以羶肉爲常，粒米爲珍。比歲除日，輒遷帳易地，以爲賀正之所。日大宴所部於帳前，自王以下，皆衣純白裘。三日後方詣大牙帳致賀，禮也。正月晦，復西南行。二月中旬，至忽蘭赤斤。東行至馬頭山而止〔二〇〕，趁春水飛放故也。

四月九日，率麾下復會於大牙帳，灑白馬潼，什器亦如之。每歲惟重九、四月九，凡致祭者再，其餘節則否。自是日始回復，由驛道往西南避夏所也。大率遇夏則就高寒之地，至冬則趨陽暖薪水易得之處以避之。過此以往〔二一〕，則今日行而明日留，逐水草、便畜牧而已。此風土之所宜，習俗之大略也。

僕自始至迨歸，遊於王庭者凡十閱月，每遇燕見，必以禮接之。至於供帳、衾褥、衣服、食飲、藥餌，無一不致其曲，則眷顧之誠可知矣。自度衰朽不才，何以得此哉？原王之意，出於好善忘勢，爲吾夫子之道而設，抑欲以致天下之賢士也。德輝何足以當之，後必有賢於隗者至焉。因紀行李之本末，故備誌之。戊申○定宗三年。夏六月望日，太原張德輝謹誌。

　　○史本傳：丁未，世祖在潛邸，召見。戊申夏，得告，將還。此紀行作時，蓋猶在朔方。

　　○傳："德輝請老，命舉任風憲者，疏烏古論貞等二十人以聞。"經世大典云：“德輝手疏烏古論貞、張邦彥、徒單公履、張矛、張肅、李槃、張昉、曹椿年、西方賓、周止、高逸民、王博文、劉郁、孫汝楫、王惲、胡祇遹、周砥、李謙、魏初、鄭戾等以聞。”

　　○世祖紀：“歲（在）甲辰，帝在潛邸，思大有爲於天下，延藩府舊臣及四方文學之士，問以治道。”按，憲宗即位，詔軍民在赤刺溫山以南者，聽世祖總之，世祖之受任中原，蓋自此始。若甲辰，則六皇后稱制之時，不特憲宗未立，定宗亦未立也，而已有志中原，勤求民瘼如此。檢諸列傳，趙璧傳稱世祖爲親王，召見，命馳驛聘四方名士王鶚等。據鶚傳，即甲辰年事。李冶傳稱魏璠、王鶚、李獻卿、蘭光廷、趙復、郝經、王博文等，皆賢王所嘗聘問者。據魏璠傳，亦庚戌前事。李德輝、馬亨、陳思濟、許國禎傳，紀其召見，皆在憲宗即位以前。而劉秉忠上書於憲宗即位之初，姚樞、張文謙受任於總理中原庶務之始，其深結主知，亦在漠北建牙之日。壬子歲，遂因張德輝、元裕之之請，爲天下大儒師。運會貞元，天心默牖。中統、至元之治，其幾已伏於牝晨雊雊之朝。中國之人民政事不胥而爲夷者幾希，自此而後，禮樂詩書存什一於千百。嗚呼！世祖之明德遠矣。

【校記】

以四部叢刊本秋澗集校（參以漸學廬叢書本）。

〔一〕召趣，作“赴召”。

〔二〕登自，作“發自”。

〔三〕竦拔，作“聳拔”。

〔四〕僅砦，作“保寨”。

〔五〕蔥翠，前有“而”字。

〔六〕之東有橋，前有“縣”字。

〔七〕入沙陀，前有“始”字。

〔八〕至則皆積沙也，前有“既”字。

〔九〕其水盡鹽鹵也，“鹽”作“鹹”。

〔一○〕達於南北岸，無“岸”字。

〔一一〕漢雜以蕃，作“雜以蕃漢”。

〔一二〕自一舍之外望之，作“自一舍外望之”。

〔一三〕一作如，漸學廬叢書本作“一本改作如”。

〔一四〕一作三之一，漸學廬叢書本作“一本作三之一”。

〔一五〕其魚之大，無“其”字。

〔一六〕漢言兔兒也，“兔”漸學廬叢書本注“原闕”。

〔一七〕自故城西北行三驛，“自”作“由”。

〔一八〕不可殫述，“述”作“紀”。

〔一九〕王師麾下會於大牙帳，“師”漸學廬叢書本注“原闕”。

〔二〇〕東行至馬頭山而止，“至”作“及”。

〔二一〕過此以往，無“此”字。

異域説箋注

元朱德潤撰
清沈曾植箋注

　　至正丁亥冬，寓京口乾元宮之寶儉齋，適毗陵監郡岳忽難、平陽同知散笠台〔一〕偕來訪。自言在延祐間忝宿衛近侍時，有佛月○當作"朗"。國〔二〕使來朝，備言其域當日没之處，土地甚廣，有七十二酋長。地有水銀海，周圍可四五十里。國人取之之法，先於近海十里掘坑井數十，然後使健夫駿馬馳驟可逐飛鷹者，人馬皆貼以金薄，迤邐行近海。日照金光晃曜，則水銀滾沸，如潮而來，勢若粘裹（裹）。其人即迴馬疾馳，水銀隨後趕至，行稍遲緩，則人馬俱爲水銀撲没。馬既迴速〔三〕，於是水銀之勢漸遠，力漸微，却復奔回，遇坑井，則水銀流積〔四〕其中，然後其國人旋取之。用香草同煎，皆花銀也。其地又能撚毛爲布，謂之"梭福"，用密昔丹葉染成緑〔五〕，浣之不淡。其餘氈罽〔六〕錦疊，皆常産也。至正壬午間，獻黑馬，高九尺餘，髪尾〔七〕垂地七尺，即其地所産。○史本紀至正二年七月，拂朗國獻異馬，長一丈一尺三寸、高六尺四寸，身純黑，後二蹄皆白。即此所稱。○周伯琦天馬行敘："高八尺三寸，脩如其數而加半，色漆黑。馭者其國人，黄髪碧眼，言語不通。凡七度海洋，始達中國。上命巙巙選工畫者圖之，揭傒斯爲之贊。"當時文士多賦拂林天馬詩者。來使四年至乞失密，又四年至中州，過七度海，方抵京師焉。○王惲中堂事記："中統二年，發郎遣人來獻卉服諸物。其使自本土達上都，已踰三年。説其國在回紇極西徼，所經涂有三海，一則踰月，一則暮月可度。其舡舶大可載五百餘人。婦人頗妍美，男子例碧眼黄髪。"岳監郡、笠同知〔八〕既别去，僕書而記其説。是歲十一月十九日也。

【校記】

原文以涵芬樓秘笈本校之（參校四部叢刊續編影印明刻本）。

〔一〕笠台,作“竺台”。（明刻本亦作“笠台”。）

〔二〕佛月（朗）國,作“佛臮國”。（明刻本作“佛臮”。）

〔三〕馬既迴速,作“人馬既迴速”。

〔四〕流積,作“溜積”。

〔五〕染成緑,作“染成沉緑”。

〔六〕氈毹,作“氊毹”。

〔七〕髮尾,作“鬓尾”。

〔八〕笠同知,作“竺同知”。

【沈注説明】

1.引元史順帝本紀至元二年七月條,“拂朗國獻異馬”,中華書局點校所用 1935 年商務印書館影印百衲本作“拂郎國貢異馬”。

2.引周伯琦天馬行序有所節略。據近光集卷二,原題作“天馬行應制作有序”。

3.引王惲中堂事記中統二年條,四庫全書本作:“是日（案,五月七日）,發郎國遣人即獻卉服諸物。其使自本土達上都,已踰三年。説其國在回紇極西徼,常晝不夜。野鼠出穴,乃是入夕。人死,衆竭誠籲天,間有甦者。蠅蚋悉自木出。婦人頗妍美,男子例碧眼黄髮。所經途有二海,一則踰月,一則㫑月可度。其舡艘大可載五十百人。”沈注引文與四庫本校勘則有節略倒置,并有異文。“發郎”四庫本作“發郎國”;“來獻”作“即獻”;“三海”作“二海”;“舡舶”作“舡艘”;“五百餘人”作“五十百人”。

島夷誌略箋注

元汪大淵撰

清沈曾植箋注

欽定四庫全書提要

島夷誌略一卷

　　元汪大淵撰。大淵字換（煥）章，南昌人。至正中嘗附賈舶浮海，越數十國，紀所聞見，成此書。今以明馬觀（歡）瀛涯勝覽互勘，如觀（歡）所稱占城之人頂三山金花冠，衣皆繁綵帨。産伽南香、觀音竹、降真香之屬。爪哇之廝村、沽灘、新村、蘇馬魯（魯馬）臨港口諸處，風土各異。又其國人有三等，其土産有（白）芝蔴、綠豆、蘇木、金剛子、白檀、肉荳蔻、龜筒、玳瑁、紅綠鸚鵡之屬；舊港有火鷄、神鹿之屬。皆爲此書所未載。又所載真臘物産，較元周達觀真臘風土記亦僅十之四五。葢殊方絕域，偶一維舟，斷不能周覽無遺。所見各殊，則所記各別，不足異也。至云爪哇即古闍婆，考明史，明太祖時爪哇、闍婆二國並來貢，其二國國王之名亦不同。大淵併而爲一，則傳聞之誤矣。然諸史外國列傳，秉筆之人皆未嘗身歷其地，即趙汝适諸蕃志之類，亦多得於市舶之口傳。大淵此書，則皆親歷而手記之，究非空談無徵者比。故所記羅衛、羅斛、針路諸國，大半爲史所不載。又於諸國山川險要，方域疆里，一一記述，即載於史者亦不及所言之詳，録之亦足資考證也。考黃虞稷千頃堂書目及焦竑國史經籍志皆不載是書，唯錢曾讀書敏求記載之，稱爲元人舊鈔本，則此書久無刊板，傳播殊稀。又稱至正年間河東張翥、三山吳鑒爲之序。今考此本，二人之序俱存。然吳鑒序乃有二篇，前一篇題至正己丑，乃此書原序；後一篇題至正十一年，在前序後二年，乃所作清源續志之序，誤入此書。蓋吴鑒修志之時，以泉州爲海道所通、賈舶所聚，因附刊此書於志末，摘録者併志序鈔之也。又有嘉靖戊申袁袠(表)跋，頗議其漏載日本，蓋未悉大淵此書惟紀所見，非海國全志云。

島夷誌略序

九海環大瀛海，而中國曰赤縣神州。其外爲州者復九，有稗海環之，人民禽獸，莫能相通如一區中者，乃爲一州。此騶氏之言也，人多疑其荒唐誕誇。況當時外徼未通於中國，將何以徵驗其言哉？漢唐而後，於諸島夷力所可到、利所可到，班班史傳，固有其名矣。然考於見聞，多襲舊書，未有身遊目識而能詳記其實者，猶未盡徵之也。

西江汪君焕章，當冠年嘗兩附舶東西洋，所遇輒采録其山川、風土、物産之詭異，居室、飲食、衣服之好尚，與夫貿易賫○資。用之所宜，非其親見不書，則庶乎其可徵也。與予言，海中自多钜魚，若蛟龍鯨鯢之屬，羣見遊戲，鼓濤距風，莫可名教。文田案："教"當作"數"。舟人燔鷄毛以觸之，則遠遊而没。一島嶼間或廣袤數千里，島人浩穰。其君長所居多明珠、麗玉、犀角、象牙、香木爲飾，橋梁或甃以金銀，若珊瑚、琅玕、玳瑁，人不以爲奇也。所言尤有可觀，則騶衍皆不誕。焉知是誌之外，焕章之所未歷，不有瑰恠廣大又逾此爲國者哉！

大抵一元之氣，充溢乎天地，其所能融結，爲人爲物，惟中國文明，則得其正氣。環海以外，氣偏於物，而寒燠殊候、材質異賦，固其理也。今乃以耳目弗逭而盡疑之，可乎？莊周有言："六合之外，聖人存而不論。"然博古君子求之異書，亦所不廢也。泉脩郡乘，既以是誌刊入之，焕章將歸，復刊諸西江，以廣其傳，故予序之。至正文田案：至正者，元順帝弟三號也。元年辛巳。十年龍集庚寅二月朔日，翰林脩撰河東張翥敘。

中國之外，四州維之。海外夷國以萬計，唯北海以風惡不可入。東西南數千萬里，皆得梯航以達其道路，象胥以譯其語言。惟有聖人在乎位，則相率而效朝貢、通互市，雖天際窮髮不毛之地，無不可通之理焉。

世祖皇帝既平宋氏，始命正奉大夫工部尚書、海外諸番宣慰使蒲師文，與其副孫勝夫、尤永賢等，通道外國，撫宣諸夷。獨爪哇負固不服，遂命平章高興、史弼等帥舟師以討定之。自時厥後，唐人之商販者，外蕃率待以命使臣之禮，故其國俗、土產、人物、奇恠之事，中土皆得而知。奇珍異寶，流布中外，為不少矣。然欲考求其故實，則孰○執。事者多秘其説，鑿空者又不得其詳。唯豫章汪君焕章，少負奇氣，為司馬子長之遊，足跡幾半天下矣。顧以海外之風土，國史未盡其藴，因附船以浮于海者數年然後歸。其目所及，皆為書以記之，校之五年舊誌，大有逕庭矣。以君傳○儒。者，其言必可信，故附錄清源續志之後。不惟使後之圖王會者有足徵，亦以見國家之懷柔百蠻，蓋此道也。至正己丑文田案：己丑者，元順帝至正九年也。冬十又二月望日三山吳鑒序。

古有九丘之書，誌九州之土地所有風氣之宜，與三墳、五典並傳。周列國皆有史，晋有乘輿、楚有檮杌，魯之春秋是也。孔子定書以黜三墳；衍述職方，以代九丘；筆削春秋，以寓一王法。而乘輿、檮杌遂廢不傳。及秦罷侯置守，廢列國；西漢司馬遷作史記，闕牧守年月不表，郡國記載浸無可考，學者病之。厥後江表、華陽有誌，汝潁之名士、襄陽之耆舊有傳。隋大業首命學士十八人著十郡誌，凡以補史氏之闕遺也。

閩文學始唐，至宋大盛，故家文獻，彬彬可考，時號海濱洙泗，蓋不誣矣。國朝混一區域，至元丙子，郡既內附，繼遭兵寇，郡域之外，莽為戰區，雖值承平，未能盡復舊觀。清源前誌放失，後誌止於淳佑○祐。庚戌，逮今百有餘年。前政牧守多文吏武夫，急薄（簿）

書期會,而不遑於典章文物。比年修宋、遼、金三史,詔郡國各上所錄,而泉獨不能具,無以稱德意,有識愧焉。

至正九年,文田案:至正九年者,元順帝己丑歲。朝以閩海憲使高昌偰侯來守泉,臨政之暇,考求圖誌。顧是邦古今政治沿革、風土習尚,變遷不同,太平百年,譜牒猶有遺逸矣。今不紀,後將無徵,遂分命儒生搜訪舊聞,隨邑編輯成書。鑒時寓泉,辱命與學士君子裁定刪削,爲清源序(續)誌二十卷,以補清源故事。然故老澌愚,新學漸於聞見,前朝遺事,蓋十具一二以傳言云爾。十一年文田案:十一年者,元順帝至正辛卯之年也。暮春修禊日三山吳鑒序。

島夷誌略目録

吉蘭丹

丁家廬

戎

羅衛

羅斛

東沖古剌〇以上爲安南、暹、緬海岸。

蘇洛鬲

針路

八都馬

淡邈

尖山

八節那閒

三佛齊

嘯噴

淳泥

朋（明）家羅

暹

爪哇

重迦羅

都督岸

文誕

蘇禄

龍牙犀角

蘇門傍

舊港

龍牙菩提

毗舍耶〇以上爲東南洋。

班卒

蒲奔

假里馬打

文老古

古里地悶

龍牙門

崑崙○應在賓童龍之次。

靈山○應在交趾之次。

東西竺○應在彭亨之次。

急水灣

花面

淡洋

須文答剌

僧加剌

勾欄山

特番里

班達里

曼陀郎

喃哑哩

北溜

下里

高郎步

沙里八舟（丹）

金塔

東淡邈

大八舟（丹）

加里那

土塔

弟（第）三港

華羅

麻那里

加將門里

波斯離

撻吉那

千里馬

大佛山

須文那

萬里石塘

小唄喃

古里佛

朋加剌

巴南巴西

放拜

大烏爹

萬年港

馬八兒嶼

阿思里

哩伽塔

天堂

天竺

層搖羅

馬魯澗

甘埋里

麻呵斯離

羅婆斯

烏爹

異聞類聚

島夷誌略箋注

彭湖

島分三十有六，巨細相間，坡隴相望，乃有七澳居其間，各得其名。自泉州順風二晝夜可至。有草無木，土瘠不宜禾稻。泉人結茅爲屋居之。氣候常暖，風俗朴野，人多眉壽。男女穿長布衫，繫以土布。煮海爲鹽，釀秫爲酒。采魚蝦、螺蛤以佐食，爇牛糞以爨，魚膏爲油。

地產胡麻、綠豆。山羊之孳生，數萬爲羣，家以烙毛刻角爲記，晝夜不收，各遂其生育。工商興販，以樂其利。地隸泉州晉江縣，至元年間立巡檢司，以週歲額辦鹽課中統錢鈔一十錠二十五兩，別無科差。

琉球

地勢盤穹，林木合抱，山曰翠麓、曰重曼、曰斧頭、曰大崎。○典錄作大崎之山。其崎○沈稿点去。山極高峻，自彭湖望之甚近。余登此山，則觀海潮之消長，夜半則望暘谷之出，紅光燭天，山頂爲之俱明。土潤田沃，宜稼穡，氣候漸暖。俗與彭湖差異。水無舟楫，以筏濟之。男子婦人拳髮，以花布爲衫。煮海水爲鹽，釀蔗漿爲酒。知番主酋長之尊，有父子骨肉之義。他國之人，倘有所犯，則生割其肉以啖之，取其頭懸木竿。

地產沙金、黃豆、黍子、琉黃、黃蠟，鹿、豹、麂皮。貿易之貨，用土珠、瑪瑙、金珠、粗碗、處州磁器之屬。○處州磁器，龍泉窰也。西人譯博羅馬哥書，其稱中國佳磁，亦以處州言之。海外諸國，蓋由此始。

三島○自呂宋、蘇祿，以至美六居，島嶼盈千，大半爲是班呀羈屬。西人以呂宋、明達那、蘇祿、巴拉彎四島統之，宋元人以三島統之。

加麻延即呂宋也，巴姥酉即蘇禄也，巴弄吉則巴拉彎也。

居大奇山之東，嶼分鼎峙，有疊山層巒，民傍陸居之。田瘠穀少，俗質朴，氣候差暖。男女間有白者。男頂拳[髮]，婦人椎髻，俱披單。男子常附舶至泉州經紀，罄其資囊，以文其身。既歸其國，則國人以尊長之禮待之，延之上座，雖父老亦不得與爭焉。習俗以其至唐，故貴之也。民煮海爲鹽，釀蔗漿爲酒。有酋長。

地產黃蠟、木棉、花布。貿易之貨用銅珠、青白花碗、小花印布、鐵塊之屬。

次曰答陪、曰海贍、曰巴弄吉、曰蒲里呫、曰東流里，無甚異產，故附此耳。○典録："其鼎峙大崎山東，曰三島之國，羈事琉球。"○諸蕃志："三嶼乃麻逸之屬，曰加麻延、巴姥酉、巴吉弄。各有種落，散居島嶼，船至則出而貿易。總謂之三嶼。"又有"白蒲延、蒲里嚕、里銀、東流、新里漢，皆麻逸屬也"。按：志所謂三嶼即此三島，蒲里嚕即蒲里呫，東流即東流里。○又志云："三嶼窮谷之中，別有種落，號海贍。人形而小，眼圓而黃。巢於木顛，或三五爲羣，跧伏草間。以暗箭傷人，多罹其害。"按：海贍即海贍，所述形狀，與海語所記暹羅之猺頗近。第彼受人役，此爲人害耳。要之，當是一種。東洋鍼路"自彭湖丙巳辰巽向二十二更至紅豆嶼，按即海國聞見録之紅頭嶼。轉辛酉向十三更取密雁港，又用巳午向十八更取麻里荖嶼，五更取蘇安及玳瑁嶼，東是傍加施欄，又用癸丑向五更取表山，丙午向五更取里銀中邦，十更至呂宋國"。○謝清高云："小呂宋本名蠻里剌，在蘇禄尖筆闌（蘭）之北。"地理全集云："古時未屬呂宋國，稱爲馬尼剌，泉州人年年駕船至其港。"魏默深云："明史不知蠻里剌，妄以小呂宋爲其國本名。"是也。今西班牙於此島設十五部，其省會仍稱麻尼拉，其灣曰麻尼拉灣。閩人自宋世已涉東南洋，而趙志及此書自淳泥末獨詳三嶼、麻逸，蓋所屬之蒲里呫，即鍼路麻里荖。海録蠻里剌已統呂宋羣島於中，而趙志之加麻延即鍼路之密雁港，其白蒲延則即呂宋北廠圖之巴布延羣島也。○地理備考：巴拉彎一名巴拉爪。即巴弄吉、字羅吉之音轉。

麻逸○[星槎]勝覽作"麻逸凍"。○植案：此與[星槎]勝覽之麻逸凍在"交欄山西南洋海中"者非一地。據趙志云："麻逸在渤泥北。"

東洋鍼路云：從呂宋（蓬）用坤未鍼五更取芒煙山，丁未鍼十更取磨葉洋，洋以麻逸國得名。又丁未鍼十更至巴老圖，八更至聖山，乃轉坤未鍼十更歷長腰嶼、毛花臘，至文萊。然則麻逸在呂宋西南、文萊東北，非交欄山西南之麻逸凍也。明廣輿圖東南海夷總圖：麻逸、里銀、三嶼、里安共一島，海贍嶼、麻里魯、字羅吉諸島與相近。其方位雖不可憑，然諸國之名與諸蕃志可相證合，必非明人所能臆造。○里安即趙志新里漢，字羅吉即巴弄吉。

山勢平寬，夾溪聚落，田膏腴，氣候稍暖。俗尚節義。男女椎髻，穿青布衫。凡婦葬夫，則削其髮，絕食七日，與夫同寢，多瀕于死。七日之外不死，則親戚勸以飲食，或可全生，則終身不改其節。甚至喪夫而焚尸，則赴火而死。酋豪之喪，則殺奴婢二三千人以狗葬。民煮海爲鹽，釀糖水爲酒。

地產木棉、黃蠟、玳瑁、檳榔、花布。貿易之貨用○沈稿加“銅”字。鼎、鐵塊、五采紅布、紅絹、牙錠之屬。蠻賈議價，領去博易土貨，然後准價。舶商守信，始終不爽約也。

無枝拔○此“無”字爲“里”字之誤。里枝拔即海國聞見錄利仔发也，鍼路曰里銀中邦。

在闍麻羅華之東南，石山對峙。民墾，闢山爲田。鮮食，多種薯。氣候常熱，獨春有微寒。俗直。男女編發纏頭，繫細紅布。極以婚姻爲重，往往指腹成親，通國守義，如有失信者，罰金二兩重，以納其主。民煮海爲鹽，釀椰漿、蕨粉爲酒。有酋長。

產花斗錫、鉛、綠毛狗。貿易之貨用西洋布、青白處州瓷器、瓦壜、鐵鼎之屬。○按明廣輿圖有合貓里國。名山藏云：“合貓里，小國也，土瘠多山，而知耕稼。山外大海饒魚蟲。永樂三年，國王遣回回道奴馬高，附爪哇以貢。”又曰：“有貓里務國，即今貓里國，善國也。舶人爲之語曰：‘若要富，須往貓里務。’比爲其鄰國網巾礁老所寇盜，國轉貧。”鍼路云：“自呂宋用丙巳鍼及乙辰鍼十更取沙塘淺開，是貓里務國。即今貓里國也。

國初時，與呂宋貢使偕來。"海國聞見錄："利仔发至甘馬力二十一更水程。"合貓里、今貓里、甘馬力與此闍麻羅華，皆一音之轉也。

龍涎嶼

嶼方而平，延袤荒野，上如云塢之盤，絕無田産之利。每值天清氣和，風作浪湧，羣龍遊戲，出没海濱，時吐涎沫於其嶼之上，故以得名。涎之色或黑于烏香，或數（類）于浮石，聞之微有腥氣。然用之合諸香，則味尤清遠，雖茄藍木、○茄藍木，即伽偂香木。宣遊筆記："伽偂，即沈香木之佳者。"本草綱目拾遺："廣人呼伽偂爲棧香。""棧"亦作"箋"。自宋以前無伽偂，自元以後無棧香。物名代異，紀原者所當留意也。梅花腦、檀、麝、杌○栀。子花、沈速木、薔薇木○水。衆香，必待此以發之。此地前代無人居之，閒有他番之人，用完木鑿舟，駕使以拾之，轉鬻於他國。貨用金銀之屬博之。

交趾

古交州之地，今爲安南大越國。山環而險，溪道互布，外有三十六莊。地廣人稠，氣候常熱，田多沃饒。俗尚禮義，有中國之風。男女面白而齒黑，戴冠，穿唐衣、皁褙，絲襪方履。凡民閒俊秀子弟，八歲入小學，十五入大學。其誦詩讀書、談性理、爲文章，皆與中國同。惟言語差異耳。古今歲貢中國，已載諸史。民煮海爲鹽，釀秫爲酒。酋長以同□□文田案：缺二字，疑"姓女"。爲妻。

地産沙金、白銀、銅、錫、鉛、象牙、翠毛、肉桂、檳榔。貿易之貨用諸色綾羅匹帛、青布、牙梳、紙扎、青銅、鐵之類。流通使用銅錢。民閒以六十七錢折中統銀壹兩，官用止七十爲率。舶人不販其地，惟偷販之舟止於斷山上下，不得至其官場，恐中國人窺見其國之虛實也。

占城

地據海衝，與新舊州爲隣。○趙志："國都號新州。"氣候乍熱，

田中上等，宜種穀。俗喜侵掠，歲以上下元日縱諸人採生人膽，以
鬻官家。官以銀售之，以膽調酒，與家人同飲，云通身是膽，使人
畏之，亦不生疵癘也。城之下水多洄旋，舶往復數日，止舟載婦人
登舶，與舶人爲偶。及去，則垂涕而別。明年舶人至，則偶合如
故。或有遭難流落於其地者，則婦人推舊情，以飲食衣服供其身，
歸則又重贐以送之。蓋有此情義如此。仍禁（襟）服半似唐人。
日三四浴，以腦麝合油塗體。以白字寫黑皮爲文書。煮海爲鹽，
釀小米爲酒。

地產紅柴、茄藍木，打布。貨用青磁花碗、金銀首飾、酒巵、
布、燒珠之屬。

民多朗

臨海要津，溪通海，水不鹹。田沃饒，米穀廣，氣候熱。俗尚
儉，男女椎髻，穿短皁衫，下繫青布短裙。民鑿井而飲，煮海爲鹽，
釀小米爲酒。有酋長。禁盜，盜則戮及一家。

地產烏梨木、○烏梨木疑“檮”字之誤。東西洋考占城、暹羅物產皆
有烏檮木。麝檀、○諸蕃志：“麝香木出占城、真臘，樹老仆，湮〔没〕於土而
腐，以熟脫者爲上。其氣依稀似麝，故謂之麝香。若伐生木取之，則氣勁而
惡，爲下品。泉人多以爲器，用如花梨木之類。”此麝檀疑即彼麝香木也。
木棉花、牛麂皮。貨用漆器、銅鼎、闍婆布、紅絹、青布、斗錫、酒
之屬。

賓童龍○按越南圖：嘉定省俗稱新狷奈，邊和省俗稱舊狷奈。聖武
記書作農耐，海國聞見録書作禄賴，皆隔標舌音之轉。考安
南人所作地志，稱爲同狃，則正音止是“同”字，俗增犬旁耳。
日本譯越南史作東奈，賓童龍爲農耐。魏默深言之地望既
磧，植復爲疏證其音譯如此。○明史占城傳之邦都朗（郎），
亦此地。

賓童龍隸占城，土骨與占城相連，有雙溪以閒之。佛書所稱

王舍城是也。或云目連屋基猶有。田土人物、風俗氣候，與占城略同。○嶺外代答占城所"屬有賓瞳朧國、賓陁陵國。目連舍基在賓陁陵，或云即王舍城"。人死，則持孝服、設佛，擇僻地以葬之。國主騎象或馬，打紅傘，從者百餘人，執盾，贊唱曰亞或僕。番語也。○"亞或僕"，星槎勝覽作"亞曰僕"。

其尸頭蠻女子害人，甚於占城，故民多廟事而血祭之。蠻亦父母胎生，與女子不異，特眼中無瞳人。遇夜則飛頭食人糞尖，頭飛去，若人以紙或布掩其項，則頭歸不接而死。凡人居其地，大便後必用水净浣，否則蠻食其糞，即逐臭與人同睡。倘有所犯，則腸肚皆爲所食，精神盡爲所奪而死矣。

地産茄藍木、○勝覽敘次與此略同，彼棋楠香即此茄藍木也。象牙。貨用銀、印花布。次曰胡麻、沙曼、頭羅、沙犢、寶毗齊，新故越州諸番，無所産，舶亦不至。

真臘

州南之門，實爲都會，○周達觀真臘風土記：自占城順風半日到真蒲，又行坤申鍼過崑崙洋入港。港口數十，惟第四港可入，其餘悉淺沙，不通巨舟。故舟人以尋港爲難。自港口北行，順水可半日（月）抵其地，曰查南，其舊都也。自查南換小舟，順水可十餘日，過半路村、佛村，渡淡洋，可抵其地，曰干傍。按：干傍即干孛智，彼稱查南，即此州南也。港口在乾隆中自立爲國，見皇清通考四裔門。有城，週圍七十餘里。石河週圍廣二十丈，戰象幾四十餘萬。殿宇凡三十餘所，極其壯麗，飾以金壁，鋪銀爲磚，置七寶椅，以待其主。貴人貴戚所坐，坐皆金机。歲一會，則以玉猿、金孔雀、六牙白象、三角銀蹄牛羅獻於前，列金獅子十隻於銅臺上，列十二銀塔，鎮以銅象。人凡飲食，必以金茶盤、籩豆、金碗貯物用之。外名百塔州，作爲金浮屠百座，一座爲狗所觸，則造塔頂不成。次曰馬司錄池，復建五浮屠，黃金爲尖。次曰桑香佛舍，造裹金石橋四十餘丈。諺云"富貴真臘"者也。

氣候常暖，俗尚華侈，田産富饒。民煮海爲鹽，釀小米爲酒。

男女椎髻。生女九歲，請僧作梵法，以指挑童身，取紅點女額及母額，名爲"利市"，云如此則他日嫁人，宜其室家也。滿十歲即嫁。若其妻與客淫，其夫甚喜，詫於人："我妻巧慧，得人愛之也。"以錦圍身，眉額施珠。酋出入，用金車羽儀，體披瓔珞，右手持劍，左手持麈尾。法則劓、刖、刺配之刑。國人犯盜，則斷手足、烙胸背、黥額；殺唐人則死。唐人殺番人至死，亦重罰金。如無金，以賣身取贖。

地産黃蠟、犀角、孔雀、沈速香、蘇木、大楓子、翠羽，冠於各番。貨用銀、黃紅燒珠、龍緞、建窰錦、絲布之屬。○和名類聚引唐式，有帛絲布。至順鎮江志金壇之絲布、苧布，皆女冠所織。以苧皮兼絲緝而成者，謂之絲布。

丹馬令○宋史："丹眉流國，東至占臘五十程，南至羅越水路十五程，西至西天三十五程，北至程良六十程，東北至羅斛二十五程，東南至闍婆四十五程，東北至廣州一百三十五程。俗跣足衣布，産犀象。"即丹馬令國也。

地與沙里、○沙里疑即唐書之薩盧。佛來安爲隣國，山平亘，田多，食粟有餘，新收者復留以待陳。俗節儉，氣候溫和。男女椎髻，衣白衣衫，繫青布縵。訂婚用緞錦、白錫若干塊。民煮海爲鹽，釀小米爲酒。有酋長。

産上等白錫、朱○生。腦、龜筒、○嶺表録異：蝳蝐，大龜也。其甲通明黃色，土人生脫取之，拍陷玳瑁爲器，謂之"龜筒"。鶴頂、○西洋朝貢典録："三佛齊有鳥焉，其狀如凫，黑翼、鶴頸、鷺啄，腦骨厚寸餘，外紅内黃，其名曰'鶴頂'，可以爲帶靶[擴機]。"海語："海鶴大者，項五尺許，翅足稱是。島夷剝其頂，售於舶估，價等金玉。"降真香及黃熟香頭。貿易之貨，用甘理○埋。布、紅布、青白花碗、鼓之屬。○諸蕃志三佛齊所屬，有單馬令、佛羅安二國。又"單馬令國，地主呼爲相公。以木作柵爲城，廣六七尺、高二丈餘。上堪征戰。國人乘牛，打繫跣足。土産黃蠟、降真香、速香、烏檣木、腦子、象牙、犀角。以絹傘、雨傘、荷池纈絹、酒、米、鹽、糖、甕器、盆缽等物博易。此國以所得金銀器，糾集日羅亭、潛邁、拔沓、加羅希等國類聚，獻入三佛齊"。○西南海夷總圖暹與丹辛郎同一區。丹辛郎即丹馬令。○桂海虞衡志：占城隔一水爲真臘，又隔一水爲登樓眉。

日麗○趙志大食舟運載象牙，與三佛齊日囉（羅）亭交易。彼日囉（羅）亭，此日麗也。○趙志渤泥屬國有日麗。今蘇門答剌有日裹埠，未能定其爲一、爲二。

介兩山之間，立一關之市。田雖平曠，春乾而夏雨，種植常違其時，故歲少稔，仰食於他國。氣候冬暖。風俗尚節義。男女椎髻，白縵纏頭，繫小黃布。男喪女不嫁。煮海爲鹽，釀漿爲酒。有酋長。

土産龜筒、鶴頂、降真、錫。貿易之貨，用青磁器、花布、粗碗、鐵塊、小印花□□□□（布、五色布）之屬。

麻里嚕○東南海夷總圖有麻里荖，又有麻黑魯。此"麻里"疑當依彼作"麻黑"也。呂宋南有波浩耳島，疑是。○諸蕃志：椰心簟出三嶼、蒲嘿嚕；瑇瑁出三嶼、浦嘿嚕、闍婆諸國；黃蠟，三嶼、麻逸、蒲嘿嚕爲下。三舉皆稱蒲嘿嚕，瑇瑁、黃蠟，物産又同，則"里"字當作"黑"無疑。

小港迢遞，入于其地。山隆而水多鹵服○股。石，林少，田高而瘠，民多種薯芋。地氣熱。俗尚義。若番官没，其婦再不嫁於凡夫。必有他國番官之子孫閥閲相稱者，方可擇配，否則削髮看經，以終其身。男女拳髮，穿青布短衫，繫紅布縵。民煮海爲鹽，釀蔗漿爲酒，編竹片爲床，燃生蠟爲燈。

地産玳瑁、黃蠟、降香、竹布、木棉花。貿易之貨用足錠、青布、磁器盤、處州磁、水壜、大甕、鐵鼎之屬。

遐來物○此蓋爪亞島之泗里末埠。

古泪之下，山盤數百里，厥田中下。俗尚妖怪。氣候春夏秋熱，冬微冷，則人無病，反此則瘴生、人畜死。男女挽髻，纏紅布，繫青綿布捎。凡人死，則研生腦，調水灌之，以養其屍，欲葬而不腐。民煮海爲鹽，釀椰漿爲酒。有酋長。

地産蘇木、玳瑁、木棉花、檳榔。貿易之貨用占城海南布、鐵線、銅鼎、紅絹、五色布、木梳、篦子、青器、粗碗之屬。

彭坑○諸蕃志：真臘屬國有蓬豐、登牙儂、凌牙斯加、吉蘭丹。蓬豐即此彭坑，登牙儂即下丁家廬。廠圖彭坑作帕哈恩，魏圖曰旁恒。

石崖週匝崎嶇，遠如平塞。田沃，穀稍登。氣候半熱。風俗與丁家廬小異。男女椎髻，穿長布衫，繫單布捎。富貴女項帶金圈數回，常人以五色焇珠爲圈以束之。凡講婚姻，五(互)造换白銀五錢重爲準。民煮海爲鹽，釀椰漿爲酒。有酋長。

地産黄熟香頭、沈速、打白香、腦子、花錫、粗降真。貿易之貨用諸色絹、闍婆布、銅鐵器、漆磁器、鼓板之屬。

吉蘭丹

地勢博大，山瘠而田少，夏熱而倍收。氣候平熱，風俗尚禮。男女束髮，繫短衫布皂縵。每遇四時節序，生辰、婚嫁之類，衣紅布長衫爲慶。民煮海爲鹽，織木棉爲業。有酋長。

地産上等沈速、粗降真香、黄蠟、龜筒、鶴頂、檳榔。外有小港，索遷○"遷"疑"牽"。極深，水鹹魚美。出花錫。貨用塘頭市布、占城布、青盤花○花盤。碗、紅緑焇珠、琴阮、鼓板之屬。

丁家廬○此即圖志之丁瓦那，元史丁呵兒。○唐書墮和羅傳之迦羅舍弗即哥羅舍分。哥羅舍分條稱東接墮和羅；又盤盤傳稱東南有哥羅，一曰箇羅，又曰哥羅富沙羅。俗與赤土、墮和羅同，亦即迦羅舍弗也。其地蓋今之克老海腰。

三角嶼對境，港已通其津要。山高曠，田中下，下民食足。春多雨，氣候微熱。風俗尚恠。男女椎髻，穿緑頡布短衫，繫遮里絹。刻木爲神，殺人血和酒祭之。每水旱疫癘，禱之則立應。及婚姻病喪，則卜其吉凶，亦驗。今酋長主事貪禁，勤儉守土。

地產降真、腦子、黃蠟、玳瑁。貨用青白花磁器、占城布、小紅絹、斗錫、酒之屬。○植案：暹緬海崎，自古市舶輻輳之區，其土蓋多古國。丁瓦那，在元爲丁呵兒，在宋爲登牙儂，在唐則墮和羅也。唐書南蠻傳："墮和羅一（亦）曰獨和羅，南距盤盤，北迦羅舍弗，西屬海，東真臘。自廣州行五月乃至。國多美犀，世謂墮和羅犀。有二屬國，曰曇陵、曰陀洹。曇陵在海洲中。陀洹亦（一）曰耨陀洹。"寰宇記稱耨陀洹在吐火羅西北，然則曇陵乃坦來俞島，陀洹蓋諸蕃志之杜懷、魏圖達歪地也。唐書所稱東兼北，西兼南。

戎○此疑柔佛，艾儒略圖謂之若耳國。

山繞溪環，部落坦夷，田畬連成片，土膏腴。氣候不正，春夏苦雨。俗陋。男女方頭，兒生之後，以木板四方夾之，二周後去其板。四季祝髮，以布縵繞身。以椰水浸秫米，半月方成酒，味極苦辣而味長。二月海榴結實，復釀榴實酒，味甘酸，宜解渴。

地產白豆蔻、象牙、翠毛、黃蠟、木棉紗。○此洋紗輸入之始。貿易之貨用銅漆器、青白花碗、磁壺、瓶、花銀、紫燒珠、巫崙布之屬。

羅衛

南真駱○臘。之南，實加羅山，即故名也。○植案：宋史真臘西接蒲甘，南接加羅希。趙志云真臘南至三佛齊之加羅希。此加羅山即加羅希也。唐書南蠻傳："羅越者，北距海五千里，[西]南哥谷羅，商賈往來所湊集，俗與墮羅缽底同。歲乘舶至廣州，州必以聞。"即是此國。唐書地理志："自軍突弄山五日行至海硤，蕃人謂之質，南北百里，北岸則羅越國，南岸則佛逝國。"說麻六甲峽最爲明晰也。山瘠田美，等爲中上。春末則禾登，民有餘蓄，以移他國。氣候不齊，風俗勤儉。男女文身爲禮，以紫縵纏頭，繫溜布。以竹筒實生蠟爲燭，織木棉爲業。煮海爲鹽，以葛根水釀酒，味甘軟，竟日飲之不酸。有酋長。

地產粗降真、玳瑁、黃蠟、棉花。雖有珍樹，無能割者○沈稿加"者"字。貿易之貨，用棊子手巾、狗跡絹、五色燒珠、花銀、青白碗、鐵條之屬。

羅斛

山形如城郭，白石峭屬。其田平衍而多稼，暹人仰之。氣候常暖如春。風俗勁悍。男女椎髻，白布纏頭，穿長布衫。每有議刑法錢穀出入之事，並決之於婦人，其志量常過於男子。煮海爲鹽，釀秫米爲酒。有酋長。法以眛子代錢，流通行使。每一萬準中統鈔二十四兩，甚便民。

此地產羅斛香，味極清遠，亞於沈香。次蘇木、犀角、象牙、翠羽、黃蠟。貨用青○"青"下當依勝覽增"白花磁"三字。器、花印○印花。布、金、錫、海南檳榔、□眛子。

次曰彌勒佛、曰忽南圭、曰善司坂、曰蘇剌司坪、曰吉頓力。地無所產，用附於此。○諸蕃志羅斛屬真臘，真臘所屬有麻羅問，即此彌勒佛；有西棚，即此善司坂；厥圖有開答地，魏圖曰貴他，即此吉頓力也。新唐書驃屬國有偈陀，亦即此。

東冲古剌○此疑明世稱大古剌，即緬屬秘古地。海録所謂備姑者也。唐書驃國傳之大小昆侖，嶺表録異之窊裏，準其地望，亦當是此。

巖崿豐林，下臨淺港，外堞爲之限界。田美穀秀，氣候驟熱，雨下則微冷。風俗輕剽。男女斷髮，紅手帕纏頭，穿黃棉布短衫，繫越里布。凡有人喪亡者，不焚化，聚其骨，撇於海中，謂之種植法，使子孫復有生意。持孝之人，齋戒數月而後已。民不善煮海爲鹽，釀蔗漿爲酒。有酋長。

地產沙金、黃蠟、粗降真、龜筒、沈香。貿易之貨用花銀、鹽、青白花碗、大小水埕、青緞、銅鼎之屬。

蘇洛鬲○此當是圖志之沙林鄂，近人稱石蘭莪者。

洛山如關，并溪如帶，宜有聚落。田瘠穀少，氣候少暖。風俗勇悍。男女椎髻，穿青布短衫，繫木棉白縵。凡生育後，惡露不下，汲井水澆頭即下。有害熱症者，亦皆用水沃數四則愈。民煮海爲鹽，有酋長。

地産上等降真、片腦、鶴頂、沈速、玳瑁。貿易之貨，用青白花器、海[南]巫崙布、銀、鐵、水埕、小罐、銅鼎之屬。

針路

自馬軍山水路，由麻來墳○諸蕃志：真臘屬國有麻羅[問]，即此麻來墳也。前羅斛屬國彌勒佛，疑亦一地。至此地，則山多鹵股，田下下等，少耕植。民種薯及葫蘆、西瓜，兼採海螺、螃蛤、蝦食之。內坪下小溪，有魚蟹極美。民間臨溪，每一舉網，輒食數日而有餘。氣候差熱。俗惡。男女以紅棉布纏頭，皁縵繫身。民煮海爲鹽，織竹絲布爲業。有酋長。

地産芎蕉。𧵅子通運，准錢使用。貿易之貨用銅條、鐵鼎、銅珠、五色焇珠、大小埕、花布、鼓、青布之屬。

八都馬○此當是圖志馬他萬。自彭亨至此，皆暹羅地股山前後之地。此時滿剌甲尚未著。又按新唐書驃國傳云：所屬部落三十二，最後曰磨地勃，由磨地勃柵海行五日至佛代。佛代即佛逝，則磨地勃爲驃國西南港口，即今馬他萬地無疑。驃之屬國十八，大都在巫來由地股，摩禮烏即末羅瑜，佛代即佛逝，渠論即崛（掘）倫，偈陀即偈荼，羅聿即羅越，多歸即陀洹也。

闤市廣場，山茂田少。民力齊，常足食。氣候暖，俗尚朴。男女椎髻，纏青布縵，繫甘理布。酋長守土安，民樂其生。親没，必沐浴齋戒，號泣半月而葬之。日奉桑香佛惟謹。有犯奸盜者，梟之以示戒；有遵蠻法者，賞之以示勸。俗稍稍進理。

地産象牙，重者百餘斤，輕者七八十斤。胡椒亞於闍婆。貿易之貨用南北絲、花銀、赤金、銅、鐵鼎、絲布、草金緞、丹山錦、山紅絹、白礬之屬。

淡邈○趙志：三佛齊屬國有潛邁，或疑即此。"淡邈"、"淡邁"字相近；"邈"、"邁"聲相近。

小港去海口數里，山如鐵筆，迤邐如長蛇，民傍緣而居。田地平，宜穀粟，食有餘。氣候暖，風俗儉。男女椎髻，穿白布短衫。繫竹布梢。民多識山中草藥，有疿癘之疾，服之，有效如神。煮海爲鹽，事網罟爲業。

地産胡椒，亞於八都馬。貨用黃硝珠、麒麟粒、西洋絲布、粗碗、青器、銅鼎之屬。

尖山○此疑即謝清高所謂蘇祿尖筆闌者。

自有宇宙，茲山盤據于小東洋，卓然如文筆插霄漢，雖懸隔數百里，望之儼然。田地少，多種薯，炊以代飯。氣候頓熱，風俗纖嗇。男女斷髮，以紅絹纏頭，以佛南主○佛南主即明人所稱佛郎機。布纏身。煮海爲鹽，釀蔗漿水米爲酒。

地産木棉花、竹布、黃蠟。粗降真，沙地所生，故不結實。貿易之貨用牙錠、銅鐵鼎、青碗、大小埕甕、青皮單、錦、鼓樂之屬。

八節那間○續文獻通考：爪哇國其水有八節澗，乃爪哇咽喉必爭地。元史弼、高興嘗會兵於此。○元史[爪哇傳]："八節澗，上接杜馬班王府，下通蒲（莆）奔大海，乃爪哇咽喉必爭之地。"

甘（其）邑臨海，嶺方木瘦，田地瘠，宜種粟麥。俗尚邪，與湖北道澧州風俗同。男女椎髻，披白布縵，（爲）繫以土布。一歲之間三月內，民戶採生以祭鬼酬願，信不生災害。民煮海爲鹽。有酋長。

地產單茇、花印布不退色、木棉花、檳榔。貿易之貨用青器、紫礦、土粉、青絲布、埕甕、鐵器之屬。

三佛齊○西洋朝貢典録：三佛齊一名浡淋邦。植案：浡淋邦在蘇門達剌島東南，厰圖作帕來母巴恩，陳圖作巴廉邦。諸蕃志列巴林馮於三佛齊屬國中，而云"管地十五州"。數其屬國，適符十五之數。然則三佛齊爲國名，巴林馮乃都城名也。唐書地理[志]："海硤，蕃人謂之'質'，南北百里，其北岸爲羅越國，南岸爲佛逝國。"海硤即滿剌甲硤，佛逝即三佛齊也。

自龍牙門去五晝夜至其國，人多姓蒲。習水陸戰，官兵服藥，刀兵不能傷，以此雄諸國。其地人煙稠密，田土沃美，氣候暖，春夏常雨。俗淳。男女椎髻，穿青棉布短衫，繫東沖布。喜潔浄，故于水上架屋。採蚌蛤爲鮓，煮海爲鹽，釀秫爲酒。有酋長。

地產梅花片腦、中等降真香、檳榔、木棉布、細花木。貿易之貨用色絹、紅硝珠、絲布、花布、銅鐵鍋之屬。舊傳其國地忽穴，出牛數萬，人取食之。後用竹木塞之，乃絶。

嘯噴○此地名與他書無考。約其地望對音，均與海國聞見録之茶盤相近。圖志暹羅屬部之松波，或亦一地，未能定也。○地理備考：馬剌加屬部有隆波。

谿監毗、○諸蕃志：三佛齊所屬之國有新拖、監篦。又云："新拖國有港，水深六丈，舟車出入。""監篦國當路口，船多泊此。從三佛齊國風帆半日可到。五日水路至藍無里。"約其地望，蓋皆在蘇門達剌島之西北。吉陀○地理備考暹羅屬部有給達，魏圖作貴他。海録：吉德在新埠北，亦名計達(嗟)，後山連宋卡。此吉陀蓋吉德也。以東，其山陂延袤數千里，結茅而居。田沃，宜種粟。氣候常暖。俗陋。男女椎髻。以藤皮煮軟，織粗布爲短衫。以生布爲捎。

地產惟蘇木盈山，他物不見。每歲與茾網○"茾網"疑"丹網"之誤，即諸蕃志蘇吉丹所屬打網國也。國相通貿易、通舶人。貨用五色焇珠、磁、銅鐵鍋、牙錠、瓦甕、粗碗之屬。

淳泥

龍山○東西洋考：渤泥有"金山，即烏籠里彈山。深處幽澗，遡流驅舟良苦。兩岸繁陰，木多拱抱。每夕景曉云，禽聲四合，幾斷人腸。華商即乘興以行，未有不中道而返者也。"植案：烏籠里彈山，當即此之龍山。礠磾於其右，基宇雄敞，源田獲利。夏月稍冷，冬乃極熱。［俗］尚侈。男女椎髻，以五采繫腰，花錦爲衫。崇奉佛像唯嚴，尤敬愛唐人，醉也則扶之以歸歇處。煮海爲鹽，釀秫爲酒。有酋長，仍選其國能算者一人掌文簿，計其出納、收稅，無纖毫之差焉。

地產降真、黃蠟、玳瑁、梅花片腦。其樹如杉檜，劈裂而取之，必齋裕○浴。而後往。貨用白銀、赤金、色緞、牙箱、鐵器之屬。

明家羅

故臨國之西，山而三島：中島桑香佛所居，珍寶而○滿。前，人莫能取；一島虎豹蛇虺縱橫，人莫敢入；一島土中紅石，握而取之，其色紅活，名"鴉鶻"也。舶人興販，往往金銀與之貿易。土瘠，宜種粟。氣候大熱。俗朴。男女衣青單被。民煮海爲鹽。柱主長推。

產紅石之外，別物不見。

暹

自新門台入港，外山崎嶇，內嶺深邃。土瘠，不宜耕種。穀米歲仰羅斛。氣候不正。［俗］尚侵掠，每他國轉，輒駕百十艘，以沙湖滿載，舍［生］而往，務在必取。近年以七十餘艘來侵單馬錫，攻打城池，一月不下。本處閉關而守，不敢與爭。遇爪哇使臣經過，暹人聞之乃遁，遂掠昔里而歸。至正己丑夏五月，降於羅斛。○欽定通考："暹羅環國皆山，西北土磽确，暹地東南，土平衍，羅斛地也。"植案：暹都萬谷，即古蒲甘，蓋羅斛故都。暹故都曰由他雅，在默南河岸萬谷之上游。○東西洋考云：至正間，暹降羅斛，自是稱暹羅斛。洪武九年，來貢方物，詔賜暹羅國王印，自是稱暹羅。

凡人死，則灌水銀以養其身。男女衣著與羅斛同，仍以肌子權錢使用。

地產蘇木、花錫、大楓子、象牙、翠羽。貿易之貨用硝珠、水銀、青布、銅鐵之屬。

爪哇

爪哇即古闍婆國。門遮把逸山○續文獻通考爪哇國：“初至杜板，但有千家二酋主之流寓者，多廣東、漳、泉人；又東行半日至厮村，中國人客此成聚落，遂名新村。約千餘家，邨主廣東人。番舶至此互市，金寶充溢。又南水行可半日，至淡水港，乘小艇二十餘里，至蘇馬魯益港，傍大洲，多中國人。又水行八十里至漳沽，登岸西行半日，至王所居溝者伯夷。”按“溝”當作“滿”，“門遮把逸”即“滿者伯夷”。○每月統紀傳紀爪哇事云：“元時有國曰摩爪巴佚，甚強，征伐鄰民，收服回教。至明永樂三年，有回回教師領大軍強服其土人，使棄舊教而拜回回教主。是後印度舊教遂微。”按所云“摩爪巴佚”，亦即“門遮把逸”，當是以地名爲國名。○元史類編：“史弼至爪哇之杜並足，議分軍水陸進攻。弼帥那海等水軍，自杜並足過戎牙港口至八節澗，土虎登哥等乘鑽鋒船，由戎牙路至麻喏巴歇之浮橋。時爪哇方與鄰國葛郎構怨，其主爲葛郎主哈只葛當所殺。其婿土罕必闍耶攻葛郎不勝，退保麻喏巴歇。聞弼等至，以其國山川户口並獻葛郎國地圖來降。”類編爪哇與葛郎戰，殆即新舊教相爭之事；“麻喏巴歇”亦此“門遮把逸”之異文；葛郎即噶留巴也。係官場所居，宮室壯麗，地廣人稠，實甲東洋諸蕃。舊傳國王係雷震石中而出，令女子爲酋以長之。其田膏沃，地平衍，穀米富饒，倍于他國。民不爲盜，道不拾遺。諺云“太平闍婆”者，此也。俗朴。男子椎髻，裹打布。惟酋長留髮。大德年間，赤○亦。黑迷失平章、史弼、高興曾往其地，令臣屬納稅貢，立衙門，振綱紀，設鋪兵以遞文書。守常刑，重鹽法，使銅錢。俗以銀、錫、鉛、銅雜鑄如螺甲大，名爲銀錢，以權銅錢使用。

地產青鹽，係曬成。胡椒每歲萬斤。極細堅耐色印布、半

（羊）、鸚鵡之類。藥物皆自他國來也。貨用硝珠、金銀、青緞、色絹、青白花碗、鐵器之屬。

次曰巫崙、曰希苓、曰三打扳、曰吉舟、○丹。曰孫刺等○此文希苓即諸蕃志之禧宵，三打扳即志打板，吉丹即志蘇吉丹。志闍婆所屬有故論、有牛崙，不見巫崙；孫剌亦無考。地無異產，故附此耳。○又按續文獻通考所稱蘇魯馬益港者，其地名至今尚存。圖志作蘇拉排雅，地理備考作蘇拉巴亞。

重迦羅○重迦羅嶼與爪哇非一島。以鍼路所經，按以今圖，蓋松墨窪島北岸之生加爾灣，內有生加爾部者，是其地也。

杜瓶○杜瓶即［元］史杜並。之東曰重迦羅，嶼（與）爪哇界相接，間有高山奇秀，不產他木，滿山皆鹽敷樹及楠樹。內一石洞，前後三門，可容一二萬［人］。田土至（亞）於闍婆。氣候熱。俗淳。男女撮髻，衣長衫。

地產綿羊、鸚鵡、細花木棉單、椰子、木棉花紗。貿易之貨用花銀、花宣絹、諸色布。煮海爲鹽，釀秫爲酒。無酋長，年尊者統攝。

次曰諸番，相去約數日水程，曰孫陀、曰琵琶、曰丹重、曰負（員）嶠、曰彭里。○星槎勝覽敍述略同。孫陀作孫陀羅，即巽地海峽也。琵琶作琵琶拖。趙志賊國五，曰丹重、布羅、琵離、孫他、故論。布羅即彭里，鍼路之磨里也。不事耕種，專尚寇掠。與吉陀、亞崎○亞崎，即明史蘇門達剌傳之亞齊。諸國相通交易，舶人所不及也。○植按：諸蕃志云："打板國東連大闍婆，一名重迦羅（盧）。"星槎勝覽云："重迦盧與爪哇相接，有石洞云云。"與此略同。明史不録此國。海國圖志以來，亦遂無考及者。據東西洋考稱："吉力石即爪哇之杜板。取乙辰鍼一更取雙銀塔，又取丁未鍼五更至磨里，即星槎勝覽之彭里。又取乙鍼三更至郎木山，山下有三巴哇嶼。又取卯鍼五更至重迦羅，舶人訛爲高羅（螺），地與爪哇相接。內一石洞，前後三門，可容萬人。又用單卯鍼五更取火山，辰巽鍼取大急水，乙辰鍼取髻嶼，乙卯鍼取大、小口螺，乙卯鍼取蘇律山，乙辰鍼取印嶼，單卯鍼取美羅港而至池悶，即吉里地問。"吉里地問即厥圖之塔毛兒島，地最在東；吉力石爲泗里苗之港口，地最在西。磨里即厥圖拜力島，郎木即琅保克島，三巴哇即松巴瓦。重迦羅即生加爾，在松巴瓦島西北；火山即在松巴瓦島東北。蘇律山即薩里温島，美羅港即荷圖塔毛耳島庫盼埠之美拿河。絲聯綫綴，一一可尋。蓋諸島皆開自唐人，雖荷蘭據有其地，唐名不能盡改也。

都督岸○此爪哇島之海灣。

自海腰平原，津通淡港，土薄地肥，宜種穀，廣栽薯芋。氣候夏涼多淫雨，春與秋冬皆熱。俗尚節序。男女椎髻，穿綠布緞衫，繫白布捎。民間每以正月三日長幼焚香拜天，以酒牲祭山神之後，長幼皆羅拜於庭，名爲慶節序。不喜煮[鹽]，釀蜜水爲酒。有酋長。

地産片腦、粗速香、玳瑁、龜筒。貿易之貨用海南占城布、紅綠絹、鹽、鐵銅鼎、色緞之屬。

文誕○此魏圖之萬丹，厥圖曰班屯，陳圖曰巴他威阿，爲噶留巴都會。

渤山高環，溪水若淡。田地瘠。民半食沙湖（糊）、椰子。氣候苦熱。俗淫。男女椎髻露體，繫青皮布捎。日間畏熱，不事布種。月夕耕鋤、漁獵、採薪、取水。山無蛇虎之患，家無盜賊之虞。煮海爲鹽，釀椰漿爲酒。婦織木棉爲業。有酋長。

地産肉豆蔻、黑小厮、豆蔻花、小丁皮。貨用水綾絲布、花印布、烏瓶、鼓瑟、青磁器之屬。

蘇禄○西洋朝貢典録蘇禄國："其鎮曰石崎之山"。東南海夷總圖作"蘇六"。

其地以石倚山爲堡障，山畲田瘠，宜種粟麥。民食沙湖（糊）、魚蝦、螺蛤。氣候半熱。俗鄙薄。男女斷髮，纏皂縵，繫小印布。煮海爲鹽，釀蔗漿爲酒，織竹布爲業。有酋長。

地產中等降眞條、黃蠟、玳瑁、珍珠。較之沙里八舟（丹）、第三港等處所產，此蘇祿之珠，色青白而圓，其價甚昂。中國人首飾用之，其色不退，號爲絕品。有徑寸者，其出產之地大者已直七八百餘錠，中者二三百錠，小者一二十錠。其餘小珠一萬上兩重者，或一千至三四百兩重者，出於西洋之地○第。三港，此地無之。貿易之貨赤金、花銀、八都剌布、青珠、處器、○處器者，處州青田窰器也。鐵條之屬。

龍牙犀角○[星槎]勝覽龍牙加貌，文略同。八都剌布作八察都布。

峰嶺內平而外聳，民環居之，如蟻附坡。厥田下等，氣候半熱。俗厚。男女椎髻，齒白，繫麻逸布。俗以結親爲重，親戚之長者一日不見面，必攜酒持物以問勞之，爲長夜之飮，不見其醉。民煮海爲鹽，釀秫爲酒。有酋長。

地產沈香，冠於諸蕃；次鶴頂、降眞、蜜糖、黃熟香頭。○諸蕃志：香木根謂之香頭。貿易之貨用土印布、八都剌布、青白花○磁。○“磁”字依續文獻通考增。之屬。○諸蕃志：凌牙斯加，三佛齊之屬國。又云：“凌牙斯國自單馬令風帆六晝夜可到”、“佛囉安國自凌牙斯加四日可到”。事林廣記：佛囉安國“自凌牙蘇家風帆四晝夜可到”。此龍牙犀角即二書之凌牙斯加、凌牙蘇家也。又案，星槎勝覽述龍牙加貌風土與此同，是又名龍牙加貌。續文獻通考述龍牙犀角風土，正星槎龍牙加貌條文也。又案，凌牙斯加即古狼牙脩音轉。鍼路以石旦峽爲狼牙須，此舶人相傳舊語，是狼牙脩之南地。隋書常駿等自師子石南行數日，西望見狼牙須國之山，乃南行至赤土，則狼牙脩之北地即凌牙斯加地也。梁時，蓋巽他水峽左右並屬狼牙脩，故其境東西三十日、南北二十日行。

蘇門傍○明史暹羅傳：洪武中屢入貢，其王之姊參烈思甯別遣使奉金葉表貢獻中宮，其世子蘇門邦王昭祿羣膺亦上箋於皇太子，貢方物。然則蘇門傍亦暹地矣。

山如屛而石峭，中有窩藏平坦。地瘠田少，多種麥而食。氣候常暖。俗鄙薄。藉他番以足其食，賴商賈以資其國。男女披長髮，短衫爲衣，繫斯吉丹布。煮海爲鹽。有酋長。

地產翠羽、蘇木、黃蠟、檳榔。貿易之貨用白糖、巫崙布、紬絹衣、花色宣絹、塗油、大小水埇之屬。塗油出於東埇塗，熱曬而成。

舊港

自淡港入彭家門，○按張昇瀛涯勝覽集：舊港古號三佛齊，曰巴淋邦，隸爪哇。東距爪哇、西距滿剌加、南距大山、西北濱海。舶入淡港，入彭家裏舍，易小舟入港，達其國云云。所述形勢爲詳。彭家裏舍即諸蕃志所稱莆家龍，此彭家門當作彭家閘。民以竹代舟，道多磚塔。田利倍於他壤。云“一季種穀，三年生金”，言其穀變而爲金也。後西洋人聞其田美，故造舟來取田內之土骨，以歸彼田，爲之脈而種穀，舊港之田，金不復生，亦恠事也。氣候稍熱。男女椎髻，以白布爲捎。煮海爲鹽，釀椰漿爲酒。有酋長。

地產黃熟香頭、金顏香、木棉花，冠於諸蕃。黃蠟、粗降真、絕高鶴頂、中等沈速。貿易之貨用門邦丸珠、四色燒珠、麒麟粒、處甆、銅鼎、五色布、大小水埇、甕之屬。

龍牙菩提

環宇皆山，石排類門。無田耕種，但栽薯芋，蒸以代糧。當收之，富番家必堆貯數屋，如中原人積糧，以供歲用。食餘則存下年之不熟也。園種果，採蛤蚌、魚蝦而食，倍于薯芋。氣候倍熱。俗朴。男女椎髻，披絲木棉花單被。煮海爲鹽，浸葛根汁以釀酒。

地產粗香、檳榔、椰子。貿易之貨用紅綠燒珠、牙箱錠、鐵鼎、青白土印布之屬。

毗舍耶

僻居海東之一隅，山平曠，田地少，不多種植。氣候倍熱。俗尚擄掠。男女撮髻，以墨汁刺身至疎頸門（項），朗（頭）纏紅絹，繫黃布。俗以國無酋長，地無出產，時常裹乾糧、棹小舟，遇外番，伏荒山窮谷無人之竟（境）；遇捕魚采薪者，輒生擒以歸，鬻於他國。每一人易金二兩重。蓋彼國之人遞相仿傚，習以爲業，故東洋聞毗舍野（耶）之名，皆畏而逃焉。

班卒○諸蕃志："腦子出渤泥國，又出賓窣國。"疑亦班卒之異文。

地勢連龍牙門後山，○明史爪哇傳：永樂中，朝使所攜，卒有漂至班卒兒者，爪哇人以金贖歸之。續文獻通考：古里班卒國，地在海中，土瘠穀少，物產甚薄。永樂三年，國王遣馬的等來朝貢。按東南海夷總圖，木剌由、覽邦、班卒同一嶼，雖不可憑，然班卒既與龍牙門後山相連，覽邦據鍼路又近石旦，即圖志之巽他海峽，則班卒必爲由滿剌甲至下港中間泊所，蓋無疑也。若纜若斷，起凹峯而盤結，故民環居焉。田瘠，穀少登。氣候不齊，夏則多雨而微寒。俗質。披短髮，假錦纏頭，紅油布繫身。煮海爲鹽，釀米爲酒，名"明家西"。[有]酋長。

地產上等鶴頂、中等降真、木棉花。貿易之貨用綠布、鐵條、土印布、赤金、甕器、鐵鼎之屬。

蒲奔

地控海濱，○元史類編："八節澗上接杜馬班王府，下通菁奔大海"。東南洋鍼路："吉力石港，即爪哇之杜板村，史所謂通蒲（菁）奔大海者也。"植案：吉力石港即海國圖志圖之竭石力，在爪哇島東北。山蹲白石，不宜耕種。歲仰食於他國。氣候乍熱而微冷。風俗果決。男女青黑，男垂髻，女拳髻，白縵。民煮海爲鹽，采蠏黃爲鮓。以木板造舟，籐篾固之，以棉花塞縫底，甚柔軟，隨波上下蕩，以木而爲槳，未嘗見有損壞。有酋長。

[地產]白藤、浮留藤、檳榔。貿易之貨用青甕器、粗碗、海南布、鐵線、大小埕甕之屬。

假里馬打○東南海島圖經：加里馬打羣島在婆羅洲西南，必來東島東北。必來東即鍼路勿里洞山也。○元史類編："征爪哇之師自泉州後渚發，行過七洲洋、萬里石塘，歷交趾、占城界，經東董、西董山、牛崎嶼，入混沌大洋橄欖嶼、假里馬答、勾闌等山，駐兵伐木，遣使諭爪哇。大軍繼進，至吉利門。"彼假里馬答即此假里馬打。南洋鍼路：從玳瑁洲三更至東、西董，三十五更至失力大山，五更至馬鞍嶼，五更至塔林嶼，三十更至吉宵馬哪山，十三更至勿里洞山，十五更至吉里問大山，四更至保老岸山。即元人行師之路。吉宵馬哪亦即此假里馬打也。

山列翠屏，闤闠臨溪。田下，穀不收。氣候熱。俗澆薄。男女髡頭，以竹布爲桶樣穿之，仍繫以捎，罔知廉恥。采蕉實爲食。煮海爲鹽，以適他國易米。每鹽一斤易米一斗。

（蒔代）地産番羊，高大者可騎，日行五六十里；及紫玳瑁。貿易之貨用琉璜、珊瑚珠、闍婆布、青色燒珠、小花印布之屬。

文老古○即諸蕃志闍婆所屬之勿奴孤。按之今圖，則蘇門答剌島之邁南喀地也。

益溪通津，地勢卑窄，山林茂密，田瘠稻少。氣候熱。俗薄。男女椎髻，繫花竹布爲捎。以象齒樹之内室，爲供養之具。民煮海爲鹽，取沙湖（糊）爲食。○諸蕃志："勿奴孤等國在海島中，地罕耕種。國多老樹，内産沙糊，狀如麥麵，土人用水爲圓，大如綠豆，曬乾入包，儲蓄爲糧。"東西洋考：大泥即古淳泥，今隸暹羅，土産有西國米，亦名沙孤米。其樹身如蕉空心，取其裏皮削之，以水搗過，舂以爲粉，細者供王，粗者民自食。

地産丁香，其樹滿山，然多不常生。三年中閒或二年熟。有酋長。地每歲望唐舶販其地，往往以五梅雞雛出，必唐船一隻來；二雞雛出，必有二隻。以此占之，如響斯應。貿易之貨用銀、鐵、水綾、絲布、巫崙八節那澗布、土印布、象齒、燒珠、青甆器、埕器之屬。

古里地悶

居○沈稿加"重"字。加羅之東北，山無異木，惟檀樹爲最盛。以銀、鐵、碗、西洋絲布、色絹之屬爲貿易也。○此即星槎勝覽之吉里地悶也。據彼文，此"加羅"上脱一"重"字；"檀樹"當作"檀香樹"，"銀、鐵、碗"當作"銀、鐵、磁碗"。重加羅即爪哇島，吉里地悶更在其東，兼產檀香。徑疑即地悶島，即厰圖之塔毛耳島矣。○名山藏云：遲悶國即故吉里地悶也，居重加羅東。地謂之馬頭，凡十有二所。有酋長，田宜穀粟，氣候不齊，朝熱而夜冷。風俗淫濫。男女斷髮，穿木棉短衫，繫占城布。市所酒肉價廉。婦不知恥。部領目縱食而貪酒色之餘，臥不覆被，至染疾者多死。倘在蕃苟免，回舟之期，櫛風沐雨，其疾發而爲狂熱，謂之陰陽交，交則必死。

昔泉之吳宅，發舶稍衆，百有餘人，到彼貿易。既畢，死者十八九，閒存一二爾，多羸弱之舟。駕舟隨風回舶，或時風恬浪息，黃昏之際，則狂蕩唱歌搖櫓；夜半則添炬燁耀，使人魂遊而膽寒。吁！良可畏哉。然則其地互市，雖有萬倍之利何益？昔柳子厚謂海賈以生易利，生（於）此有甚者乎！

龍牙門

門以單馬錫番兩山相交若龍牙門，中有水道以閒之。田瘠稻少，天氣候熱，四五月多淫雨。俗好劫掠。○南洋鍼路：由柔佛之羅漢嶼，用庚酉鍼五更至龍牙門。山門相對，如龍牙狀，中通船。田瘠穀薄，擄掠爲豪。番舶於此防之，夜不可行，以其多盜，且南有涼傘礁也。又過淡馬錫門，用庚酉及辛戌鍼三更至吉里悶山。諸蕃志有單馬令國。昔酋長掘地而得玉冠，歲之始，以見月爲正初，酋長戴冠披服受賀，今亦遞相傳授。男女兼中國人居之，多椎髻，穿短布衫，繫青布捎。

產粗降真、斗錫。貿易之貨用赤金、青緞、花布、處磁器、鐵鼎之類。蓋以山無美林，貢無異貨，以通泉州之貿易，皆剽竊之物也。

舶往西洋，本番置之不問；回船之際，至吉利門，舶人須駕箭稠、張布幕、利器械以防之。賊舟二三百隻，必默來迎戰數日。若僥倖順風，或不遇之；否則人爲所戮、貨爲所有，則人死係乎頃刻之閒也。

崑崙

古者崑崙山，又名軍屯山。○唐書地理志：占不勞山在環王國東，南二日行至陵山，又四日半行至軍突弄山，又五日行至海硤。植案：海硤即今麻剌甲、蘇門答剌之峽，則軍突弄山即軍屯山，即崑崙山矣。陵山即下靈山，唐世水道與元明水道同。山高而方，根盤幾百里，截然乎瀛海之中，與占城、西竺鼎峙而相望。下有崑崙洋，因是名也。舶販西洋者，必掠之，順風七晝夜可渡。諺云："上有七州，下有崑崙。計（針）迷舵失，舟就存。"○[星槎]勝覽文句略同，可互證。"舟就存"有脫字，彼云："針迷舵失，人船莫存"。崑崙在吉蘭丹，即厰圖喀蘭坦北，東西竺在彭亨，即厰圖怕哈恩南，相去且二三百里，而魏氏謂東西竺即崑崙，誤矣。

雖則地無異產，人無居室，山之高（窩）有男人數十人，惟形而異狀，穴居而野處。既無衣褐，日食山果、魚蝦；夜則宿於樹巢，仿摽技野鹿之世，何以知其然也！百舶阻惡風，灣泊其山之下。男女羣聚而覘，撫掌而笑，云（久）而去，自適天趣。吾故曰：其無懷大庭氏之民歟，其葛天氏之民歟？

靈山

嶺峻而方，石泉下咽。民居星散，以結網爲活。田野闊，宜耕種，一歲凡二收穀。舶至其所，則舶人齋沐三日。其什事，崇佛諷經，燃水燈、放彩船，以禳本船之災，始度其下。風俗、氣候、男女，與占城同。○[星槎]勝覽有靈山，云與占城山接。南洋鍼路：由交阯往，先至靈山，乃到占城。滇刻越南圖：靈山在平順東南海中。平順港口，即古占城港口也，法人名之曰芳黎灣。

地産籐枝，輕小、黑文相對者爲冠。每條可互易一花斗錫，粗大而紋疎者，一花斗錫互易三條。舶之往復此地，必汲水採薪，以濟日用。次得檳榔、荖葉，餘無異物。貿易之貨用粗碗、燒珠、鐵條之屬。

東西竺〇嶺外代答："三佛齊之來也，正北行，舟歷上下竺與交洋，乃至中國境。闍婆之來也，稍西北行，舟過十二子石，乃與三佛齊舟合於竺嶼之下。"所謂上下竺即東西竺也。南洋鍼路：自彭亨用單午鍼五更取地盤山，三更至東西竺，爲柔佛界；用丁未鍼十更至羅漢嶼，爲柔佛港口。

石上〇山。嵯峨，形勢對峙。地勢雖有東西之殊，不啻蓬萊、方丈之爭奇也。田瘠，不宜耕種，歲仰淡洋米穀足食。氣候不齊，四五月淫雨而尚寒。俗朴略。男女斷髮，繫占城布。煮海爲鹽，釀椰漿爲酒。有酋長。

地産檳榔、荖葉、椰子簟、木棉花。番人取其椰心之嫩者，或素或染，織而爲簟，以售唐人。其簟冬暖而夏涼，亦可貴也。貿易之貨用花錫、胡椒、鐵器、薔薇露水之屬。

急水灣〇東南洋鍼路：從滿剌甲（加）國分路入蘇門答剌，單乾鍼五更至棉花嶼，辛戌四更取難骨嶼，乾戌十更至雙嶼，辛戌四更至單嶼，辛戌十更至亞路，乾戌十五更取巴祿頭，其傍爲九州山，乾戌五更至急水灣，辛酉五更至亞（啞）齊。然則急水灣當在蘇門答剌島之西北角，所云亞路，即勝覽之阿魯國也。

灣居石綠嶼之下，其流奔鶩。舶之時月遲延，兼以潮汐，南北人莫能測。舶迴旋於其中，則一月莫能出。昔有度元之舶，流寓在其中二十餘日，失風，鍼迷舵折，舶遂閣淺。人船貨物，俱各飄蕩。偶遺三人於礁上者，枵腹五日，又且斷舶往來，輒采礁上螺蚌食之。當此之時，命懸於天。忽一日，大木二根浮海而至礁傍。人抱其木，隨風漂至須門答剌之國，幸而免溺焉。

花面○瀛涯勝覽:那姑王又名花面國王,國有那姑兒山。續文獻通考:蘇門答剌正西邊海小國二處,先至那孤兒王國界,後至黎代國界。那孤兒即花面國。植案:元史世祖本紀、楊庭璧傳皆記那旺國與蘇木都剌同入貢事。紀言那旺國王忙昂以其國無識漢字人,遣使二(四)人,不奉表。亦足見其爲南洋小國也。

其山逶迤,其地阻如,○沮洳。田極肥美,足食有餘。男女以墨汁刺於其面,故謂之"花面",國名因之。氣候倍熱。俗淳。有酋長。

地產牛羊、雞鴨、檳榔、甘蔗、荖葉、木棉。貨用鐵條、青布、粗碗、青處器之屬。舶經其地,不過貿易以供日用而已,餘無可與販也。

淡洋○星槎勝覽淡洋一條,語句大略相同。

港口通官場百有餘里,洋其外海也。内有大溪之水源二千餘里,奔流沖合於海面,一流之水清淡,舶人往往經過,乏水則必由此汲之,故名曰淡洋。過此以往,未見其海洋之水不鹹也。○瀛涯勝覽亞魯國:"自滿剌甲開船,行四晝夜可到其國,有港名淡水港一條,入港到國,南是大山,北是大海,西連蘇門答剌國界。東有平地,堪種旱稻,米粒細小,糧食頗有。國内婚喪等事,與爪哇、滿剌加同。國王、國人皆回回。"典録:"阿魯國在滿剌加西南,由淡水港入國。"二書之淡水港,即此淡洋也。詳汪氏語意,似"洋"字義長。嶺窩有田,常熟,氣候熱。風俗淳。男女椎髻,繫溜布。有酋長。

地產降真香,味與亞蘆同;米穀雖小,炊飯則香。貿易之貨用赤金、鐵器、粗碗之屬。

須文答剌(剌)○明史以須文達那與蘇門答剌並列,且云或以爲一,"洪武時所更,然其貢物與王名皆不同,無可考"。植案:明史所謂或以爲一者,即指費信言之。費信言古名須文達那。所謂古者,即指此書之類所載市舶舊稱也。洪武、永樂，貢不同時，王名、貢物安能相合？
此所謂以不悖爲悖者也。

峻嶺掩抱，地勢臨海，田磽穀少。男女繫布縵。俗薄。其酋
長人物修長，一日之閒必三變色：或青、或黑、或赤。每歲必殺十
餘人，取自然血浴之，則四時不生疾病。故民皆畏服焉。男女椎
髻，繫紅布。

土産腦子、粗降真，香味短；鶴頂、斗錫。種茄樹，高丈有餘，
經三四年不萃。生茄子以梯摘之，如西瓜大，重十餘斤。貿易之
貨用西洋絲布、樟腦、薔薇水、黃油傘、青布、五色緞之屬。

僧加剌（剌）

疊山環翠，洋海橫絲（縈）。其山之腰有佛殿巋然，則釋迦佛
肉身所在，民從而像之。○薛使日記：錫蘭佛教名剎有三，一曰開來南
廟、一曰考脫海拿廟、一曰梅掎開恩殿廟。開來南廟距岸七英里，有佛像，
云二千四百年所塑。迄今以香燭事之若存。海濱有石如蓮臺，上有
佛足跡，長二尺有四寸，闊七寸，深五寸許。○鄒氏西征紀程云：刊
的城南之亞當峰，石上有跡，長五尺，相傳爲佛祖所遺。跡中海水入其
內，不鹹而味淡，甘如醴。病者飲之則愈，老者飲之可以延年。

土人長七尺餘，面紫身黑，眼巨而長，手足溫潤而壯健，聿○
偉。然佛家種子。壽多至百有餘歲者。佛初憐彼方之人貧而爲
盜，故以善化其民，復以甘露水灑其地。

産紅石，土人掘之，以左手取者爲貨，右手尋者設佛，後得以
濟貿易之貨，皆令溫飽而善良。佛案前一有鉢盂，非玉非鐵非銅，
色紫而潤，敲之有玻璃聲。故國初凡三遣使取其至。是則舉浮屠
之教以語人，故未能免於儒者之議。然觀其土人之梵相、風俗之
敦厚，詎可弗信也夫！

勾欄山

嶺高而樹林茂密，田瘠穀少，氣候熱。俗射獵爲事。國初，軍

士征闍婆，遭風於山下，輒損舟，一舟倖免，唯存釘灰。見其山多木，故於其地造舟一十餘隻，若檣柁、若帆、若篙，靡不宜備，飄然長往。有病卒百餘人不能去者，遂留山中。今唐人與番人叢雜而居之。男女椎髻，穿短衫，繫巫崙布。

地產熊、豹、鹿、麂皮，玳瑁。貿易之貨用穀米、米色絹、青布、銅器、青器之屬。

特番里

國居西南角，○以下文曼陀郎居西北隅例之，則此地在西南角，當於厥圖之特里番科爾地近，特里番科爾都城曰特里番特林，對音粗亦相近。名為小食。官場深邃，前有石崖當關以守之，後有石洞周匝以居之。厥土塗泥，厥田沃饒。臨溪，溪又通海。海口有閘，春月則放水灌田耕種，時雨降則閉閘。或歲旱，則開焉。民無水旱之憂，長有豐稔之慶，故號為樂土。氣候應節。俗淳。男女椎髻，繫青布。煮海為鹽，釀荖葉為酒，燒羊羔為食。

地產黃蠟，綿羊高四尺許，波羅大如斗，甜瓜三四尺圍。貿易之貨用麻逸布、五色紬緞、錦緞、銅鼎、紅油布之屬。

班達里○印度東南有法蘭西屬地，日本地治理，疑即班達里。地理全志：本地治理地產珊瑚、珍木、鑽石、銀、銅，與此所稱諸物產亦相近。凡西人開埠之地，大都皆古來都會也。

地與鬼屈、波思國為隣。山嶮而石盤，田瘠穀少。氣候微熱，淫雨閒作。俗悷。屋旁每有鬼夜啼，如人身○聲。相續，至五更而啼止。次日，酋長必遣人乘騎鳴鑼以逐之，卒不見其蹤影也。厥後，立廟守宇于盤石之上以立焉。否則人畜有疾，國必有災。男女椎髻，繫巫崙布。不事針縷紡績。煮海為鹽。

地產甸子、鴉忽石、兜羅綿、○諸蕃志：吉貝以之為布，最堅厚者謂之兜羅棉，次曰番布，次曰木棉，又次曰吉布。木棉花、青蒙石。貿易之貨用諸色緞、青白磁、鐵器、五色燒珠之屬。

曼陀郎

國界西北隅與播寧接壤，○此南印度之馬土拉地，其西北與馬拉巴爾境接。馬拉巴爾爲此書之馬八兒，其都城曰布拿。陳圖曰補納，廠圖曰普那，此曰播寧，譯音不同，其致一也。廣東通志：馬塔喇與小西洋望娑羅、麻倫尼二國毗連，皆沿海長數千里，乃回回種類。壤瘠，宜種麥。酋長七尺有餘，二國勢均，不事侵伐，故累世結姻，頗有朱陳村之俗焉。蠻貊之所近（僅）聞，他國之所未見者。氣候少熱。男女挽髻，以白布包頭，皂布爲服。以木櫸花釀酒。

地產犀角，木棉摘四斗花可重一斤，西瓜五十斤重有餘，石榴大如斗。貿易之貨用丁香、豆蔻、良薑、蓽茇、五色布、青器、斗錫、酒之屬。

喃哑哩

地當喃哑哩○“哩”下疑脫“洋”字。之要衝，大波如山，動盪日月。望洋之際，疑若無地。民居環山，各得其所。男女椎髻，露體，繫布捎。田瘠穀少，氣候暖。俗尚劫掠，亞於牛單（單馬）錫也。

地產鶴頂、龜筒、玳瑁、降真香，冠於各番。貿易之貨用金銀鐵器、薔薇水、紅絲布、樟腦、青白花碗之屬。

夫以舶歷風濤，回經此國，幸而免於魚龍之厄，而又罹虎口，莫能逃之，其赤○亦。風迅○汛。迅○沈稿此字點去。之乖時使之然哉！

北溜○海夷總圖之“三萬六千嶼”，湯若望、利瑪竇圖之“萬島”，皆此地。

地勢居下，千嶼萬島。舶往西洋，過僧加剌（剌）傍，潮流迅急，更值風逆，輒漂此國，候次年夏東南風，舶仍上溜○［星槎］勝覽溜山洋：自錫蘭山別羅里南去，順風七晝夜可至。溜山有八，有沙溜、官嶼溜等名。此北溜疑即彼之溜山洋，準其地望，即廠圖之麻答愛夫群島、拉克答愛夫羣島地也。印度平流夏自馬拉巴而南，環哥摩凌角，而東北流向孟加拉；冬自孟加拉而西南，環哥摩凌角，而北向馬拉巴。其貿易風則冬春恒爲東北，夏秋恒爲西南。海行往西洋者，去以冬春，則風水皆順；歸以夏秋，亦風水皆順。昔之泛海者準方依岸，大較由斯。其麻答愛夫羣島之側平流西注，別出一支，西南達馬達嘎斯嘎，去岸絕遠，趨避爲難，而兩流相會於適當僧加剌西南、麻答愛夫羣島之左右，故有漂泊之患。必東南風而後上溜者，溜勢西注故也。□之皆（北），水中有石，槎中牙利如鋒刃，蓋已不勝舟矣。

　　地產椰子索、貼子、魚乾、○又案地理備考云："馬地咸羣島約百八十里，產珊瑚，有沙石，出椰子，多沙魚。居民勤勞，歲歲將椰油、鹹魚、貝子等貨赴印度市。臘其地咸十七島在其北，惟八洲有居民，種椰子爲飲食。"馬地咸即麻答愛夫，臘其地咸即臘（拉）克答愛夫也。物產相同，準望相直，審爲一地，理可不疑。臘其地咸之八洲，即溜山洋之八溜也。大手巾布。海商每將一舶貼子下烏爹、朋加剌（剌），必互易米一船有餘。蓋彼番以貼子權錢用，亦久遠之食法也。

　　下里○下大佛山條云：大佛山界於迓里、高郎步之間。此下里即彼迓里。

　　國居小唄喃、古佛里之中，又名小港口。山曠而原平，地方數千餘里，民所奠居，星羅基布，家給人足。厥田中下，農力耕。氣候暖，風俗淳。民尚氣，出入必懸弓箭及牌以隨身。男女削髮，繫溜布。

　　地產胡椒，冠於各番，不可勝計。樹木滿山，蔓衍如藤蘿，冬花而夏實，民採而蒸曝，以乾爲度。其味辛，採者多不禁。其味之觸人，甚至以川芎煎湯解之。他番之有胡椒者，皆此國流波之餘也。

　　高郎步○此爲錫蘭島西方口岸。厰圖曰考老母波，陳圖曰科侖波。諸書多作可倫坡。

大佛山之下，灣環中，縱橫皆鹵股石。其地濕卑，田瘠，米穀翔貴。氣候暖。俗薄。舶人不幸失風，或駐閣於其地者，徒爲酋長之利。舶中所有貨物，多至金（全）璧而歸之，酋以爲天賜也，孰知舶人妻子飢寒之所望哉！男女撮髻，繫八郞○節。那閒布捎。煮海爲鹽，釀蔗漿爲酒。有酋長。

地產紅石頭，與僧加剌（刺）同。貿易之貨用八舟○丹。布、斗錫、酒、薔薇水、蘇木、金銀之屬。

沙里八舟（丹）○西南海夷總圖沙里普的即此地。

國居古里佛山之後，○海錄：“西嶺在本（笨）支里少北，又名古魯慕。由本（笨）支里水路六七日，陸路二旬可到。”古魯慕即卡里密阿，即此古里佛；西嶺即西令牙巴坦，相近而非一地。謝氏誤也。其地沃衍，田少，俗美。氣候微暖。男女繫布纏頭，循海而居。珠貨之馬頭也。民有犯罪者，以石灰畫圈于地，使之立圈內，不令轉足。此其極刑也。

地產八舟○丹。布，珍珠由弟（第）三港來，皆物之所自產也。其地採珠，官抽畢，皆以小舟渡此國互易，富者用金銀以低價塌○博。之。舶至，求售於唐人，其利豈淺鮮哉！○諸“八舟”字並當作“八丹”。印度稱城曰“阿巴特”，諸譯或作“巴坦”、或作“板特”，皆對音字也。此沙里八丹即厰圖之蒐凌軋拍特，陳圖之西令萬巴耽，魏圖之西令牙邑（吧）。外國史略云：“馬答拉部有西令牙巴，城高而堅固，居民甚衆。昔英人力攻而得之。”萬國地理全圖集云：“馬塔剌繁盛，多大城。西令牙巴坦昔係王都，馬答拉雖瀕海而無泊處，泥沙梗阻，船難到岸，故必以小舟渡至此國。西令牙巴坦城臨考浮里江，東通本得利士，西逾山，爲開爾扣特海口。”所謂第三港者，大抵即此二處，顧不能指定矣。○又按黃氏朝貢典錄正作沙里八丹，云：“由沙里八丹而反，十晝夜見觀延之嶼，又至中央之嶼，又巡牛嶺之山，以至南巫里。南巫里西北海中有山焉，巃嵸平頂，名曰帽山。西來洋舶，向山爲準。”

金塔

古崖之下，聖井旁有塔十丈有餘。塔頂曾鍍以金，其頂頹而石爛，惟苔蘚青青耳。上有鶴巢，寬七尺餘，有朱頂雌雄二鶴長存漢人（不去），每歲巢於其上，酉長子孫相傳以來，千有餘年矣。春則育一二雛，及羽翼成飛去。惟老鶴在，其國人書扁曰“老鶴里”。土瘠而民貧，氣候不齊，俗朴。男女椎髻，纏白布，繫溜布。民煮海爲鹽，女耕織爲業。壽多至百有餘歲。

地產大布手巾、木棉。貿易之貨用鐵鼎、五色布之屬。

東（束）淡邈

皐楗相去有間，近希苓數日程。山瘠民閒，田沃稻登，百姓充給。氣候熱。俗重耕牛，每于二月春米爲餅以飼之，名爲報耕種之本。男女椎髻，繫八舟（丹）布。煮海爲鹽，釀椰漿爲酒。有酋長。

地產胡椒，亞于闍婆，玳瑁、木棉、大檳榔。貿易之貨用銀、五色布、銅鼎、鐵器、燒珠之屬。

大八舟（丹）

國居西洋之後，○地理備考：曰瓜爾國一名古宜加瓦爾，在印度之西。其都城曰巴羅達，圖志圖作巴羅他，厰圖作巴羅答，即此八丹地矣。云大八丹者，對沙里八丹而言。云“居西洋之後”，知在印度西方。此書語例以印度東岸爲前，西岸爲後。緣舟行，先至東岸名之。元史稱馬八兒國爲俱蘭後障，即此義也。名雀婆嶺，相望數百里。田平豐稔，時雨霶渥。近年田中生叢禾，丈有餘長，禾莖四十有八，穀粒一百三十，長半寸許。國人傳玩，以爲禾王。民閒禾土移至酋長之家，一歲之上，莖不枯槁。後其國○穀。自墮，色如金，養之以檳榔灰。使其不蛀，迨今存。其時國人曝之，以爲寶焉。

氣候熱。俗淳。男女短髮，穿南溜布。○南溜與北溜對文，其八溜之一歟？煮海爲鹽。

地産棉布、波羅蜜。貿易之貨用南絲、鐵條、紫粉、木梳、白糖之屬。

加里那

國近具山，其地磽确，田瘠穀少。王國之亞波，下有石穴深邃。有白牛種，每歲逢春産白牛，仍有雌雄。酋長畜之名官牛，聽其自然孳育於國。酋長因其繁衍，以之互市他國，得金十兩，厥後牛遂不産。

氣候稍熱，○黄楙材印度劄記：刊代施部孟買兵帥所轄，其首城曰高爾那，即此加里那也。云氣候稍熱，知去赤道漸遠，非印度南境矣。刊代施，瀛寰志略兩圖一作根的士，一作甘勒士。○宋史天竺傳："鉢賴野迦國西行六十日，至迦囉挐俱惢國。"約其地望，在南西印度之間，亦即此地也。風俗淳厚。男女髡髮，穿長衫。煮井爲鹽，釀椰漿爲酒。

地産棉羊，高大者二百餘斤，逢春則割其尾，用番藥搽之，次年其尾復生如故。貿易之貨用青白花碗、細絹、蘇木、鐵條、水銀之屬。

土塔

居八舟（丹）之平原，木石圍繞，有土磚甃塔，高數丈。漢字書云："咸淳三年八月畢工。"傳聞中國之人，其年敀○旅。彼，爲書於石以刻之，至今不磨滅焉。

土瘠田少，氣候半熱，秋冬微冷。俗好善。民閒多事桑香聖佛，以金銀器皿事之。男女斷髮，其身如漆，繋以白布。有酋長。

地産棉布、花布、大手巾、檳榔。貿易之貨用糖霜、五色絹、青緞、蘇木之屬。

第三港

古號爲淵，○"爲淵"抄本作"馬淵"，疑"馬"字是。此第三港必在印度西南之地，而印度西南有馬黑海口，即海録所稱"馬英"者。對音地望，均與"馬淵"二字親切相當。西域記云："摩臘婆,南羅羅國也,城據莫訶河東南。"按英圖,馬黑之北實有大河入海,則馬黑即莫訶,地以河名,由來久矣。摩臘婆即馬拉巴爾,自唐以來,據有印度西南海岸。凡印度西南城邑往往猶存古名,以土人種類不改,故地名亦多不改也。今名新港。口岸分南北,民結屋而居。田土、氣候、俗、○沈稿同,廣證改爲"風俗"。男女,與八舟(丹)同。

此去港八十餘里,洋名大朗。蚌珠海内爲最富。○商業博物志:珠産錫蘭之西岸,波斯之拔里恩諸島,科里曼秩耳海岸之朱齊可倫,西印度之沿海,哥倫比亞之海岸,太平洋之巴拿馬灣。而由錫蘭及科里曼秩耳所産者,古來最爲著名。波斯、紅海所産,非印度比也。採取之際,酋長殺人及十數牲祭海神,選日集舟人採珠,以五人爲率:二人盪槳,二人收綆,其一人用圈竹匡其袋口,懸於頸上,仍用收綆,繫石於腰,放墮海底。以手爬珠蚌入袋中,遂執綆牽制。○掣。其舟中之人收綆,隨綆而上,纔以珠蚌傾舟中。既滿載,則官場週回皆官兵守之。越數日,候其肉腐爛,則去其殼,以羅盛腐肉,旋轉洗之,則肉去珠存,仍巨細篩閱,於十分中官抽一半,以五分與舟人均分。若夫海神以取之,入水者多葬於鰐魚之腹。吁!得之良可憫也。舶人幸當其取之歲,往往以金與之互易,歸則樂數倍之利,富可立致,特罕逢其時耳。

華羅

植椰樹爲疆理,疊青石爲室。田土瘠磽,宜種稻。氣候常熱,秋冬草木越增茂盛。俗恔。民閒每創石亭數四,塑以泥牛,或刻石爲像,朝夕諷經,敬之若人佛焉。仍以香花燈燭爲之供養。凡所坐之壇、所行之地,及屋壁之上,悉以牛糞和泥塗之,反爲潔净。隣人往來,苟非其類,則不敢造其所。

男女形黑。無酋長,年尊者主之。語言諸陂加反。諏。女加反。以檀香牛糞搽其額,以白細布纏頭,穿長衫,與今之南毗人少異而大同。○"華羅"上脫"南尼"字。事林廣記:"西天南尼華羅國事佛尊牛,屋壁皆塗牛糞以爲潔。各家置壇,以牛糞塗之,置花水蒸香供佛。蕃商到,不得入其屋,止坐門外。"諸蕃志云:"南尼華羅(囉)諸國不啻百餘,皆冠以西天之名"。又云:"西天南尼華囉國,城有三重,人早晚浴以鬱金塗體,效佛金色,多稱'婆羅門',以爲真佛子孫。屋壁坐席,悉塗牛糞相尚,以此爲潔。家置壇,崇三尺,三級而升,每晨焚香獻花,名爲供佛。大食番至其國,則坐之門外,館之別室。"按志與廣記敘述與此略同。廣記即刪略志文,此又就志文以所見略爲增損耳。○南尼華羅,疑即謝清高所稱"乃弩王國"。職方外紀所稱"乃勒"者,其國地當在中、西印度之間。宋史天竺傳:"乾陀羅國西行二十日,至曩誐囉賀囉國。"曩誐囉賀囉對音與南尼華羅相近,疑即是矣。

麻那里○此印度劄記馬勒巴爾部之邦那里埠。魏圖曰門納利。以英文審之,"門納利"、"麻那里",近於"邦那里"也。廣東通志、海錄之麻倫尼亦即此。

界迷黎之東南,居垣角之絕島。石有楠樹萬枝,周圍皆水。有蠔如山立,人少主(至)。

土薄田瘠,氣候不齊。俗侈。男女辮髮以帶捎,臂用金鈿,穿五色絹短衫,以朋加剌(剌)布爲獨幅裙繫之。

地產駱駝,高九尺,土人以之負重。有仙鶴高六尺許,以石爲食。聞人拍掌,則聳翼而舞,其容儀可觀,亦異物也。

加將門里

去加里○沈稿加"那"字。二千餘里,喬木成林,修竹高節。其地堰潴,甲(田)肥美,一歲三收穀。通商販於他國。

氣候常熱。俗薄。男女挽髻,穿長衫,叢雜回人居之。土商每興販黑図,往朋加剌(剌)互,○沈稿加"市"字。銀錢之多寡,隨其大小高下而議價。民煮海爲鹽,釀漿爲酒。有酋長。

地產象牙、兜羅棉、花布。貿易之貨用蘇杭五色緞、南北絲、土紬絹、巫崙布之屬。

波斯離○此即波斯國。

境與西夏聯屬，地方五千餘里，關市之間，民比居如魚鱗。田宜麥禾。氣候常冷。風俗侈麗。男女長身編髮，穿駝褐毛衫，以軟棉爲茵褥。燒羊爲食，煮海爲鹽。有酋長。

地產琥珀、軟錦、駃○駝。毛、膃肭臍、沒藥、萬年棗。○本草綱目無漏子，開寶曰"千年棗"，一統志曰"萬歲棗"，嶺表錄異曰"波斯棗"。彼人呼其木曰"窟莽"，實曰"苦魯麻"。似棗而實非棗，味極甘。貿易之貨用氊毯、五色緞、云南葉金、白銀、倭鐵、大楓子、牙梳、鐵器、達剌（剌）斯離香之屬。

撻吉那

國居撻里之地，○元世印度北方，德列爲大國，其王則突厥種。旭烈兀後王屢與相攻，不能勝也。此達里疑即德列，而達吉那即突厥之轉音。○明史："底里國，永樂中嘗賜書撫諭其王馬哈木，錫以文錦等物。其地與沿納樸兒近。"底里近沿納樸兒，亦其國在中印度一證。又按明史："巴喇西入貢，其使言至西瀾海，舟壞，存一小艇，漂八日至得吉零國，居一年至秘得，居八月，乃遵陸行，閱二十六日至暹羅。"得吉零即撻吉那，德列東接孟加剌，故沿海岸得至暹羅。即古之西域。山少而瘠，氣候半熱，天常陰晦。俗與羌同。男女身面如漆，眼圓，白髮髯鬢。籠軟錦爲衣。女資紡織爲生，男採鴉鶻石爲活。煮海爲鹽，釀安石榴爲酒。有酋長。

地產安息香、琉璃瓶、硼沙、梔子花，○此梔子花與中國梔子花不同。詳諸蕃志。尤勝於他國。貿易之貨用沙金、花銀、五色緞、鐵鼎、銅線、琉黃、水銀之屬。

千里馬

北與大奮山截界，溪水護市，四時澄澈，形勢寬容。田瘠穀少，氣候乍熱。俗淳。男女斷髮，身繫絲布。煮海爲鹽，釀桂屑爲酒。有酋長。

地產翠羽、百合、蘿○薯。蘋。貿易之貨用鐵條、粗碗、蘇木、鉛針之屬。

大佛山

大佛山界子○于。逊里、高郎步之間。○地理備考：“馬爾地瓦斯一名錫蘭山，其都城曰可倫破。又有牙利城，為東南之堅城。”魏氏圖錫蘭西南有牙里邑。牙利、牙里，即此逊里也。云大佛山界兩地之間，則山亦在錫蘭西岸矣。或疑魏圖方向不可憑，大佛山即亞旦峯。至順庚午冬十月［十］有二日，因卸帆於山下。是夜月明如晝，海波不興，水清澈底。起而徘徊，俯窺水國，有樹婆娑。余指舟人而問：“此非清琅玕、珊瑚珠者耶？”曰：“非也。”“此非月中娑羅樹影者耶？”曰：“亦非也。”乃命童子入水採之，則柔滑；拔之出水，則堅如鐵。把而玩之，高僅盈尺，則其樹槎枒，盤結奇怪，枝有一花一蕊，紅色天然。既開者仿佛牡丹，半吐者類乎菡萏。舟人秉燭，環堵而觀之衆，乃雀躍而笑曰：“此瓊樹開花也，誠海中之稀有，亦中國之異聞。余歷此四十餘年，未嘗覩於此。君今得之，茲非千載而一遇者乎？”余次日作古體詩百首，以記其實，袖之以歸。豫章郡○邵。庵虞先生見而賦詩，迨今留於君子堂以傳玩焉。

須文那

○元史馬八兒傳：俱蘭（藍）既下，餘諸國“曰馬八兒、曰須門那、曰僧急里、曰南無力、［曰馬蘭丹、］曰那旺、曰丁呵兒、曰來來、曰急蘭亦觧、曰蘇木都剌，皆遣使貢方物”。須門那，即此須文那也。

國中班支尼那接境，山如瓜瓠，民樂奠居。田瘠穀少，氣候應節。俗鄙薄。男女蓬頭繫絲。酋長之家有石鶴，高七尺餘，身白而頂紅，彷然生像。民閒事之為神鶴。四五月閒，聽其夜鳴，則是歲豐稔。凡有疾則卜之，如響斯應。民不善煮海為鹽。

地產絲布，胡椒，亞於希苳、淡邈。孩兒茶一名“烏爹士（土）”，又名“胥實失之”。其實檳榔汗也。○本草綱目：“烏爹泥”即孩兒茶,又名"烏壘泥",出南番爪洼、暹羅等國。云是細茶末,入竹筒中,堅塞兩頭,埋汙泥溝中,日久取出,搗汁熬制而成。○按英人商業博物志:"兒茶"一名"阿煎藥",又稱"日本土",乃一種荳科多刺之樹,取其木斷戳小片,煎熬成汁,非檳榔木也。然其檳榔條云:檳榔子生有收斂性之"越幾斯",坊間一二種兒茶因此而成,則檳榔汁之説亦非無因。貿易之貨用五色細緞、青緞、豆蔲、大小水罐、蘇木之屬。

萬里石塘

石塘之骨,由潮州而生。迤邐如長蛇,橫亘海中,越海諸國,俗云"萬里石塘"。以余推之,豈止萬里而已哉!舶由玳璵○沈稿改作"玳瑁嶼"。門,掛四帆,乘風破浪,海上若飛,至西洋或百日之外。以一日一夜行里計之,萬里曾不足,故原其地脈,歷歷可考。一脈至爪哇,一脈至勃泥及古里地悶,一脈至西洋遐○達。崑崙之地。蓋紫陽朱子謂海外之地與中原地脈相連者,其以是歟?觀夫海洋,泛無涘涯,中匿石塘,孰得而明之?避之則吉,遇之則凶,故子午鍼人之命脈所係,苟非舟子之精明,鮮不覆且溺矣。吁!得意之地勿再往,豈可以風濤爲徑路也哉!

小唄喃○此即元史之俱蘭(藍),明世所稱小葛蘭,於魏氏圖志則南加那拉、北加那拉也。

地與都攔礁相近,厥土黑墳,本宜穀麥。民居○當依費書作"居民"。懶事耕作,歲藉烏爹運米供給。○沈稿加"商船"。或風迅○汛。到遲,馬船已去,貨載不滿,風迅○汛。或逆,不得遇○過。喃哑哩洋,且防高浪阜○費作"埠"。中鹵股石之厄。所以此地駐冬,候夏年八九月馬船復來,移船回古里佛互市。風俗、男女衣著,與古里佛同。有村主,無酋長。

地産胡椒、椰子、檳榔、溜魚。貿易之貨用金錢、青白花○沈稿加"磁"器、八舟(丹)布、正色緞、鐵器之屬。○此條文句與星槎勝覽大葛蘭條大略同。彼此相補,敍述始明。以此知唄喃之即葛蘭,而元史俱

<u>蘭</u>（<u>藍</u>）亦<u>葛蘭</u>也。

古里佛○此<u>陳圖</u>之<u>卡里密阿角</u>，東南與<u>錫蘭</u>相望。<u>海錄</u>：“西嶺在<u>笨</u>
　　<u>支里</u>少北，一名<u>古里</u>（<u>咕嚕</u>）慕。”

當巨海之要衝，去<u>僧加剌</u>（<u>剌</u>）<u>蜜</u>（<u>密</u>）耳，○<u>邇</u>。亦西洋諸○沈
稿加“國”字。馬頭也。○［<u>星槎</u>］<u>勝覽古里國</u>記述略同。<u>黄錄古里</u>絕無一
字相涉。一在<u>印度</u>西北，一在<u>印度</u>東南，異地同名，不可混而爲一。○此<u>古</u>
<u>里</u>與<u>僧加剌密邇</u>，彼<u>古里</u>在<u>柯枝</u>西北，東通<u>巴夷替</u>。山橫○廣。而田瘠，
宜種麥。每歲藉<u>烏爹</u>水○米。至。行者讓路，道不拾遺，俗稍近
古。其法至垣（謹），盜一牛，酋以牛頭爲準，失主仍以犯人家産籍
没而戳（戮）之。官場居深山中，海濱爲市，以通貿易。

地産胡椒，亞於<u>下里</u>，人閭居○俱。有倉廩貯之。每播荷三
百七十五斤，税收十分之二。次加張葉、皮桑布、薔薇水、波羅蜜、
孩兒茶。其珊瑚、珍珠、乳香諸等貨物，皆由<u>甘理</u>、○埋。<u>佛朗</u>來
也。○按今<u>卡里密阿</u>海爲産珠之地，不應其珍珠反由<u>甘埋</u>、<u>佛朗</u>來。此處
有譌誤，恐“<u>甘理佛朗</u>”四字乃“<u>古里佛</u>”三字之誤。去貨與<u>小唄喃國</u>同。
蓄好馬，自西極來，故以舶載至此國。每疋互易，動金錢千百，或
至四千爲率，否則蕃人議其國空乏也。

朋加剌（**剌**）○此<u>勝覽</u>之<u>榜葛剌</u>，<u>諸蕃志鵬茄羅</u>（<u>囉</u>）也。<u>諸蕃志</u>：“西
　　天<u>鵬茄羅</u>（<u>囉</u>）國，都號<u>茶那咭</u>，城圍一百二十里。民物
　　好勝，專事剽奪。以白研螺殻磨治爲錢。土産寶劍、兜
　　羅綿等布。或謂佛法（教）始於此國，<u>唐三藏</u>取經曾到。”
五嶺崔嵬，樹林拔萃，民環而居之。歲以耕植爲業，故野無曠
土，山疇極美。每一歲凡三收穀，百物皆廉。即古<u>忻都州府</u>也。
○<u>元史世祖本紀</u>：［<u>至元十九</u>］年“<u>忻都</u>招撫使<u>楊庭璧</u>招撫海外，南番皆遣使
入貢。”是當時<u>忻都</u>嘗設招討使。元世自都元帥以至萬户皆稱府，故有<u>忻都</u>
州府之稱，蓋亦如唐代西域所設都督府矣。氣候常熱。風俗最爲淳
厚。男女以細布纏頭，穿長衫。官税以十分中取其二焉。國鑄銀

錢名"唐加"，每箇錢八分重，流通使用。互易貝八子一萬五百二十有餘，以權小錢便民，良有益也。

產苾布、○苾布亦見明史古里傳，黃氏典錄"苾"作"宓"。高伱布、兜羅錦、○綿。翠羽。貿易之貨用南北絲、五色絹緞、丁香、豆蔻、青白花器、白縷之屬。茲番所以民安物泰，皆自乎農力有以至之，是故原防菅茅之地，民墾闢，種植不倦。□廉（犁鐮）勞□（苦）之役，因天之時而分地利，國富俗厚，可以□（軼）舊港而邁闍婆也。

巴南巴西○西南海夷總圖：烏爹西南、沙里普的之東有轙南，即此巴南。

國居大響山之南，環居數十里，土瘠，宜種豆。氣候乍涼。俗尚澆薄。男女體小而形黑，眼圓耳長，手垂過膝。身披絲絨單被。凡民間女子，其形窊○於加切。嬰，○若加切。自七歲，父母以歌舞教之，身摺疊而圓轉，變態百出，粗有可觀。倘適他國呈其藝術，則予以小錢爲賞。地產細棉布，舶人以錫易之。

放拜○此即西印度之孟買。或譯網買、或譯邦拜。元時商舶聚於蘇拉特，此地尚未爲都會，故敍述止此。廣東通志喱嗗："乾隆四年，有船進口，小西洋北爲望娑羅國，又北麻倫你國，又北少西爲英吉利國，又北少西爲喱嗗，乃紅毛所轄；又北舟行三日、陸行四五日至蘇喇。"

居巴隘亂石之間，渡橋出入。週圍無田。平曠皆陸地，宜種麥。氣候常暖。風俗質朴。男女面長，目反白，容黑如漆。編髮爲繩，穿斜文木棉長衫。煮海爲鹽，煅鵝卵石爲灰以代炊。有酋長。

地產絕細布匹，闊七尺，長[丈]有餘。大檳榔爲諸蕃之冠。貨用金、趴子、紅白燒珠之屬。

大烏爹○此中印度之烏德國。地理全志云："俗尚寇掠,素稱盜藪。" 其風俗蓋至今不變也。○宋史天竺傳："太平興國三(七)年, 益州僧光遠至天竺,以其王没徙曩表來,上令天竺僧施護譯 之。施護者,烏填曩國[人],屬北印度。西行十二日至乾陀 羅國,又西行二十日至曩誐羅賀囉國,又西行十日至嵐婆國, 又西行十二日至誐葱曩國,又西行至波斯國。"所謂烏填曩 國,即此烏爹也。

國近巴南之地,界西洋之中峰。山多鹵股,田雜沙,土有黑, 歲宜種豆。氣候常熱,俗尚淳。男女身修長,女生髭,穿細布,繫 紅絹捎。女善戰,使摽槍,批竹矢,毒於蛇,使國人極畏之。仍以 金錢魚兼𧀄子使用。煮海爲鹽,以逡巡法釀酒。有酋長。

地產布匹、貓兒眼睛、鴉鶻石、翠羽。貿易之貨白銅、鼓板、五 色緞、金、銀、鐵器之屬。國以𧀄子、金錢流通使用,所以便民也。 成周之世用錢幣,漢武造史(皮)幣、鑄白銀,無非子母相權而已。 如西洋諸蕃國鑄爲大小金錢使用,與中國銅錢異,雖無其幣以兼 之,得非法古之道者哉!

萬年港

凌門正灣爲之引從,彷彿相望。中有長闊二十餘丈,其深無 底,魚龍之淵藪也。旁有山如氐,環而居。田闊地窄,宜穀麥。氣 候常熱。俗朴。男女椎髻,繫青布捎。煮海爲鹽,釀蔗漿爲酒。 有酋長。

地產降真條、木棉、黃蠟。貿易之貨用鐵條、銅線、土印花布、 瓦瓶之屬。

馬八兒嶼

控西北之隅,居加將門之右,○此嶼似是今西圖開母拜灣之島,而 加將門即扣齒灣也。"扣齒"或譯作"加支",音與"加將"近。○此嶼自有 名,謂之馬八兒,以其屬馬八兒國耳。瀕山而居。土鹹,田沃饒,歲倍收。氣候熱，俗淫。男女散髮，以椰葉避羞。不事緝織。鑿井煮海爲鹽，釀椰漿爲酒。無酋長。

地產翠羽、細布，大羊百有餘斤，穀米價廉。貿易之貨用砂金、青緞、白礬、紅緑燒珠之屬。

次曰拔忽、曰里達那、曰骨里傍、曰安其、曰伽忽，皆屬此國之節制焉。

阿思里○此利非亞洲東方之阿匽國，廠圖作亞然，亦作阿桑者也。與亞丁對岸，當大食海之東北濱，故得早通東方商舶。諸蕃志之弼琶羅在此國西。海夷總圖之賞那，圖志曰西臘，廠圖曰賽拉，則此國屬地也。

極西南達國里之地，無山林之限，風起則飛沙撲面，人不敢行。居人編竹以蔽之。氣候熱，半年之閒多不見雨。掘井而飲，深至二三百丈，味甘而美。其地防原宜種麥，或潮水至原下，則其地上潤，麥苗自秀。俗惡。男女編髮，以牛羊毛爲繩，接髮捎至齊膝爲奇。以鳥羽爲衣，搗麥作餅爲食。民不善煮海爲鹽。

地產大棉布、小布匹。貿易之貨用銀鐵器、青燒珠之屬。

哩伽塔○“哩”當作“嘿”。○内府圖：西海之濱有馬斯哈特地，廠圖俄菾灣東南有謀斯刻特，魏圖作母士甲都，即嘿伽塔地也。瀛寰志略：亞拉伯通商海口在東方，曰木甲。富商所萃。

國居遼西之界，乃國王海之濱。○國王海者，旭烈兀大王國境之海，即波斯海灣也。田瘠，宜種黍。民疊板石爲居，掘地丈有餘深，以藏種子，雖三載亦不朽也。氣候秋熱而夏涼。俗尚朴。男女瘦長，其形古怪，髮長二寸而不見長。穿布桶衣，繫皂布捎。煮海爲鹽，釀黍爲酒，以牛乳爲食。

地產青琅玕、珊瑚樹，其樹或長一丈有餘，或七八尺許、一尺有餘。秋冬，民閒皆用船採取，以橫木繫破網及紗線於其上，仍以索木兩頭，人於船上牽以拖之，則其樹槎椏掛挽而上。○事林廣記：“嘿伽臘國有國王海，出珊瑚樹。國人採之，用綵縛十字木，將麻線索絞在十字上，用石墜入水中，棹舟拖索，刮取其樹。古云鐵網取珊瑚，蓋此類也。"諸蕃志："默加獵國王逐日誦經拜天。海水深二十丈，產珊瑚樹。"貿易之貨用金銀、五色緞、巫崙布之屬。

天堂

地多曠漠，即古筠冲之地，又名爲西城。○域。風景融和，四時之○海國圖志引作"如"。春也。田沃稻饒，居民樂業。云南有路可通，一年之上可至其地。西洋亦有路通，名爲天堂。有回回曆與中國授時曆，前後至○海國圖志引作"止"。爭三日，其選日永無差異。氣候暖，風俗好善。男女辮髮，穿細布布衫，繫細布捎。

地產西馬，高八尺許。人多以馬乳拌飯爲食，則人肥美。貿易之貨用銀、五色緞、青白花器、鐵鼎之屬。

天竺

居大食之東，隸秦王之主，去海二百餘里。地平沃，氣候不齊。俗尚古風。男女身長七尺，小目長項。手帕繫額，編髮垂耳，穿百結衣。以籐皮織鞋，以棉紗結襪，仍將穿之，示其執禮也。不善煮海爲鹽，食仰他國。民閒以金錢流通使用。有酋長。

地產金沙、駿馬。貿易之貨用銀、青白花器、斗錫、酒、色印布之屬。

層搖羅

○"搖"當作"拔"，傳寫誤也。諸蕃志大食所屬有"層拔國，在胡茶辣國南海島中，西接大山。其人民皆大食種落，遵大食教度。纏青蕃布，躡紅皮鞋。產象牙、生金、龍涎香、黃檀香。每歲，胡茶辣國及大食邊海等處發船，與之販易"。此層拔羅即彼層拔也。艾儒略圖阿利非南境有初法蠟地，湯若望圖同廠圖作梭發拉，魏圖有所縛拉。西南海夷總圖作這不魯麻，爲阿洲南境最古之埠。

國居大食之西南，崖無林，地多滷，○滷。田瘠穀少。故多種薯，以代糧食。每每販於其地者，若有穀米與之交易，其利甚溥。氣候不齊。俗古直。男女挽髻，穿無縫短裙。民事網罟，取禽獸爲食，煮海爲鹽，釀蔗漿爲酒。有酋長。

地產紅檀、紫蔗、象齒、龍涎、生金、鴨嘴膽礬。貿易之貨用牙箱、花銀、五色緞之屬。

馬魯澗

國與遐邇沙喃之後山接壤，○諸蕃志：蘆眉國一名眉路骨。遐邇沙喃對音與耶路撒冷至近。民樂業而富遮，○庶。○沈稿加"周"字。迴廣一萬八千餘里，西洋國悉臣屬焉。有酋長，元臨漳人，陳其姓也。幼能讀書，長練兵事。國初，領兵鎮甘州，遂入此國討叛，不復返。茲地產馬，故多馬軍，動侵番國以兵，凡若干萬。歲以正月三日則建高壇以受兵賀，所至之地，即成聚落一所。民閒互易，而卒無擾攘之患。蓋以刑法之重如此。觀其威逼諸番，嚴行賞罰，亦酋豪中之表表者。

甘埋里○今波斯東南拉利斯坦海岸，與阿拉伯之俄莽灣相對之地，曰告母白魯倫。陳圖曰甘勃倫，蓋即此地。明史所謂忽魯謨斯者，亦在此。一以南岸地稱之，一以北岸地稱之耳。○諸蕃志大食屬國有甘眉，即此。

國居西南馮○洋。之地，與佛朗相近。乘風張帆，二月可至小唄喃。其地造舟爲馬船，大於商舶。○北盟會編：國家舟船之大，莫過馬船。軍隊五十人，馬船雖大，止能容八隊。不使釘灰，用椰索板成片，每舶二三層，用板棧，滲漏不勝。梢人日夜輪戽水不竭。下以乳香壓重，上載馬數百匹，頭小尾輕，鹿身吊肚，四蹄削鐵，高七尺許，日夜可行千里。

所有木香、琥珀之類，均產自佛朗國來。商販於西洋互易，去貨丁香、豆蔻、青緞、麝香、紅色燒珠、蘇杭色緞、蘇木、青白花器、甕瓶、鐵條，以胡椒載而返。椒之所以貴者，皆因此船運去尤多，較商舶之取十不及其一焉。

麻呵斯離

去大食國八千餘里，與鯨板奴國相近，由海通溪，約二百餘里，石道崎嶇；至官場三百餘里，地平如席。氣候應節。風俗鄙儉。男女編髮，眼如銅鈴，穿長衫。煮海爲鹽，釀茗葉爲酒。有酋長。

地産青鹽、馬乳、葡萄、米、麥，其麥粒長半寸許。甘露每歲八九月下，民間築凈池以盛之，旭日曝則融結如冰，味甚糖霜，仍以瓷器貯之，調湯而飲，以辟瘴癘。古云"甘露王如來"，即其地也。○諸蕃志："勿廝離國，其地多石山，秋露沆瀣，日曬即凝，狀如糖霜。採而食之，清涼甘腴，蓋真甘露也。"此麻呵斯離，蓋即彼勿廝離，當爲今波斯東法爾斯地。貿易之貨用刺（剌）速斯離布、紫金、白銅、青琅玕、闍婆布之屬。

羅婆斯

國與麻加那之右山聯屬，○此紅海東岸之地。麻加納即麥加，回回祖國。其西北有城曰拉波，即此羅婆斯地矣。奇峰磊磊，如天馬奔馳，形勢臨海。男女異形，不織不衣，以鳥羽掩身。食無煙火，惟有茹毛飲血，巢居穴處而已。雖然，飲食宮室，節宣之不可闕也；絲麻絺紛，寒暑來往之不可違也。夫以洛南北之地，懸隔千里，尚有寒暑之殊，而況於窮海諸國者哉！

其地鐘湯之全，故民無衣服之備，陶然自適以宇宙輪輿，宜乎茹飲不擇，巢穴不易，相與浮乎太古之天矣。

烏爹

國因伽里之舊名也。山林益少，其地堰潴而半曠。民專農業，田沃稼茂，既無絶糧之患，又無蝗螟之災。歲凡三稔，諸物皆廉，道不拾遺，鄉里和睦，士尤尚義，俗厚民泰，各番之所不及也。氣候、男女，與朋加剌（剌）略同。○此中印度之烏得國東境，接孟加拉，故云氣候略同。有烏爹，復有大烏爹。正如唐西域記之案達羅、大案達羅，明史之小葛蘭、大葛蘭也。稅收十分之一。

地産大□（者），黑國、翠羽、黃蠟、木棉、細匹布。貿易之貨用金銀、五色緞、白絲、丁香、豆蔻、茅香、青白花器、鼓瑟之屬。每箇銀錢重二錢八分，准中統鈔一十兩，易趴子計一萬一千五百二十餘，折錢使用，以二百五十趴子糴一尖蘿熟米，折官斗有一斗六升；每錢收趴子可得四十六蘿米，通計七十三斗二升，可供二人一歲之食有餘。故販其地者，十去九不還也。夫以外夷而得知務農重穀，使國無遊民，家給人足，歲無飢寒之憂；設知興行禮讓，教以詩書禮樂，則與中國之風無閒然矣。孰謂蠻貊之邦而不可行者乎？

異聞類聚○此條所述者皆出事林廣記方國類。云見某書，亦廣記引用原文也。

古有奇肱國之民，能爲飛車，從風遠行。見于博物志矣。

次曰頓遜國，凡人死，送於廓○郭。外，鳥食肉盡乃去；以火燒其骨，即沈於海中，謂之鳥葬。見於窮神秘苑矣。

次曰□□○骨利。國，晝長夜短，薄暮煮一羊脾，方熟，東方已曙。見於神異錄矣。

次曰大食國，山樹花開如人首，不解語，人借問，惟頻笑○笑，頻。笑則彫落。見於西○酉。陽雜俎矣。

次曰婆登國，種穀每月一熟。見於神異之記。

次曰繳濮國，人有尾，欲坐則先穴地以安之，誤折其尾則死。見於廣州之記。

次曰南方之産翁，獠婦娩子，是○婿。攤衾抱雛以讓○護。衛之。見於南楚之新聞。

次曰番禺縣民災○失。蔬園，盜之於百里之外，若浮筏乘流於海上,有縣宰謂之判杖(狀)。見於<u>玉堂</u>之閒話。

他如<u>女人國</u>視井而生育;<u>茶弼沙國</u>_{○沈稿補"日"字。}入其地,聲震雷霆。至於南方縛婦成姻,多非禮聘;<u>嶺南</u>之好女,不事緝織;<u>南海</u>之貧妻,○竂。名爲"腹指_{○指腹。}賣";<u>南中</u>之師郎,擁婦而食肉。此又人物風俗之不同,録之以備采覽,故曰"異聞類聚"。

島夷誌後序

<u>皇元</u>混一聲教,無遠弗屆,區宇之廣,曠古所未聞。海外島夷,無慮數千國,莫不執玉貢琛,以修民職;梯山航海,以通互市。<u>中國</u>之往復商販於殊庭異域之中者,如東西州馬(焉)。

<u>大淵</u>少年嘗附舶以浮于海。所過之域,竊嘗賦詩以記其山川土俗、風景物産之詭異,與夫可怪可愕、可鄙可笑之事,皆身所遊覽,耳目所親見。傳説之事,則不載焉。

<u>至正</u>己丑冬,<u>大淵</u>過<u>泉南</u>,適監羣○郡。傼候○侯。命<u>三山吳鑒</u>明之序<u>清源郡</u>誌,願(顧)以<u>清源</u>舶司所在,諸番輻輳之所,宜記録不鄙。謂余知方外事,屬<u>島夷誌</u>附于郡誌之後,非徒以廣士大夫之異聞,以表國朝威德如是之大且遠也。

　　<u>皇明嘉靖</u>戊申五月望,<u>汝南郡</u>。攷島夷惟<u>日本</u>重文事,其髹漆、金器、刀紙、屏障最精。此誌不載,故及之。予於<u>正德</u>初年,因〔日〕<u>本國</u>使臣朝貢,流寓<u>姑蘇</u>。其正使<u>了庵</u>,年已八十八,詩札賡酬尚在。<u>陶齋袁表</u>識。

_{○此書思之有年,而不可得見。舊歲始得此新刻本,譌脱至甚,不能讀也。}

參考文獻

古籍

1. (戰國)佚名撰、王貽樑校釋《穆天子傳匯校集釋》,華東師範大學出版社 1994 年版。

2. (漢)班固《漢書》,中華書局 1962 年版。

3. (東晉)法顯撰、章巽《法顯傳校注》,上海古籍出版社 1985 年版。

4. (梁)釋慧皎撰、湯用彤校注、湯一玄整理《高僧傳》,中華書局 1992 年版。

5. (梁)釋僧祐撰,蘇晋仁、蕭鍊子點校《出三藏記集》,中華書局 1995 年版。

6. (唐)道宣撰、范祥雍點校《釋迦方志》,中華書局 1983 年版。

7. (唐)段成式撰、方南生點校《酉陽雜俎》,中華書局 1981 年版。

8. (唐)杜環撰、張一純箋注《經行記箋注》,中華書局 1963 年版。

9. (唐)樊綽撰、向達校注《蠻書校注》,中華書局 1962 年版。

10. (唐)劉恂撰、魯迅輯録《嶺表録異》,《魯迅輯録古籍叢編》第三卷,人民文學出版社 1999 年版。

11. (唐)慧立、彦悰撰,孫毓棠、謝方點校《大慈恩寺三藏法師傳》,中華書局 1983 年版。

12. (唐)歐陽詢撰、汪紹楹校《藝文類聚》,上海古籍出版社 1982 年版。

13. (唐)玄奘、辯機撰,季羨林等校注《大唐西域記校注》,中華書局 1985 年版。

14.（宋）陳元靚《事林廣記》，中華書局 1999 年版。

15.（宋）戴栩《浣川集》，《敬鄉樓叢書》第一輯，民國十七年（1928）永嘉黃氏排印本。

16.（宋）李心傳撰、徐規點校《建炎以來朝野雜記》，中華書局 2000 年版。

17.（宋）劉時舉撰、王瑞來點校《續宋中興編年資治通鑑》，中華書局 2014 年版。

18.（宋）歐陽修、宋祁《新唐書》，中華書局 1975 年版。

19.（宋）歐陽修《新五代史》，中華書局 1974 年版。

20.（宋）彭大雅撰、徐霆疏證《黑韃事略》，中國國家圖書藏明抄本。

21.（宋）彭大雅撰、徐霆疏證、（清）李文田箋注《黑韃事略》，上海圖書館藏抄本。

22.（宋）彭大雅撰、徐霆疏證、（清）沈曾植校注《黑韃事略》，上海圖書館藏稿本。

23.（宋）彭大雅撰、徐霆疏證《黑韃事略》，日本京都大學人文社會科學研究所內藤文庫藏抄本。

24.（宋）彭大雅撰、徐霆疏證《黑韃事略》，胡思敬輯《問影樓輿地叢書》第一集，清光緒三十四年（1908）新昌胡氏京師仿聚珍版排印本。

25.（宋）彭大雅撰、徐霆疏證《黑韃事略》，羅振玉輯《六經堪叢書》初集，民國十五年（1926）東方學會排印本。

26.（宋）彭大雅撰、徐霆疏證《黑韃事略》，《叢書集成初編》第 3177 冊，民國二十六年（1937）上海商務印書館排印本。

27.（宋）彭大雅撰、徐霆疏證，王國維箋證《黑韃事略箋證》，《王國維遺書》第八冊，上海書店出版社 1983 年版。

28.（宋）彭大雅撰、徐霆疏證，許全勝校注《黑韃事略校注》，蘭州大學出版社 2014 年版。

29.（宋）王應麟《玉海》，《文淵閣四庫全書》子部類書類第 943—

948 册,臺灣商務印書館 1986 年版。

30.(宋)葉隆禮撰,賈敬顔、林榮貴點校《契丹國志》,上海古籍出版社 1985 年版。

31.(宋)趙珙撰、(清)曹元忠校注《蒙韃備録校注》,《箋經室叢書》,光緒二十七年(1901)刊本。

32.(宋)趙珙撰、王國維箋證《蒙韃備録箋證》,《王國維遺書》第八册,上海書店出版社 1983 年版。

33.(宋)趙汝适撰、馮承鈞校注《諸蕃志校注》,商務印書館 1937 年版。

34.(宋)趙汝适撰、楊博文校釋《諸蕃志校釋》,中華書局 1996 年版。

35.(宋)趙汝适撰、韓振華注補《諸蕃志注補》,香港大學亞洲研究中心 2000 年版。

36.(宋)周密撰、張茂鵬點校《齊東野語》,中華書局 1983 年版。

37.(宋)周去非撰、楊武泉校注《嶺外代答校注》,中華書局 1999 年版。

38.(金)元好問撰、姚奠中主編《元好問全集》,山西古籍出版社 2004 年版。

39.(元)白珽《湛淵静語》,《文淵閣四庫全書》子部雜家類第 866 册,臺灣商務印書館 1986 年版。

40.(元)揭傒斯撰、李夢生標校《揭傒斯全集》,上海古籍出版社 1985 年版。

41.(元)李志常《長春真人遊記》,《宛委別藏》第 49 册,江蘇古籍出版社 1988 年影印乾嘉間抄本。

42.(元)李志常《長春真人西遊記》,《指海》第十三集,道光二十五年(1845)金山錢熙祚刻本。

43.(元)李志常《長春真人西遊記》,《連筠簃叢書》,道光二十七年(1847)刻本。

44.(元)李志常《長春真人西遊記》,清張丙炎輯、張允顥重輯《榕園叢書》乙集,同治中(1862—1874)真州張氏廣東刊民國二年

(1913)重修印本。

45.(元)李志常撰、王國維校注《長春真人西遊記校注》,《王國維遺書》第八册,上海書店出版社 1983 年版。

46.(元)李志常撰、党寶海注譯《長春真人西遊記》,河北人民出版社 2001 年版。

47.(元)馬端臨撰,上海師范大學古籍研究所、華東師范大學古籍研究所點校《文獻通考》,中華書局 2011 年版。

48.(元)歐陽玄撰,魏崇武、劉建立校點《歐陽玄集》,吉林文史出版社 2009 年版。

49.(元)丘處機撰、趙衛東輯校《丘處機集》,齊魯書社 2005 年版。

50.(元)盛如梓《庶齋老學叢談》,《知不足齋叢書》二十三集,清嘉慶十年(1805)鮑廷博輯刻本。

51.(元)釋祥邁《大元至元辨偽録》,《續修四庫全書》子部第 1289册,上海古籍出版社 1995 年版。

52.(元)蘇天爵輯撰、姚景安點校《元朝名臣事略》,中華書局 1996年版。

53.(元)譚處端等撰、白如祥輯校《譚處端劉處幺士處一郝大通孫不二集》,齊魯書社 2005 年版。

54.(元)陶宗儀《南村輟耕録》,中華書局 1959 年版。

55.(元)陶宗儀《説郛三種》,上海古籍出版社 1988 年版。

56.(元)脱脱等撰《金史》,中華書局 1975 年版。

57.(元)脱脱等撰《宋史》,中華書局 1977 年版。

58.(元)汪大淵撰、(清)沈曾植注《島夷誌略廣證》,《古學彙刊》第一集輿地類,民國元年至二年(1912—1913)上海國粹學報社排印本。

59.(元)汪大淵撰、[日]藤田豐八校注《島夷誌略校注》,羅振玉輯《雪堂叢刻》,民國四年(1915)上虞羅氏排印本。

60.(元)汪大淵撰、蘇繼廎校釋《島夷誌略校釋》,中華書局 1981

年版。

61.（元）王惲撰，楊亮、鍾彦飛點校《王惲全集彙校》，中華書局 2013
　　年版。

62.（元）王惲撰、楊曉春點校《玉堂嘉話》，中華書局 2006 年版。

63.（元）楊瑀撰、余大鈞點校《山居新語》，中華書局 2006 年版。

64.（元）耶律楚材撰、（清）李文田注《西遊録注》一卷，《靈鶼閣叢
　　書》第四集，光緒二十三年（1897）元和江標刊本。

65.（元）耶律楚材撰、（清）李文田注、（清）范壽金補《元耶律文正
　　公西遊録略注補》，劉世珩輯《聚學軒叢書》第四集，光緒二十
　　三（1997）貴池劉氏刊本。

66.（元）耶律楚材《西遊録》，《六經堪叢書》初集，民國十六年
　　（1927）東方學會排印本。

67.（元）耶律楚材撰、姚從吾校注《耶律楚材〈西遊録〉足本校注》，
　　《大陸雜誌》特刊第二輯，1962 年 5 月。又載《姚從吾先生全
　　集》（七），臺灣正中書局 1982 年版。

68.（元）耶律楚材撰、向達校注《西遊録》，中華書局 1981 年版。

69.（元）耶律楚材撰、謝方點校《湛然居士文集》，中華書局 1986
　　年版。

70.（元）耶律鑄撰、李文田箋注《雙溪醉隱集》，《知服齋叢書》第三
　　集，光緒十八年（1892）順德龍氏刻本。

71.（元）佚名撰、（清）沈曾植注《元秘史補注》，民國三十四年
　　（1945）《敬躋堂叢書》本。

72.（元）佚名撰、道潤梯步《新譯簡注〈蒙古秘史〉》，内蒙古人民出
　　版社 1978 年版。

73.（元）佚名撰、余大鈞譯註《蒙古秘史》，河北人民出版社 2001
　　年版。

74.（元）佚名撰、（清）李文田注、鮑思陶點校《元朝秘史》，齊魯書
　　社 2005 年版。

75.（元）佚名撰，額爾登泰、烏雲達賚校勘《蒙古秘史校勘本》，内蒙古人民出版社 2007 年版。

76.（元）佚名撰、王國維校注《聖武親征録校注》，《王國維遺書》第八册，上海書店出版社 1983 年版。

77.（元）張德輝《塞北紀行》，《漸學廬叢書》第一集，光緒二十三（1897）元和胡氏石印本。

78.（元）張德輝撰、姚從吾校注《張德輝〈嶺北紀行〉足本校注》，《臺大文史哲學報》1962 年 9 月第十一期，1—38 頁。又載《姚從吾先生全集》（七），臺灣正中書局 1982 年版。

79.（元）張德輝撰、賈敬顏疏證《張德輝〈嶺北紀行〉疏證稿》，賈敬顏《五代宋金元人邊疆行記十三種疏證稿》，中華書局 2004 年版，333—353 頁。

80.（元）周伯琦《有元儒學提舉朱府君墓誌銘》，《故宮博物院珍藏歷代碑帖墨迹選·元周伯琦楷書朱德潤墓誌銘》，紫禁城出版社 1998 年版。

81.（元）周達觀撰、夏鼐校注《真臘風土記校注》，中華書局 1981 年版。

82.（元）朱德潤《存復齋文集》，《涵芬樓秘集》第五集，民國十二年（1923）上海商務印書館影印舊鈔本。又《四部叢刊續編》集部，民國二十三年（1934）上海商務印書館據明本影印。

83.（明）包衡《清賞録》，《四庫全書存目叢書》子部第 143 册，齊魯書社 1997 年版。

84.（明）晁瑮《晁氏寶文堂書目》，上海古籍出版社 2005 年版。

85.（明）陳繼儒《偃曝談餘》，《寶顏堂秘笈》秘集，萬曆三十四年（1606）刊本。

86.（明）陳霆《兩山墨談》，《續修四庫全書》子部雜家類第 1143 册，上海古籍出版社 1995 年據明嘉靖十八年（1539）李檗刻本影印。

87.（明）費信《星槎勝覽》,《古今説海》説選部癸集偏記家。又《借月山房彙鈔》本第八集,《紀録彙編》本卷六十一,《歷代小史》本卷一百二,《六經堪初集》本。

88.（明）鞏珍撰、向達校注《西洋番國志》,中華書局 1961 年版。

89.（明）黃省曾撰、謝方校注《西洋朝貢典録校注》,中華書局 2000 年版。

90.（明）黃衷《海語》,《文淵閣四庫全書》史部地理類第 594 册,臺灣商務印書館 1986 年版。

91.（明）李時珍撰、王育傑整理《本草綱目》(金陵版排印本),人民衛生出版社 2010 年版。

92.（明）李栻輯《歷代小史》,《景印元明善本叢書》,民國二十九年(1940)商務印書館據明刊本影印。

93.（明）凌迪知《萬姓統譜》,《文淵閣四庫全書》子部類書類 956—967 册,臺灣商務印書館 1986 年版。

94.（明）陸楫《古今説海》,上海文藝出版社 1989 年影印本。

95.（明）馬歡撰、萬明校注《明鈔本〈瀛涯勝覽〉校注》,海洋出版社 2005 年版。

96.（明）茅元儀輯、向達整理《鄭和航海圖》,中華書局 1961 年版。

97.（明）錢謙益《絳雲樓書目》,《叢書集成初編》本,民國二十四年(1935)版。

98.（明）宋濂等撰《元史》,中華書局 1976 年版。

99.（明）陶珽輯《説郛續》,清順治三年(1646)兩浙督學周南李際期宛委山堂刊本。

100.（明）葉子奇《草木子》,中華書局 1959 年版。

101.（明）佚名輯《道藏》,文物出版社、上海書店、天津古籍出版社 1988 年影印本。

102.（明）佚名撰、向達校注《兩種海道針經》,中華書局 1961 年版。

103.（明）張燮撰、謝方點校《東西洋考》,中華書局 2000 年版。

104.(清)畢沅《續資治通鑑》,中華書局 1957 年版。

105.(清)陳寶琛撰,劉永翔、許全勝點校《滄趣樓詩文集》,上海古
籍出版社 2006 年版。

106.(清)陳倫炯撰、李長傅校注、陳代光整理《海國聞見録校注》,
中州古籍出版社 1985 年版。

107.(清)丁丙《善本書室藏書志》,光緒二十七年(1901)錢唐丁氏
刻本。

108.(清)丁謙《長春真人西遊記地理考證》,《浙江圖書館叢書》第
二集,民國四年(1915)浙江圖書館校刊本。

109.(清)丁謙《元耶律楚材西遊録地理考證》,《浙江圖書館叢書》
第二集,民國四年(1915)浙江圖書館校刊本。

110.(清)丁謙《元張參議耀卿紀行地理考證》,《浙江圖書館叢書》
第二集,民國四年(1915)浙江圖書館校刊本。

111.(清)端方《陶齋藏石記》,宣統元年(1909)石印本。

112.(清)龔自珍撰、王佩諍校《龔自珍全集》,上海古籍出版社
1999 年版。

113.(清)顧嗣立編《元詩選》初集,中華書局 1987 年版。

114.(清)顧炎武撰、黃珅等校點《天下郡國利病書》,《顧炎武全
集》,上海古籍出版社 2012 年版。

115.(清)海忠纂修《承德府志》,道光十一年(1831)修光緒十三年
(1887)重訂刻本。

116.(清)洪鈞《元史譯文證補》,光緒二十三年(1897)元和陸氏
刻本。

117.(清)黃可潤纂修《口北三廳志》,清乾隆二十三年(1758)
刻本。

118.(清)李慈銘《越縵堂日記》,民國九年(1920)商務印書館據手
稿影印本。

119.(清)李光廷《漢西域圖考》,同治九年(1870)刊本。

120.（清）繆荃孫《藝風老人日記》，北京大學出版社 1986 年版。

121.（清）繆荃孫《藝風堂藏書記》，上海古籍出版社 2007 年版。

122.（清）繆荃孫撰，張廷銀、朱玉麒主編《繆荃孫全集・詩文》，鳳凰出版社 2014 年版。

123.（清）錢大昕《廿二史考異》，《嘉定錢大昕全集》，江蘇古籍出版社 1997 年版。

124.（清）錢曾撰，管庭芬、章鈺校證《讀書敏求記校證》，上海古籍出版社 2007 年版。

125.（清）錢曾撰、瞿鳳起編《虞山錢遵王藏書目彙編》、上海古籍出版社 2005 年版。

126.（清）清聖祖敕撰《佩文韻府》，商務印書館《萬有文庫》本，民國二十六年（1937）版。

127.（清）薩囊徹辰撰、（清）沈曾植箋證、張爾田校補《蒙古源流箋證》，民國二十一年（1932）年嘉興姚家埭沈氏家刻本。

128.（清）沈垚《西遊記金山以東釋》，《指海》第十三集《長春真人西遊記》附録，道光二十五年（1845）刻本。

129.（清）沈垚《落颿樓文稿》，《連筠簃叢書》，道光二十七年（1847）刻本。

130.（清）沈曾植《新出墓誌十種跋》，《海日樓叢稿》，上海圖書館藏稿本。

131.（清）釋持（沈曾植）《和林三唐碑跋》，《亞洲學術雜誌》第二期，1921 年。

132.（清）釋持（沈曾植）《穆天子傳書後》，《亞洲學術雜誌》第三期，1922 年。

133.（清）沈曾植《秦邊紀略書後》，《學海月刊》第一期，民國三十二年（1943）7 月版。

134.（清）沈曾植撰、錢仲聯輯録《海日樓札叢》，中華書局 1962 年版。

135.(清)沈曾植撰、錢仲聯輯録《沈曾植海日樓文鈔佚跋》(一—五),《文獻》1991 年第 3、4 期,1992 年 1、2、3 期。

136.(清)沈曾植撰、錢仲聯輯録《沈曾植未刊遺文(續)》,《學術集林》卷三,上海遠東出版社 1995 年版,120—123 頁。

137.(清)沈曾植撰,許全勝、柳岳梅整理《海日樓書目題跋五種》,中華書局 2016 年版。

138.(清)屠寄《蒙兀兒史記》,上海古籍出版社 2012 年版。

139.(清)汪輝祖《元史本證》,中華書局 2004 年版。

140.(清)文廷式撰、汪叔子編《文廷式集》,中華書局 1993 年版。

141.(清)謝清高口述、(清)楊炳南筆録、安京校釋《海録校釋》,商務印書館 2002 年版。

142.(清)楊尚文輯《連筠簃叢書》,道光二十七年(1847)刻本。

143.(清)葉昌熾《藏書紀事詩》,上海古籍出版社 1999 年版。

144.(清)俞浩《西域考古録》,道光二十七年(1847)《海月堂雜著》本。又收入《四庫未收書輯刊》第九輯第 7 册,北京出版社 1997 年版。

145.(清)張照、梁詩正等《石渠寶笈》初編,《文淵閣四庫全書》子部藝術類 824—825 册,臺灣商務印書館 1986 年版。

146.(清)周樹模《沈觀齋詩》,民國二十二年(1933)影印原抄本。

147.羅振玉輯《六經堪叢書》初集,民國間東方學會排印本。

148.商務印書館輯《道藏舉要》,民國間商務印刷館據明道藏本影印。

149.[波斯]拉施特撰,余大鈞、周建奇譯《史集》,商務印書館 1983 年版。

150.[意]艾儒略撰、謝方校釋《職方外紀校釋》,中華書局 1996 年版。

151.[英]蘭士德撰、莫鎮藩譯《中亞洲俄屬遊記》,光緒二十年(1894)上海時務報館石印本。

論著

1.白壽彝總主編、陳得芝主編《中國通史》第八卷《中古時代元時期(上)》,上海人民出版社 1997 年版。

2.北京大學南亞研究所《中國載籍中南亞史料匯編》,上海古籍出版社 1994 年版。

3.北京圖書館金石組編《北京圖書館藏中國歷代石刻拓本匯編》,中州古籍出版社 1989 年版。

4.蔡美彪《罟罟冠一解》,《中華文史論叢》2010 年第 2 期,365—370 頁。

5.曹天生主編、張琨、何英玉、王瀅波譯《19 世紀中葉俄羅斯駐北京佈道團人員關於中國問題的論著》,中華書局 2004 年版。

6.陳得芝《蒙元史研究叢稿》,人民出版社 2005 年版。

7.陳得芝《蒙元史研究導論》,南京大學出版社 2012 年版。

8.陳高華《元代畫家史料匯編》,杭州出版社 2004 年版。

9.陳佳榮、謝方、陸峻嶺《古代南海地名匯釋》,中華書局 1986 年版。

10.陳開科《巴拉第的漢學研究》,學苑出版社 2007 年版。

11.陳美延編《陳寅恪先生遺墨》,嶺南美術出版社 2005 年版。

12.陳寅恪《寒柳堂集》,上海古籍出版社 1980 年版。

13.陳寅恪《金明館叢稿二編》,上海古籍出版社 1980 年版。

14.陳寅恪《陳寅恪詩集》,清華大學出版社 1998 年版。

15.陳寅恪《陳寅恪集・書信集》,三聯書店 2001 年版。

16.陳垣《陳垣學術論文集》第一集,中華書局 1980 年版。

17.陳垣《陳垣學術論文集》第二集,中華書局 1982 年版。

18.方國瑜《大理崇聖寺塔考説》,《思想戰綫》1978 年第 6 期,51—57 頁。

19.方國瑜《方國瑜文集》第二輯,雲南教育出版社 2001 年版。

20.姜懷英、邱宣充《崇聖寺三塔始建年代探析》,《大理崇聖寺三塔》,文物出版社 1998 年版。

21.方豪《中西交通史》,岳麓書社 1987 年版。

22.方豪《中國天主教史人物傳》,宗教文化出版社 2007 年版。

23.方齡貴《元朝秘史通檢》,中華書局 1986 年版。

24.方齡貴《元明戲曲中的蒙古語》,漢語大詞典出版社 1991 年版。

25.方齡貴《古典戲曲外來語考釋詞典》,漢語大詞典出版社、雲南大學出版社 2001 年版。

26.馮承鈞《西域南海史地考證譯叢》,商務印書館 1962 年版。

27.馮承鈞撰、陸峻嶺增訂《西域地名》,中華書局 1980 年版。

28.馮承鈞《中國南洋交通史》,上海書店 1984 年據商務印書館 1937 年版影印第一版。

29.耿世民《古代突厥文碑銘研究》,中央民族大學出版社 2005 年版。

30.郭麗萍《絕域與絕學》,三聯書店 2007 年版。

31.郭雙林《西潮激蕩下的晚清地理學》,北京大學出版社 2000 年版。

32.黃時鑑、龔纓晏《利瑪竇世界地圖研究》,上海古籍出版社 2004 年版。

33.紀流注譯,侯仁之、于希賢審校《成吉思汗封賞長春真人之謎》,中國旅游出版社 1988 年版。

34.賈敬顏、朱風輯《蒙古譯語女真譯語匯編》,天津古籍出版社 1990 年版。

35.江慶柏《清代人物生卒年表》,人民文學出版社 2005 年版。

36.蔣復璁《追念逝世五十年的王靜安先生》,《幼獅文藝》第 47 卷 6 期,1978 年 6 月。

37.李思純著,陳廷湘、李德琬編《川大史學·李思純卷》,四川大學出版社 2006 年版。

38.林梅村《洛陽出土唐代波斯僑民阿羅憾墓誌跋》,《學術集林》卷四,上海遠東出版社 1995 年版,284—299 頁。

39.林梅村、陳淩、王海城《九姓回鶻可汗碑研究》,《歐亞學刊》第 1 輯,商務印書館 1999 年,151—171 頁。

40.林梅村《古道西風——考古新發現所見中西文化交流》,三聯書店 2000 年版。

41.林梅村《元人畫迹中的歐洲傳教士》,《九州學林》2007 年冬季號(總十八輯),204—232 頁。

42.林梅村《大朝春秋——蒙元考古與藝術》,故宮出版社 2013 年版。

43.林悟殊《唐代景教再研究》,中國社會科學出版社 2003 年版。

44.林英《唐代拂菻叢説》,中華書局 2006 年版。

45.劉曉《元史研究》,福建人民出版社 2006 年版。

46.劉寅生、袁英光編《王國維全集·書信》,中華書局 1984 年版。

47.劉正、黃鳴《陳寅恪書信(422 通)編年考釋》,中國社會科學出版社 2016 年。

48.陸峻嶺、周紹泉編注《中國古籍中有關柬埔寨資料匯編》,中華書局 1986 年版。

49.欒景河主編《中俄關係的歷史與現實》,河南大學出版社 2004 年版。

50.駱兆平編《新編天一閣書目·天一閣進呈書目校録》,中華書局 1996 年版。

51.錢鍾書《談藝録》,中華書局 1984 年版。

52.清室善後委員會編《故宮已佚書畫目録三種》,《故宮叢刊之四》,民國十五年(1926)版。

53.芮傳明《古突厥碑銘研究》,上海古籍出版社 1998 年版。

54. 湯蔓媛纂輯《傅斯年圖書館古籍善本題跋輯録》,臺灣中研院歷史語言研究所 2008 年版。

55. 王國維《觀堂集林》,中華書局 1959 年版。

56. 王國維《古史新證》,清華大學出版社 1994 年版。

57. 王國維撰、趙利棟輯校《王國維學術隨筆》,社會科學文獻出版社 2000 年版。

58. 王慶祥、蕭立文校注《羅振玉王國維往來書信》,東方出版社 2000 年版。

59. 王蘧常《寐叟年譜》,上海商務印書館民國二十七年(1938)版,又臺灣商務印書館 1977 年版。

60. 王汝棠《〈長春真人西遊記〉地理箋釋》,《國學叢刊》第 4、5、7 期,1942—1943 年。

61. 翁萬戈編《美國顧洛阜藏中國歷代書畫名迹精選》,上海人民美術出版社 2009 年版。

62. 徐建新《高句麗好太王碑早期墨本的製作和流傳(1880—1888 年)》,《文史》2004 年第四輯(總第六十九輯),中華書局 2004 年版,59—75 頁。

63. 許全勝《沈曾植年譜長編》,中華書局 2007 年版。

64. 閻國棟《俄國漢學史》,人民出版社 2006 年版。

65. 楊仁愷《國寶沉浮録:故宮散佚書畫見聞考略》,遼海出版社 1999 年版。

66. 葉新民、齊木德道爾吉《元上都研究資料選編》,中央民族大學 2003 年版。

67. 亦鄰真《亦鄰真蒙古學論文集》,内蒙古人民出版社 2001 年版。

68. 余大鈞《阻卜考》,《内蒙古大學學報叢刊·蒙古史論文選集》第一册,1983—1984 年。

69. 余定邦、黃重言等編《中國古籍中有關新加坡馬來西亞資料匯編》,中華書局 2002 年版。

70.余定邦、黃重言編《中國古籍中有關緬甸資料匯編》,中華書局
　　2002 年版。

71.余嘉錫《四庫提要辨證》,中華書局 1980 年版。

72.余輝《九峰道人〈三駿圖〉卷考略及其它》,《文物》1993 年第 1
　　期,93—96 頁。

73.余太山《兩漢魏晉南北朝正史西域傳要注》,中華書局 2005
　　年版。

74.袁英光、劉寅生《王國維年譜長編》,天津人民出版社 1996
　　年版。

75.張相文《耶律楚材西遊録今釋》,《地學雜誌》民國八年(1919)。

76.張相文《南園叢稿》,北平中國地學會民國十八年(1929)版,收
　　入《民國叢書》第五編 98—99 册,上海書店 1996 年版。

77.張星烺編注、朱傑勤校訂《中西交通史料匯編》,中華書局 2003
　　年版。

78.張躍銘《〈馬可波羅遊記〉在中國的翻譯與研究》,余士雄主編
　　《馬可波羅介紹與研究》,書目文獻出版社 1983 年版。

79.張政烺《張政烺文史論集》,中華書局 2004 年版。

80.趙春梅《瓦西里耶夫與中國》,學苑出版社 2007 年版。

81.趙琦《金元之際的儒士與漢文化》,人民出版社 2004 年版。

82.中國地圖出版社編制《南亞地圖》,中國地圖出版社 1990
　　年版。

83.中國地圖出版社編制《西亞地圖》,中國地圖出版社 1991
　　年版。

84.中國地圖出版社編制《原蘇聯境內各獨立國家圖組》,中國地
　　圖出版社 1994 年版。

85.中國地圖出版社編制《西亞地圖册》,中國地圖出版社 2002
　　年版。

86.中國地圖出版社編制《世界分國地圖·越南、老撾、柬埔寨》，中國地圖出版社 2008 年版。

87.中國地圖出版社編制《世界分國地圖·印尼、東帝汶》，中國地圖出版社 2008 年版。

88.中國地圖出版社編制《世界分國地圖·馬來西亞、新加坡、汶萊》，中國地圖出版社 2008 年版。

89.中國地圖出版社編制《世界分國地圖·緬甸》，中國地圖出版社 2008 年版。

90.中國地圖出版社編制《世界分國地圖·泰國》，中國地圖出版社 2008 年版。

91.中國古籍善本書目編輯委員會編《中國古籍善本書目·史部》，上海古籍出版社 1993 年版。

92.中國古籍總目編纂委員會編《中國古籍總目·史部》，中華書局、上海古籍出版社 2009 年版。

93.周積寅、王鳳珠《中國歷代畫目大典（遼至元代卷）》，江蘇教育出版社 2002 年版。

94.［法］伯希和（Paul Pelliot）撰、馮承鈞譯《交廣印度兩道考》，中華書局 2003 年版。

95.［法］費賴之（Louis Pfister）撰，梅乘騏、梅乘駿譯《明清間在華耶穌會士列傳（1552－1773）》，天主教上海教區光啓社 1995 年版。

96.［法］費賴之（Louis Pfister）撰、馮承鈞譯《在華耶穌會士列傳及書目》，中華書局 1995 年版。

97.［法］費琅（Gabriel Ferrand）撰、馮承鈞譯《昆侖及南海古代航行考·蘇門答臘古國考》，中華書局 2002 年版。

98.［法］榮振華（Joseph Dehergne）撰、耿昇譯《在華耶穌會士列傳及書目補編》，中華書局 1995 年版。

99.［德］廉亞明（Ralph Kauz）、葡萄鬼（Rodrich Ptak）撰、姚繼德

譯《元明文獻中的忽魯謨斯》，寧夏人民出版社 2007 年版。

100.［泰］黎道綱《泰國古代史地叢考》，中華書局 2000 年版。

101.［日］高田時雄《金楷理傳略》，《日本東方學》第一輯，中華書局 2007 年版，260—276 頁。

102.［日］内藤湖南撰、馬彪譯《中國史學史》，上海古籍出版社 2008 年版。

103.［日］桑原騭藏撰，錢婉約、王廣生譯《東洋史説苑》，中華書局 2005 年版。

104.［英］阿·克·穆爾（Arthur Christopher Moule）撰、郝鎮華譯《一五五〇年前的中國基督教史》，中華書局 1984 年版。

外文著作

1.任世權、李宇泰編《韓國金石文集成（一）》，韓國國學振興院 2002 年版。

2.足立喜六《法顯傳——中亞·印度·南海紀行の研究》，東京：法藏館，昭和十五年（1940）版。

3.岩村忍譯《長春真人西遊記》，東京：筑摩書房，昭和二十三年（1948）版。

4.神田喜一郎《足本耶律楚材西遊録之發見》，《史學雜誌》第三十七編第六號，大正十五年（1926）6 月。

5.神田喜一郎《東洋學文獻叢説》，《神田喜一郎全集》第三卷，京都：同朋舍，昭和五十九年（1984）版。

6.桑田六郎《島夷志略新証》，《東洋學報》第 52 卷第 3 號，1963 年 12 月，329—349 頁。

7.桑原騭藏《東洋史説苑》，《桑原騭藏全集》第一卷，東京：岩波書店，昭和四十三年（1968）版。

8.藤善真澄譯注《諸蕃志》，吹田：關西大學出版部，1991 年版。

9. 那珂通世譯注《成吉思汗實録》，東京：大日本圖書株式會社，明治四十年（1907）版。

10. 内藤湖南《支那史学史》，《内藤湖南全集》第十一卷，東京：筑摩書房，昭和四十五年（1969）版。

11. 丹羽友三郎《〈島夷志略〉成立年代考》，《史學研究》第 50 期，1953 年 4 月，153—154 頁。

12. 箭内亙《蒙古史研究》，東京：刀江書院，昭和十二年（1937）版。

13. Allsen, Thomas T. *"Meng-ta pei-lu und Hei-ta shih-lüeh. Chinesische Gesandtenberichte über die frühen Mongolen 1221 und 1237.* Nach Vorarbeiten von Erich Haenisch und Yao Ts'ung-wu. Übersetzt und kommentiert von Peter Olbricht und Elisabeth Pinks"（book review），*Monumenta Serica*, vol.35, 1983, pp.656-660.

14. Aurousseau, Léonard. "Georges Maspero：*Le Royaume de Champa*"（compte-rendu），*Bulletin de l'Ecole française d'Extrême-Orient*, Tome 14, 1914, pp.8-43.

15. Bretschneider, Emil. *Mediaeval Reserches from Eastern Asiatic Sources, Fragments towards the Knowledge of the Geography and History of Central and Western Asia from the 13th to the 17th Century*, vol.Ⅰ, London, 1888.

16. Bretschneider, Emil. *Si You ki*. Mediaeval Reserches from Eastern Asiatic sources, vol.Ⅰ, London, 1910.

17. Chavannes, Édouard. *Les Voyageurs Chinois*, Extrait de *Chine du Sud et de L'Est*. par Claudius Madrolle, Paris：Comité de L'Asie Française, 1904.

18. Ferrand, Gabriel. "Le K'ouen Louen et les anciennes navigations interocéaniques dans les mers du Sud", *Journal Asiatique*, 1919. Série 11, Tome XIII, pp.239-333, pp.431-492;

Série 11, Tome XIV, pp.5-68, pp.201-241.

19. Ferrand, Gabriel. "L'empire sumatranais de Çrivijaya", *Journal Asiatique*, 1922. Série 11, Tome XX, pp.1-104, pp.161-246.

20. Gardner, Joseph L. *Reader's Digest Atlas of the World*, The Reader's Digest Association Limited, 1991.

21. Hambis, Louis. *Document sur L'Histoire des mongols à L'Epoque des Ming*, Paris: Presses Universitaires de France, 1969.

22. Hirth, Friedrich and W. W. Rockhill, *Chau Ju-kua: His Work on the Chinese and Arab Trade in the twelfth and thirteenth Centuries, entitled Chu-fan-chï*, St. Petersberg: Imperial Academy of Science, 1911.

23. Lansdell, Henry. *Russian Central Asia: Including Kuldja, Bokhara, Khiva and Merv*, London: S. Low, Marston, Searle and Rivington, 1885.

24. Moule, Arthur Christopher. *Christians in China Before the Year* 1550, New York, 1977.

25. Olbricht, Peter und Elisabeth Pinks. *Meng-Ta Pei-Lu und Hei-Ta Shih-Lüeh , Chinesische Gesandtenberichte über die frühen Mongolen* 1221 *und* 1237, nach Vorarbeiten von Erich Haenisch und Yao Ts'ung-wu, Asiatische Forschungen, band 56, Wiesbaden: Otto Harrassowitz, 1980.

26. Pauthier, G. *Relation du voyage de K'hieou Surnommé Tchang-Tch'un (long printemps)*, Paris: Imprimerie Imperiale, 1867.

27. Pelliot, Paul. "Textes Chinois sur Pāṇduraṅga", *Bulletin de l'Ecole française d'Extrême-Orient*, Tome III, 1903, pp. 649-654.

28. Pelliot, Paul. "Deux Itinéraires de Chine en Inde a la fin du VIIIᵉ Siècle", *Bulletin de l'Ecole française d'Extrême-Orient*, TomeIV, 1904, pp.131-413.

29. Pelliot, Paul. "Friedrich Hirth et W. W. Rockhill, *Chau Ju-kua: His work on the Chinese and Arab Trade in the twelfth and thirteenth Centuries, entitled Chu-fan-chï*" (Bulletin Critique), *T'oung Pao*, 1912, pp.446-481.

30. Pelliot, Paul. "Chrétiens d'Asie Centrale et d'Extrême-Orient", *T'oung Pao*, 1914, pp.623-644.

31. Pelliot, Paul. "L'Édition Collective de Œuvres de Wang Kouo-Wei", *T'oung Pao*, 1929, pp.113-182 .

32. Pelliot, Paul. "Note sur le 'Turkestan' de M. W. Barthold", *T'oung Pao*, 1930, pp.2-56.

33. Pelliot, Paul. "Arthur Waley, *The Travels of an Alchemist, the journey of the Taoist Ch'ang-Ch'un from China to the Hindukush at the summons of Chingiz Khan*" (Bibliographie), *T'oung Pao*, 1931, pp.413-428.

34. Pelliot, Paul. *Histoire Secrète de Mongols*, Paris: Librarie d'Amérique et d'Orient, Adiren-Maisonneuve, 1949.

35. Pelliot, Paul. *Memoires sur les Coutumes de Cambodge de Tcheou Ta-Kouan*, Paris: Librairie d'Amérique et d'Orient, Adrien-Maisonneve, 1951.

36. Ptak, Rodrich. "Images of Maritime Asia in Two Yuan Texts: *Daoyi zhilue*（島夷志略）*and Yiyu zhi*（異域志）", *Journal of Sung-Yuan Studies* 25, 1995, pp.47-75.

37. Rachewiltz, Igor de. "The Hsi-yu lu 西遊録 by Yeh-lü Ch'u-ts'ai 耶律楚材", *Monumenta Serica*, vol.21, 1962, pp.1-128.

38. Rachewiltz, Igor de. *Index to the Secret History of the Mon-*

gols，Bloomington：Indiana University，1972.

39. Rachewiltz，Igor de."On a Recent Translation of the Meng-Ta pei-lu and Hei-Ta shih-lüeh：A Review Article"，*Monumenta Serica*，vol.35，1983，pp.571-582.

40. Radloff，W. *Atlas der Altertümer der Mongolei*，vol.1，St.Petersberg：Buchdruckerei der Akademie der Wissenschaften，1892.

41. Radloff，W. *Die Alttürkischen Inschriften der Mongolei*，St. Petersberg，1894-1899.

42. Rockhill，W.W."Note on the Relations and Trade of China with the Eastern Archipelago and the Coasts of Indian Ocean during the Fourteenth Century"，*T'oung Pao*，1913，pp. 473-476；1914，pp.419-447，Part I；1915，pp.61-159，Part II.

43. Waley，Arthur. *The Travels of an Alchemist，the Journey of the Taoist Chang-Chun from China to the Hindukush at the Summons of Chingiz Khan*，London，1931.

44. Васильев. В. П. *История и древности Восточной части Средней Азии от Ⅹ до Ⅹ Ⅲ века*，СПБ，1861.

45. Кафаров，Палладий. *Труды членов российской духовной миссии в Пекине*，СПБ，1866г，Т. Ⅳ.

跋

本書初稿原爲予 2005 至 2008 年在復旦大學歷史地理研究中心所作博士後研究報告，蒙本師周振鶴先生悉心教誨乃克藏事。憶昔丁卯、戊辰間初從先生受教，卅載于茲矣，衷心銘感，何可言喻。拙稿多承本校歷史學博士後流動站鄒逸麟教授、姜義華教授、樊樹志教授、張廣智教授、葛劍雄教授、姚大力教授、吳景平教授、章清教授不吝指示。收集材料時端賴諸多師長援手，如寐叟稿本之訪求，曾得上海博物館李朝遠副館長、浙江博物館陳浩館長及蔡小輝先生之助；《好太王碑》蔡右年跋，乃荷中國社會科學院世界歷史研究所徐建新先生撥冗檢示；《姚從吾全集》相關篇章，則蒙北京大學歷史系榮新江教授複印遠郵。余欣兄代查京都大學內藤文庫藏書，而吳念庵丈惠寄古籍版本資料尤夥。寫作時亦蒙中外交通史家中華書局謝方先生、北京大學東方學研究院院長王邦維教授解疑析難。拙稿部分内容曾在 2005 年、2011 年中外關係史學會會員代表大會上宣讀，得南海史地專家陳佳榮先生、中國社會科學院耿昇先生、萬明先生賜教。在博士後研究期間，歷史地理研究中心趙紅老師於具體而微處助我尤多。此研究課題曾獲第三十七屆中國博士後基金資助。2014 年，徐文堪先生、李曉傑學長推薦拙稿申請年度國家社科基金後期資助項目而未果。幸中華書局不棄，杜艷茹君克盡編輯之責，尤當銘記。敬書卷末，用誌謝忱。補訂既竟，輒頌偈曰：

彌天海日，照臨中夏。維摩説法，居方丈也。

指月非月，聲振屋瓦。一龍一蛇，象賢陶冶。

與時俱進，閎通博雅。掉臂獨行，仇匹寡寡。

騎箕飛空，墓木拱把。遺文幸存，彼蒼所假。

原本難得，迺求諸野。發潛闡幽，晨鈔暝寫。

希蹤先哲，十駕駑馬。名山事業，猶待來者。

戊戌孟冬五校畢許全勝記於懷素軒